INTRODUÇÃO AO ESTUDO DO DIREITO

Retórica Realista, Argumentação e Erística

CB043931

Grupo
Editorial
Nacional

O GEN | Grupo Editorial Nacional – maior plataforma editorial brasileira no segmento científico, técnico e profissional – publica conteúdos nas áreas de concursos, ciências jurídicas, humanas, exatas, da saúde e sociais aplicadas, além de prover serviços direcionados à educação continuada.

As editoras que integram o GEN, das mais respeitadas no mercado editorial, construíram catálogos inigualáveis, com obras decisivas para a formação acadêmica e o aperfeiçoamento de várias gerações de profissionais e estudantes, tendo se tornado sinônimo de qualidade e seriedade.

A missão do GEN e dos núcleos de conteúdo que o compõem é prover a melhor informação científica e distribuí-la de maneira flexível e conveniente, a preços justos, gerando benefícios e servindo a autores, docentes, livreiros, funcionários, colaboradores e acionistas.

Nosso comportamento ético incondicional e nossa responsabilidade social e ambiental são reforçados pela natureza educacional de nossa atividade e dão sustentabilidade ao crescimento contínuo e à rentabilidade do grupo.

JOÃO MAURÍCIO ADEODATO

INTRODUÇÃO AO ESTUDO DO DIREITO

Retórica Realista,
Argumentação e Erística

- Fechamento desta edição: *27.01.2023*

- **Atendimento ao cliente: (11) 5080-0751 | faleconosco@grupogen.com.br**

- Direitos exclusivos para a língua portuguesa
Copyright © 2023 *by*
Editora Forense Ltda.
Uma editora integrante do GEN | Grupo Editorial Nacional
Travessa do Ouvidor, 11 – Térreo e 6º andar
Rio de Janeiro – RJ – 20040-040
www.grupogen.com.br

- Capa: Fabricio Vale

- **CIP – BRASIL. CATALOGAÇÃO NA FONTE.**
SINDICATO NACIONAL DOS EDITORES DE LIVROS, RJ.

A182i
Adeodato, João Maurício

Introdução ao estudo do direito : retórica realista, argumentação e erística / João Maurício Adeodato. Rio de Janeiro : Forense, 2023.

Inclui bibliografia
ISBN 978-65-5964-743-9

1. Direito. 2. Filosofia do direito. 3. Sociologia jurídica. I. Título.

23-81933   CDU: 347(81)

Gabriela Faray Ferreira Lopes – Bibliotecária – CRB-7/6643

„Sondern lebendige Gefährten brauche ich und lebendige – nicht todte Gefährten und Leichname, die ich mit mir trage, wohin ich will.

(...)

Viele wegzulocken von der Heerde – dazu kam ich.

(...)

Siehe die Guten und Gerechten! Wen hassen sie am meisten? Den, der zerbricht ihre Tafeln der Werthe, den Brecher, den Verbrecher: – das aber ist der Schaffende."

"Mas é de companheiros vivos que eu preciso – não de companheiros mortos e restos mortais, que eu traga comigo para onde quiser.

(...)

Desgarrar muitos do rebanho – foi para isso que eu vim.

(...)

Vede os bons e os justos! Quem eles odeiam mais? Aquele que destrói suas tábuas de valores, o quebrador, o infrator: – mas este é o criador."

(NIETZSCHE, Friedrich Wilhelm. **Also sprach Zaratustra** – ein Buch für alle und keinen. In: COLLI, Giorgio; MONTINARI, Mazzino (Hrsg.). Friedrich Nietzsche Kritische Studienausgabe – in fünfzehn Bände, Bd. IV. Berlin: Walter de Gruyter, 1988, p. 25-26 (Vorrede, § 9°)).

I said the time is right for palace revolution
'cause where I live the game to play is compromised solution"

"Eu disse que está na hora de revolução no palácio
Porque onde eu vivo o jogo a jogar é solução de compromisso"

(JAGGER, Mick & RICHARDS, Keith. Street fighting man. *In* **Beggars Banquet**, PS 539, ZAL 8477, Side 2. Made in USA: London Records, 1968).

Agradecimentos ao Conselho Nacional de Desenvolvimento Científico e Tecnológico (CNPq), à Fundação de Amparo à Ciência e Tecnologia do Estado de Pernambuco (FACEPE), à Fundação Coordenadoria de Apoio ao Pessoal de Nível Superior (CAPES), à Fundação Alexander von Humboldt (AvH), ao Instituto de Direito Público, Retórica Jurídica e Filosofia do Direito da Universidade de Hagen e à Faculdade de Direito da Universidade Goethe de Frankfurt am Main por terem auxiliado no desenvolvimento das pesquisas do autor.

Para Cris, companheira.

SUMÁRIO

INTRODUÇÃO
COMPOSIÇÃO, PRESSUPOSTOS E TESES DO LIVRO

1. COMPOSIÇÃO DESTE LIVRO: SEIS PROBLEMAS DE SEIS DISCIPLINAS

Este é um livro da maturidade, que retrata minha experiência com a disciplina introdução ao estudo do direito, que lecionei de 1983 a 2016 na Faculdade de Direito do Recife. O grande desafio é escrever sobre temas complexos de uma maneira acessível a jovens e iniciantes em geral, ao mesmo tempo ajudando o profissional experiente a compreender os desdobramentos mais recentes da teoria geral do direito, desde que deixou os bancos da faculdade.

Este primeiro item procura colocar os pressupostos do livro em quatro níveis: metodológicos, epistemológicos, axiológicos e históricos, que ficarão claros nos itens a seguir. A visão retórica realista guia tais pressupostos e pretende oferecer as ferramentas mais adequadas para o exercício da nossa profissão. A introdução termina expondo as três teses que o livro defende: que retórica não é somente falsidade, que não se reduz à persuasão e que é uma forma de fazer filosofia. Contudo, antes de mais nada, logo aqui no primeiro item, é preciso fazer um resumo do que o leitor vai encontrar em todo o livro.

É um livro de introdução ao estudo do direito, portanto. A composição dessa disciplina é muito polêmica, cada autor tem uma opinião e uma metodologia para abordá-la. No Brasil, o debate sobre seu conteúdo vem pelo menos desde o começo do século passado e não há como chegar a um acordo a respeito.[1] Mas tal uniformidade não é necessária, o que cada autor precisa é tão somente esclarecer suas opções pedagógicas e metodológicas.

Neste livro, entende-se a disciplina como introdutória a seis disciplinas diferentes sobre o direito, as seis bases do estudo do direito, as quais são explicadas nos seis primeiros capítulos, a partir de seis problemas básicos: os problemas da hermenêutica jurídica, campo 1 da introdução ao estudo do direito, que são o

---

[1] FERREIRA, Paulo Condorcet Barbosa. **A introdução ao estudo do direito no pensamento de seus expositores** – Material para um bibliografia brasileira da disciplina. Rio de Janeiro: Liber Juris, 1982.

conceito (como se entende) e a função (para que serve); o problema da linguagem jurídica, a semiótica, campo 2 da introdução ao estudo do direito, para abordar o próprio conceito de direito; a filosofia do direito comparece com o problema do conhecimento, campo 3 da introdução ao estudo do direito, qual seja, como separar o direito do não direito, e com o problema ético, campo 4 da introdução ao estudo do direito, que investiga como separar o bom do mau direito; os problemas do conhecimento e da ética na visão externa da sociologia do direito, que constitui o campo 5 da introdução ao estudo do direito, são abordados à luz das soluções tentadas pelo positivismo; e o problema de como se desenvolveu a autonomia dos sistemas normativos na evolução da história do direito, campo 6 da introdução ao estudo do direito.

Observe agora a composição desses 6 primeiros capítulos básicos e dos 6 capítulos subsequentes.

O primeiro cuida da hermenêutica jurídica, da teoria da interpretação dos textos jurídicos, talvez o campo mais crucial a ser apresentado pela disciplina de introdução ao estudo do direito. Qualquer profissional do direito vai sempre se ver cercado de tais textos, que são leis, contratos, regulamentos, jurisprudências. Para entender esse mundo é preciso ver o conceito e a função da hermenêutica, os seja, os diferentes significados da expressão e como ela é pragmaticamente utilizada no meio social, como parte do direito positivo, servindo para tratamento dos problemas de lacunas e para harmonizar contradições ou antinomias. Ver também como se distinguem hermenêutica, argumentação e decisão, atividades jurídicas que muitas vezes aparecem confundidas. Finalmente, o capítulo procura introduzir a relação da hermenêutica jurídica com o problema do conhecimento.

Importante para permitir a abordagem do problema do conhecimento a seguir, o capítulo segundo, dedicado ao tema da linguagem jurídica e dos significados da palavra "direito", o campo número 2 da disciplina, examina os diversos sentidos e aplicações da palavra ou, dito mais tecnicamente, suas ambiguidade e vagueza. Para exemplificar essas imprecisões, são examinados os três pares de diferenças mais discutidos pelas teorias jurídicas: direito positivo e direito natural, direito objetivo e direito subjetivo, e direito público e direito privado. Esses adjetivos da palavra "direito" exprimem um problema que caracteriza a era moderna: o conflito entre as regras que o governo deseja efetivar e aquelas que o indivíduo quer fixar em seu proveito. No jargão jurídico, é o problema da superioridade do direito objetivo *versus* a superioridade do direito subjetivo, o que hoje desemboca no problema da internacionalização e mesmo universalização dos direitos humanos. Se os direitos humanos pretendem valer por si mesmos, independentemente de qualquer acordo, eles podem vir a contrariar os poderes constituídos.

O terceiro capítulo e terceiro campo de estudo da disciplina de introdução, preparado pelos dois capítulos anteriores, é o problema de conhecimento, ou seja, distinguir o que é do que não é direito ou o que se pode do que não se pode chamar de direito. Estudar ou trabalhar com uma disciplina sem saber como distingui-la de outras abordagens e entender seu foco não é viável. Este capítulo se concentra no problema jurídico central com que toda sociedade humana precisa lidar: a identificação do direito; e deixa o estudo da solução oferecida pelo direito dogmaticamente organizado, com o qual se trabalha hoje no mundo moderno e por meio do qual se conhece o próprio direito, para o item 7.3.

O quarto campo a que a disciplina precisa conduzir o estudioso complementa o terceiro no sentido de que constituem ambos a temática da filosofia do direito. O capítulo quarto trata do problema ético, pensa sobre como separar o bom do mau direito, se há critérios para isso ou se tudo depende das circunstâncias, se a ética tem um caminho correto próprio ou se é fruto do acaso cultural. Para bem situar a questão, o capítulo pretende mostrar as origens do problema ético na cultura ocidental, mais propriamente na Grécia antiga, como ele foi absorvido pelo Cristianismo e sua evolução no sentido de um progressivo esvaziamento do "correto" e do "justo".

O capítulo quinto busca um estudo descritivo do direito como fato social e sua evolução no Ocidente, após a queda de hegemonia dos jusnaturalismos, na perspectiva externa da sociologia do direito, que é um quinto campo a que o estudioso do direito precisa ser introduzido. Há um debate interessante no Brasil no sentido de distinguir a sociologia do direito, que seria um dos ramos da sociologia geral, apenas concentrado no direito, porém com a atitude e o arsenal retórico da sociologia, da sociologia jurídica, que seria uma disciplina destinada aos estudantes e profissionais do direito, para lhes dar uma visão mais crítica sobre o mundo jurídico, com um contraponto às disciplinas dogmáticas que constituem a espinha dorsal da área.[2] Resumindo, "Sociologia Jurídica para juristas nas faculdades de direito; Sociologia do Direito para sociólogos nas faculdades de ciências sociais."[3]

Passando ao largo desse debate, aqui se estuda o surgimento do positivismo como forma de pensar o ambiente social. O positivismo jurídico participa desse processo de esvaziamento de conteúdo ético nos fundamentos do direito, que vai mais e mais abertamente fazer e justificar a si mesmo, sem apelo a instâncias éticas exteriores: o bom e o justo passam a ser aquilo que o próprio direito positivo determina como tal. Essa ideia se desenvolve para compreender, explicar e tratar da crescente complexidade que acompanha a evolução do mundo ocidental. Vê-se aqui

---

[2]   JUNQUEIRA, Eliane. **A Sociologia do Direito no Brasil** – Introdução ao debate atual. Rio de Janeiro, Lumen Juris, 1993, p. 4.

[3]   OLIVEIRA, Luciano. Que (e para quê) sociologia? Reflexões a respeito de algumas ideias de Eliane Junqueira sobre o ensino da Sociologia do Direito (ou seria Sociologia Jurídica?) no Brasil. In: OLIVEIRA, Luciano. **Sua Excelência o Comissário e outros ensaios de Sociologia Jurídica**. Rio de Janeiro, Editora letra Legal, 2004, p. 111-136. Que também oferece uma crítica à tentativa de Junqueira.

então a sociologia como uma perspectiva externa, isto é, zetética, não dogmática, sempre dirigida a essa parte do ambiente social chamada direito.

O capítulo sexto trata da emancipação do direito como setor autônomo da sociedade, uma das características da complexidade que primeiro se revelou na cultura ocidental. Neste sexto e último campo da introdução ao estudo direito a ser tratado neste livro, a história serve para mostrar a evolução do direito e da sociedade, pois a compreensão e as tentativas de definição do direito estão sujeitas a um processo histórico e a cultura de cada ambiente sugere novos parâmetros que jamais são definitivos. O capítulo examina os critérios mais importantes que buscaram respaldar a independência e assim a autojustificação do direito.

Esses são assim os seis campos a serem introduzidos pela disciplina de introdução ao estudo do direito selecionados aqui: hermenêutica, linguagem, conhecimento e ética – que compõem a filosofia – sociologia e história. Ao terminá-los, o leitor já vai saber como essas disciplinas "zetéticas", isto é, não dogmáticas, são tornadas disciplinas jurídicas, o que efetivamente acontece quando penetram no mundo do direito.

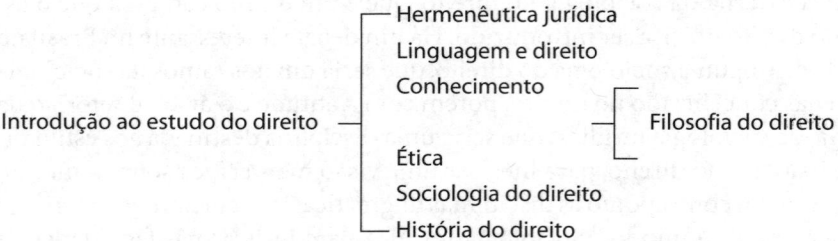

Os demais 6 capítulos aplicam a parte geral exposta nesses 6 capítulos iniciais para entender como está organizado o direito na atualidade, com o objetivo de mostrar as bases técnicas para entendê-lo e torná-las aliadas na profissão.

O sétimo capítulo vai então utilizar as contribuições dos capítulos anteriores para abordar como a civilização ocidental desenvolveu mecanismos, organizou, isto é, constituiu, fez, fabricou uma forma de direito positivo para responder a esses dois problemas básicos de qualquer comunidade, quais sejam, separar o direito do não direito e separar o bom do mau direito: o direito positivo dogmaticamente organizado. O direito dogmático é uma das formas em que o direito positivo apareceu organizado nas sociedade humanas, é um dado empírico, um fato social. Toda sociedade tem seu direito positivo, mas o dogmático só apareceu na modernidade complexa e especificamente na cultura ocidental, embora hoje sua influência se estenda a outras culturas. Esse direito dogmaticamente organizado, inusitado, trouxe mais uma novidade: desenvolveu uma perspectiva de se apresentar como ciência para assim se garantir eficiência e legitimidade. O capítulo expõe os pilares que fundamentam a pretensão do direito como ciência, a visão retórica da questão e, finalmente, aqueles que negam a cientificidade do direito.

O oitavo capítulo vai cuidar deste que se tornou o tema mais importante na moderna filosofia do direito e que a une à teoria geral do direito, particularmente à hermenêutica jurídica: a norma jurídica. O jovem estudioso se surpreende quando verifica que esse conceito é pouco discutido antes da modernidade e aí passa a ser o tema principal na teoria do direito. O estudo da norma começa estrutural, aquelas definições que partem dos elementos componentes de algo, como "H_2O" ou "cabeça, tronco e membros".

Depois, todo um estudo lógico da norma jurídica, da parte dos analíticos, deu grande impulso à compreensão do conceito. Os "functores deônticos" do dever ser e a disjunção entre a conduta lícita e a ilícita, os chamados elementos invariáveis da estrutura normativa, foram e são objeto de muitos estudos. Mas não se pode compreender algo só estruturalmente, é preciso saber, pragmaticamente, para que aquele conceito serve, qual sua função.[4] É hora então de discutir também dois pares de conceitos que sempre aparecem conexos ao de norma jurídica, quais sejam regra e princípio, mais presentes nos debates hoje, e regra técnica e norma ética, já agregados à tradição da doutrina.

Sobre as bases do que foi visto no capítulo segundo, o capítulo nono se ocupa das fontes do direito, ou seja, como as normas jurídicas se expressam linguistica-mente. Apesar de objeto de debates complexos, oriundos de diferentes significados que foram emprestados à palavra, fontes simplesmente consistem na linguagem das normas, suas formas de expressão. Como toda linguagem, podem ser orais, gestuais e textuais.[5] Em seu trabalho de explicar e cooperar para redução de com-plexidade, a doutrina jurídica organizou as fontes, classificando-as: a inserção dos conceitos de fontes materiais e formais vem sustentar a emancipação das fontes dogmáticas positivas, "formalizadas", do debate filosófico sem fim; a inserção dos conceitos de fontes primárias e secundárias vem hierarquizar as fontes formais e assim controlar eventuais conflitos entre elas.

Observadas as normas jurídicas (capítulo oitavo) e como elas se expressam pelas fontes (capítulo nono), é preciso estudar as qualidades que essas fontes pre-cisam ter para serem utilizadas no sistema dogmático. Assim, o décimo capítulo trata dos conceitos fundamentais da dogmática jurídica, desenvolvidos para lidar com esse direito dogmaticamente organizado: adequação ou pertinência, validade, vigência,

---

[4]   BOBBIO, Norberto. **Dalla struttura alia funzione** – Nuovi studi di teoria dei diritto. Milano: Edizioni di Comunità, 1977.

[5]   Para simplificar, não se coloca aqui a linguagem que se expressa por imagens, como vídeos e filmes, como uma quarta categoria, considerando-a uma combinação de gestualidade e eventualmente oralidade e textualidade. Nada impede que imagens sejam fontes do direito, isto é, que expressem normas jurídicas.

incidência, eficácia técnica, eficácia jurídica, eficácia social ou efetividade e existência. Organizar essas qualidades para melhor compreender e sistematizar as fontes do direito é fundamental para o trato profissional diário dos conflitos.

Se os capítulos quarto e quinto estudaram o desenvolvimento histórico do direito ocidental em geral, seu esvaziamento de conteúdos éticos previamente válidos, rumo à dogmatização e ao surgimento do pensamento positivista, o capítulo décimo primeiro observa o desenvolvimento histórico específico do direito dogmaticamente organizado, depois de estabelecido na modernidade, e os problemas à frente que já hoje se podem detectar. A pulverização das instâncias decisórias parece decorrer de sobrecargas que a modernidade trouxe para o direito dogmático. E este é o ambiente em que a interpretação e a argumentação, que adaptam o direito positivo às mudanças, precisam se desenvolver e criar novas vias de controle.

O capítulo quarto procurou mostrar como a distinção entre o direito justo e o direito posto foi fundamentada ao longo da história. O último capítulo, o décimo-segundo, discute se uma ética do bom e do melhor pode constituir fundamentos do direito hoje e que novos contextos éticos aparecem no horizonte. O primeiro passo para a análise, como sempre, é tentar atingir um distanciamento em relação aos conflitos éticos, principalmente os do momento, é a tentativa de neutralidade axiológica, a *epoché* como método.

Para isso, um caminho é classificar os diversos filósofos que trataram do problema, estabelecer caixinhas conceituais, ainda que ao preço de não poder entrar nos detalhes de suas concepções sobre o bem e o mal. Comparando aqueles que consideram posturas éticas resultados de impulsos elétricos e aqueles que as consideram mandamentos de Deus, o leitor verá a dificuldade do problema e afastará o véu do senso comum. Discutem-se então os conceitos de tolerância e direitos humanos, diante do problema da universalização de direitos subjetivos.

Leia também com toda atenção o sumário do livro, que revela a sua organização mental, os caminhos escolhidos. A sequência dos capítulos e suas subdivisões são muito importantes para compreender a estrutura do livro, mormente quando os títulos são pensados para exprimir claramente seu conteúdo. Um título muito amplo ou que nada diz, composto de palavras "ocas"[6], aplica uma má metodologia. Pior do que um capítulo intitulado "Evolução da família no direito" só "Alguns aspectos da evolução da família no direito". Já "Da reprodutibilidade à afetividade como critério para o conceito jurídico de família" anuncia a ideia diretora daquele capítulo e fornece mais precisão à leitura. Em outras palavras, o bom sumário é claro e diz sobre o conteúdo de cada parte do livro. Foi o que se tentou aqui.

---

[6]   OLIVECRONA, Karl. **Lenguaje jurídica y realidad**, trad. Ernesto Garzón Valdés. México: Fontamara, 1995, p. 34 s.

2. A METODOLOGIA RETÓRICA: PERSPECTIVA EMPÍRICA, DISSOI LOGOI E POROSIDADE DA LINGUAGEM

A etimologia da palavra "método" (do grego μετά – em seguida, atrás, sobre + οδός – caminho, via, rua) mostra bem o sentido básico: método é o caminho para algo e metodologia é a teoria ou conjunto de teorias do método. Este item 2 procura introduzir três dos principais componentes teóricos da abordagem utilizada no trabalho.

A estrutura do livro é interdisciplinar e procura satisfazer as carências de quem estuda a partir de uma estrutura curricular mal concebida, excessivamente dogmática, superficial e amadora, como as que existem nas faculdades de direito brasileiras em geral. Quem não tem oportunidade de estudar devidamente a aplicação ao direito das disciplinas de hermenêutica, sociologia, teoria da linguagem, história, ética e teoria do conhecimento encontra aqui seus pontos de partida e vai reconhecer a importância dessas disciplinas na formação profissional.

Coordenando as diversas áreas, a perspectiva retórica. Embora a retórica aceite a possibilidade de uma ciência sobre o direito, ela sabe que o direito vai muito além de ser estudado cientificamente. Por isso o livro foi feito pensando numa teoria para quem se interessa pela prática, justamente pela convicção de que teoria e prática não podem ser apartadas e que a ciência é possível, mas tem limites. Há vários exemplos de casos práticos ao longo do texto, mostrando ao leitor essa inseparabilidade entre o conhecimento e as modificações do ambiente a que todo ser humano precisa se adaptar ao longo da vida.

A bibliografia contém diversas fontes que não se destinam a quem está começando seus estudos e os rodapés são utilizados para fundamentar as informações do modo mais fidedigno possível, inclusive diante de juristas mais experientes. Daí a pretensão deste livro: introduzir ao aluno iniciante o debate aprofundado que ocorre no mundo ocidental sem que precise estudar diretamente essas fontes. Se quiser, porém, tem os dados para ir a elas e conferir que o debate que vai constituir o direito do futuro vai muito além dos manuais brasileiros.

A epistemologia deste livro é empírica. Como a palavra pode ter significados diversos, vai-se definir a visão empírica comparando-a com duas outras epistemologias diferentes, porém imbricadas: as normativas e as escatológicas.

A abordagem empírica duvida das escatologias, mas, como elas, norteia-se pelas ciências naturais em um ponto crucial: o pesquisador precisa tentar ser o mais indiferente possível a suas observações, abster-se de juízos de valor e restringir-se ao que já aconteceu, em uma palavra, procurar ser descritivo. As perspectivas escatológicas procuram também outra característica das ciências naturais: a previsibilidade do futuro, afastando-se aí da perspectiva empírica. As epistemologias normativas e escatológicas também guardam algo em comum: ambas partem de determinada visão de mundo, tomam como assente o que acham que o mundo é, e a partir daí fazem prescrições e previsões para o futuro. O problema é que o mundo dos dados empíricos é sempre problemático, nunca é percebido da mesma maneira.

Uma teoria empírica olha para o passado, porque o objetivo é descrever eventos já acontecidos. Parte da ideia de que, embora sabendo que as pessoas percebem os mesmos eventos diferentemente, o passado lhes aparece com mais clareza do que o presente e muito mais do que o futuro, que não existe. Por isso este livro não faz previsões. É uma perspectiva menos ambiciosa, mas nem por isso livre de divergências, sobretudo quanto a sua tentativa de abster-se de juízos de valor. A retórica é empírica, então, em dois sentidos: um, em privilegiar o que se manifesta externamente e que se percebe pelos órgãos dos sentidos; dois, também no sentido de analítica, tentativamente neutra.

A essa perspectiva se opõem as teorias normativas, que têm como foco o futuro, para o qual procuram prescrever melhorias ou, como se diz hoje, otimizações; o objetivo é modificar, dirigir, influenciar o ambiente e a conduta das pessoas. Quer influenciar a conduta das pessoas segundo os objetivos que o orador pretende atingir, idealistas no sentido de que o orador neles acredita e lhe parecem desejáveis para um mundo que ainda não existe efetivamente no presente. Uma das características do ser humano, de sua "razão", é pensar sobre o futuro. Por isso os discursos normativos são tão dominantes, nada mais natural do que cada ser humano querer que o futuro se torne como ele agora almeja, quaisquer que sejam suas infinitas motivações.

Uma dificuldade para os idealismos normativos é a separação entre razão descritiva e razão prescritiva ou entre ser e dever (ser). Pensando nas três epistemologias apontadas acima, pode-se dizer que os paradigmas das ciências naturais contemporâneas são a um só tempo empíricos e escatológicos, mas jamais se apresentam como normativos. Um cientista observa o que aconteceu e acontece (perspectiva descritiva), por vezes pretende prever o que acontecerá, com base em causalidades (perspectiva escatológica). Ele diz o que vai ser, mas procura evitar juízos de valor e qualquer outro tipo de interferência pessoal em seu foco de pesquisa, mesmo se este foco for ele mesmo normativo, como no caso do direito. A epistemologia empírica é descritiva, porém nem diz o que deve ser nem o que vai ser, não é normativa nem escatológica. Uma teoria normativa objetiva exatamente fornecer um norte para o futuro e assim modificar "para melhor" o objeto de sua atenção: ela diz o que deve ser.

A terceira variante, escatológica, pretende utilizar o passado para descrever o futuro, prever algo que ainda não existe a partir da observação daquilo que aconteceu, descobrir no passado "leis" que permitam prever o curso dos eventos no futuro, literalmente descrevê-los. Por esse caminho vai a maioria nas ciências sociais hoje, as quais se inspiram no modelo dominante das ciências físicas e biológicas. Afinal a água não apenas deve sempre ferver a 100 graus, ela vai fazê-lo.

Ocorre que essas duas últimas perspectivas por vezes se disfarçam de empíricas, quando o autor em questão parece descrever aspectos de fatos específicos, mas o que faz é dizer como gostaria que eles fossem.

Exemplo da dificuldade das teorias normativas é a defesa de que o conceito correto de "racionalidade" consiste no respeito aos pactos ou na sinceridade da persuasão, como diversos dos autores mencionados ao longo deste livro, como Robert Alexy e seus muitos discípulos brasileiros. Esses juristas normativos, filósofos do direito, dedicam-se a dizer como os julgamentos, os argumentos, as elaborações de leis, as formas de escolha dos governos, numa palavra, como "o direito" deveria acontecer para ser justo, adequado, correto, em suma, racional. Essa forma de ver o mundo confunde dois níveis diferentes da linguagem humana, já com longa tradição na filosofia do direito, a diferença entre ser e dever (ser) que será examinada no item 7.4. adiante. Confundir esses discursos torna difícil separar o conceito descritivo, mais adequado ao conhecimento, do conceito idealista bem ou mal intencionado.

Enquanto as teorias normativas pretendem prescrever o que deve acontecer segundo um ideário qualquer, as escatológicas são mais ambiciosas e querem descrever, não o que deve, mas o que vai efetivamente acontecer no futuro. Para a retórica, essa atitude não se confirma empiricamente, pois o futuro parece ser fruto das opções do presente e não pode ser descrito, apenas prescrito, como o fazem as perspectivas normativas, que não objetivam descrever dados empíricos. Na visão escatológica se vê outra influência das ciências descritivas da natureza, a tentativa de um discurso que seria mero receptáculo, observador subordinado das modificações do ambiente, não o agente delas.

Em um livro da lista dos mais vendidos no Brasil e no Ocidente em geral, o autor prevê que não haverá mais guerra na Europa, muito menos guerra por território, pois essa "lei da selva" teria sido quebrada.[7] Em poucos anos, a história se desenvolve precisamente na direção da invasão russa à Ucrânia e da anexação de territórios.

A perspectiva empírica deste livro, sem ousadias escatológicas, não deixa de ajudar no enfrentamento do futuro. O conhecimento razoável do mundo certamente é uma via importante para ter sucesso no ambiente e este é o objetivo do estudo, do esforço para obtenção de conhecimento.

Além de descritiva, a perspectiva empírica é analítica: ela decompõe o todo, interessa-se pelos detalhes cotidianos do direito, enfatiza o problema antes do sistema, prefere partes a totalidades, heurística à holística. Em síntese, este livro não pretende dizer como o direito deveria ser, que ele "se afastou dos trilhos", "da

---

[7] HARARI, Yuval Noah. **Homo Deus**. A brief history of tomorrow. London: Vintage, 2017, p. 16

resposta correta". Não quer dizer como os membros do Supremo Tribunal Federal deveriam ser escolhidos, por exemplo, porém como efetivamente o são. Porém, ao apontar críticas sobre como efetivamente o são, a perspectiva empírica fornece a contribuição científica central, ela revela situações que precisam ser enfrentadas pelas perspectivas normativas, situações que, muitas vezes, não são facilmente percebidas. Antes das estratégias para modificar os problemas é preciso identificar, descrever e analisar o ambiente.

As perspectivas normativas são uma das heranças do jusnaturalismo, concepção filosófica importante, estudada no capítulo quarto, porém desenvolvida para uma realidade que não existe mais nas sociedades complexas. O problema das teorias normativas é o mesmo: se a realidade deveria ser diferente, o critério de como ela deveria ser é fixado por quem diz como ela deveria ser. Em outras palavras, este livro não critica normativamente o direito que aí está, apenas mostra como ele efetivamente acontece, mas critica, sim, a forma como as perspectivas dominantes – normativas e escatológicas – entendem e ensinam esse direito que aí está.

Na prática, o direito – que sempre é normativo, claro – necessita abstrair, "idealizar" padrões e expectativas de normalidade. Mas as pessoas não percebem que encaram o mundo normativamente e até têm uma convicção generalizada de que o mundo empírico independe da opinião, da percepção de cada pessoa sobre os eventos ocorridos. Essa convicção da "objetividade do mundo" pode até ser ancorada geneticamente em determinado desenvolvimento das capacidades cognitivas da espécie humana, mas não corresponde ao que se observa em sua relação com a natureza.

Resumindo, a classificação das metodologias de abordagem do ambiente em empíricas, normativas e escatológicas partiu de dois critérios principais: o vetor temporal passado ou futuro e a distinção entre atitudes descritivas e prescritivas.

Para explicar melhor a aplicação prática da classificação e porque a retórica privilegia a atitude descritiva e empírica, veja-se um exemplo de como o acordo sobre o conhecimento descritivo tem que vir antes dos eventuais desacordos sobre a opinião prescritiva. Imagine uma discussão em torno da estabilidade no emprego, se deve existir, se é desejável ("boa") ou não ("má").

Primeiro, é preciso que os participantes concordem sobre o que significa estabilidade no emprego. Depois, concordar sobre qual é o tipo de comportamento profissional dos trabalhadores estáveis e qual o perfil daqueles que não desfrutam da garantia da estabilidade. Por exemplo: se é adequado dizer que as pessoas que foram a vida inteira estáveis em um mesmo cargo público tendem a não desenvolver mecanismos de bom relacionamento, os quais são indispensáveis a quem não tem estabilidade no emprego. Depois, saber que perfil de trabalhador os interlocutores querem produzir com sua decisão no debate sobre se a estabilidade será ou não implantada: um trabalhador criativo ou repetitivo, empreendedor ou acomodado, competitivo ou solidário.

Até aqui, desde que os debatedores sejam pessoas sensatas, a argumentação é dominada pela persuasão. Se não houver esses acordos sobre o que significa estabilidade, sobre que efeitos a estabilidade causa no trabalhador e sobre que tipo de trabalhador os interlocutores procuram, a discussão não conseguiu fixar suas bases empíricas e não irá além de opiniões.

Só depois dos acordos empíricos vêm os juízos de valor, que dependem de opiniões: a estabilidade no emprego é desejável porque torna as pessoas mais independentes e seguras em suas decisões *versus* a estabilidade é ruim porque as pessoas passam a ser indolentes, grosseiras e insensíveis para perceber o outro, pois desejável é a instabilidade, que exige adequar-se ao outro.

Confundir esses planos descritivo e prescritivo enfraquece a capacidade de persuasão do discurso. Mas se o auditório é ingênuo o suficiente, é possível fazer um discurso opinativo parecer um discurso descritivo e obter eficácia. Porém, habitualmente, as posturas normativas e empíricas aparecem associadas e nem o orador tem consciência disso.

A antiga e trivial objeção de que não é possível um conhecimento neutro continua com as mesmas respostas, pois todos concordam com a impossibilidade dessa pretensão. Mas é possível tentar distanciar-se e não vem à toa o *topos* "o tempo é o senhor da razão", pois contemporâneos não avaliam tão bem o seu meio ambiente. A atitude analítica diante do conhecimento nada mais é do que "o hábito de basear nossas crenças em observações e inferências tão impessoais e tão afastadas de inclinações locais e de temperamento quanto é possível para seres humanos."[8]

Já cética sobre as supostas evidências no conhecimento, a perspectiva empírica desconsidera inteiramente as "coisas ocultas", aquilo que não se mostra, o indistinto, o incerto. É o conceito repetido pelo ceticismo pirrônico de Sextus Empiricus, aquilo que deve ser evitado pelo estudioso: *ádēlos* (ἄδηλος).[9] Se nem os órgãos dos sentidos são dignos de crédito, imagine aquilo que sequer se mostra a eles, como a intenção ou o desejo, a vontade de Deus ou a razão.

A tese de Jacques Derrida,[10] contrária à tradição platônica, no sentido de que filosofia e literatura se confundem, parece adequada a essas concepções normativas, são mesmo literatura e em geral não da melhor qualidade. E constituem a maioria

---

8   RUSSELL, Bertrand. **History of Western philosophy** — and its connection with Political and social circumstances from the earliest times to the present day. London: Routledge, 1993, p. 789: "the habit of basing our beliefs upon observations and inferences as impersonal, and as much divested of local temperamental bias, as is possible for human beings."

9   SEXTUS EMPIRICUS. **Selections from the Major Writings on Scepticism, Man & God**. Indianapolis-Cambridge: Hackett Publishing Co., 1985, p. 157 e 161.

10   MARCHAND, Stéphane. Philosophie et littérature. In: M. Merleau-Ponty (dir.) **Les Philosophes de l'antiquité au XXème siècle**, article de la nouvelle édition dirigée par J. F. Balaudé, Librairie Générale de France, La Pochothèque, 2006, p. 1419-1428.

das filosofias. Mas nem toda filosofia merece esta crítica do filósofo e a retórica realista pretende não se confundir com literatura.

Além da postura empírica, uma segunda atitude metodológica recomendável é tentar expor da maneira mais plausível possível as teses diferentes ou contrárias às suas. Isso só fortalecerá seu discurso, mesmo que esteja de antemão convicto de que as teses adversárias que está estudando são equivocadas. É a estratégia retórica do *dissoi logoi*, "divergentes argumentos". Este era o título de um tratado de autoria desconhecida, popular na Antiguidade, e passou a designar especificamente o exercício de confrontar posições contraditórias para suspender quaisquer juízos (*epoché*) e depois construir a própria tese de forma mais adequada e sem paixões.[11]

O texto dessa obra que chegou até hoje está incompleto e há muita especulação sobre quem teria sido seu autor. Era um dos sofistas, pelo conteúdo de seu pensamento, e deve ter florescido na passagem do século V para o século IV a.C., pois o texto é situado entre 403-395 a.C.[12] Apesar de a tradição ter fixado esse título, o texto vai além da estratégia dos argumentos divergentes, faz incursões na teoria política e pretende expor o que é um bom governo e como mantê-lo por meio do discurso. Quando expõe a metodologia dos *dissoi logoi*, nas cinco primeiras seções, o autor parece seguir os ensinamentos de Protágoras, no sentido de que "o homem é a medida de todas as coisas": o bom e o mau, o decente e o indecente, o verdadeiro e o falso são alguns títulos dessas seções.

Para dar um exemplo mais atual, se o leitor gosta de Jacques Lacan precisa ler o livro de Alan Sokal e Jean Bricmont de nome *Philosophical nonsense*, traduzido no Brasil como *Imposturas intelectuais*. A psicanálise, sobretudo a visão de Jacques Lacan, como se pode depreender do título, é submetida a uma crítica rigorosa e nem sempre respeitosa.[13]

Este é o ponto: confrontar posições diferentes, qualquer que seja o tema, ou, em outras palavras, construir uma problematização. O que se vê como posição dominante, porém, pelo menos nos estudos sociais no Brasil, é o autor apoiar determinada posição e restringir seu diálogo aos demais autores e colegas com os quais concorda. Isso tem levado a um predomínio de perspectivas normativas, opondo ideologicamente facções que simplesmente não se comunicam. Dentro

---

[11]   SEXTUS EMPIRICUS. **Grundriß der pyrrhonischen Skepsis**, eingeleitet und übersetzt von Malte Hossenfelder. Frankfurt a.M.: Suhrkamp, 1985, p. 101 s.; LAÊRTIOS, Diôgenes. **Vidas e doutrinas dos filósofos ilustres**, trad. Mário da Gama Kury. Brasília: Ed. UnB, 1977, p. 274.

[12]   ANONYMOUS. **Dissoi Logoi**. In: http://www2.comm.niu.edu/faculty/kwhedbee/dissoi-logoi.pdf . Acesso em 21 de fevereiro de 2022.

[13]   SOKAL, Alan; BRICMONT, Jean. **Imposturas intelectuais** – o abuso da ciência pelos filósofos pós-modernos, trad. Max Altman. Rio de Janeiro e São Paulo: Record, 1999.

de seu grupo, já partem de acordos indiscutidos e apenas se reverberam mutuamente, chagando a uma volumosa produção acadêmica ensimesmada e por vezes sem tanta qualidade.

De toda maneira, os *dissoi logoi* levam o pesquisador a conhecer mais de um lado das questões estudadas, evitando cair desde já em alguma preferência ideológica ou algum discurso laudatório estabelecido por estudos anteriores, ensejando assim a desejada suspensão do juízo. Aplicados como atitude metodológica, podem ajudar a observar pensamentos e opiniões de modo mais descritivo, sem partir de uma posição pró ou contra o autor escolhido, procurando se esquivar das versões dominantes da história, que enxergam excesso de virtudes em seus heróis e excesso de vícios em seus malfeitores.

O terceiro elemento metodológico diz respeito à linguagem. Além da vagueza (indeterminação de alcance) e ambiguidade (indeterminação de sentido) que qualquer significante linguístico ou palavra carrega, essas vagueza e ambiguidade também variam no tempo e no espaço, ainda que o significado permaneça expresso pelas mesmas palavras.[14] Tal porosidade implica que um conceito não "é" isto ou aquilo, mas sim depende de um contexto que precisa ser situado para entender eventuais divergências, evitando ingenuamente discutir sobre significados diferentes, somente porque se apresentam sob uma mesma expressão linguística. "Oportunista", por exemplo, pode ser pejorativo para qualificar um filósofo, mas laudatório para um jogador de futebol.

O estudante não vai aprender o que esta ou aquela palavra "é ou não é", o que não faz muito sentido, pois tudo depende do contexto. Mas tampouco vai ser levado à ilusão de que pode fazer o que quer com as palavras. Vai perceber que o jargão jurídico não é fácil, mas que existem significados limitados pelos significantes, pelas palavras da lei, da jurisprudência, do contrato, em suma, as fronteiras da língua. Vai aprender como as palavras são usadas pela doutrina dos juristas, pelos argumentos dos advogados, pelas partes, pelos juízes e dentre os diversos – mas limitados – significados possíveis vai escolher o que melhor se adapta a seus interesses e preferências no caso em que venha a trabalhar.

A tendência do senso comum é acreditar que a "realidade objetiva" é aquilo que o indivíduo capta como dados empíricos, as informações que percebe via órgãos dos sentidos. A ciência moderna também tem posto em relevo os relatos apoiados pelos dados empíricos, ao lado dos relatos matemáticos, e seu poder no estabelecimento da versão dominante é muito grande, sem dúvida: não apenas porque ela enuncia as leis da física, mas sobretudo porque faz voar o avião e o míssil balístico, exemplos de ciência aplicada, cuja capacidade de destruição mostra que quem sabe, domina.

---

[14]   WAISMANN, Friedrich. Verifiability, in FLEW, Anthony; RYLE, Gilbert (eds.). **Logic and Language**. Oxford: Blackwell, 1951, p. 117-144.

Mesmo assim, dependendo do ambiente, o relato apoiado pelos dados empíricos pode não ser o dominante ou mesmo ser inteiramente desconsiderado por narrativas inventadas em propósito, fé ou ignorância, como aquela de que a Terra tem seis mil anos de idade ou a de que comunistas devoram crianças. Mesmo o discurso científico que qualquer pessoa consegue entender pode não prevalecer, como a presença de dinossauros na Terra. Que dizer das demonstrações matemáticas ininteligíveis dos buracos negros, por exemplo, ou mesmo da teoria da relatividade? Quantas pessoas acreditam em relatos para os quais não há o menor apoio científico ou mesmo leigamente empírico, como a existência de premonições, anjos, fantasmas, carmas, maldições etc.?

3. DOIS PRESSUPOSTOS EPISTEMOLÓGICOS: O PROBLEMA DO CONHECIMENTO E UMA ANTROPOLOGIA CARENTE

Para contornar a dificuldade dos vários temas e disciplinas que este livro pretende introduzir, é necessário fixar postulados básicos. "Pressupostos" por dois motivos: primeiro, porque são teorias, concepções, ideias, modelos filosóficos de compreender o mundo, discutidos em trabalhos anteriores e que não vão ser novamente abordados agora[15]; segundo, porque eles vão acompanhar o desenvolvimento de todo o livro, vão informar todas as discussões. São assim postos de antemão, ou seja, pré-supostos.

O primeiro dos pressupostos refere-se ao problema do conhecimento e pode ser assim sintetizado: eventos, significados e palavras não podem ser reduzidos um ao outro.

Epistemologia é o discurso da *episteme*, palavra que, em Platão, designa a esfera superior do conhecimento humano. Hoje é por vezes entendida como conhecimento "científico", carregando a discussão sobre o significado de "ciência", que não está presente em Platão. Aqui entende-se a palavra bem literalmente: refere-se à teoria (*logos*) de um conhecimento mais aprofundado, mais pretensioso, mais organizado (*episteme*).

Uma filosofia retórica realista renuncia a definições que abarquem completamente objetos específicos (podem ser chamadas "omnicompreensivas") porque não acredita na correspondência adequada entre pensamento e palavras, de um lado, e eventos, de outro. A "faculdade de conhecer" ou "razão" humana enfrenta o mundo empírico em torno por meio de generalizações linguísticas que se dividem em significantes e significados.

---

[15] Para essas discussões mais detalhadas, minhas outras publicações serão especificamente referidas ao longo dos rodapés. E é grande a disponibilidade de dicionários na *internet*, que devem ser consultados diante de qualquer palavra desconhecida. Cf. ADEODATO, João Maurício. **Ética e retórica** – para uma teoria da dogmática jurídica. São Paulo: Saraiva, 2012, p. 195 s.

Isso não é tão complicado quanto parece: a pessoa vê milhares de "relógios" em sua vida e sabe que todos são diferentes entre si, pois não há nada igual a nada no mundo da experiência. Todos entendem que o número de moléculas daqueles dois relógios aparentemente "iguais" que acabam de sair da fábrica não é o mesmo, por exemplo. Aí a pessoa cria uma "imagem" ou "ideia" de relógio em sua "mente", ou "razão", por meio de um processo que a ciência não consegue bem explicar, e ao mesmo tempo designa uma palavra para aquele pensamento, isto é, "relógio", "clock" ou 시계 (sigye). Ocorre que aquela palavra ou ideia não se refere a um objeto do mundo real, não se pode ver ou pegar "no" relógio, só se pode perceber este ou aquele "um" relógio, cada qual único.

Porém, são essa imagem e essa palavra que permitem ao indivíduo, ao ver um novo relógio com que nunca se deparou antes, e que não é igual a nenhum outro, dizer para si mesmo e para os demais seres humanos "isto é um relógio" e assim acontecerem o conhecimento e a comunicação.

Os eventos do mundo, os acontecimentos, são individuais e por isso inapreensíveis pelo ser humano, posto que seu conhecimento implica necessariamente uma abstração que não se adequa ao específico. Este problema será visto mais de perto no capítulo terceiro, mas desponta ao longo de todo o livro. O pressuposto de que o conhecimento consiste em uma tentativa de adequação entre eles – eventos, significantes e significados – recusa as certezas das ontologias. As ontologias, como o nome diz, partem do princípio de que os "ob-jetos" estão "postos adiante" dos sujeitos e o conhecimento é se adaptar a eles. É como se cada evento e palavra portasse um significado próprio a ser "des-coberto" pelo sujeito. Esse pressuposto também implica reconhecer a irredutibilidade de um a outro dos três elementos do conhecimento, ou seja, o significante não é um evento nem corresponde a um significado, o significado não é conduzido pelo evento nem pelo significante e o evento não é portador do significante nem do significado.

O segundo dos pressupostos está estreitamente conectado ao primeiro e diz respeito ao papel da linguagem no ambiente humano: trata-se de uma concepção do ser humano como animal até certo ponto carente de instintos que o dominem (*Mangelwesen*).

Nesses termos, podem-se dividir os pensadores em dois extensos grupos, segundo sua antropologia, sobretudo quanto às relações da linguagem com o mundo: para os que entendem os seres humanos como "plenos", verdades evidentes sobre conhecimento e ética estão "lá" (no mundo) para ser literalmente "descobertas", o que irá apenas depender de método, isto é, de competência da abordagem, para o que a linguagem nada mais é que um meio; para os que consideram os seres humanos "carentes", não há acesso a objetos além da linguagem, que é o único ambiente possível, convencional e arbitrariamente construído, e daí mutável, autorreferente, temporário e instável.[16]

---

[16] BLUMENBERG, Hans. Antropologische Annäherung an die Aktualität der Rhetorik. In: BLUMENBERG, Hans. **Wirklichkeiten, in denen wir leben** – Aufsätze und eine Rede. Stuttgart: Philipp Reclam, 1986, p. 104-136.

A humanidade pode assim ser compreendida por meio das características específicas da sua linguagem. A antropologia é para ser entendida como "o último capítulo da zoologia", pois outros animais também são capazes de comunicação. Mas a comunicação não humana que se conhece constitui um prolongamento de quem a emite; só a comunicação humana é linguagem, porque "linguagem" significa que emissor e mensagem se separam e esta ganha uma identidade própria que nem emissor nem receptor conseguem controlar. A linguagem humana é, assim, uma espécie de comunicação.

Esses dados biológicos levam a uma característica antropológica importante: os seres humanos não dispõem de um ambiente natural, não porque sejam superiores e se adaptem a qualquer meio, mas porque seu único ambiente é a linguagem, que os obriga a construir e carregar seu mundo, sua própria representação como indivíduos e como grupos sociais, diante da "pobreza de instintos". Por isso são "seres incompletos" (*unfertige Wesen*), eternamente em formação.[17] A linguagem é seu *habitat*, que eles, como um caracol, carregam aonde vão. A um mundo independente de linguagem eles simplesmente não têm acesso.

Por conta dessa carência e pobreza de instintos surge o problema do poder. O poder humano não se deve a uma superioridade natural, como maior força ou maior número. Numa definição simples, o poder consiste na faculdade de impor um relato sobre os relatos alheios concorrentes, talvez o impulso mais decisivo do ser humano. Quem tem poder constitui, "fabrica" o ambiente, quanto maior a interferência sobre os relatos, maior o poder. O poder assim implica a possibilidade de fazer o mal a outrem, isto é, condições de fazer a outra pessoa algo que ela não desejaria, de evitar algo que ela desejaria ou de conseguir o que ela desejaria: torturar, amar, um prato de comida, companhia.

O direito é importante porque limita de alguma maneira o poder, que ainda assim parece não ter limites: campos de concentração, guerras, estupradores de doentes mentais e crianças, corrupção com o dinheiro público, não se sabe até onde chega essa relação atávica do ser humano com o poder sobre outros seres humanos. Dinheiro, sexo, votos e *likes* são apenas meios para o poder.

O direito impõe deveres e ter deveres limita o poder. Claro que há limites naturais, tais como não poder voar ou voltar no tempo, e que o direito só se pode ocupar de condutas possíveis. Mas a fronteira entre o possível e o impossível depende também de convicções expressas por relatos, como será examinado no item 8.1. à frente. Se as pessoas acreditam em ressureição, por exemplo, ela passa a fazer parte das possibilidades do ambiente.

---

[17] GEHLEN, Arnold. **Anthropologische Forschung**. Zur Selbstbegegnung und Selbstentdeckung des Menschen. Hamburg: Rowohlt, 1961, p. 23 s.

4. UM PRESSUPOSTO AXIOLÓGICO: A TENTATIVA DE NEUTRALIDADE ANALÍTICA LEVA À TOLERÂNCIA

Este pressuposto vai ser também assunto do último capítulo, item 12.1., que abordará o ceticismo e seu consequente relativismo ético. Nesta introdução, chama-se atenção para como o ceticismo leva à tolerância, combatendo o impulso atávico de se aproximar do semelhante e se afastar do diferente, de impor seu relato, de ter poder. Em outras palavras, a visão epistemológica, sobre o conhecimento, acompanha a visão ética, sobre as preferências de valor. Isso é relativizado pelo ceticismo.

Se as pessoas percebem os acontecimentos cada uma a seu modo, em um processo cognoscitivo complexo, pois os acontecimentos não são portadores de um seu significado próprio, assim como as palavras da linguagem, a avaliação ética desses acontecimentos é mais complicada ainda. E cada indivíduo pretende não apenas ter sua percepção e sua avaliação: ele quer também que elas sejam aceitas pelos demais. A intensidade desses impulsos varia e também variam o poder e os meios de que as pessoas estão dispostas a lançar mão para que suas percepções e avaliações se tornem preponderantes.

O ceticismo é um dos elementos da atitude retórica, que considera indesejáveis essas características humanas. Desde a origem, na Sicília do século VI a.C., a retórica necessitava de um espaço público para a divergência de opinião e esse espaço precisava ser garantido coercitivamente contra a intolerância atávica da espécie humana. Talvez esse amor pela divergência seja tão genético quanto o ódio a ela, o fato é que vivem desde então em conflito. E a retórica toma o lado da divergência.

Não se deve entender o ato de tolerar no sentido somente de suportar o outro, resignar-se diante do dado de que a sociedade humana é confusa e as diferenças nas percepções das pessoas são inevitáveis. Tolerar é aceitar o outro nas diferenças.[18] Por isso o direito e sua coercitividade externa não são suficientes para garantir a tolerância, mas apenas seus limites mais básicos. Além da educação nos diversos ramos do conhecimento, é preciso também uma educação ética, uma educação para a tolerância, o que é difícil para um animal naturalmente violento e pouco solidário. Uma grande adversária da tolerância é a ideologia.

O sucesso da ideologia está justamente em afastar o ônus de pensar, de problematizar. O ideologizado primeiro tenta atacar a fonte, em um discurso *ad hominem*, e dizer que aquele interlocutor (um blog ou articulista, por exemplo) é parcial, isto é, ironicamente, ideologizado. Quando é difícil desacreditar a fonte nesses argumentos pela via do *ethos*, afirma-se que a discussão não é importante agora, não é oportuna (argumento via *kairós*). O importante para o intolerante é

---

[18] ADEODATO, João Maurício. **A retórica constitucional** – Sobre tolerância, direitos humanos e outros fundamentos éticos do direito positivo. São Paulo: Saraiva, 2010, p. 115 s.

eliminar a divergência, literalmente, não permitir o *dissoi logoi*. A intolerância ideológica traz uma arrogância moral que não é aberta ao diferente, ao contraditório.

Outra estratégia comum é desprezar o próprio conteúdo do argumento, ou seja, de um argumento que se apresenta pela via do *logos*, sem enfrentá-lo, desqualificando a "academia", a "ciência" ou o conhecimento como um todo, tachando-o de elitizado, distante, alienado. O ideologizado, como o nome diz, politiza qualquer assunto, pois o opinativismo é mais fácil, acessível a todos e, em tempos de redes sociais, igualitário: qualquer um pode dizer o que quiser, quase não há mais aqueles filtros tradicionais como a posição social ou o currículo. Pacificar divergências é trabalhoso, exige conhecimento, tempo, procedimento, não é só chegar e participar do discurso. O conhecimento precisa ser de alguma maneira institucionalizado, para ser testado e avaliado menos arbitrariamente.

A perspectiva da tolerância aceita que, independentemente do seu conteúdo, é necessário que seja possível abandonar o debate, ninguém pode ser obrigado a participar. Mas não é possível alguém acabar com o debate por não querer participar, ou seja, ninguém pode exigir que outros não participem, se querem participar. Em outras palavras, se se considera de alguma forma ofensivo o que se diz, há somente duas opções: ignorar o debate ou entrar nele.

A base do ceticismo é a suposição de que os eventos que as pessoas percebem e de que participam não somente são casuais, no sentido de que poderiam acontecer diferentemente de como ocorreram, mas também admitem diversas interpretações. Assim, há sempre enunciados conflitantes sobre uma mesma situação e não há critérios que se imponham de modo definitivo nesta ou naquela direção. Isso faz parte da condição humana. Um critério vai prevalecer sobre outro a depender dos oradores, do local, do momento, de todo o contexto do discurso. E tal prevalência é sempre temporária, não há como prever sua duração. É uma antropologia sem ontologia, uma antropologia do casual, da outra possibilidade, sem conexão com grandes princípios.[19]

Na história das ideias, observa-se o caminho, até hoje em curso, de ver o ser humano em posição cada vez mais modesta. A Terra não é mais o centro do universo e o sol é uma estrela insignificante, mas também a visão do *homo sapiens* como o único animal que tem alma, a língua de fogo do Espírito Santo, o ponto culminante de uma evolução, começa a ser questionada. A Torre de Babel está aí com toda a força dos problemas da linguagem, a qual, em que pesem as imprecisões, é a única forma de *logos*, o único caminho possível para a razoabilidade e a prudência.

---

[19] ADEODATO, João Maurício. **Filosofia do direito** – uma crítica à verdade na ética e na ciência (em contraposição à ontologia de Nicolai Hartmann). São Paulo: Saraiva, 2019, p. 318. MARQUARD, Odo. **Philosophie des Stattdessen**. Stuttgart: Reclam, 2000, p. 22 e 27. E do mesmo autor: **Abscheid vom Prinzipiellen**. Stuttgart: Reclam, 1981. **Apologie des Zufälligen**. Stuttgart: Reclam, 1986. **Skepsis und Zustimmung**. Stuttgart: Reclam, 1994.

Por isso, além da tolerância, o cético necessita suspender juízos definitivos (*epoché*) e sempre questionar suas preferências diante das preferências alheias, pois qualquer argumento pode ser plausível ou não, pode ter igual força (*isostenia*), a depender do contexto. Finalmente, o cético deve procurar se preservar de toda perturbação (*ataraxia*) e assim se afastar do sofrimento, na medida do possível, mesmo conhecendo a história da condição humana.

Em um ambiente altamente complexo, em que as pessoas discordam de postulados descritivos básicos sobre o mundo, não concordam nem sobre os "dados empíricos", a dúvida no conhecimento e a tolerância na ética são as atitudes mais sensatas. Em um ambiente virtual interligado no qual todos falam, é sábio o velho provérbio: "confiar, desconfiando". Nenhum novo relato deve ser abraçado ou rejeitado de pronto, sempre se deve aguardar o apoio ou não de outras narrativas. Em suma, a fórmula é simples: a dúvida e a tolerância, controladas pelos dados empíricos e pelo *dissoi logoi*, enfrentam mais eficientemente as narrativas divergentes, sobretudo aquelas que pretendem hierarquizar as pessoas em função de suas desigualdades originárias e adquiridas.

Essas desigualdades podem ser classificadas segundo três tipos de circunstâncias: genéticas, ambientais e de fortuna (sorte/azar).[20]

As genéticas, como o nome diz, consistem dos caracteres herdados, aquelas condicionantes biológicas que cada ser humano traz. Como já mencionado, a característica notória do mundo empírico é que qualquer evento (incluindo coisas, objetos, fatos) é único e nunca se repete. Os seres humanos são parte do mundo empírico, daí são todos diferentes e se modificam incessantemente. Alguns padecem de doenças geneticamente herdadas e outros gozam de perfeita saúde. Uns são mais e outros menos aptos a determinadas funções como saltar obstáculos ou fazer cálculos matemáticos. A lista é infinita.

As circunstâncias ambientais dizem respeito ao tempo e ao espaço do indivíduo ou grupo social, onde e quando cresceu, suas condições econômicas, educacionais, éticas, em suma, suas condições sociais. Algumas pessoas sofrem em um ambiente de fome, guerra, miséria, outras têm tudo em excesso; alguns ambientes são emocionalmente equilibrados, em outros só há conflitos; para uns o conhecimento está disponível a toda hora, para outros, é impossível.

A terceira fonte de desigualdades que a vida reserva é o momento, estar no lugar e no tempo propícios... Ou não. A sorte e o azar, objeto de tantas especulações filosóficas e místicas, são dados empíricos, o casual existe: uma bala perdida, um motorista irresponsável, a queda de um avião. São eventos que se percebem como casualidades, eventualidades, acontecimentos que poderiam não ter acontecido,

---

[20]   ADEODATO, João Maurício. **Uma teoria retórica da norma jurídica e do direito subjetivo**. São Paulo: Noeses, 2014, p. 79 s.

acaso. Mas podem decidir uma existência e fazer ou desfazer quaisquer vantagens genéticas e ambientais.

Essas causas de desigualdades se entrelaçam na vida de cada um e tornam o ambiente ainda mais imponderável: um indivíduo nascido em um meio economicamente favorecido pode ter desvantagens genéticas ou vice-versa e uma pessoa feliz pode escorregar, bater a cabeça e ficar em coma para sempre. O azar pode atingir os que se achavam sortudos, os vaidosos, os arrogantes, assim como a sorte pode bafejar os infelizes.

Aí se vê a função da tolerância defendida pela retórica em sua perspectiva ética: combater as intolerâncias oriundas dessas desigualdades empíricas, sobre as quais não há controle, que nem se podem eliminar. A tolerância equilibra desigualdades e estabiliza frustrações decorrentes de supostas relações de superioridade e inferioridade entre as pessoas. Coercitivo, o direito é fator importante para constituir o relato vencedor. A narrativa apoiada pelo direito tende a se impor, mas não se trata de uma luta do bem contra o mal, mas sim de interesses e opiniões em conflito. Não há lado "certo": é lícito que a polícia vasculhe o lixo de alguém suspeito para obter informações? As ações afirmativas para proteger grupos sociais mais frágeis ferem a exigência de isonomia ou igualdade perante a lei? Times de futebol e associações religiosas merecem isenções fiscais? As possibilidades são mais uma vez infinitas.

5. DOIS PRESSUPOSTOS HISTÓRICOS: A MUDANÇA DE MENOR PARA MAIOR COMPLEXIDADE E O MITO DE SÍSIFO

Em vários trechos deste livro, analisam-se evoluções históricas, tanto de eventos como dos conceitos que tentam explicá-los. O direito natural no capítulo quarto, a evolução do positivismo no capítulo quinto, o conceito de norma jurídica no capítulo oitavo e as sucessivas sobrecargas da sociedade complexa no capítulo décimo primeiro são alguns exemplos. Esses relatos históricos, todos eles, partem de dois pressupostos.

Primeiro, não se podem relatar sequências de acontecimento ao longo do tempo sem conectá-las, vale dizer, é preciso ter uma ideia diretora que uniformize de que para que determinado ambiente histórico e geográfico se modificou, na opinião de quem fala, conforme mencionado no último parágrafo do item 1 acima. Aqui se enxerga, na esteira de Luhmann e outros, que essa mudança se dá na evolução de menos para mais complexidade, ou da indiferenciação para a diferenciação social.

Tal evolução desemboca no discurso do Estado democrático de direito, que se qualifica a partir da independência do jurídico em relação ao político. O "jurídico" significa o que se chama tecnicamente de "procedimento". O procedimento democrático se caracteriza por tornar secundário o "resultado", o "que" efetivamente se decide, privilegiando "quem" decide (o que os juristas denominam "autoridade competente") e "como" se decide (chamado o "rito de elaboração"). Consequentemente, argumentos sobre o resultado, não importa o que adversários e defensores achem de sua justiça moral, política, religiosa etc., são ignorados pelo direito.

É por causa das divergências inconciliáveis de opinião na sociedade complexa que a civilização ocidental criou a democracia e seu procedimento. Regimes não democráticos se caracterizam exatamente por não respeitar o procedimento, por colocar perspectivas de justiça deste ou daquele grupo social acima das autoridades e ritos constituídos, por piores que sejam. Não há democracia acima do procedimento. Uma solução a longo prazo é melhorar a qualidade das pessoas concretas (educação), para assim melhorar a qualidade do "povo" e de seus políticos. E, por que não, modificar os procedimentos.

Posições normativas conservadoras à direita e à esquerda podem apelar a expressões ocas como "apoio popular generalizado", que seria condição para validade do procedimento, o qual resultaria em improvável consenso na "aceitação por parte dos derrotados". O caráter ideologizado desses argumentos fica mais claro diante de casos concretos como o quase impedimento do presidente Fernando Collor, em 1992 (que renunciou, mas ficou inelegível por oito anos, nos termos da Constituição), e o impedimento da presidente Dilma Rousseff, em 2016 (que não renunciou, mas manteve os direitos políticos). Certamente a "ilegitimidade crônica" ou as "formas ditatoriais" previstas não ocorreram a partir da posse do vice-presidente, que não foi perturbada por "protestos políticos que se seguiram".[21]

Sem contar que o próprio Luhmann reconhece que o procedimento autorreferente bem pode se revelar uma "anomalia" localizada, exclusivamente europeia, como o faz no último período de *Das Recht der Gesellschaft*.[22]

O segundo pressuposto histórico é que, ainda assim, todo ciclo tem seu termo, vem um novo começo, inicia-se novo ciclo. Mas a história jamais se repete: se toda folha de árvore ou formiga é única em sua individualidade, que dizer de acontecimentos históricos emaranhados em contextos diversos. Essa concepção de história se inspira no mito grego de Sísifo, condenado a carregar uma grande pedra montanha acima, sem saber até onde vai conseguir chegar. Há duas versões

---

[21]   HOLMES, Pablo. Impeachment sem legitimação. **Folha de São Paulo**. São Paulo: 26.09.2016. https://m.folha.uol.com.br/opiniao/2016/09/1816816-impeachment-sem-legitimacao. shtml. Acesso em 3.06.2022.

[22]   Sobre a *Anomalie*, ver item 7.2. adiante. A crítica de que a legitimação pelo procedimento de Luhmann não se aplicaria ao Brasil já está em ADEODATO, João Maurício. A legitimação pelo procedimento juridicamente organizado – notas à teoria de Niklas Luhmann. **Revista da Faculdade de Direito de Caruaru**, vol. XVI. Caruaru: FDC, 1985, p. 65-92.

para o motivo do castigo: em um relato, Sísifo denunciou ao deus-rio Asopo que Zeus havia raptado sua filha Egina, provocando a ira do sequestrador; segundo outra narrativa, Sísifo enganou e aprisionou Hades, o deus da morte, e fez com que ninguém morresse na Terra durante algum tempo.[23]

Sísifo nunca consegue chegar ao cume, por isso sua tarefa não tem fim: em algum momento da subida ele deixa cair a pedra, que rola montanha abaixo e precisa ser retomada desde o sopé.[24] Esta montanha íngreme é o mundo, o "vale de lágrimas" onde caminha a humanidade, representada por Sísifo. A pedra é a história, o fardo que a própria humanidade tem que carregar.

Mesmo que as perspectivas retóricas se recusem a conceber a história a partir de escatologias e etiologias como ontologias historicistas, a visão dominante na modernidade ainda tem base na mesma relação de causa e efeito. Se o passado é causa do presente, é possível prever o futuro, que é efeito do presente, trasladando para o estudo das chamadas humanidades perspectivas das ciências da natureza.

As digressões históricas deste livro, contudo, devem ser compreendidas como Sísifo, contrárias à concepção de história dominante: o percurso da ética ocidental, da transcendência para a imanência ou a sociedade alopoiética evoluindo para a sociedade autopoiética, por exemplo, não são processos históricos causais e inexoráveis. São escolhas humanas. Etimologicamente, a palavra grega *poiesis* chegou por intermédio do latim *poesis* e designava a ação de criar, especialmente a atividade poética; os termos se completam com *autos* (próprio, o mesmo) e *allos* (outro). Além de limitada ao Ocidente, portanto, essa evolução é diferente em cada ambiente e jamais se repete, são anomalias mesmo. Mas é possível descrever o passado e testar esses critérios para observar a história, se eles ajudam a compreender melhor o mundo.

Tais critérios permitem observar como os discursos dos diversos grupos e sistemas sociais se tornaram mais e mais separados, em interpretações inteiramente diferentes para os mesmos eventos e até os mesmos textos. Não somente algumas palavras e discursos são banidas e novas são criadas, mas também há rompimentos de acordos linguísticos anteriormente assumidos e hegemônicos e novos significados surgem para as mesmas palavras, como "casamento", "racismo", "democracia" ou "culpa".

Diante dos desacordos, o direito na sociedade complexa se formaliza em procedimentos autorreferentes: justa (correta, eticamente verdadeira) não é mais esta

---

[23] APOLODOROS. **Götter und Helden der Griechen** (Apolodoros Bibliothek). Eingeleitet, herausgegeben und übersetzt von Kai Brodersen. Darmstadt: Wissenschaftliche Buchgesellschaft, 2012, p. 31-32.

[24] HAMILTON, Edith. **Mitologia**, trad. Jefferson Camargo. São Paulo: Martins Fontes, 1995, p. 460; e PINSENT, John. **Mitos e lendas da Grécia antiga**, trad. Octavio Casado. São Paulo: EDUSP/Melhoramentos, 1978, p. 49 e 50.

ou aquela escolha ética, mas sim o que quer que uma autoridade competente e um rito adequado decidam, de acordo com regras fixadas pelo próprio direito positivo.

Uma ordem social menos complexa se organiza de forma indiferenciada, o que significa, dentre outros aspectos, que as ordens éticas, as ordens normativas que regulam a conduta humana, uma das quais é o direito, estão todas coligadas, sem funções definidas separadamente no contexto social. Um crime é ao mesmo tempo um pecado e não se concebe um direito imoral, por exemplo, pois as fronteiras não são tão nítidas entre o ilícito religioso, o ilícito moral, o ilícito jurídico. A diferenciação moderna diminui essa interdependência.

6. AS TRÊS TESES QUE INFORMAM ESTE LIVRO E OS TRÊS SENTIDOS DA PALAVRA "RETÓRICA"

Tomados esses pressupostos, o livro defende três teses, que caracterizam sua concepção de mundo a um só tempo retórica (não ontológica) e realista (empírica, não normativa, não idealista): 1. Contra os filósofos ontológicos: retórica não é só falácia e sedução. 2. Contra os próprios retóricos (aristotélicos): retórica não é só persuasão e convencimento. 3. Contra os filósofos ontológicos e os retóricos aristotélicos: retórica é um tipo de filosofia.

A denominação retórica "realista" deixa a desejar, pois "realista" vem etimologicamente de *res* (coisa). Chamar o mundo empírico exterior de "realidade" já indica a perspectiva ontológica prevalente de que o mundo é composto de "coisas", "objetos" e "fatos" que estão ali independentemente do observador. E esta não é a perspectiva da retórica realista.

Para explicá-la além dessa denominação, este livro tem base nessas três teses, três pontos de partida relativamente simples, mas que precisam ser bem compreendidos porque contrariam o que parece óbvio para as pessoas, o senso comum. As denominações trazem a palavra "contra" por inspiração no filósofo Sextus Empiricus, cujos textos sempre trazem a palavra *adversus* nos títulos: *Contra os lógicos*, *Contra os gramáticos*, *Contra os matemáticos* e até *Contra os retóricos*, dentre outros.

De acordo com a primeira tese, os filósofos ontológicos podem ser divididos em dois grupos, segundo sua relação com o que entendem por retórica: os menos favoráveis a identificam como estratégias ardilosas destinadas a embustes e finalidades eticamente más; os ontológicos mais favoráveis acham que é a arte de seduzir pelo ornamento, pela superficialidade do que é belo e atrativo, porém menos importante. Contra essa filosofia dominante, a retórica realista entende que essas funções são, sim, desempenhadas pela retórica, mas esta também inclui os discursos persuasivos, aqueles que se referem à sinceridade, justiça, ética, pois as vias da persuasão colocadas por Aristóteles, *ethos*, *pathos* e *logos*, também são estratégias retóricas para a perspectiva realista. Como o eram para os sofistas. Já o *kairós* envolve adequação, oportunidade, cadência; não é somente o tempo, mas o tempo adequado, o *timing* da língua inglesa. O *kairós* não constitui uma quarta via persuasiva, mas deve acompanhar as três mencionadas.

Para os retóricos de tradição aristotélica, só se pode chamar um discurso de "retórica" se ele visa à persuasão, se ele convence sinceramente pelas vias *logos*, *ethos* e *pathos*. Ora, uma visão realista certamente admite que uma divergência resolvida pela persuasão é a mais eficiente das possibilidades, mas é muito idealista reduzir a retórica humana a isso, há outros caminhos para fazer prevalecer determinado discurso. Isso é contra os retóricos aristotélicos, cuja postura é normativa, prescritiva, idealista. A tese é importante, sobretudo, para um livro dirigido ao direito. Sim, pois, dificilmente se encontraria algum jurista que defendesse a exclusividade da persuasão nas decisões jurídicas práticas, ainda que a invoquem em congressos e manuais de doutrina. O jurista contemporâneo, começando pelo estudante de direito, deve retomar a tradição siciliana e sofística inicial e incluir o estudo de outras estratégias discursivas, além das persuasivas e das ilusões cientificistas.

Finalmente, a terceira tese "contra os filósofos ontológicos e os retóricos aristotélicos" é simples de enunciar, embora difícil de analisar: retórica é um tipo de filosofia. A tese não é novidade, embora sempre minoritária. Muitos retóricos, de sofistas como Isócrates a céticos como Sextus Empiricus, viam a si mesmos e eram vistos como filósofos.

Contra os filósofos ontológicos é óbvio, nenhum deles considera a retórica sequer uma forma de conhecimento e menos ainda aceitariam que fosse a forma mais alta de conhecimento, a filosofia. Conforme a primeira tese, eles só veem na retórica engodo e sedução. Platão equipara a retórica a culinária e indumentária, menosprezando-as, pois fazem parte da bajulação e sequer uma arte constituem. Retórica é a "face ignóbil da política".[25]

Para se apresentar como uma filosofia, a retórica começa por simplesmente apelar ao sentido etimológico da palavra e recusa a definição platônica dominante, de que filosofia é o amor pela verdade, verdade entendida como enunciado imutável, perene, única e correta resolução de problemas: essa verdade absoluta e original não existe e filosofia não é o amor (φιλο, *filo*) pela verdade (ἀλήθεια, *alétheia*), mas sim pela sabedoria (σοφία, *sofia*), da qual a retórica é parte primordial.

Embora Platão desprezasse a retórica em geral, talvez por causa dos sofistas, Aristóteles tinha um interesse genuíno por ela e era seu direito defender que retórica consiste somente na persuasão, via *logos*, *ethos* e *pathos* e excluir todas as demais

---

[25]   PLATO. **Gorgias**.(463). In: **The dialogues of Plato**, translated by Benjamin Jowett. Col. Great Books of the Western World. Chicago: Encyclopaedia Britannica, 1990, v. 6, p. 252-294, p. 260.

estratégias discursivas humanas como "erística", falsa e indesejável. A tese aqui é contra os retóricos aristotélicos porque a visão que Aristóteles tinha da retórica se tornou de tal forma dominante que os próprios retóricos passaram a concordar que retórica não é uma forma de filosofia, mas uma arte, que não trabalha com a verdade, como se a filosofia trabalhasse. O que impressiona é que essa visão do filósofo tenha se tornado sinônimo de retórica.

Para fundamentar essas teses e aplicá-las ao estudo do direito foi preciso escrever todo um livro. Porém, antes de tudo, observe-se uma concepção que o norteia sobre a evolução das formas de conhecimento desenvolvidas na civilização ocidental. Como todo conceito, "religião", "mito", "ciência" são tipos ideais que se interpenetram na experiência. A religião vem do mito; porém, enquanto no mito, o ser humano é um joguete de forças cósmicas, diante das quais nada pode fazer, na religião ele é religado (do latim *religare*) ao passado e pode dialogar, prometer e receber dos deuses, com a intermediação dos ancestrais falecidos, pode "contratar". Toda religião crê numa ordem ética acima dos desígnios humanos. Os seres humanos creem em muitas ordens e ideias, porém nem todas são relacionadas à ética e nem todas são super-humanas. Daí a especificidade da religião, que pressupõe essas duas características na crença na Divindade.

A primeira forma de pensamento a construir relatos mais livres dos constrangimentos religiosos, no Ocidente grego, parece ter sido a poesia, mais adequada a uma cultura de transmissão oral. Anaximandro é dos primeiros a romper com as teogonias, como a de Hesíodo, que preferiam as formas poéticas, e escreve em prosa.[26] Ele procura antes o rigor que a prosa supostamente traz do que a beleza do pensamento e é o fundador das ontologias da natureza dos chamados filósofos pré-socráticos.

A visão tradicional confunde essas ontologias da natureza com a própria filosofia. Mas elas constituem apenas a origem da filosofia ontológica, aquela filosofia cuja estratégia apela a objetos e fatos do mundo real, a coisas (*res*), ou, numa metáfora, à verdade. Pode ser a filosofia dominante, contudo não é a origem de toda e qualquer filosofia. Há diversas formas de abordagem diferentes, em outras civilizações, a respeito de problemas que vieram a fazer parte da filosofia; porém, mesmo na Grécia antiga, paralelamente, desenvolveu-se, a partir da poesia, um conjunto de conhecimentos destinados a impor seus relatos por meio do discurso, isto é, persuasão, sedução, estratégias preferidas pela primeira geração de advogados sicilianos, antes de Górgias, nas figuras de Córax e Tísias.[27]

---

[26]   VERNANT, Jean-Pierre. **As origens do pensamento grego**. Trad. Ísis da Fonseca. Algés (Lisboa): Difel, 2002, p. 129.

[27]   COLE, Thomas. Who was Corax? **Illinois Classical Studies**, Vol. 16, No. 1/2 (Spring/Fall 1991). Urbana–Champaign: University of Illinois Press, p. 65-84.

As ontologias da natureza ou as filosofias ontológicas da natureza, usualmente conectadas aos filósofos pré-socráticos, estabeleceram a diferença entre empirismo, como em Heráclito, para quem tudo muda, e racionalismo, como em Parmênides, para quem nada muda. Do outro lado, os advogados adotam o empirismo, o humanismo, o historicismo e, com a incorporação do ceticismo, constituem a filosofia retórica, que começa com os sofistas e atravessa centenas de escolas e pensadores até hoje. As ontologias da natureza, por sua, vez, mantêm uma tendência empirista, de viés cientificista, como nos princípios apeiron, água, terra, fogo, ar, e uma tendência racionalista, de viés matemático (ou "analítico"), como no uno de Parmênides, no número de Pitágoras, nas ideias de Platão. Com o traslado das verdades matemáticas para a natureza física e para a ética constitui-se a poderosa filosofia ontológica, cujas diversas tendências apossaram-se rapidamente da própria filosofia.

Observe-se o esquema:

DESENVOLVIMENTO DA FILOSOFIA OCIDENTAL

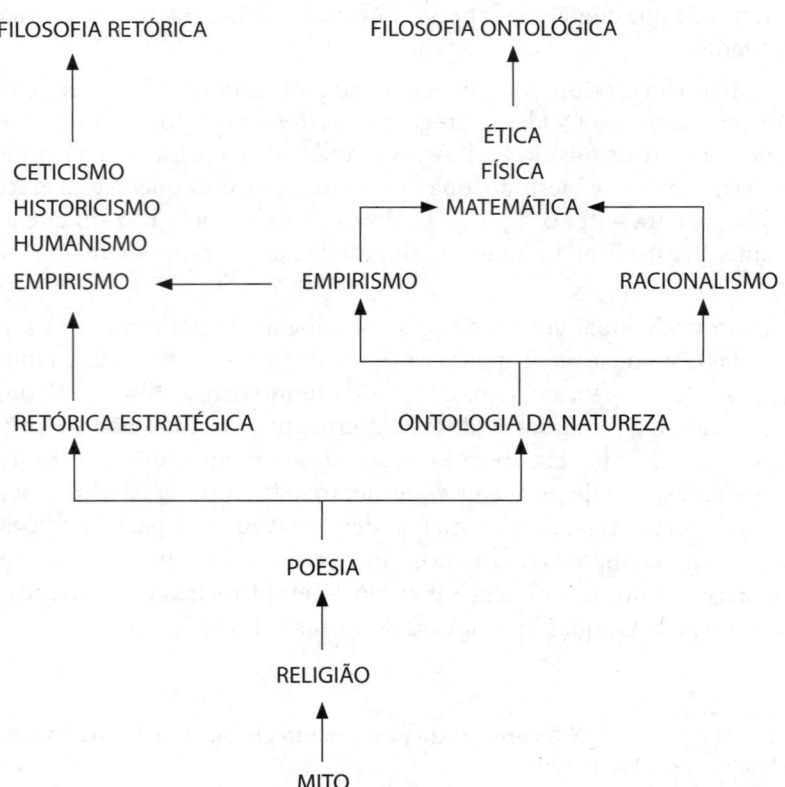

Além dessas três teses, a palavra retórica é concebida em três sentidos que não devem ser confundidos. Esses três sentidos serão retomados no capítulo sétimo adiante, item 7.4.2., mas especificamente no contexto do problema da cientificidade do direito. Precisam ser desde já compreendidos. Não que sejam complexos demais, mas porque são muito apartados do senso comum, principalmente a retórica em sentido material ou "constitutivo da realidade".

Essa visão da retórica inspira-se, sobretudo, em Friedrich Nietzsche, que a coloca em três níveis: retórica como *dýnamis* (δύναμις), como *téchne* (τέχνη) e como *epistéme* (ἐπιστήμη).[28] Esse é também o caminho escolhido por Ottmar Ballweg.[29] No sentido proposto neste livro, é assim possível empregar a palavra retórica de três diferentes formas, ou seja, dinâmica (material, existencial), técnica (prática, estratégica) e epistemológica (analítica, científica).[30]

Em um primeiro plano está a retórica material, existencial ou dinâmica (dynamis, δύναμις), o relato vencedor, que se constitui pelas narrativas que se impuseram como dominantes em determinado contexto, aquilo que o senso comum denomina "os fatos" ou "o mundo real", sem observar que tal predominância é temporária, pois a interferência de outras narrativas incompatíveis modifica continuamente a percepção do ambiente por parte das pessoas.

A filosofia retórica entende que a realidade é criada, constituída, conformada pelo relato vencedor, a retórica material. Falar em relato vencedor ou dominante pode implicar alguma forma de consenso, mas não necessariamente. Pode envolver luta e competição, porém tampouco isso está sempre presente. Pode envolver persuasão, sinceridade ou solidariedade, conforme a primeira e segunda teses acima.

A retórica material é o mais próximo que a filosofia retórica realista chega daquilo que o senso comum designa "realidade", em sua tentativa de afastar o preconceito ontológico da própria palavra, em cuja etimologia está a palavra "coisa" (*res*), conforme já apontado. Mas esta é somente uma analogia, pois as ontologias entendem o mundo exatamente como formado por "coisas" (*res*), que estão "colocadas adiante" (*ob-jetos*), ao passo que a retórica considera exclusivamente os relatos que constroem o ambiente. Os chamados "fatos" constituem apenas relatos sobre eventos, interpretações de alguém. Isso em um contexto no qual as relações dos seres humanos com o mundo estão em constante mutação e são muito dife-

---

[28]   NIETZSCHE, Friedrich. **Rhetorik**. Darstellung der antiken Rhetorik; Vorlesung Sommer 1874. Gesammelte Werke. Band V. München: Musarion Verlag, 1922, p. 291.

[29]   BALLWEG, Ottmar. Entwurf einer analytischen Rhetorik, *in* SCHANZE, Helmut *(Hrsg,)*. **Rhetorik und Philosophie**. München: Wilhelm Fink, 1989, p. 229-247.

[30]   PARINI, Pedro. A análise retórica na teoria do direito. **Cadernos do Programa de Pós--Graduação em Direito da UFRGS**, vol. 12, n. 1., Porto Alegre, 2017, p. 115-135.

rentes entre si: os relatos se enfrentam, se combinam e seu amálgama constitui uma "realidade" que nada tem a ver com coisas, objetos, fatos ou verdades.

O segundo plano da retórica, o estratégico ou técnico, é o que mais se assemelha ao entendimento comum sobre a palavra retórica, qual seja, a arte de bem falar, envolver, persuadir um auditório por meio do discurso. A retórica estratégica utiliza as vias aristotélicas da persuasão e do convencimento, mas também todos os meios erísticos para fazer prevalecer uma versão, tais como a dissimulação, a arrogância, a bajulação.

O objeto da retórica estratégica é a retórica material, vez que toda estratégia sugerida pretende constituir o relato dominante. Nesse sentido, a retórica estratégica é uma metalinguagem, uma linguagem prescritiva sobre a retórica material que todo ser humano desenvolve naturalmente desde tenra infância. As estratégias retóricas são mais ou menos eficientes em função da perspicácia de cada pessoa, do contexto e de um sem-número de fatores: desenvolvem-se de forma instintiva, porém podem ser cultivadas e ensinadas.

A retórica prática, estratégica ou técnica (téchne, τέχνη) é composta de enunciados normativos, isto é, aqueles que procuram dizer não o que o mundo é, mas sim o que deve ser na opinião do orador. Nesse sentido, não se compõe de discursos empíricos, mas sim de convicções que visam a orientar as condutas para o futuro, narrativas que sempre se pretendem tornar dominantes.

A retórica material nasceu com o *homo sapiens*, é uma de suas características antropológicas decisivas, constitui a comunicação. A retórica estratégica se desenvolve instintivamente, com base nessa característica, também antropológica, de tentar impor os próprios relatos aos circunstantes.[31]

Em relação à divisão tripartite aqui proposta, a retórica estratégica forma a metalinguagem em relação à retórica material – linguagem que cria o ambiente – ao tentar estruturá-la por meio de um processo de aprendizagem a respeito de quais relatos têm mais ou menos sucesso em cada contexto. Assim nasceu a retórica estratégica reflexiva e pedagógica de Córax e Tísias, na Sicília, Magna Grécia, cujos ensinamentos foram levados adiante pelo embaixador em Atenas, o sofista e filósofo Górgias.[32]

Em um terceiro plano, a retórica analítica, científica ou epistêmica (epistéme, ἐπιστήμη) é um conjunto de enunciados que objetiva compreender e explicar como funcionam as mútuas interferências entre as retóricas estratégica e material, de modo tentativamente distanciado e contemplativo, sem compromisso ou

---

[31] GEHLEN, Arnold. **Der Mensch**. Seine Natur und seine Stellung in der Welt. Wiesbaden: Akademische Verlagsgesellschaft, 1978, p. 136 s.

[32] COLE, Thomas. Who was Corax? **Illinois Classical Studies**, Vol. 16, No. 1/2 (Spring/Fall 1991). Urbana–Champaign: University of Illinois Press, p. 65-84.

interesse imediato ou pessoal pelos diferentes relatos. Nesse sentido é uma meta--metalinguagem.

A retórica analítica não parece tanto fazer parte de uma "natureza" humana como as retóricas material e estratégica, que nasceram com a comunicação e a linguagem. Tudo indica, pelo menos a partir das obras que chegaram até hoje, que foi criada por Aristóteles, cuja *Retórica* inaugura uma atitude descritiva e científica diante da retórica, enquanto fenômeno, objeto do conhecimento.[33] De uma perspectiva tentativamente neutra, epistemológica, ela procura explicar e compreender como os relatos da linguagem interferem e constituem o ambiente comum. Como meta-metalinguagem, a retórica analítica não participa dos embates estratégicos, pretende examiná-los sem tomar partido, mesmo diante das dificuldades que envolvem uma abordagem descritiva. A retórica analítica parte de duas suposições básicas: primeiro, admite que procurar um acordo sobre o que o mundo é já constitui tarefa suficientemente complexa para a teoria do conhecimento; depois, que só a partir dessa análise e de algum acordo sobre seus resultados será viável discutir sobre como o mundo deve ser, o problema ético, estratégico, normativo.

A teoria da linguagem já há muito criou a dicotomia linguagem/metalinguagem ou linguagem-objeto/linguagem, respectivamente, para ressaltar o papel da linguagem na filosofia e na observação do mundo em geral.[34] A despeito de sua importância, essa dicotomia peca por denominar metalinguagem duas ordens diferentes de discursos: a metalinguagem estratégica dirige-se à ação para modificar a linguagem-objeto ou "realidade"; a metalinguagem epistemológica coloca-se como espectadora dessa ação da metalinguagem estratégica sobre a linguagem-objeto, sem avaliar, concordar ou discordar diante das situações observadas.

Estabelecidas as perspectivas básicas do livro, vejam-se em detalhes os problemas e soluções propostos no âmbito da disciplina de introdução ao estudo do direito.

---

[33] SCHLIEFFEN, Katharina von. Rhetorische Rechtstheorie, in: Gert Ueding (Hrsg.). **Historisches Wörterbuch der Rhetorik**, Band 8. Tübingen: Max Niemeyer Verlag, 2007, p. 197-214.

[34] VILANOVA, Lourival. **As estruturas lógicas e o sistema do direito positivo**. São Paulo: Revista dos Tribunals, 1977.

Capítulo Primeiro

OS PROBLEMAS DA HERMENÊUTICA JURÍDICA, CAMPO 1 DA INTRODUÇÃO AO ESTUDO DO DIREITO: CONCEITO (COMO SE ENTENDE) E FUNÇÃO (PARA QUE SERVE)

1.1. ENTENDER A LINGUAGEM DO DIREITO, NÃO SE ASSUSTAR COM ELA

Uma pedagogia jurídica eficiente não vai pedir em provas para o estudante repetir o que decorou, como "defina o que significa *exequatur*" ou "o que é direito adquirido". Nem deve perguntar "grandes" questões filosóficas como "qual a relação entre direito e justiça". É simples: o estudante deve aplicar os conhecimentos sobre a teoria do direito que aprendeu a novas situações fáticas (conflitos), que serão sempre diferentes umas das outras – pois todo acontecimento é individual.

O estudante vai aprender a desconfiar das versões, porque sabe que as pessoas divergem muito, mesmo se bem-intencionadas. E vai ver que há as mal--intencionadas também. Vai prestar atenção e se familiarizar com as imprecisões da linguagem humana, que pessoas menos avisadas tomam como resolvidas e assentes, pois acreditam piamente em suas própria narrativas e experiências do mundo. E vai observar como as pessoas são inclinadas a julgar e condenar outras com base apenas em narrativas, muitas das quais pouco plausíveis, se avaliadas com cuidado.

A denominação "introdução ao estudo do direito" pertence a uma disciplina que existe em todas as faculdades de direito, basicamente com dois modelos diferentes: o da Alemanha e o dos Estados Unidos da América. O modelo brasileiro assemelha-se ao alemão: um livro de introdução ao estudo do direito deve explicar a teoria geral, os problemas e conceitos básicos do direito, unindo teoria do conhecimento, ética, história, hermenêutica, sociologia, antropologia e, obviamente, filosofia do direito.

Na tradição do *common law*, da qual não se pode falar homogeneamente, pelas muitas diferenças em cada país, o modelo dos Estados Unidos pode servir de paradigma comparativo.[1] Lá a introdução ao estudo do direito é uma disciplina que estuda, de maneira ampla, a organização do sistema jurídico positivo. Isso inclui os conceitos legais do direito substantivo e processual, as leis e decisões mais importantes e a própria Constituição, além do vocabulário jurídico especializado. Os alunos precisam completar os quatro anos iniciais de uma graduação mais genérica (*bachelor's degree program*) e depois três anos de faculdade de direito (*law school program*). No início da faculdade, aparece a *Introduction to Law*.[2] O estudo estadunidense **é** basicamente dirigido ao *case law*, o direito do caso, ou seja, um livro de introdução ao estudo do direito concentra- -se sobretudo em descrever e ensinar a defender casos, à luz da jurisprudência e da lei que interpreta e aplica.

Mas o caso não é suficiente. É na sala de aula e na pesquisa que os conheci- mentos sobre o direito podem atingir um maior grau de abstração do contexto do momento e construir conceitos mais genéricos e permanentes no tempo, válidos para contextos diversos, além do caso específico. Além disso, quem quer estudar o direito, pelo menos na forma em que atualmente se apresenta, precisa também escrever, não basta observar. A escrita aprofunda o diálogo consigo mesmo, revela inconsistências e lacunas do pensamento e consolida o entendimento do que foi lido e pensado anteriormente.

Apesar dos conteúdos interdisciplinares mencionados acima, não há acordo entre os juristas sobre que postura a disciplina de introdução deve ter diante do conhecimento do direito. Há que conter a visão dogmática porque esta é a forma de organização do direito positivo com que hoje se trabalha na prática, descontadas as mazelas do subdesenvolvimento, que também devem ser abor- dadas. E a filosofia do direito, em seus enfoques principais – epistemológico, axiológico e metodológico – precisa ser inserida para que o jurista entenda com o que está tratando.

Mas existem juristas que não se satisfazem com esses dois setores apenas e que tampouco se contentam em ampliar o estudo dogmático ou o estudo filosófico para abarcar matérias que entendem não fazer parte de nenhum dos dois campos. Para isso, a partir do século passado, foi se estabelecendo a teoria do direito, que englobaria esforços hermenêuticos, lógicos, sistêmicos, retóricos, argumentativos em torno, sobretudo, do conceito de norma jurídica. A teoria "geral" do direito, de inspiração francesa, era ainda mais ampla e procurava esclarecer os conceitos fundamentais da dogmática tendo em vista a cientificidade do direito.[3]

---

[1]   CAENEGEM, Raoul C. van. **Judges, legislators and professors**. Cambridge: Cambridge University Press, 1998, p. 6 s.

[2]   HAMES, Joanne Banker; EKERN, Yvonne. **Introduction to law**. Upper Saddle River, NJ: Pearson Prentice Hall, 2006, p. xvii, 3 s.

[3]   LUHMANN, Niklas. **Das Recht der Gesellschaft**. Frankfurt a. M.: Suhrkamp, 1995, p. 11-12.

A concepção sobre o conteúdo da disciplina introdução ao estudo do direito adotada neste livro fica próxima dessa visão teórica, com a possível distinção de que se preocupa em abordar também a ética jurídica, que habitualmente não é tratada pelas teorias do direito.

O direito na sociedade ocidental hoje dominante é baseado na litigiosidade. Litigar é a regra e tudo pode ser questionado em juízo, provocando as sobrecargas abordadas no capítulo décimo primeiro. Nos sistemas dogmáticos modernos, o julgamento é o "evento central" do litígio.[4] O mesmo fenômeno se nota no litígio com o Estado: em seu aspecto penal, a prisão e o sistema panóptico substituem os castigos corporais, na construção de uma "sociedade disciplinar", que em nada corresponde ao discurso de "humanização do direito penal", defendido pelos reformadores do século XVIII.[5]

O leitor deste livro certamente demonstra interesse por esse conjunto de eventos que ouviu chamar e chama de "o direito". Ocorre que, apesar de todos usarem essa palavra em diversas ocasiões, nem sempre se entendem sobre o que estão falando. Mas grande parte da comunicação humana acontece assim e o dia a dia da convivência mergulha as pessoas em um turbilhão de palavras que pouco ou nada dizem. O conhecimento é exatamente a procura por chegar a um acordo sobre o significado das palavras diante dos eventos que rodeiam as pessoas.

Objetos e eventos em fluxo, não interessa quão cuidadosamente o discurso do direito se expresse, em uma lei, jurisprudência ou contrato, toda linguagem será ambígua e vaga diante das peculiaridades do caso. Assim é a comunicação humana, logo, assim é o direito. A linguagem comum natural faz diferença entre objetos ou coisas, corpos físicos, e eventos, acontecimentos em eterno fluir, ela separa substantivos e verbos, mas a ciência já demonstrou que coisas e objetos estão em constante mutação, do mesmo modo que os eventos: tudo está eternamente em movimento.

Este livro introduz ao estudo do direito no sentido de iniciar o leitor ao seu conhecimento, para compreender os diferentes significados em que a palavra é empregada, a depender da situação. Para isso, como não se dirige aos especialistas em filosofia do direito e retórica jurídica, parte da linguagem comum, e só daí vai à técnica.

Com suas maiores dificuldades, a linguagem técnica tem funções importantes, tais como o poder de excluir da conversa aqueles não iniciados. Porém tal estratégia não surgiu gratuitamente. Formas mais complexas de conhecimento

---

[4]   FEINMAN, Jay M. **Law 101** – Everything you need to know about the American legal system. New York: Oxford University Press, 2006, p. 122 s.

[5]   OLIVEIRA, Luciano. Quando Casanova virou o rosto e tapou os ouvidos – uma leitura do humanismo penal em diálogo com Michel Foucault. **Revista Brasileira de Sociologia do Direito**, v. 8, n. 3, set./dez, 2021, p. 8-28.

precisam criar palavras para expressar significados que a linguagem leiga confunde ou simplesmente ignora por completo. Para comunicar ideias e fatos mais complexos essa linguagem do dia a dia por vezes não serve.

Uma das finalidades da disciplina de introdução ao estudo do direito é exatamente aproximar do jargão dos juristas, isto é, de sua linguagem técnica: epistemologia, ontologia, direito adquirido, direito objetivo, justiça, sanção, efeitos *ex tunc*, todas essas palavras fora do uso comum precisam ser compreendidas e manuseadas pelos juristas.

Mas há outro motivo importante para a preocupação em definir os termos que caracteriza este livro. O direito é um fenômeno complexo, confuso até, e a discussão sobre se é possível e se vale a pena estudá-lo cientificamente se estende até hoje. Um dos motivos para isso é que nem os juristas estão de acordo quanto a significados de termos supostamente essenciais ao desempenho de sua profissão. Muitos céticos adotam um niilismo que não ajuda muito a compreender o direito. Então vai acontecer às vezes a necessidade de confrontar significados diferentes até pelo uso comum de expressões técnicas como, por exemplo, "direito subjetivo", como na frase "o eleitor tem direito (subjetivo) a representantes honestos no congresso nacional". Positivamente, ele não tem esse direito subjetivo, pois não pode apelar coercitivamente para impor tal honestidade, mas fala-se como se tivesse, como se fosse um "fato".

O estudante de direito tem ouvido e vai continuar ouvindo em sua vida profissional expressões como "a verdade não se discute" e "contra fatos não há argumentos". Tal estratégia é tão antiga que até deu origem a um brocardo jurídico, em latim: "res ipsa loquitur" ("as coisas falam por si mesmas"). Essas frases podem ser "traduzidas" como "espero que você seja ingênuo o suficiente para aceitar que o que estou dizendo é o que deve prevalecer..."

A ideia de verdade é muito poderosa pois tem sido apoiada, além de pelo senso comum, pela religião e pela ciência. Trata-se aqui do sentido "forte" da palavra, com seus correlatos adequação, invariabilidade, totalidade, realidade, objetividade. Expressões como "verdade relativa", "verdade parcial", "verdade paraconsistente", "verdade temporária", "verdade contextual" apresentam contradições em seus próprios termos. Quando utilizadas, o orador quer atrair para seu discurso o peso, o acordo que a força da palavra "verdade" atrai. Mesmo inconsciente, é uma estratégia. A ciência, por exemplo, incorporou algumas funções da religião na cultura ocidental, inclusive algo da superstição. E a ideia de verdade é parte dessa superstição, como se argumentará neste livro.

É difícil o leigo compreender que é possível não haver uma decisão correta e outra incorreta no caso. Quantas vezes se ouvem comentários decepcionados com as decisões do sistema jurídico. O jurista precisa aderir aos significados que lhe pareçam mais adequados, mas para isso tem que conhecer também os que lhe vão parecer incorretos ou menos adequados. E ainda mais: um mesmo discurso (por exemplo: ater-se à literalidade da lei) pode parecer adequado a um caso e inadequado a outro semelhante.

O direito ocidental moderno, no qual se insere nosso ambiente cultural brasileiro, construiu formas de argumentação sofisticadas, complexas e confusas. Saber lidar com elas exige conhecimento e, sobretudo, a maior das faculdades epistemológicas, a criatividade do pensamento. Como em toda forma de conhecimento humano, o jurista visa a entender seu mundo, ou seja, os eventos (os fatos juridicamente relevantes), adequando ideias do pensamento (significados) a palavras e outras expressões da linguagem jurídica (significantes). Assim se entende aqui o círculo hermenêutico, de modo diferente daquele proposto por Hans-Georg Gadamer e seus discípulos. O círculo retórico é mais imprevisível, por assim dizer.

Para Gadamer, numa ideia semelhante à "consciência do problema", de Nicolai Hartmann, o entendimento humano é previamente condicionado: pelo que já se sabe (*Vorwissen*); pela intersecção entre todo e parte, pois embora nunca se consiga perceber o todo, só se percebe a parte imaginando o todo; e pela relação entre norma e caso, pois só se pode interpretar uma norma diante de um caso, ainda que os dados relevantes do caso sejam destacados pela norma. Esse ir e vir entre pré-compreensão e interpretação constitui o "circulo hermenêutico".[6]

Para o profissional que trabalha com a dogmática jurídica, o direito não é algo que se conheça, é algo que se faz. O que importa é a prática. Claro que o direito pode ser conhecido pelo cientista de postura analítica e este livro se concentra nisso. Mas o direito é uma forma de conhecimento prático, empírico, e os dados precisam preponderar sobre os sistemas conceituais, uma boa teoria não é suficiente. Uma pedagogia eficiente, por exemplo, em lugar de pedir um trabalho sobre quais são os elementos componentes de um contrato prefere colocar um caso ocorrido e perguntar se o caso constituiu um contrato, se o contrato é válido, se as partes são legítimas. Ou simplesmente faz o estudante redigir um contrato. Conhecer teoricamente os elementos contratuais é pressuposto para tratar do problema, deve ser um meio e não um fim.

Por ser um fenômeno empírico, o direito não está circunscrito ao domínio da lógica, da matemática, ou às determinações físico-químicas, embora se relacione com todos esses ramos do conhecimento. Por isso saber direito demanda treino, tempo ou, em uma palavra, experiência. Nunca haverá jovens juristas de grande saber porque, ao contrário da matemática, por exemplo, o conhecimento do direito vem de fora para dentro, depende da vida vivida. Não que todos os idosos sejam sábios juristas, mas sem o tempo da experiência não há saber jurídico.

---

6   RÖHL, Klaus F. **Allgemeine Rechtslehre**. Ein Lehrbuch. Köln / Berlin / Bonn / München: Carl Heymanns Verlag, 2001, p. 96.

Ocorre que a própria percepção desses dados empíricos depende da linguagem. A antropologia que vê o homem como um ser carente, mencionada na introdução, é a base para a tese de que o ser humano vive em qualquer ambiente porque seu ambiente é a linguagem, que está a seu próprio talante, falta-lhe um *habitat* próprio. Não há coisas ou objetos por trás da linguagem, não é possível ultrapassá-la, ignorá-la, ir além dela. Se a linguagem constitui o mundo e se a retórica é o estudo da linguagem, compreende-se a íntima relação entre retórica e direito.

A importância do estudo da retórica passou por altos e baixos na cultura ocidental, porém, em tempos mais recentes, foi totalmente negligenciada no estudo do direito. Quem se inicia numa faculdade de direito hoje e tem que decorar códigos e súmulas não imagina como foi radical a mudança histórica. Pois a retórica é uma criação de advogados, de juristas, não de literatos, linguistas e poetas, que hoje são os que demonstram interesse por ela.

Este livro defende que, para bem entender o direito contemporâneo, é preciso já se introduzir ao estudo do direito dialogando com a retórica jurídica; por isso tem como pano de fundo a relação milenar entre retórica e direito e procura mostrar que há um caminho para afastar os estudos jurídicos da metafísica da verdade e os fazer voltar a suas raízes práticas, estratégicas, argumentativas.

1.2. ESQUEMA TRIANGULAR (SUGESTÃO RETÓRICA PARA TRATAMENTO DO PROBLEMA HERMENÊUTICO DO CONHECIMENTO DO DIREITO)

A linguagem é o *habitat* do ser humano, porém um *habitat* bem peculiar por ser indeterminada. Além das imprecisões que caracterizam qualquer linguagem, o discurso jurídico trabalha com relativa independência do mundo empírico e lança mão de diversas ficções. O direito ignora e cria fatos. A linguagem não é como as formas puras da sensibilidade de Kant, às quais todos os humanos estão sujeitos, independentemente de suas escolhas. Essas formas possibilitam pelo menos uma verdade entre os seres humanos, mesmo que não haja acesso à "coisa em si", mas a linguagem pode inventar o que quiserem e conseguirem os participantes do discurso.

E essas ficções produzem efeitos práticos. Um exemplo está no chamado crime de colarinho branco, que é diretamente ligado ao local de trabalho e existe principalmente vinculado a corporações. Tais empresas têm personalidade jurídica, de acordo com a lei brasileira, mas o problema que apareceu é se elas podem praticar crimes. Elas são pessoas em direito, mas não têm uma psicologia, não podem ser acusadas de dolo ou culpa, premeditação ou má-fé. Só as pessoas que trabalham nelas podem sê-lo. Com os efeitos patrimoniais do direito privado não houve problema, mas no direito penal a responsabilidade extrapola o patrimônio. Para proteger essas pessoas foi introduzido o conceito de "inimputabilidade penal da pessoa jurídica", hoje ameaçado pela tese de que, mesmo agindo por intermédio de seus representantes, a empresa pode ser responsabilizada criminalmente. A empresa passou a ser vista literalmente como uma pessoa.[7]

Quando uma professora ou um promotor ou qualquer pessoa diz que "o direito afirma...", "a lei estabelece...", "a jurisprudência firmou...", não interessa quem esteja falando, deve-se lembrar que o enunciado expressa uma opinião, que pode ser mais ou menos digna de crédito. É como afirmar que "o povo quer..." ou "os trabalhadores precisam de..." O direito é feito pelas pessoas, não há um direito objetivamente fixado na lei ou na jurisprudência, nem em qualquer outra instância ou instituição. Dizer que "a lei estabelece" é apenas uma estratégia para fazer preponderar determinada interpretação da pessoa que fala. Insista-se: assim como nenhum evento é portador de significado próprio, tampouco um discurso pode ser oráculo de uma só interpretação.

Se é grande o problema de determinar o que significa correto ou incorreto, adequado ou inadequado, no plano do conhecimento, a incerteza aumenta quando se insere na ética e, no direito, constitui o problema da justiça, da diferença entre o justo (eticamente correto e adequado) e o injusto (eticamente incorreto e inadequado). Em outras palavras, além de investigar como distinguir o direito do não direito e assim poder focar em seu objeto, o estudo do direito precisa tratar do problema de distinguir o bom do mau direito, mesmo que seja para recusar, fundamentadamente, a propriedade dessas distinções.

Este capítulo inicial envolve os problemas de objeto e método da disciplina introdução ao estudo do direito. Um campo importante dessa disciplina é introduzir o tema da hermenêutica jurídica, ou teoria da interpretação. Dominar o conjunto de técnicas para entender como funciona o direito, como ele se aplica no mundo social, é objeto da hermenêutica. A ação de conectar esses conhecimentos com o caso concreto e assim conseguir que o direito faça prevalecer a direção que a parte deseja é a interpretação, a ação de interpretar ou a ação de realizar a hermenêutica jurídica. Aqui se vê logo o que acaba de ser afirmado na introdução: a separação entre teoria e prática leva a uma visão confusa do direito e em nada ajuda. A íntima conexão entre hermenêutica e interpretação coopera para aumentar a confusão, pois muitas vezes tais palavras são empregadas como sinônimas.

Aproveitando a metáfora visual da pirâmide, sugerida há mais de cem anos no Círculo de Viena, o fato juridicamente relevante é o primeiro contato que o sistema jurídico tem com o mundo fora da pirâmide. A pirâmide simboliza esse sistema, o ordenamento jurídico.

---

[7] WALSTON-DUNHAM, Beth. **Introduction to law**. New York: West Legal Studies, 2004, p. 486-487.

Os eventos juridicamente relevantes, transformados em "fatos" pelo relato vencedor da retórica material, estão fora da pirâmide, são os dados empíricos de entrada, já alegados como "relevantes" à luz do direito dogmático.

As regras de conduta, dirigidas a tratar dos conflitos entre pessoas, fazem parte da retórica estratégica para controlar aqueles fatos juridicamente relevantes. Estão dentro da pirâmide, são parte do ordenamento jurídico positivo e assim são estudadas pelas disciplinas dogmáticas, ou seja, pela dogmática jurídica.

As metarregras hermenêuticas, destinadas para tratamento de conflitos entre regras, também estão dentro da pirâmide, compõem o ordenamento jurídico positivo e são estudadas pela teoria da interpretação ou hermenêutica jurídica.

As teorias zetéticas estão fora do triângulo, não têm compromisso com o direito positivo, mas sim o avaliam e criticam. Não são normativas, compostas de regras estratégicas, diferentemente das dogmáticas e hermenêuticas. São as disciplinas analíticas, que têm as regras e os eventos jurídicos por foco de estudo, não se dirigem a resolver conflitos.

Como as disciplinas dogmáticas e hermenêuticas destinam-se a tratar conflitos, dependendo do conceito que se tenha do direito, as disciplinas zetéticas podem inclusive não ser consideradas "disciplinas jurídicas".

Esta tripartição das posturas diante do conhecimento jurídico é adotada pela retórica como mais adequada do que a dicotomia linguagem / metalinguagem, conforme já explicado, porém há outras perspectivas na teoria do direito, como, por exemplo, a bipartição sugerida por Herbert Hart entre normas primárias e secundárias – que, por sua vez, nada tem a ver com os mesmos conceitos em Hans Kelsen.[8] Com efeito, para Hart, as normas primárias dirigem-se à conduta dos indivíduos, determinam proibições, obrigações, permissões, enquanto as normas secundárias sempre se referem às primárias, estabelecendo sua validade (*recognition*), suas vias de alteração (*change*) e seus procedimentos, isto é, suas autoridades

---

8   Sobre a concepção de Kelsen, v. o item 8.1. adiante.

e rito de tratamento (*adjudication*).[9] Como se procura mostrar aqui, contudo, as metarregras apresentam outras qualidades e funções além das normas secundárias de Hart. Além dessas diferenças, a dicotomia primária / secundária foi preterida aqui porque sugere hierarquia.

Os leigos aceitariam tranquilamente a definição de que o direito é um conjunto de regras para resolver conflitos (divergências juridicamente relevantes). Em um primeiro contato, é isso que parece, mas conhecer essas regras é a parte menos importante do trabalho jurídico.

O mais relevante são as regras para resolver conflitos entre regras. Elas se modificam muito menos do que as regras de conduta do primeiro nível. Elas servem de garantia de alguma estabilidade. Elas são o objeto da hermenêutica jurídica, ou das hermenêuticas. As metarregras estruturam os elementos do sistema, que são as regras.

Como as metarregras também são significantes, textos, do mesmo modo é preciso determinar-lhes o significado e, para isso, são necessárias regras sobre elas, outras metarregras oriundas do estudo da língua, evidentemente. É preciso saber a função dos verbos e dos adjetivos. O direito é uma linguagem natural, em que pesem às novidades que cada era traz. Essas disciplinas que auxiliam o conhecimento, mas não fazem parte do ordenamento jurídico, são aquelas chamadas zetéticas. Inclusive a gramática. As regras de conduta são o objeto do conhecimento dogmático, da dogmática jurídica.

A diferença básica entre a atitude dogmática e a atitude zetética diante do direito é que a primeira toma as regras do ordenamento como pontos de partida, não pode ignorá-las. A postura dogmática tem esse nome devido a seu dogma principal: toda interpretação, argumentação e decisão precisa partir de um "dogma" do sistema. Os dogmas da dogmática são as fontes do direito: leis, decisões judiciais, contratos etc. Seu funcionamento dentro do procedimento vai ser detalhadamente observado no item 7.3. Todo procedimento dogmático precisa partir das fontes do direito.

O direito dogmaticamente organizado é a primeira forma de organização do direito positivo que pretende o monopólio estatal do direito. Sua filosofia é o positivismo, que tem pontos em comum com a filosofia retórica realista, como o empirismo, mas há divergências, como o cientificismo, por exemplo.

1.3. FUNÇÃO PRINCIPAL DA HERMENÊUTICA JURÍDICA: METARREGRAS COMO ESTRATÉGIAS PARA CONTROLAR ANTINOMIAS E LACUNAS

A divisão original, sugerida por Theodor Viehweg e desenvolvida entre nós por Tercio Ferraz Junior, separa as disciplinas jurídicas e respectivas formas de

---

9   HART, Herbert. **The concept of law**. With a Postscript edited by Penelope A. Bulloch and Joseph Raz Oxford: Clarendon Press, 1994, p. 100, 147 e 263 (Postscript).

abordagem em dogmáticas (do grego *dokein*, responder, ensinar) e zetéticas (de *zetein*, perguntar):

> Uma disciplina pode ser definida como dogmática à medida que considera certas premissas, em si e por si arbitrárias (isto é, resultantes de uma decisão), como vinculantes para o estudo, renunciando-se, assim, ao postulado da pesquisa independente.[10]

Com base em outros critérios e o objetivo de classificar internamente a postura zetética em empírica e analítica, de um lado, e pura e aplicada, de outro, Tercio Ferraz coloca a teoria geral do direito como disciplina zetética. Aqui a perspectiva é diferente e sugere que a parte principal da teoria geral do direito é a hermenêutica jurídica, mas esta constitui um outro gênero, ao lado das posturas dogmática e zetética. Parece mais adequado colocar a hermenêutica jurídica em um plano intermediário entre as disciplinas dogmáticas e as zetéticas.

Todas as regras de hermenêutica têm como objetivo tratar conflitos entre regras de conduta, pertencem a este nível de metarregras. Há aquelas metarregras hermenêuticas que pertencem ao ordenamento, são positivadas, como "a lei especial revoga a lei geral", "não se podem aplicar dois impostos a um só fato gerador", "o quórum da decisão é 2/3 da totalidade dos membros da assembleia". Essas metarregras implicam uma escolha normativa, por isso são parte expressa do ordenamento jurídico e assim "dogmatizadas", o que, de alguma maneira, provoca a confusão entre atitudes hermenêuticas e dogmáticas.

De outra parte, também existem regras de hermenêutica que pretendem valer independentemente da positivação pela lei ou pela jurisdição. São lugares-comuns que decorrem da tradição ("quem pode o mais, pode o menos"), da lógica ("ninguém pode transferir mais direitos do que tem"), de dados empíricos ("ninguém pode estar em dois lugares ao mesmo tempo").

Importante observar que aqui se trata de "hermenêuticas", no plural. A disciplina comumente denominada hermenêutica jurídica ou teoria da interpretação constitui a hermenêutica jurídica geral, aquela que serve a todas as disciplinas dogmáticas, tratando de procedimentos como a analogia e a interpretação restritiva ou da hierarquia entre as leis. Mas há uma hermenêutica específica para os diversos ramos do direito, tais como consumidor, tributário, constitucional etc.: a meta-regra *in dubio pro reu*, por exemplo, aplica-se ao direito penal, mas não ao direito civil.

Isso significa que cada disciplina dogmática, além de suas regras de conduta, tem suas metarregras específicas, destinadas a tratar conflitos entre regras de con-

---

[10] FERRAZ Junior, Tercio. **Introdução ao estudo do direito** – Técnica, decisão, dominação. São Paulo: Atlas, 2018, p. 25.

duta. O estudo delas deve ser privilegiado. O aluno de direito penal precisa dominar metarregras como *"nullum crimen, nulla poena, sine lege"*, aquelas que tratam da culpabilidade e do dolo, as que cuidam dos conceitos de crime e contravenção, de antijuridicidade e tipicidade, antes de decorar se aquele crime tem pena de detenção ou reclusão, até quantos anos essa pena pode chegar, a lista completa de suas agravantes e atenuantes, a opinião momentânea dos tribunais e assim por diante.

Para bem entender a função da hermenêutica jurídica dentro do sistema, veja-se um caso efetivamente ocorrido, o famoso crédito-prêmio do imposto sobre produtos industrializados (IPI), que se estendeu por mais de duas décadas. O exemplo também serve para mostrar como funciona o modelo dogmático para conhecimento de um caso concreto.

O empresário entra no escritório do advogado e coloca um problema, o fato relevante: se sua empresa faz jus ao crédito-prêmio de IPI. Como o ordenamento jurídico é muito extenso e o problema era novo, o advogado só ouvira vagamente falar daquele crédito-prêmio antes. Aí despede o empresário prometendo estudar o caso e dar brevemente uma resposta.

Chama então seu estagiário, já treinado nessa tarefa, o qual vai proceder à coleta das fontes. Vai listar, em ordem cronológica e hierárquica, as fontes do direito em que aparece a expressão crédito-prêmio de IPI e eventuais outras palavras--chave, sobre as quais um bom chefe já o deve ter orientado. De um lado, o texto legislado, em sentido amplo: Constituição, lei, decreto, regulamento, regimento, o que houver. De outro, decisões de casos concretos, tanto administrativas quanto judiciais: de tribunais superiores, federais, juízes singulares, Conselho Administrativo de Recursos Fiscais (CARF), Conselho Administrativo de Defesa Econômica (CADE), agências reguladoras em geral, o que houver.

Essas fontes podem ser muito numerosas, mesmo depois do filtro redutor aplicado pelo estagiário. Por isso, não há sentido em o estudante se dedicar a saber leis e prazos de cor, decorar regras de conduta, aquelas de primeiro nível. O jurista precisa conhecer as regras concernentes ao problema, sim, mas só vai manejá-las se souber identificar o problema e as regras específicas sobre ele, cuja escolha vai depender da adequação dessas regras ao problema.

Voltando ao exemplo, passado o trabalho do estagiário, cabe agora ao jurista, ao advogado, estudar as regras coletadas. No fim, o problema se resume em saber se a empresa tem direito de receber o crédito-prêmio de IPI, isto é, que regra revogou que regra, que regras estão efetivamente valendo.

O advogado verifica que o crédito-prêmio foi criado como incentivo às operações de exportação pelo artigo 1º, do Decreto-lei nº 491, de 05 de março de 1969. Após quase 10 anos de vigência desse decreto-lei, o executivo editou o Decreto-lei nº 1.658, em 24 de janeiro de 1979, determinando que o crédito--prêmio seria gradualmente reduzido até sua completa extinção em 30 de junho de 1983. Porém, antes que este novo Decreto-lei nº 1.658/79 produzisse efeitos quanto à redução gradual do crédito-prêmio e à sua extinção, a União modificou a situação do referido incentivo fiscal mediante os decretos-lei 1.722/79, 1.724/79 e 1.894/81, que atribuíram ao ministro da fazenda competência para aumentar, reduzir, temporária ou definitivamente, e, ainda, extinguir o crédito-prêmio de IPI, e ainda revogaram o prazo de extinção até 30 de junho de 1983.

Em 1988, o art. 41 do Ato das Disposições Constitucionais Transitórias da nova Constituição do país disse que os incentivos fiscais de natureza setorial deveriam ser reavaliados e revogados após dois anos, caso não fossem confirmados por nova lei, o que trouxe mais esse problema de saber se o crédito-prêmio de IPI seria um "incentivo fiscal de natureza setorial". Em 2001, o Supremo Tribunal Federal declarou a inconstitucionalidade dos dispositivos dos Decretos-leis 1.724/79 e 1.894/81, aqueles que delegavam ao Ministro da Fazenda competência para dispor sobre o crédito-prêmio de IPI.[11] Ato contínuo, o STF oficiou ao Senado e este editou a Resolução nº 71, de 26.12.2005,[12] a qual deu eficácia geral à decisão do STF, nos termos do art. 52, X, da Constituição.

As regras que vão dizer quais as regras de primeiro nível que estão valendo e quais aquelas que foram revogadas, o que vai exatamente responder ao problema concreto proposto – se a empresa faz jus ao crédito-prêmio de IPI – são precisamente as metarregras hermenêuticas. Repetindo: as regras que criaram, modificaram e extinguiram o crédito neste exemplo são cruciais e precisam ser examinadas pelo jurista, porém o mais importante são as metarregras que determinam quais regras de conduta estão chanceladas pela dogmática estatal e valendo agora.

Além de que elas são em muito menor número e mudam muito menos, lembre-se. Conhecê-las pode ser uma tarefa mais sutil e complexa, mas certamente é menor do que o trabalho impossível de conhecer as regras dogmáticas referentes a todos os ramos do direito. Enxergar, no ordenamento jurídico, somente regras para solução de conflitos, "o direito", como ensinam as dogmáticas malfeitas, ou seja, os "dogmatismos". Mais fundamentais são as hermenêuticas.

Dois problemas aparentemente intransponíveis aparecem no estudo concentrado na memorização das regras de primeiro nível:

1) As regras de conduta do sistema jurídico têm aquele caráter proteico, polimorfo, mudam todo dia. Ao lado da metáfora de Proteus, explicada logo

---

[11] SUPREMO TRIBUNAL FEDERAL. Recurso Extraordinário 186.623-RS, Rel. Min. Carlos Velloso, julgado em 26.11.2001 pelo Pleno: **Diário de Justiça da União** de 12.04.2002; RE 250.288-SP, Rel. Min. Marco Aurélio, julgado em 12.12.2001, Pleno, **Diário de Justiça da União** de 19.04.2002; RE 180.828-RS, Rel. Min. Carlos Velloso, julgado em 14.03.2002, Pleno, **Diário de Justiça da União** de 14.03.2003; RE 186.359-RS, Rel. Min. Marco Aurélio, julgado em 14.03.2002, Pleno, **Diário de Justiça da União** de 10.05.2002).

[12] SENADO FEDERAL. Resolução nº 71, **Diário de Justiça da União** de 27.12.2005.

abaixo, o argumento de Julius Hermann von Kirchmann vai ser referido à frente, em 7.4.3., sobre a cientificidade do direito. Como conhecer um objeto em eterna mutação?

2) As regras de conduta do sistema jurídico são infinitas, no sentido de que, além de se diferenciarem em qualidade, aumentam em quantidade ininterruptamente, dia após dia. Entenda-se que o *vade mecum* (que já é muito para a memória de um ser humano), por exemplo, é apenas a ponta do iceberg, são as leis mais importantes; mas cada contrato, cada sentença tomada ontem, cada instrução normativa, cada regulamento e jurisprudência passa a fazer parte do ordenamento jurídico.

Por isso é uma tolice o ensino do direito centrado na memorização dessas regras, assim como os concursos públicos e a própria prova do exame da OAB, em sua primeira fase. Sem contar que demandam dos candidatos decorarem as posições dos tribunais superiores brasileiros, cuja coerência e cujos fundamentos doutrinários deixam muito a desejar. As provas teriam que fomentar problematização, criatividade e inovação.

O estudo do direito baseado na memorização de leis e demais componentes do ordenamento jurídico destinava-se a um tipo de ordenamento jurídico inteiramente diferente, pré-moderno. No direito da sociedade hipercomplexa, o ordenamento modifica-se diariamente, os textos e os significados dos textos que o compõem mudam sempre, tal como Proteus (ou Proteu, Πρωτεύς), um deus, filho de Poseidon, que representa aquilo que não se consegue conhecer, a incognoscibilidade. Há também registro de um rei com o mesmo nome, mas, embora Platão fale dele pejorativamente como um "mago egípcio", menciona o mesmo dom de mudar de forma, semelhante ao filho de Poseidon: os "filósofos estrangeiros" que desconfiam da verdade "não são sérios, mas, como o mago egípcio Proteus, tomam diferentes formas e nos enganam com seus encantamentos."[13] Um terceiro Proteus é filho de Aigyptos e Argyphië.[14]

No Canto IV da Odisseia, Menelau narra sua aventura com Proteus, que é um deus marinho, pai de Eidóteia, que tem o cobiçado dom de prever o futuro. Para se defender da ambição humana de saber o que vai acontecer, ele tem o dom

---

[13]   PLATO. **Euthydemus** (288); e **Sophist** (225). In: **The dialogues of Plato**, translated by Benjamin Jowett, Col. Great Books of the Western World, Chicago: Encyclopaedia Britannica, 1990, vol. 6, p. 74 e 556, respectivamente. ARISTOTLE. **On sophistical refutations** (164ab e 165a). In: **The works of Aristotle**, translated by W. A. Pickard-Cambridge, Col. Great Books of the Western World. Chicago: Encyclopaedia Britannica, 1990, vol. 7, p. 227.

[14]   APOLODOROS. **Götter und Helden der Griechen** (Apolodoros Bibliothek). Eingeleitet, herausgegeben und ubersetzt von Kai Brodersen. Darmstadt: Wissenschaftliche Buchgesellschaft, 2012, p. 47, 64 e 85.

compensatório de mudar e assumir qualquer forma para assim se ocultar. Menelau o captura para aprender o caminho de volta para seu reino de Esparta.[15]

Além das contínuas mudanças, outra característica do ordenamento jurídico demonstra a inutilidade de decorá-lo: as regras do ordenamento jurídico crescem e multiplicam-se infinitamente, pois resultam da ação humana ininterrupta. Com efeito, as consequências dessas ações não podem ser isoladas, desintrincadas umas das outras, são imprevisíveis e irreversíveis, a ação humana é "livre" porque irremediavelmente contingente.[16] Assim também os efeitos de seus produtos, como as leis e jurisprudências.

As metarregras hermenêuticas não se confundem com as zetéticas, pois fazem parte do ordenamento, embora estejam menos adstritas aos textos do que as dogmáticas. As metarregras também mudam, mas muito menos vertiginosamente, algumas delas são até milenares. E são em muito menor número, como dito. Seu objetivo é fornecer parâmetros para resolver conflitos entre regras ou conflitos juridicamente relevantes para os quais não há regras, ou seja, antinomias e lacunas respectivamente.

É possível ser um profissional do direito sem conhecer disciplinas zetéticas como a antropologia jurídica ou a filosofia do direito. Mas certamente não se pode advogar sem ter consciência da diferença entre uma interpretação restritiva e uma extensiva, ou seja, sem os conhecimentos da hermenêutica jurídica. Pode-se argumentar que isso se aprende com a experiência e um advogado pode ser competente sem saber definir as duas formas de interpretação. Parece que aceitar tal argumento negaria a utilidade de qualquer estudo. Claro que a ciência se desenvolveu baseada na convicção de que relacionar a própria experiência com aquela transmitida por outras pessoas que tiveram experiências anteriores é a melhor forma de enfrentar a prática. De ter experiências ninguém escapa, basta viver, mas deixar de compreender bem as experiências vividas é comum e nocivo, exatamente pela ignorância.

No fundo, os conteúdos de introdução ao estudo do direito são as bases da teoria geral do direito. Toda teoria é geral, sim, mas essa denominação, para alguns redundante, significa apenas que serve para todas e não se confunde com a teoria de cada disciplina jurídica específica.

Um professor eficiente de dogmática também deve apresentar teoria do direito a seus alunos. O estudo dogmático de qualidade coopera com a teoria do direito, pois os ramos do direito também têm sua teoria. Em lugar de decorar os artigos da lei civil, o aluno deve estudar os conceitos de direito adquirido e expectativa

---

[15] HOMERO. **Odisseia**. Edição bilingue, trad. Trajano Vieira. São Paulo: Editora 34, 2012, p. 119.

[16] ARENDT, Hannah. **The human condition**. Chicago/London: University of Chicago, 1958, p. 9.

de direito, personalidade e capacidade, matrimônio e entidade familiar. Em vez dos artigos do Código Penal, o estudo deve se concentrar em compreender o que significam dolo, culpa, punibilidade, excludente de ilicitude, o que leva ao campo da hermenêutica, das metarregras.

O direito promete previsibilidade, mas nem sempre entrega o que promete. Se houvesse acordo racional sobre o que deve ser decidido, o sistema poderia se fiar nos juízes dos casos concretos. Isso é tentado no sistema de *common law* nos Estados Unidos, mas a experiência mostra que aí aparecem o voluntarismo, a arbitrariedade e a subjetividade individual, o que pode levar ao caos.[17] Daí surge a necessidade de generalizações que se pretendem aplicáveis a diversos casos concretos, de acordo com suas características, como ocorre na elaboração da lei. Procura assim maior uniformidade e menos casuísmo, exatamente para fortalecer a previsibilidade.

Na tradição do sistema legal, por seu lado, o problema são os termos excessivamente vagos das regras gerais expressas pelas leis, levando a resultados semelhantes quanto à falta de uniformidade na aplicação ao caso concreto.

Quanto a seus efeitos no ambiente, note-se que o objeto do direito consiste de um tipo particular de interação social, isto é, conflitos. Outras interações e objetivos como solidariedade e paz são propiciadas pelo direito, mas apenas de forma mediata, na medida em que resolvem conflitos. O direito também enfrenta e controla o ódio e outras paixões antissociais. Mas sobretudo, o direito é um substitutivo do amor.[18] Se todos se amassem, seria inútil. Porque não se amam, é tão importante.

1.4. DIFERENÇAS ENTRE AS TEORIAS DA INTERPRETAÇÃO (CONHECIMENTO), DA ARGUMENTAÇÃO (PERSUASÃO) E DA DECISÃO (ERÍSTICA)

Vale lembrar que significado é aqui entendido como sentido mais alcance do significante, não é sinônimo de sentido. Pois bem: do ponto de vista do sentido, há talvez mais consenso sobre as expressões (teoria da) interpretação e (teoria da) argumentação: interpretar é dizer o significado (sentido mais alcance) das palavras diante do caso, argumentar é convencer os circunstantes de que aquela interpretação e não aquela outra deve prevalecer. O problema maior está no alcance: esta atitude concreta, o que esta pessoa está fazendo agora, este enunciado, livro ou teoria, insere-se na interpretação ou na argumentação? Muitas obras que hoje se chamam "teorias da argumentação" seriam chamadas de "teorias da interpretação" no século passado, assim como livros hoje intitulados de "hermenêuticas" pode-

---

17   HEGLAND, Kenney F. **Introduction to the study and practice of the law**. Saint Paul: Thomson West, 2003, p. 72.

18   CARNELUTTI, Francesco. **Como nasce o direito**. São Paulo: Pillares, 2015, p. 8.

riam ser teorias da argumentação. Diferentemente da distinção esposada aqui, acontece também de a doutrina colocar vagueza e ambiguidade ambas como problemas de sentido.[19]

Embora aborde ambos, este livro propõe critérios simples para distinguir os conceitos, que pertencem a disciplinas distintas. O direito existe devido a divergências entre as pessoas a respeito do mundo, ou seja, ele sempre começa com divergências hermenêuticas.

Começando pela definição tautológica, hermenêutica ou teoria da interpretação é o conjunto de conhecimentos que informa a ação de interpretar, ou seja, toda interpretação pressupõe uma hermenêutica na qual o intérprete se coloca, da qual o intérprete parte. Por isso, a hermenêutica pode ser mais ou menos presa à literalidade do texto da lei ou mais ou menos vinculada à ideologia do intérprete, por exemplo. Pode ser mais ou menos complexa, mais ou menos tolerante. Da perspectiva funcional, a ação de interpretar serve para definir o significado de uma narrativa diante de um acontecimento, supostamente ocorrido fora do sujeito. No direito, essa narrativa começa pelas fontes do direito e esse acontecimento consiste nos fatos descritos por essas fontes como juridicamente relevantes, as "hipóteses" que serão observadas no item 8.1.

Assim, ainda que influenciada por preferências e interesses, como toda atividade normativa, a hermenêutica constitui um nível técnico preparatório para a argumentação e a decisão. "Técnico" aqui não quer dizer erudito ou que só pode ser obtido com estudo, de forma alguma, mas sim no sentido de estratégia, habilidade para argumentar e prevalecer. Mesmo a pessoa mais sem escolaridade precisa de uma postura hermenêutica antes de se engajar em uma argumentação. Exatamente porque argumentar significa expor uma interpretação diante de outrem.

Na fase da argumentação, já munido dos resultados de alguma interpretação a respeito da divergência, a sua interpretação, o orador busca convencer os participantes de que ela é a mais adequada, correta, justa, racional, o que seja. A argumentação abandona o âmbito da produção, do preparo que caracteriza a interpretação, e passa a compor a apresentação, a exteriorizar estratégias, a aplicar estratégias que visam a prevalecer. Esse par de conceitos, "produção" e "apresentação" dos mecanismos decisórios, será observado ao longo do livro.[20]

Tal distinção entre interpretação e argumentação não ocorre apenas no direito, mas perpassa toda a vida cotidiana, ainda que a maioria das pessoas

---

[19] GAMA, Tácio Lacerda. **Competência tributária** – fundamentos para uma teoria da nulidade. São Paulo: Noeses, 2011, p. 175.

[20] SCHLIEFFEN, Katharina von. Subsumption als Darstellung der Herstellung juristischer Urteile. In: GABRIEL, Gottfried; GRÖSCHNER, Rolf. **Subsumption** – Schlüsselbegriff der juristischen Methodenlehre. Tübingen: Mohr Siebeck, 2012, p. 379-419.

não tenha consciência dessas fases das inter-relações sociais e as realizem instintivamente.

Uma característica do direito moderno é que a decisão precisa aparecer em algum momento, mesmo que nenhuma das partes consiga convencer nenhuma das outras. É a obrigatoriedade de decidir ou proibição do *non liquet*, que o sistema se atribui. E convencer-se do discurso alheio é fenômeno raro nas relações humanas, pois exige muitos pré-requisitos que quase nunca estão presentes. A aceitação persuasiva, quando os participantes acordam pelo próprio e sincero convencimento, quase nunca se encontra nas esferas pública e privada. A decisão põe fim à argumentação mesmo quando a persuasão não ocorreu. A decisão enfraquece o conflito, sim, na medida em que faz preponderar uma interpretação em detrimento das demais possíveis. Se essa decisão é coercitiva como a decisão jurídica, a probabilidade de se tornar o discurso dominante é muito maior. Porém sempre haverá problemas de legitimação perante as posições que não prevaleceram e continuam presentes.

Havendo divergência entre diversas narrativas, aquela apoiada pelo direito tende a prevalecer sobre as demais: seja uma controvérsia sobre quem é o proprietário de uma casa, quem é o pai da criança ou se determinada vacina é ou não obrigatória; até sobre o discurso da ciência, supostamente apoiado em exames de DNA e estatísticas, o discurso jurídico coercitivo tende a prevalecer. Porém, isso não acontecerá necessariamente e é possível que o relato do sistema jurídico seja derrotado pelas vicissitudes do ambiente.

O "mito básico" do direito moderno, mencionado por Jerome Frank, em que acreditam tanto leigos quanto profissionais do direito, é que não apenas é possível encontrar a certeza como é dever de todos buscá-la. Esse mito guarda relação com a antiga ideia, pelo menos desde Lutero, de que os juristas são mentirosos, "mestres da chicana", e por isso precisam ser controlados.[21] Além de, do ponto de vista do conhecimento, as pessoas acharem que a solução correta é possível, ainda exigem o dever ético de ter esta solução como principal objetivo. Por aí se inserem conceitos como verdade processual, prova, dosimetria da pena. Nessa direção vão as teorias da argumentação jurídica que se restringem ao âmbito do *logos* para encontrar respostas ou decisões corretas.[22]

Mas essa possibilidade de certeza e verdade como norte de interpretação, argumentação e decisão já havia sido recusada pelo próprio Aristóteles, segundo o qual esse ideal mais alto do horizonte humano não seria possível no direito e na política. A filosofia, e aí está contida o que hoje chamamos de ciência, esta seria a

---

[21]   FRANK, Jerome. **Law and the modern mind**. London: Steven & Sons, 1949, p. 3.

[22]   ALEXY, Robert. **Theorie der juristischen Argumentation** – Die Theorie des rationalen Diskurses als Theorie der juristischen Begründung. Frankfurt a.M.: Suhrkamp, 1978.

busca da verdade e da certeza, a forma mais alta de conhecimento.[23] No direito e na política é preciso se contentar com a persuasão, na qual ocupam papel central a probabilidade e a verossimilhança e cujas vias são, além do *logos*, o *ethos* e o *pathos*. Porém a persuasão não deve ser confundida com a erística, especialidade dos sofistas, que envolve simulação, mentira, dissimulação, ameaça, dentre outras estratégias, que devem ser afastadas.

Há uma dificuldade em reduzir toda a retórica à persuasão, seguindo a interpretação dominante e idealista da *Retórica* de Aristóteles. Mesmo com o cuidado de distinguir a "retórica como arte" da "retórica no sentido trivial de mentira", refutando o preconceito dos filósofos ontológicos, os próprios retóricos aderem sem discussão ao sentido de retórica como persuasão e excluem a erística.[24] As muitas ocasiões em que, numa lide jurídica ou de qualquer tipo, a persuasão não funciona, ficam assim sem explicação. Mais ainda, pode-se dizer que a simples tentativa de persuadir os interlocutores acontece raramente: na maior parte das ocasiões o objetivo é simplesmente vencer. Em outras palavras, a persuasão não compõe a produção do direito e cada vez menos aparece até em sua apresentação.

Como a persuasão é exposta e a erística oculta, simplesmente não se fala das vias erísticas, que são tão importantes na vida comum e nas decisões jurídicas. Mas ninguém hesitaria em reconhecer que muitas decisões são tomadas por influência de simulações, blefes ou simples mentiras factuais. Se essas estratégias fossem confessas, reveladas, elas perderiam a eficácia, por isso evitam se revelar na esfera pública. Um conhecimento realista do direito, contudo, não pode deixar de levar em consideração elementos que efetivamente produzem a decisão, mesmo que o sistema e seus agentes jamais os reconheçam. Mais ainda diz uma visão realista: nem todas as estratégias erísticas estão "a serviço do mal", vai depender do contexto.

Apesar da confusão em torno dessas palavras, então, este livro separa claramente interpretação, argumentação e decisão jurídicas. Resumindo e exemplificando, a interpretação consiste na atribuição de significados aos significantes jurídicos, às chamadas fontes do direito, diante do caso concreto, o evento juridicamente relevante. Por exemplo, diante do texto "furto – subtrair coisa alheia móvel para si ou para outrem": ao entender que uma ligação clandestina de um sinal de televisão é para ser vista como "coisa alheia móvel", e portanto enquadra-se no crime de furto, o sujeito faz uma interpretação. Ao defender que um sinal de televisão não é uma coisa e logo não pode ser objeto de furto, tem-se outra interpretação.

---

[23]   ARISTOTLE (I, 71a, 1-10). **Posterior analytics**. In: **The works of Aristotle**, translated by G. R. G. Mure, Col. Great Books of the Western World. Chicago: Encyclopaedia Britannica, 1990, vol. 7, p. 95 s.

[24]   Dentre muitos outros, FUMAROLI, Marc. Préface. In: FUMAROLI, Marc (org.). **Histoire de la rhétorique dans l'Europe 1450-1950**. Paris: Presses Universitaires de France, s/d, p. 2-3.

A argumentação busca persuadir o auditório, os participantes do discurso, de que aquela determinada interpretação é a mais indicada e deve ser aceita por todos. A advogada de defesa vai dizer que a ligação do sinal não está prevista no ordenamento como "coisa" (regra) e que não há crime sem prévia lei que o defina (metarregra). A argumentação da acusação será diferente. Cada um dos participantes elabora as suas próprias interpretação e argumentação, mas o processo precisa chegar a um fim. Tal é a tarefa da decisão, pela qual uma interpretação e uma argumentação são preferidas a outras, no todo ou em parte.

A hermenêutica, ou teoria da interpretação, dirige-se primordialmente ao conhecimento do caso diante do ordenamento jurídico, a definir um evento à luz das fontes do direito. Por exemplo: dizer se o ocorrido configura uma lesão corporal ou uma tentativa de homicídio; dizer se aquele ato foi praticado com dolo, dolo eventual, culpa, culpa consciente etc. Por isso pertence mais à esfera do *logos*. A argumentação concentra-se na persuasão, tentar fazer com que os participantes admitam sinceramente que determinada interpretação é a que deve ser preferida. É quando sobressaem o *ethos* e o *pathos*.

Para compreender como se dá analiticamente a decisão, enfim, é preciso desvelar as tais estratégias erísticas, que permanecem ocultas durante todo o procedimento, mas que efetivamente o dominam. Aqui na retórica analítica, que observa o procedimento dogmático e a erística de fora, também prevalece o *logos*.

1.5. O ESQUEMA CIRCULAR HERMENÊUTICO (REMISSÃO AO CAPÍTULO TERCEIRO)

Já se pode colocar o problema central do conhecimento do direito, o chamado círculo hermenêutico. Como ele não pode ser, a rigor, solucionado, no item 3.4. adiante vai ser sugerido como se faz seu controle, a partir da perspectiva retórica. Agora, trata-se de somente explicar em que esse círculo consiste.

Conforme exemplificado acima sobre o crédito-prêmio do IPI, o início do trabalho hermenêutico no tempo é o evento que demanda um tratamento coercitivo, o problema que precisa ser tratado pelo direito, basicamente um conflito entre interpretações que precisa ser decidido, referido a um "fato" juridicamente relevante.

Quando se diz que o trabalho jurídico diante dos problemas é dogmático, quer-se dizer que esses eventos juridicamente relevantes não podem ser considerados livremente, porém o tratamento precisa ocorrer a partir de "dogmas" do sistema, os quais não podem ser ignorados. Esses dogmas são as fontes do direito, seus significantes, nos termos já mencionados. Segundo as características do evento relevante, os participantes precisam escolher as fontes que melhor atendam a seus interesses e que possam levar a uma decisão favorável. Para tanto, têm que construir o terceiro elemento do círculo hermenêutico: atribuir significados às palavras que compõem as fontes escolhidas, tendo em vista as peculiaridades do evento relevante.

Essa relação da linguagem com o mundo empírico é sempre imprecisa, a distância pode ser diminuída, jamais eliminada. Não há respostas simples. Se a lei procura a clareza literal e comanda que "quem dirigir acima de 80 km por hora será preso", apelando a uma grandeza objetiva de um aparelho que mede a velocidade, haverá situações e decisões como "no caso de um cirurgião que vai salvar uma vida na emergência de um hospital admite-se exceção". Se o texto da lei opta por uma fórmula "aberta", como "quem dirigir além da velocidade razoável para o local será preso", poderá dar ensejo a muito desacordo.

Foi dito acima que juristas e juízes combatem o problema tomando como assente que a lei fala por intermédio deles: "a lei afirma que...", "segundo a Constituição Federal...". Muitos acreditam mesmo que sua interpretação é a única possível e nem admitem sopesar outras possibilidades. Ainda existem muitos autores e magistrados, denominados "originalistas", que creem que a Constituição tem "um sentido e uma natureza imutáveis", enquanto outros, "não originalistas", defendem que o intérprete precisa se adaptar ao contexto do caso.[25]

Os filósofos, desde Parmênides e Heráclito, fixaram o problema do conhecimento em relacionar esses dois dados: o pensamento interno do ser humano, imanente, "racional", e o acontecimento fora dele, transcendente, "real". O fator interno, além de pensamento, foi chamado de ideia, essência, conceito; o fator externo, de acontecimentos, eventos, fatos, mundo sensível, dados empíricos. A chamada virada linguística, já no século XX, trouxe o terceiro elemento, para o qual nunca se atentara tão fortemente antes, apesar de precursores como Sextus Empiricus: a linguagem. Não são dois elementos envolvidos no ato de conhecimento, mas sim três, tornando mais apropriada a imagem do círculo.

Esse problema será examinado mais de perto também no capítulo terceiro adiante.

Pressuposto aqui é que eventos nada significam por si mesmos, são o fluxo do rio de Heráclito, pois os seres humanos os percebem diferentemente. Nenhum evento porta seu significado de maneira evidente (apodítica) ou que possa ser descoberto por uma investigação ou cálculo competente (demonstrativa). Nunca. Na terminologia de Aristóteles, e ao contrário do que ele defende, a perspectiva retórica não aceita juízos apofânticos (sejam apodíticos, sejam demonstrativos).

O que todos concordam é que eventos empíricos são únicos, nunca se repetem.

Por serem individuais, são irracionais, incognoscíveis, porque as ideias da razão humana e os conceitos de sua linguagem são sempre gerais, conforme já

---

[25] FEINMAN, Jay M. **Law 101** – Everything you need to know about the American legal system. New York: Oxford University Press, 2006, p. 21.

mencionado. Por isso todo evento precisa ser definido no contexto de um discurso. Como jamais há total adequação entre essas ideias humanas e os eventos reais, devido à incompatibilidade entre o geral e o individual, propõe-se aqui uma estratégia metodológica de caráter meramente aproximativo, generalizações que reconhecidamente reúnem eventos únicos em significações ideais imprecisas. Dessa maneira, todas as distinções conceituais retóricas, como simulação e dissimulação, mentira e ameaça, persuasão e convencimento devem ser entendidas como tipificações generalizadas sobre eventos únicos, nos quais elas efetivamente, "na realidade", se entrelaçam. Como nos *Idealtypen* de Max Weber, metodologia que revela origens kantianas, pois considera incognoscível a realidade em si mesma, em sua individualidade concreta.

As desavenças humanas, causa da maior parte de seus males, provêm desses dois abismos, ou melhor dito, do tratamento inadequado deles. A filosofia do direito pode sugerir diretrizes e estratégias que ajudem. Uma delas é entender os conceitos descritivos da realidade, claro que incluindo aqueles utilizados aqui, em termos de tipos ideais. Eles expressam generalizações que, por meio de abstrações controladas, pretendem reunir unidades empíricas, em si mesmas incognoscíveis, em conceitos ideais aproximativos, porém que podem ser conhecidos.[26] Exatamente porque uma separação precisa não é possível na realidade, os conceitos claros e precisos são mais necessários ainda. Com efeito, o método weberiano imuniza contra a ingenuidade da concepção ontológica, supostamente "realista", da língua e ajuda a reduzir pretensões de verdade e a enfrentar com mais segurança o problema do conhecimento.

Sem exagerar a fidedignidade dessas generalizações, elas são úteis para o conhecimento. Pegando o exemplo do próprio Weber, embora não seja possível encontrar uma sociedade completamente legitimada pela via legal-racional, pode-se dizer que quanto mais institucionalizada a legalidade, mais previsível o procedimento legitimador. Da mesma forma, pode-se enunciar que uma sociedade estará tanto mais em condições de dogmatizar o seu direito quanto mais seus subsistemas estejam reciprocamente imunizados contra as interferências mútuas, mesmo sabendo que, no mundo real, tal imunização jamais ocorre de forma completa.

Em segundo lugar, além de encarar os conceitos como tipos ideais, não se procura aqui definir "o direito" em si, se é que é viável tal tipo de definição, mas simplesmente descrever algumas características de um fenômeno social a que esse conceito se refere. Procura-se evitar, desse modo, a armadilha das definições pretensamente totalizadoras, chamadas holísticas, omnicompreensivas, as quais ou deixam de lado aspectos fundamentais do fenômeno definido ou são tão genéricas que, apesar de corretas, em nada auxiliam na compreensão do fenômeno.

---

[26] WEBER, Max. **Wirtschaft und Gesellschaft** — Grundriss der verstehenden Soziologie. Tübingen: J. C. B. Mohr/Paul Siebeck, 1985, p. 9 e 10 (I, I, 11).

Definir o direito como "dado social", "ordenação heterônoma e coercível da conduta humana", "controle social que se refere ao valor do justo", "generalização congruente de expectativas" ou "conjunto de normas coercitivas que possibilita a convivência social", além de associar o conceito a uma pluralidade de significados ainda mais imprecisos, como fazem tradicionalmente os livros de teoria geral do direito[27], pouco ajuda a compreender o direito ou mesmo a argumentar dogmaticamente.

Em terceiro lugar, este livro privilegia uma sociologia compreensiva de perspectiva etnometodológica. Etnometodologia entendida como uma visão da sociologia do conhecimento, a qual se interessa pelas obviedades que, por isso mesmo, passam despercebidas, aquelas significações e pontos de acordo localizados que ficam subentendidos no relacionamento social. O casuísmo da sociologia tópica da perspectiva etnometodológica procura responder aos novos tempos, nos quais as verdades longa e tradicionalmente aceitas passam a ser questionadas, levando a problemas de "falta de orientação, desorganização e anomia" e tornando necessário um novo entendimento sobre temas que pareciam resolvidos, pois "A confiança naquilo que 'todos sabem' ou 'ninguém faz' começa a desaparecer"[28].

Segundo a perspectiva etnometodológica, a realidade deve ser entendida sobretudo como realidade empírica, aquela que se dá no "mundo exterior" e é apreendida pelos órgãos dos sentidos. Isso porque os objetos desse mundo exterior, um dos quais é o próprio corpo humano, oferecem resistência e diminuem as possibilidades da ação humana livre. A etnometodologia também deixa de lado as "coisas ocultas" (*ádēlos*), que serão estudadas mais à frente.

Ela foi associada por um de seus defensores, a partir da psiquiatria, a conceitos como "frouxidão" (*looseness*) das regularidades históricas e sociais, o que leva a certa indiferença metodológica, pois os métodos e teorias mais adequados são sempre de caráter localizado, não universais e somente se revelam em cada interação social específica.[29] As metodologias são importantes, todavia localizadas. A etnometodologia defende uma abordagem descritiva e tentativamente neutra da organização social. Daí a raiz grega *éthnos*, que aponta para grupos particulares de pessoas, grupos cultural ou biologicamente homogêneos (etnias), mas que

---

[27] REALE, Miguel. **Lições preliminares de direito**. São Paulo: Saraiva, 1994, p. 49; BATALHA, Wilson de Souza Campos. **Introdução ao estudo do direito**. Rio de Janeiro: Forense, 1986, p. 9; MONTORO, André Franco. **Introdução à ciência do direito**, 20. ed. refundida com a colaboração de NUNES, Luiz Antonio. São Paulo: Revista dos Tribunais, 1991, p. 29 e s.

[28] PATZELT, Werner. **Grundlagen der Ethnomethodologie** — Theorie, Empirie und politikwissenschaftlicher Nutzen einer Soziologie des Alltags. München: W. Fink, 1987, p. 9-14 e 25.

[29] GARFINKEL, Harold. **Studies in ethnomethodology**. Englewood Cliffs: Prentice-Hall, 1967, p. 2.

diferem fundamentalmente uns dos outros e precisam de perspectivas adequadas (metodologias) de observação.

Etnometodologia é assim uma forma de abordar os fenômenos sociais, inclusive o direito, que parte de uma desconfiança para com teorias que procuram explicar a sociedade em um sistema, tal como procedem as correntes dominantes desde a fundação da sociologia, em Augusto Comte, Émile Durkheim, Karl Marx, Talcott Parsons, Niklas Luhmann ou, no Brasil, Cláudio Souto, Darcy Ribeiro, Jessé Souza, todas com pretensões holísticas, omnicompreensivas. O objeto de atenção do pesquisador, inspirado pela retórica, é como ocorre a construção de significados que se tornam versões dominantes em cada ambiente social, os quais parecem muito diferentes entre si.

A pretensão de uma explicação totalizadora da sociedade, calcada na esteira do racionalismo e do idealismo, é deixada de lado como pouco realista e privilegia-se o estudo de grupos sociais menores, nos quais os próprios participantes constituem a ordem, as regularidades ou significados dominantes do grupo. Grupos sociais não se constituem a partir de princípios prévios ou "leis" sociais, pois "a sociedade" é uma abstração incognoscível e sua autoconstituição pelos membros muda constantemente.

Uma vez discutido o problema hermenêutico, o próximo capítulo vai cuidar das grandes dicotomias propostas pela teoria e pela filosofia do direito, na tentativa de classificar para melhor compreender. As condições de ambiguidade e vagueza da linguagem humana podem ser claramente observadas nessas dicotomias, com seus conceitos tipificados idealmente.

O PROBLEMA DA LINGUAGEM JURÍDICA, CAMPO 2 DA INTRODUÇÃO AO ESTUDO DO DIREITO: O CONCEITO DE DIREITO A PARTIR DAS DICOTOMIAS TRADICIONAIS

2.1. ETIMOLOGIA DA PALAVRA "DIREITO"

Quando alguém começa a estudar direito, uma das primeiras perguntas é por que a grande maioria dos conceitos iniciais é apresentada em forma de dicotomia. Claro que existem as classificações de três, quatro ou mais conceitos, mas já os antigos gregos tinham percebido que a razão humana é dialética. Mesmo na linguagem comum, há maior e menor, bonito e feio, alto e baixo, tal e qual as famosas "categorias" de Aristóteles, sempre apresentadas em pares.

Muitos estudiosos do direito seguem o mesmo caminho desses pares ideais. Sabe-se que o mundo real não é assim, mas essa forma de abordagem é tão antiga quanto útil. Bertrand Russell faz pouco caso do conceito de categoria e diz que jamais conseguiu entendê-lo[2], mas ele continua a ser usado.

Pode-se definir o conceito como um esquema de natureza ideal dentro do qual fixam-se as características básicas de um determinado objeto. A definição, por seu turno, consiste na explicitação dos elementos do conceito, configurando, a rigor, uma tautologia, uma vez que se propõe a estabelecer o significado de algo que já se pretende dotado de significado. A definição geralmente decompõe em muitas palavras o que se pretende exprimir em uma palavra, o conceito.

As relações entre os signos – e as palavras são uma das espécies de signo – e os objetos, dentre outras classificações, podem ser divididas em ícones, indícios

---

[1] Parte das ideias desenvolvidas aqui foram ensaiadas em ADEODATO, João Maurício. Análise retórica das dicotomias tradicionais sobre o conceito de direito. **Cadernos do Programa de Pós-Graduação em Direito**, vol. XIV, n. 2. Porto Alegre: UFRGS, 2019, p. 266-287.

[2] RUSSELL, Bertrand. **History of Western Philosophy** — and its connection with political and social circumstances from the earliest times to the present day. London: Routledge, 1993, Book 1, ch. XXII, p. 210.

e símbolos. Nos ícones, o signo representa fisicamente o objeto, como no caso de um retrato ou desenho que procura copiar o objeto desenhado; nos indícios, a associação é fruto da experiência passada, como a fumaça em relação ao fogo ou a pegada que indica o pé; nos símbolos, há uma correspondência mais abstrata, de caráter convencional. O conceito de direito tem caráter predominantemente simbólico, mas também ícones e indícios são usados para expressá-lo.

Os conceitos são dotados de compreensão e extensão. A compreensão é a precisão dos elementos do conceito, o seu rigor na redução da ambiguidade, associa os significantes da linguagem e os significados que pretende transmitir. A extensão refere-se aos objetos que podem ser agrupados sob aquele mesmo conceito, combate o que a teoria da linguagem chama de vagueza, ao relacionar os significantes e significados aos eventos do mundo real. Compreensão e extensão conceitual guardam uma correspondência inversamente proporcional: quanto maior a compreensão, mais restrita a extensão, e vice-versa. O conceito de "animal", por exemplo, é mais extenso e menos preciso que o de "formiga".

Embora a linguagem comum produza mais uma metonímia, tomando a espécie pelo gênero, ao identificar sentido e significado, entenda-se aqui o significado de um termo como a junção de seus sentido e alcance, compreensão e extensão, em determinado contexto espacial e temporal. Entender um significado quer dizer interpretar suas ambiguidade, vagueza e porosidade, portanto. Quando se definem "cabelo" e "cabeça", trata-se do sentido dessas palavras; já a questão de quantos cabelos uma pessoa tem ou não para ser chamada de "careca" é um problema do alcance, saber se esta e aquela pessoa, únicas, são carecas.

As definições, por sua vez, podem ser classificadas segundo diversos critérios, dos quais dois serão aqui ressaltados.

Um deles é separá-las em definições nominais e reais ou essenciais. Segundo a lógica de Kant,

> Por meras explicações de nomes ou definições nominais devem ser entendidas aquelas que contêm o significado que se quis arbitrariamente dar a um determinado nome e que, portanto, apenas designam a essência lógica de seu objeto, ou apenas servem para distingui-lo de outros objetos. – Por outro lado, explicações factuais ou definições reais são aquelas que, de acordo com suas determinações interiores, são suficientes para o conhecimento do objeto, estabelecendo sua possibilidade a partir dessas características internas.[3]

---

[3]   KANT, Immanuel. **Logik**. Schriften zur Metaphysik und Logic 2. In: WEISCHEDEL, Wilhelm (Hrsg.). **Werkausgabe** – in zwölf Bände, Bd. VI. Frankfurt a. M.: Suhrkamp, 1982, § 106, p. 575: „Unter bloßen Namen-Erklärungen oder Nominal-Definitionen sind diejenigen zu verstehen, welche die Bedeutung enthalten, die man willkürlich einem gewissen Namen hat geben wollen, und die daher nur das logische Wesen ihres Gegenstandes bezeichnen,

Ressalte-se que, sob uma perspectiva retórica, antiontológica, as definições reais ou essenciais não são viáveis, não há critério além da linguagem. Neste sentido, toda definição é nominal.

Outro critério é separar as definições em etimológicas e semânticas. A definição etimológica procura o significado do conceito na gênese de seu signo, o vocábulo, e procura investigar sua porosidade, ou seja, suas variações no tempo e no espaço: ambiguidade e vagueza, sentido e alcance.

As origens etimológicas da palavra "direito" estão estritamente conectadas com a trajetória da palavra "ius", ou "jus", sobretudo quando esta passou a se encontrar com "derectum", ou sua forma erudita "directum", dando origem, respectivamente, a palavras como justiça e direito. Interessante observar que, embora hoje a palavra justiça ligue-se ao sentido de direito justo ou bom direito, e a palavra direito, por sua vez, ao direito posto pelo poder, as origens etimológicas indicam precisamente o contrário, mostrando como a porosidade dos conceitos e definições expressos pelas palavras pode tomar caminhos inusitados.

O termo "ius" aparece nos primeiros textos referentes à fundação da cidade de Roma, em meados do século VIII a.C., enquanto que "derectum", utilizado como adjetivo do substantivo "ius", só aparece em textos do final do século IV d.C., numa diferença temporal de mais de mil anos. Ora, enquanto "ius" indicava as decisões proclamadas pelos juízes, "derectum" designava a situação em que o fiel da balança – imagem que vinha desde a Grécia clássica – estaria totalmente a prumo. Como a partícula "de" sugere intensidade, totalidade, perfeição, "de+rectum" significava literalmente "muito reto", "perfeitamente equilibrado".

Quando as línguas europeias começaram a se consolidar e a abrigar e transformar esses antigos termos romanos, as regiões mais ao norte adotaram apenas "rectum", sem a partícula (*right, Recht, rechts, rätt*), e as línguas mais perto de Roma assumiram a palavra associada à qualificação do advérbio "de", inclusive o português (*direito, derecho, droit, diritto*).

Nessa época de consolidação da palavra "derectum", a expressão "ius" ganhou um sentido mais específico ao se referir às leis escritas do Império Romano. Assim, principalmente sob a influência da filosofia estoica e da religião cristã, que pregavam que os critérios do bom direito não estariam reduzidos à vontade do Império, passou-se a qualificar essas leis positivas de "ius directum" ou "ius iniustum", ou seja, etimologicamente, "direito aprumado" ou "direito não direito", o que ensejou as expressões "direito justo" e "direito injusto". Direito passa

---

oder bloß zu Unterscheidung desselben von andern Objekten dienen. – Sach-Erklärungen oder Real-Definitionen hingegen sind solche, die zur Erkenntnis des Objekts, seinen innern Bestimmungen nach, zureichen, indem sie die Möglichkeit des Gegenstandes aus innern Merkmalen darlegen."

então a designar o substantivo, e justo, o adjetivo, invertendo seus significados originais.[4]

Concluindo esta parte, deve-se pôr em relevo que, quando se procura a semântica das palavras, ambiguidade, vagueza e porosidade da linguagem humana não são imprecisões ou defeitos que possam ser superados; são características intrínsecas da língua, as quais podem ser diminuídas pela faina hermenêutica, mas estão sempre presentes, a dificultar a comunicação. Por isso, não se pode dizer que haja uma definição certa e outras erradas para um conceito, pois todas dependerão de contexto.

Essas características revelam a inadequação que existe entre a linguagem humana e os eventos do mundo empírico em que os seres humanos estão inseridos, como se insiste neste livro. Em outras palavras, a incompatibilidade entre os conceitos da língua e os objetos de qualquer experiência. Essa incompatibilidade é relativa – e o esforço do conhecimento consiste em tentar reduzi-la –, mas é intransponível. Daí a impossibilidade de univocidade linguística que os retóricos esgrimem contra os lógicos, assim como atribuir a qualquer definição um caráter "real" ou "essencial", conforme as objeções dos retóricos aos ontológicos.

2.2. CARÁTER MULTÍVOCO DA PALAVRA "DIREITO" E SUAS DIVERSAS ACEPÇÕES

É preciso esclarecer agora mais uma diferença: aquela entre conceitos unívocos e plurívocos, dividindo esses últimos em equívocos e multívocos. A própria distinção é objeto de muita discussão e não se pode dizer que haja uma correta apenas, conforme já colocado. O importante aqui é tomar uma posição e definir as palavras claramente. Esse convencionalismo arbitrário das definições é fácil de ver, pois "pluri" e "multi", por exemplo, são etimologicamente sinônimos e nada impede de dizer que os conceitos multívocos seriam subdivididos em equívocos e plurívocos.

Uma palavra é unívoca, tem "uma voz", quando apresenta apenas um significado, pretende ser portadora de um só sentido e um só alcance, além de não sofrer as modificações da porosidade. Uma palavra é plurívoca quando essas vozes são várias e mudam no tempo e no espaço.

Um conceito plurívoco é equívoco quando esses diferentes sentidos não guardam relação uns com os outros, as palavras que os expressam se tornaram idênticas por acaso, pois não provêm da mesma fonte etimológica. Observe a palavra "nada", que pode expressar o verbo "nadar" ou o oposto a "tudo": só o acaso de sua história (porosidade) juntou esses dois sentidos na língua portuguesa atual.

---

[4]   Aqui interpretando CRUZ, Sebastião. **Ius. Derectum (Directum)**. Coimbra: Gráfica de Coimbra, 1971, e F., J. G. (só constam as iniciais!). F., G. V.. Recensão a Sebastião Cruz – Ius. Derectum (Directum). **Hvmanitas**, vol XXIII-XXIV, Coimbra: Faculdade de Letras da Universidade de Coimbra, p. 556-558.

Um conceito plurívoco é multívoco quando seus significados são diferentes, mas guardam relações que permitem inferir uma origem comum, o que dificulta ainda mais interpretar se estão sendo utilizados neste ou naquele sentido e alcance. Este é o caso da palavra "direito".

Um bom teste para classificar um conceito ou palavra como equívoco ou multívoco é traduzi-lo para outras línguas. A confusão entre os significados equívocos de "nada", por exemplo, ocorre exclusivamente na língua portuguesa o que demonstra que se deu por acaso; o mesmo ocorre com "tear" (lágrima) e "tear" (rasgar) na língua inglesa. Já os diversos significados da palavra "direito", como o contrário de "torto", "esquerdo" ou "errado", na linguagem comum, além dos vários sentidos e alcances mais técnicos a serem vistos adiante, são comuns às mais diferentes línguas, pelo menos às ocidentais. Disso vem a necessidade das dicotomias e de tantos adjetivos a qualificar o direito, na luta para expressar esses significados a partir de um só substantivo, o que dificulta o trabalho de quem se inicia nesse ramo do conhecimento.

Mas a importância de compreender esses adjetivos é fundamental para evitar um sem número de confusões. Quando alguém diz que o direito permite o apedrejamento e o outro diz que apedrejar alguém nunca pode ser de acordo com o direito, a conversa torna-se confusa porque estão falando de significados diferentes que a palavra adquiriu em sua evolução histórica.

A perspectiva filosófica da retórica utilizada aqui não admite conceitos unívocos, como já deu para perceber. Até expressões matemáticas que se argumentam unívocas, como "hipotenusa", por exemplo, podem perder essa qualidade devido ao caráter convencionalista da linguagem: alguém pode pôr esse nome em uma filha ou uma gata de estimação, gerando ambiguidade.

No caso do direito, o problema se agrava porque o significado da palavra depende também de seus "utentes", aqueles que utilizam a palavra e interferem em seu significado à medida que empregam o significante. A igualdade de tratamento das pessoas por parte do poder político (isonomia) pode ou não ser direito positivo, pode ou não constituir um dado empírico, a depender do contexto, do sistema jurídico ser ou não democraticamente organizado. A interferência pragmática dos usuários das palavras sobre as coisas acontece em todas as áreas do conhecimento, sim, mas certamente de modo mais evidente no direito. Os movimentos de translação dos corpos celestes permaneceram relativamente indiferentes para com as perspectivas de Ptolomeu ou Newton, diferentemente do tratamento igualitário das pessoas perante a lei.

2.3. A METÁFORA DA NATUREZA DA JUSTIÇA NA OPOSIÇÃO E FUNDAMENTAÇÃO DO GOVERNO: DIFERENCIAÇÃO ENTRE DIREITO POSITIVO E DIREITO NATURAL

Talvez a mais antiga das dicotomias mais importantes seja aquela entre direito "natural" e direito "positivo". Ao fazer a pergunta sobre se decepar a mão de alguém que furtou uma galinha para matar a fome "é direito", percebe-se claramente a diferença. Sabemos que em diversos tempos históricos e em diversos lugares sempre houve uma diversidade de penas cruéis que eram reais e efetivas. Havia a regra estabelecida e conhecida de todos, havia o controle social pelos governantes, a condenação pelos juízes e a punição efetiva dos transgressores pelos carrascos. Essas regras sempre foram chamadas de "direito" desde tempos imemoriais, em todas as civilizações.

Porém, em algum momento, que também se perde no passado da civilização, a sociedade atinge um grau de sofisticação no qual as pessoas começam a comparar o direito em vigor, positivo, com um ideal de direito que seria melhor do que aquele efetivamente existente e observável empiricamente. A metáfora da "natureza" surge justamente com esse sentido: como o governo, por mais poderoso que seja, não consegue mudar a natureza do mundo, o direito "natural" é o superior, pois não decorre da vontade deste ou daquele governante. Aí aparece na prática a diferenciação entre direito e justiça e as palavras que significam esses dois significados também passam a se diferenciar.

Direito "positivo" não é o contrário de "negativo"; significa posto, imposto, estabelecido. Pelo poder. É a ele que os juristas se referem com a frase *ubi societas, ibi jus* (onde sociedade, aí direito), ou seja, um fenômeno necessariamente presente nas sociedades humanas. Consiste em decisões sobre conflitos que podem ser percebidas empiricamente por qualquer pessoa, independentemente de sua opinião sobre elas. Então, se alguém pergunta sobre se é direito torturar um suspeito de crime, é possível observar sociedades nas quais há leis dizendo que isso é direito, tribunais que condenam gatunos com base nessas leis e carrascos que aplicam essa pena ordenada pelas leis e tribunais, como dito. Isso significa que essa conduta é direito posto naquela comunidade.

O jovem estudioso espanta-se como podem ser positivistas quase todos os pensadores dos últimos duzentos anos, se todos eram jusnaturalistas nos três mil anos que antecederam esse período. É que o direito mudou muito. Mesmo os mais ferrenhos antipositivistas, se precisarem trabalhar com o direito positivo, têm de se haver com as regras postas pelo poder. Nas sociedades complexas modernas, essas regras estão organizadas de uma forma conhecida por "direito dogmaticamente organizado". Então todo direito dogmático é direito positivo, embora haja formas de organização do direito positivo que não são dogmáticas.

E daí vem a grande questão: se o direito é fruto da vontade do poder empiricamente estabelecido, autodeterminado e autolimitado, ou se há direito acima e independentemente do poder efetivo. A questão atual da universalidade dos chamados direitos humanos é ilustrativa a respeito.

De um lado, afirma-se a existência de direitos válidos em si mesmos, fora do sistema positivo, inerentes à própria condição humana ou "natureza das coisas"; essa ideologia encontra problemas ao se defrontar com a grande diversidade cultural que vem caracterizando as comunidades humanas segundo seu desenvolvimento histórico no tempo e no espaço, pois grupos diferentes atribuem-se direitos supostamente inerentes que são diversos e por vezes inconciliáveis.

Do outro lado, ao afirmar a total subordinação das normas jurídicas às contingências históricas e à luta pelo poder, a ideologia positivista vê-se diante do problema de admitir como jurídico todo e qualquer conteúdo normativo, tais como a pena de morte, a tortura ou campos de concentração. Aí o legislador originário não tem qualquer limite ético, decide de acordo com seu poder e sua vontade. A dogmatização do direito que vem ocorrendo na modernidade parece vir em apoio desta posição, pois justa é a decisão baseada em regras estabelecidas, qualquer que seja seu conteúdo. "Injustiça" passou a ser, em termos jurídicos, um conceito interno ao próprio direito positivo.

Pode-se definir o jusnaturalismo, grosso modo, a partir de dois postulados fundamentais: 1. há uma ordem jurídica, além da efetiva, daquela observável empiricamente pelos órgãos dos sentidos, que é metaforicamente designada "natural", entendendo-se "natureza" como algo não produzido pelo ser humano, ou seja, pelo poder do governo; 2. em caso de conflito com a ordem positiva, deve prevalecer esta ordem "natural", por ser ela o critério externo de aferição daquela, superior eticamente. Um terceiro postulado, o da imutabilidade do direito natural no tempo e no espaço é defendido por muitos pensadores até hoje[5], mas é recusado pela maioria das perspectivas jusnaturalistas modernas[6].

Isso quer dizer que os jusnaturalismos apresentam em comum a pretensão de retirar normas de fatos, ou seja, deduzir de determinada situação, de dados descritivos como o patrimônio de uma pessoa, suas características étnicas ou sua ascendência familiar, um dever ser tão evidente quanto o fato em que se baseia. A norma decorre "naturalmente" do fato: do enunciado descritivo "há pessoas que nasceram no norte e pessoas que nasceram no sul" pretender deduzir diretamente que "as pessoas do norte devem prevalecer sobre as do sul", por exemplo.

Para o positivismo, os fatos são certamente pontos de referência para as normas, porém é indispensável a manifestação de vontade do poder para criá-las, pois de um mesmo fato podem-se criar normas antagônicas: diante do fato de que existe a diferença de sexos, por exemplo, pode-se estabelecer a superioridade da

---

5   D'ENTRÈVES, Alessandro Passerin (**La dottrina del diritto naturale**, Milano: Comunità, 1980, p. 25 e s.)

6   STAMMLER, Rudolf. **Theorie der Rechtswissenschaft** (1923) e **Lehrbuch der Rechtsphilosophie** (1928). 2. ed. Darmstadt: Scientia/Aalen, 1970; VILLEY, Michel. **Leçons d'histoire de la philosophie du droit**. Paris: Dalloz, 1975, p. 11 e s.; LARENZ, Karl. **Methodenlehre in der Rechtswissenschaft**. Berlin-Heidelberg-New York: Duncker & Humblot, 1979, p. 458 e s.

mulher, a igualdade entre ambos, a superioridade do homem, depende da escolha, não há como deduzir uma delas como correta ou, menos ainda, necessária.[7]

Esta definição simplificada em dois postulados não implica que os jusnaturalistas estejam de acordo. Ao contrário, e à semelhança dos juspositivistas, há grandes diferenças sobre em que consiste essa "natureza" dos direitos, acima das opções dos governos. Para uns, o direito justo decorre da vontade de um Deus, mas este precisa de intérpretes, que revelem seus desígnios, e esses intérpretes discordam. Para outros, é a razão humana que dá origem ao direito, mas, da mesma forma, não existe qualquer consenso sobre o que comanda tal razão.

Apesar de realista e empírica, a filosofia retórica verifica que a ideia de direito natural é altamente civilizatória, na medida em que a insatisfação com o direito posto provoca a luta por sua modificação e assim evoluem as regras e combate--se o *statu quo*. Se não houvesse essa eventual discrepância entre o posto e o que as pessoas consideram justo, o direito dificilmente evoluiria. Contudo, além do problema de não se conseguir uma resposta objetiva para definir esse justo, a luta pela modificação do direito positivo nem sempre leva a um progresso ético, o que quer que se entenda por essa expressão. É possível que, num ambiente de relativa tolerância, como na Alemanha de Weimar, ideais de uma justiça natural nazista se voltem contra o que está posto. Em outras palavras, é ingênuo definir o direito natural como o direito "do bem" e o positivo como "do mal", sempre imposto por maus governantes.

Ocorre que essa distinção entre o posto e o justo está na base dos dois problemas mais importantes da filosofia do direito, já apontados: o que se refere ao conhecimento, qual seja, separar o direito do não direito, distinguir epistemologicamente os eventos jurídicos daqueles que a eles se assemelham como os morais, os ideológicos, os religiosos; e o que se refere à ética, isto é, uma vez determinado o campo do direito, distinguir o direito que satisfaz os anseios por justiça e o direito que os contraria. As correntes mais importantes do jusnaturalismo serão examinadas no capítulo quarto adiante.

2.4. COLETIVIDADE E INDIVIDUALIDADE: DIFERENCIAÇÃO ENTRE DIREITO OBJETIVO E DIREITO SUBJETIVO

Desde os antigos romanos, que chamavam o direito subjetivo de *facultas agendi*, a doutrina jurídica dominante utiliza a expressão faculdade de agir para esse fenômeno, aí compreendendo praticar ou omitir alguma ação, impedir ou obrigar outras pessoas, desde que essa faculdade seja protegida pelo direito objetivo, chamado norma de agir ou *norma agendi*. Em suma, o direito subjetivo é literalmente o direito do sujeito, aquele que cada pessoa detém como parte de sua

---

[7]   KELSEN, Hans. **Was ist Gerechtigkeit?** Stuttgart: Reclam, 2000, *passim*.

personalidade jurídica, e o direito objetivo é aquele ordenamento genérico que garante quais pessoas têm e podem exercer tais e quais direitos subjetivos.

Em inglês a diferença está no próprio substantivo, pois a língua distingue entre "law", direito objetivo, e "right", direito subjetivo. Em português e na maioria das línguas ocidentais, o substantivo "direito" permaneceu o mesmo, bifurcando-se na dicotomia "objetivo" e "subjetivo" por meio desses adjetivos. Além desta, levam a confusões as ambiguidades entre direito e lei e entre direito e justiça.[8]

Semelhante critério, ser garantido pelo direito objetivo, pelas normas gerais, guarda estreita ligação com a dicotomia discutida acima, entre direito posto e direito justo. Sim, porque a questão é exatamente se essa definição é adequada, se as pessoas só têm direitos porque o governo os concede ou se o governo pode estar equivocado e não proteger direitos que deveria, à luz de um critério superior. Para os autores modernos que identificam direito e Estado, os direitos subjetivos se reduzem àqueles concedidos, protegidos, garantidos pelo Estado, o qual se confunde com a sociedade, no que diz respeito ao direito. Para os jusnaturalistas, ao contrário, é o direito justo ideal que fornece o parâmetro para o direito positivo estatal.

Com o estabelecimento do Estado moderno nas sociedades ocidentais, o problema do direito subjetivo foi estudado por autores importantes dos séculos XIX e XX. A discussão permanece ativa até hoje e se revela na progressiva constitucionalização de alguns desses direitos, na busca por uma proteção mais efetiva.

Para a teoria do direito, nesse debate entre jusnaturalismo e juspositivismo, o problema central é o mesmo: se há direitos subjetivos válidos por si mesmos, prévios e superiores ao direito positivo, ou se os direitos subjetivos são concedidos pelo direito objetivo posto. Para uns, havendo choque entre o direito natural e o direito positivo, o primeiro deve preponderar; para outros, os direitos subjetivos do indivíduo só existem se reconhecidos pela ordem jurídica posta. Aí tem-se a controvérsia filosófica da prevalência do direito subjetivo sobre o objetivo ou vice-versa, para cuja análise pode-se tomar como ponto de partida as teorias de dois dos mais importantes contratualistas: Jean-Jacques Rousseau e Thomas Hobbes.

Para Rousseau, o ser humano traz direitos subjetivos do estado de natureza, os quais o Estado, por ser a outra parte no contrato social, tem que respeitar e proteger. Esses direitos dos cidadãos limitam a ação do Estado. Vê-se, por essa fórmula, que o ato de associação encerra um engajamento recíproco das decisões do Estado com os cidadãos e que cada pessoa firma um contrato e assume uma relação de duas vias, quais sejam, manter os direitos provenientes de sua natureza humana – e não de decisões do Estado – e as concessões que precisa fazer como

---

8   CAENEGEM, Raoul C. van. **Judges, legislators and professors**. Cambridge: Cambridge University Press, 1998, p. 2 e 114.

membro da sociedade protegida pelo Estado soberano[9]. Trata-se de um contrato entre o sujeito e o Estado, um contrato que os juristas hoje denominariam sinalagmático, ou seja, com concessões recíprocas, de igual para igual.

Em Hobbes, o Estado não é parte do contrato, mas sim seu resultado. Ele é criado por um pacto entre os cidadãos e por isso não tem qualquer obrigação para com eles. Diferentemente de Rousseau, no contrato de Hobbes, as pessoas constituem o Estado justamente ao lhe entregarem todos os seus eventuais direitos naturais e nada trazem consigo do seu estado de natureza, no qual campeava a guerra de todos contra todos, quando o homem era o lobo do homem (*homo homini lupus*).

Tanto para Rousseau como para Hobbes, deve-se pôr em relevo, o contrato social não é pensado como um fato ocorrido no passado da humanidade, algo histórico, como tantos contratualistas menos sofisticados imaginaram. Trata-se de um pressuposto fictício de constituição do Estado.

Chegada a modernidade, surge e domina a mentalidade positivista, mais próxima de Hobbes do que de Rousseau. Mas nem todos estavam dispostos a adotar a crua filosofia realista de Hobbes, no sentido de deixar ao poder do governo total disponibilidade quanto à concessão ou não de direitos subjetivos.

Porém, tampouco era mais possível apelar a conteúdos éticos metafísicos, como aqueles das diversas escolas jusnaturalistas. Por isso diversos pensadores, principalmente alemães, vão tentar conciliar a existência de direitos subjetivos, acima do arbítrio do Estado e seus governantes, ideia herdada do conceito de justiça elaborado pelos jusnaturalismos, com a necessidade moderna de um fundamento empírico de legitimidade, para dar um caráter científico ao estudo do direito positivo, reclamado pelos novos tempos de juspositivismos, ao mesmo tempo limitando o poder estatal.

Do ponto de vista da ética jurídica, esses autores procuravam distinguir direito de arbítrio e se proteger da acusação de que o positivismo legitimaria quaisquer conteúdos éticos. Um novo arsenal teórico precisava ser construído para compreender e respaldar o cidadão diante do Leviatã: o direito subjetivo necessitava de um fundamento acima do direito objetivo, mas um fundamento empírico, que seja verificável e não metafísico.

Esta é a nova ideia trazida pela Escola Histórica: a base dos direitos subjetivos é a vontade humana, não a vontade metafísica ou a vontade racional idealizada, mas a vontade como fenômeno psíquico real e observável. O direito à vida e à propriedade, por exemplo, não são concessões do Estado, mas existem porque os seres humanos têm vontade de exercê-los[10]. Surgem assim as chamadas

---

[9]   ROUSSEAU, Jean-Jacques. **Du contract social ou principes du droit politique**. Amsterdam: chez Marc Michel Rey, 1762, Ch. VII: "Du Souverain", p. 13 s.

[10]   SAVIGNY, Friedrich Carl von. **System des heutigen Römischen Rechts**. Berlin: Veit, 1840, Bd. 1, §§ 4 s., p. 7 s.

teorias da vontade (*Willenstheorien*) para fundamentação e garantia dos direitos subjetivos.

Logo aparecem objeções a Savigny no sentido de que o direito subjetivo não pode provir da vontade, porque seres humanos incapazes de comunicar sua vontade, como nascituros, crianças e pessoas com necessidades mentais especiais são sujeitos de diversos direitos, ainda que não manifestem sua vontade nesse sentido ou sequer a tenham. Por isso seus direitos são exercidos por outras pessoas particulares ou por representantes do Estado. Também há pessoas que desconhecem direitos que efetivamente têm, ainda que, por esse desconhecimento, não manifestem nem tenham qualquer vontade de exercê-los, como é o caso de um legatário ou herdeiro testamentário, a quem foi deixado um bem de cuja existência o titular do direito nem desconfia.

Na mesma direção, o credor pode não ter vontade de cobrar do devedor, não exercitar seu direito por piedade ou amizade, todavia mesmo assim o direito subjetivo permanece intacto. E há direitos aos quais o titular sequer pode renunciar, ou seja, permanece com eles mesmo que manifeste expressamente a vontade de não os ter, tal como o direito do suicida à vida.

Buscando suprir essas aparentes deficiências, com base na ética ultilitarista de Jeremy Bentham e na teoria finalista de Rudolf von Jhering, Philip Heck e outros desenvolvem a ideia de que os direitos subjetivos são criados não pela vontade, mas sim pelo interesse. Por meio da expressão "vontade despsicologizada", no sentido de "desindividualizada", a Escola da *Interessenjurisprudenz* define esse interesse como uma objetivação da vontade, isto é, aquilo que se considera que seria a vontade de uma pessoa naquela situação, se tivesse conhecimento das variáveis envolvidas no caso. Observa-se que a visão é efetivamente teleológica e utilitária, pois são as finalidades colocadas pela ordem jurídica que moldam a constituição dos direitos subjetivos, a qual é informada pelo critério de melhor custo e benefício para o maior número.

Assim, todo herdeiro testamentário tem direito ao legado que lhe cabe porque este é seu "interesse juridicamente protegido", mesmo que não tenha nem manifeste qualquer vontade em relação a ele por ignorar sua existência ou não o desejar. O interesse é o dado empírico que enseja os direitos subjetivos. A filosofia utilitarista também transparece na importância dada ao processo como meio para realização do direito subjetivo, literalmente uma faculdade de agir reclamando em juízo[11].

---

[11] JHERING, Rudolf von. **Geist des romischen Rechts auf den verschiedenen Stüfen seiner Entwickelung**. Leipzig: Breitkopf & Härtel, Bd. III, 1852, p. 338. HECK, Philipp. Gesetzesauslegung und Interessenjurisprudenz, **Archiv** für die **civilistische Praxis**, Nr. 112. Tübingen, Mohr Siebeck, 1914, p. 1 s.

Dentre as várias objeções a essa concepção, pode-se destacar, em primeiro lugar, que muitos interesses não criam direitos subjetivos, como é o caso daqueles ilícitos, oriundos de corrupção ou lavagem de dinheiro; outros objetam que o conceito de interesse é muito vago, sobretudo se não é psicologicamente definido pela vontade de alguém; depois, se é o ordenamento jurídico que separa os interesses que geram daqueles que não geram direitos subjetivos, isso implica a prevalência do direito objetivo e daí uma volta à visão de Hobbes de que só há direitos concedidos pelo Estado; finalmente, a Escola da Jurisprudência dos Valores (*Wertenjurisprudenz*) acusou a teoria do interesse de excessivamente privatista e daí individualista, ignorando os interesses mais importantes que são os da comunidade.

Bernhard Windscheid, em 1862, e Ferdinand Regelsberger, em 1893, publicaram cada qual seus homônimos *Tratado do Direito das Pandectas*, e defendem uma posição eclética, tentando unir as duas correntes positivistas anteriores para fundamentação dos direitos subjetivos, aglutinando todos os elementos sugeridos: além de um interesse juridicamente protegido, o direito subjetivo precisa de uma manifestação da vontade e de uma faculdade de agir para se constituir e efetivar. Windscheid diz expressamente que o direito subjetivo é "um poder da vontade garantido pela ordem jurídica"[12]. Jellinek é outro jurista que procura juntar as teorias da vontade e do interesse, afirmando que "vontade e interesse ou bem compõem juntos o conceito de direito"[13].

Adiantando-se o século XX, a teoria chamada monista recusa esse debate de prevalência do direito objetivo ou subjetivo. O direito subjetivo é somente o espelho de algum dever jurídico que existe em virtude de uma norma jurídica positiva. Ora, se toda norma jurídica, em sua estrutura lógica, enuncia um dever, o direito subjetivo é a exigência de concretização desse dever e assim da própria norma jurídica.

Essa é portanto uma falsa dicotomia, pois não se pode separar um do outro, só fazem sentido juntos, argumenta Kelsen: por um lado só se pode chamar uma pretensão de direito se ela está garantida pelo direito objetivo; por outro, as regras gerais do direito objetivo só têm sentido se garantirem pretensões e incidirem sobre relações jurídicas concretas[14].

A teoria monista não se coloca ao lado de Hobbes, na prevalência do direito objetivo, porque não recusa apenas a possibilidade de direito subjetivo sem a proteção do objetivo, mas, ao mesmo tempo, a possibilidade de existir direito

---

[12] WINDSCHEID, Bernhard. **Lehrbuch des Pandektenrechts**. Frankfurt a. M.: Rutten & Loening, 1891, § 37, p. 87 s.

[13] JELLINEK, Georg. **System der subjektiven** öffentlichen **Rechte**. Tübingen: J. C. B. Mohr/ Paul Siebeck, 1905 (zweite durchgesehene und vermehrte Auflage), p. 44.

[14] KELSEN, Hans. **Allgemeine Staatslehre**. Wien: Österreichische Staatsdruckerei, 1993, p. 55.

objetivo sem incidir sobre algum direito subjetivo. Não há superioridade, são faces da mesma moeda.

A oposição entre direito subjetivo e objetivo substitui aquela entre direito natural e direito positivo, que vai desembocar na solução do constitucionalismo contemporâneo, qual seja, na positivação de declarações de direitos subjetivos ditos fundamentais, enfraquecendo ambas as oposições: os direitos naturais tornam-se positivos e os direitos subjetivos só têm sentido se garantidos pelo direito objetivo. Os pretensos direitos subjetivos naturais, não protegidos pelo direito objetivo, têm também sua importância diminuída. Para o positivismo, não podem ser chamados de "direitos": permanecem como ideologias, preferências éticas momentaneamente derrotadas na luta pela positivação.

E os conceitos de direito objetivo e subjetivo interpenetram-se com os de público e privado: veja-se que, no Brasil, o direito à educação, em que pese a seu caráter ideal, aparece como um direito subjetivo público, pois é o único dessa classe expressamente declarado pela Constituição, colocando assim o Estado como sujeito passivo da pretensão universal dos cidadãos. Isso leva ao próximo item.

2.5. A COMPLEXIDADE DO GOVERNO E A DIFERENCIAÇÃO ENTRE DIREITO PÚBLICO E DIREITO PRIVADO

A separação do direito positivo em público e privado é uma das grandes dicotomias da ciência e da práxis do direito. Também, o direito objetivo e o direito subjetivo aparecem assim divididos, ou seja, há direitos subjetivos públicos, como o voto, e privados, como o crédito de um empréstimo entre particulares. Pode-se dizer que a distinção entre direito público e privado é a principal dicotomia do direito positivo e pertence mais à teoria geral do que à filosofia do direito, porque, como visto, há uma longa tradição filosófica e jurídica advogando a existência de direitos subjetivos independentes, superiores, acima do direito positivo, o que vem interconectar a dicotomia direito objetivo *versus* direito subjetivo com aquela entre direito positivo e direito "natural", o que já a distancia dos quadrantes exclusivos da dogmática no direito positivo.

A diferenciação entre direito público e privado foi legada pela tradição romana, podendo ser lida no *Digesto*, especificamente na sugestão de Ulpiano, no sentido de que o *jus publicum* diz respeito à República romana, ao passo que o direito privado se refere ao interesse ou utilidade do cidadão singular.

Como não havia a pretensão de monopólio estatal do direito, era permitido ao particular a aplicação de sanções jurídicas, coercitivas, e a distinção tinha grande importância prática em Roma. Com o Estado moderno e a complexidade social crescente, todo direito passa a ser, em certo sentido, público, pois nenhuma entidade privada pode fazer justiça com as próprias mãos, a não ser nos casos previstos pelo próprio Estado, como a legítima defesa.

Mesmo assim, a presença da República – *res publica*, coisa pública – em pelo menos um dos lados da relação jurídica é o critério originário da distinção que se lê no *Digesto*. E os conceitos das esferas pública e privada já tinham sido desenvolvidos mesmo antes, na Grécia clássica.

Na esfera da política – e é de *polis* que a palavra se origina –, a cidade-estado é o único ambiente possível em que o ser humano pode ser plenamente desenvolvido, não o único critério que o distingue dos animais irracionais, mas aquele meio em que ele consegue desenvolver e mostrar suas qualidades mais especificamente humanas. Para viabilizar esse ser político, que só é possível na esfera pública, são necessários quatro requisitos básicos[15].

Em primeiro lugar, é preciso que exista um espaço comum, um ambiente em que os cidadãos se comuniquem, exponham-se uns para os outros em interação mútua. Depois, diferentemente do que ocorre com a interação privada da casa (*oikos*, de que vem a palavra "economia"), caracterizada pela desigualdade entre as partes, como nos casos, por exemplo, do pai com os filhos ou entre o senhor e os escravos, é preciso que os cidadãos estejam em pé de igualdade, sem coação de uns sobre os outros. Em terceiro lugar, o espaço público e a igualdade precisam ser acompanhados da liberdade, já que só seres humanos livres, isto é, não submetidos à vontade de outros seres humanos, são capazes de partilhar a esfera pública. Finalmente, a distinção entre as esferas pública e privada exige que esse espaço entre seres humanos iguais e livres não se dê em particular, como no caso das relações de amizade, por exemplo, porém apareça aos olhos de todos os demais cidadãos, sem qualquer seleção ou escolha, numa universalização do espaço comum.

A esfera pública é *conditio sine qua non* para a política, porém dela se distingue; o espaço político é um dos aspectos do público, talvez o mais importante, mas não o esgota: as obras de arte e os códigos de leis, por exemplo, também fazem parte da esfera pública, mas não da política, são coisas produzidas pelo *homo faber*, o fabricante de objetos. A política se esgota na mútua interferência das ações, não produz coisas.[16]

Na parte da esfera pública, constituída pela política, aparece o Estado. Como se vê na tradição inaugurada por Ulpiano, a presença do Estado e a defesa dos interesses não individuais é o primeiro critério para fundamentar a dicotomia romana entre direito público e direito privado.

Depois, com o nascimento do Estado moderno, a delimitação entre direito público e direito privado torna-se mais complexa. Tomando por base lições de

---

[15]   ARENDT, Hannah. What is authority? In: **Between past and future** – Eight exercises in political thought. New York: The Viking Press, 1980, p. 104-105.

[16]   ARENDT, Hannah. **The human condition**. Chicago/London: University of Chicago, 1958, p. 32.

Georg Jellinek, esse Estado e sua nova esfera pública se constituem pelo conceito de soberania, o qual se baseia em quatro ideias centrais[17].

A primeira é a unidade política (*politische Einheit*), a centralização de poder em uma fonte única de decisões. As estruturas de poder pulverizadas, como na Grécia clássica, no sistema feudal ou nas tribos indígenas, não poderiam ensejar essa nova instituição política e jurídica. As monarquias nacionais foram uma etapa importante nesse ponto.

Mas essa forma de organização política ainda não constitui o Estado moderno, para o qual foi crucial a ideia de liberdade trazida pela classe burguesa emergente (*bürgerliche Freiheit*), a qual reivindicava que o cidadão tivesse direitos subjetivos dos quais o monarca era sujeito passivo, o que implicava limites ao poder do Estado. O direito natural antropológico, laico e racionalista de Hugo Grotius, dentre outros, deu o respaldo filosófico a essas novas ideias, pois, se esses direitos dos cidadãos não poderiam ser eliminados pelo próprio Deus, menos ainda pelos monarcas.

Uma terceira ideia revolucionária foi o novo sentido de liberdade política (*politische Freiheit*), pelo qual os cidadãos não constituíam apenas a origem remota do poder e da legitimidade do Estado, mas continuavam detendo a competência atual para revogar e transferir esse poder de governar, além de exigir periodicidade de consultas à vontade popular.

A quarta e última ideia destacada pelo jurista é a de nacionalidade (*Nationalität*), a qual faz a comunidade crer no Estado como um representante da sociedade, uma espécie de defensor dos costumes, do direito, da língua, do território comum a todos os cidadãos e substitui tanto a visão internacionalista da Igreja Católica quanto a fidelidade local ao burgo medieval. A nacionalidade é garantida pela soberania do Estado e esta passa a ser o conceito central no direito público, ao mesmo tempo em que a autonomia da vontade do cidadão passa a reger as relações de direito privado. Soberania e vontade se transformam então nos conceitos jurídicos de base para distinguir o direito público do direito privado.

É importante lembrar que esses critérios não têm somente interesse histórico, vez que permanecem até hoje e são defendidos por juristas contemporâneos, brasileiros e estrangeiros, isto é, os critérios mais recentes não fazem desaparecer os antigos, porém permanecem concorrendo com eles. Também, o objetivo dos critérios para separação não é apenas classificar analiticamente normas, eles também são lugares comuns que, especificando mais os *topoi* ou lugares comuns da soberania e da autonomia da vontade, servem para estabelecer, sistematizar e

---

[17] JELLINEK, Georg. Die Entstehung der modernen Staatsidee. Vortrag gehalten im Frauenverein zu Heidelberg am 13. Februar 1894, in JELLINEK, Georg. **Ausgewählte Schriften und Reden**, Bd. 2. Berlin: O. Häring, 1911, p. 45-63, e **Allgemeine Staatslehre**, 2. Aufl. Berlin: O. Häring, 1905, p. 243 s. e 495 s.

tornar mais claros pontos de partida argumentativos diferentes. Basta observar a argumentação e mesmo a interpretação levadas a efeito por um profissional do direito privado e um do direito público quanto ao papel da lei ou da atividade judicante, por exemplo.

Por outro lado, esses elementos constitutivos da soberania estão todos sendo lentamente minados pela evolução histórica na sociedade hipercomplexa, com a pulverização dos centros decisórios, o desparecimento das fronteiras e uma série de outros aspectos que serão discutidos ao longo do livro.[18]

O critério de Ulpiano no *Digesto*, da presença "física", por assim dizer, considera que as relações jurídicas de direito público são marcadas pela participação do Estado, seja como sujeito ativo, seja como sujeito passivo. Desde seu surgimento, objeta-se que muitas vezes o Estado age como se particular fosse, ainda que supostamente seja para o bem público, como nas ocasiões em que aluga imóveis ou vende seus veículos usados, por exemplo. Esse é também chamado o "critério do sujeito"[19].

Diante dessa crítica, o critério da presença do Estado veio a ser mais abstratamente interpretado por meio do conceito de interesse, o interesse neutro do Estado *versus* o interesse em obter vantagens que caracteriza o direito privado, isto é, o direito é público quando o Estado age no interesse da coletividade. Esse critério não ajudou muito, pois, além da imprecisão do conceito de interesse, sempre se pode dizer que a venda de veículos usados se dirige, pelo menos mediatamente, ao interesse comum. Por outro lado, há atividades particulares que têm fortes reflexos no direito público, como é o caso do caráter tutelar do direito do trabalho e do direito previdenciário.

Um terceiro critério é o da iniciativa processual ou representatividade originária em juízo: assim, o crime de homicídio insere-se no direito público, posto que cabe ao Ministério Público a tutela do direito de ação, e o contrato de compra e venda pertence ao direito privado, pois ao particular para tanto legitimado compete o direito de processar e de desistir. Fazem-se objeções a esse critério na medida em que existem as chamadas ações públicas condicionadas, nas quais, inobstante seu caráter penal, o Ministério Público só pode agir processualmente após expressa manifestação de vontade do cidadão privado, como nos casos de estupro e dos crimes contra a honra, no direito brasileiro.

Um quarto critério, finalmente, é a igualdade ou desigualdade das partes na relação jurídica, segundo o qual não basta a presença do Estado para caracterizar uma relação de direito público; somente quando o Estado age com seu poder de

---

[18] V. também ADEODATO, João Maurício. **Uma teoria retórica da norma jurídica e do direito subjetivo**. São Paulo: Noeses, 2014 (2ª edição), p. 59 s. e 340 s.

[19] FREIRE, André Luiz. Direito público e direito privado. **Enciclopédia Jurídica da Pontifícia Universidade Católica de São Paulo**. Tomo Teoria Geral e Filosofia do Direito, Edição 1, abril de 2017. https://enciclopediajuridica.pucsp.br. Acesso em 01/01/2019.

império (*jus imperii*), consagrando uma desigualdade em relação à outra parte, o direito é efetivamente público. Assim se procuram responder às críticas feitas ao caráter formalista do critério de Ulpiano, dando-lhe um caráter também qualitativo. Nesse sentido, explica-se porque uma desapropriação é direito público, em sua desigualdade, e como o Estado pode também participar de relações jurídicas de direito privado, pautando-se pela igualdade entre as partes. Esse critério é também chamado "de subordinação".

Não se devem esquecer as teorias que negam a distinção, argumentando que todo direito é público e que a dicotomia não subsiste porque o Estado apenas faculta mais, ou menos, a manifestação de vontade dos particulares, impondo seu poder de modo inversamente proporcional. Há ainda as teorias ecléticas, as quais unem os diversos critérios, enfatizando um ou outro segundo o caso concreto, porém sempre procurando aplicá-los todos. Finalmente, existem os autores que preferem aderir a uma tricotomia e acrescentam os direitos "sociais", os quais traziam características dos direitos publico e privado, tais como os mencionados ramos dos direitos previdenciário e do trabalho.[20] A repercussão de tal nomenclatura é exemplificada por sua adoção pela Constituição Brasileira de 1988, que permanece até hoje em vigor.

2.6. PERSISTÊNCIA DAS DICOTOMIAS

Se tantos se insurgem contra essas divisões conceituais, inclusive na prática do direito, é interessante tentar entender sua permanência ao longo de tanto tempo.

A modernidade na cultura ocidental europeia e de seus satélites afastou do espaço público ordens éticas tradicionalmente importantes, as quais, no passado, sempre embasaram os conteúdos do direito e cooperaram com o Estado no controle dos conflitos. Agora, nos países centrais do Ocidente, a moral e a religião abandonaram sua significação pública, mantendo importância apenas no plano privado individual e em grupos sociais específicos. O direito passa a ser o único ambiente ético comum a toda a esfera pública, posto que é coercitivo e os grupos sociais não podem recusá-lo. Com a pulverização das instâncias decisórias e a privatização da moral e da religião, o direito é banalizado, pois é o recurso ético disponível. Enquanto o direito de sociedades mais primitivas ampara-se em crenças éticas comuns e a ele só chegam os conflitos mais ameaçadores, como os de direito penal, na sociedade complexa sobrecarregam-se os agentes jurídicos com exigências de intervenção mesmo nos conflitos éticos mais simples, pois não há outra base ética comum que os possa controlar.

Além disso, como todos os fenômenos jurídicos, os ramos do direito nascem, desenvolvem-se e até se extinguem no fluxo da história. Observe-se o exemplo

---

20   GURVITCH, Georges. **L'idée du droit social**. Paris: Sirey, 1932.

do direito internacional privado, que cuidava de conflitos "privados", quer dizer, envolvendo interesses particulares de pessoas de diferentes nacionalidades, e que hoje não mais se distingue do direito internacional público, pois a participação dos Estados soberanos e a existência de tratados e de outras normas uniformes sobre relações comerciais e trabalhistas, por exemplo, que seriam internacionais privadas, esmaeceu de vez os tradicionais critérios distintivos entre os ramos internacional público e internacional privado.

As dicotomias entre os direitos positivo e natural, com a inscrição de direitos pretensamente universais em cartas de direito e códigos nacionais, positivando--os, e entre os direitos objetivo e subjetivo, vistos como lados da mesma moeda, também enfraquecem os critérios tradicionais.

Por outro lado, também surgem ramos inesperados a partir de novas diferenciações. Um ramo do direito se consolida por meio de legislação própria, conceitos e institutos autônomos, de que são exemplos as emancipações do direito comercial do civil, do direito educacional a partir do direito administrativo ou do direito do consumidor também do direito civil. Esse fenômeno, contudo, não contribuiu para aguçar distinções entre as esferas pública e privada.

Concluindo, pode-se dizer que não existem critérios seguros para separar essas dicotomias que adjetivam o conceito de direito, já que as distinções doutrinárias não conseguem encontrar correspondência no mundo real, se é que já a tiveram, posto que essas expressões cristalizaram antigas metáforas utilizadas para designar eventos cujas características variam no tempo e no espaço. Em outras palavras, tais metáforas foram efetivamente recortadas em termos dicotômicos, todavia o conjunto de "realidades" que pretendiam designar modificou-se no curso da história dos eventos e da porosidade das palavras.

Apesar de tudo, persistem o interesse e a utilidade tópicos dessas dicotomias, assim como sua aplicabilidade nas técnicas hermenêuticas, ainda que casuísticas, da dogmática jurídica: o *topos dura lex sed lex* se adapta melhor ao direito público, ao passo que a autonomia da vontade é lugar comum fundamental no direito privado, por exemplo.

O PROBLEMA DO CONHECIMENTO NA FILOSOFIA DO DIREITO, CAMPO 3 DA INTRODUÇÃO AO ESTUDO DO DIREITO: COMO SEPARAR O DIREITO DO NÃO DIREITO

3.1. O ETERNO FLUXO DOS DADOS EMPÍRICOS

O problema de como o ser humano "conhece" aquilo que percebe a seu redor é o primeiro problema, a questão que deu origem à filosofia ocidental. Isso para todo tipo de conhecimento que se pretende mais preciso do que o senso comum e abandona as abordagens mítica e religiosa. No caso da "ciência" do direito, retoricamente compreendida, é parte importante separar o direito do não direito, o que "é" direito do que "não é" direito. Ora, o conhecimento do direito é um dos focos do conhecimento em geral e como tal precisa ser tratado.

Heráclito ficou na história do pensamento ocidental como o primeiro a ter percebido e enfatizado que os eventos e objetos do mundo real nunca se repetem. O que as pessoas entendem por "realidade" é esse fluxo contínuo de acontecimentos, aparentemente independente delas, percepções humanas ao longo de um tempo em que nenhum evento, nada é igual a nada, em que não há lugar para classes, generalizações. Por isso é considerado fundador do empirismo, aquela corrente filosófica que concentra suas atenções exatamente nesse fluxo contínuo que constitui a realidade e na percepção "sensível", isto é, aquela que se dá pelos órgãos dos sentidos: visão, audição, olfato, paladar e tato, na classificação tradicional dos biólogos. E porque essa realidade se modifica eternamente e não se deixa apreender pela "razão" humana, Heráclito é também considerado um dos primeiros céticos e mesmo um dos sofistas originais.

Com efeito, os filósofos que privilegiam os dados empíricos tendem ao ceticismo, a ser mais pontuais em suas observações, a desconfiar dos grandes sis-

---

[1] Parte das ideias desenvolvidas aqui foram publicadas em ADEODATO, João Maurício. O problema do conhecimento do direito e a proposta retórica realista. **Duc in Altum** – Cadernos de Direito, vol. 9, no. 18. Recife: Faculdade Damas, 2017, p. 65-85.

temas criados pelos racionalistas, a quem consideram idealistas. Isso não é difícil de entender para quem acredita que o conhecimento vem da percepção sensível, mundo no qual "tudo passa, nada permanece".

Embora os pesquisadores interessados no conhecimento em geral divirjam muito quanto às maneiras de enfrentar essa dificuldade da eterna mutabilidade do mundo empírico, todos estão de acordo com essa observação de Heráclito. E hoje, com aparelhos e tecnologias que ampliam em milhares de vezes as percepções humanas, nada mudou: grãos de areia, gotas de água, flocos de neve, qualquer objeto ou acontecimento perceptível sensivelmente é único e jamais se repete.

Não custa reiterar que a diferença entre objetos e acontecimentos nada tem de substancial e diz respeito apenas aos limites da percepção humana, a "realidade" é que tudo está em movimento. O que se chama de objeto – posto adiante –, ou "coisa" são apenas eventos cujas mudanças o ser humano percebe mais lentamente ou absolutamente não percebe. Por isso pode-se convencionar chamar aqui de evento tanto o que o senso comum chama de objeto quanto o que chama de acontecimento ou conduta. Mais uma vez, tudo o que está no fluxo heraclitiano do tempo.

O evento é acontecimento individualizado, que não pode ser adequadamente apreendido ao longo desse fluxo, um presente que imediatamente já se transformou em passado. Para estabelecer relações com o evento, "conhecê--lo", toda comunicação necessita de significantes, substratos físicos reais que exprimem uma linguagem. O texto da lei e a pintura em tela e óleo constituem significantes, assim como a própria conduta humana, também composta desses substratos físicos, sejam eles gestuais, textuais, pictóricos, orais. Mas não há uma distinção ontológica entre objetos e eventos. A própria palavra "objeto" já traz o preconceito ontológico, parece exprimir a existência da coisa independentemente do sujeito: no sentido passivo, "jazer adiante", ou, no sentido ativo, "por adiante". O que se observa na origem da diferença entre evento e objeto é simplesmente a maior ou menor perenidade dos significados pela maior ou menor perenidade dos significantes, exclusivamente pelos critérios da percepção humana. O ser humano percebe o movimento do rio que corre ou da mão que afaga como eventos, mas a pedra e a caneta lhe parecem uma "coisa adiante", vez que não percebe o incessante movimento de suas moléculas.

Se dois seixos não podem ser iguais, tampouco haverá dois homicídios, adultérios, contratos de trabalho, atos administrativos ou matrimônios iguais, as palavras somente generalizam semelhanças que as pessoas constroem. Todos os eventos e coisas são diferentes e a igualdade é um produto da mente humana, uma ideia que não é percebida pelos órgãos dos sentidos e assim não faz parte da "realidade".

Com a diferenciação e complexidade crescentes, "razão" passa a envolver outros conteúdos semânticos, isto é, a ter outros sentidos, indo do conceito matemático de resultado de uma divisão até incluir significados como os de "emoção", "neutralidade", "demonstração", "método", "repetição" em laboratório etc. Isso porque a complexidade da sociedade aumenta a distância entre significantes e significados, vez que os contextos de cada grupo social vão se tornando mais e mais diferentes.

É a chamada razão humana que leva a cabo esse processo generalizante, o que lhe traz aquela espécie de "desconexão" com o mundo empírico mencionada acima, ou, em outras palavras, faz com que os eventos sejam irracionais, não se amoldem às generalizações da razão. O individual é incognoscível, pois as generalizações da razão incluem e excluem essas ou aquelas infinitas características do evento a cada momento.

Essa infinitude de qualquer individual é tanto qualitativa quanto quantitativa. Qualitativamente, tudo é diferente. Quantitativamente, todo objeto pode ser dividido em unidades menores.[2] A razão procede a uma abstração dos elementos contingentes que compõem e individualizam cada evento, isto é, uma construção de "gêneros" ou "classes", os quais, em homenagem a Platão, podem-se chamar de ideais, obviamente sem a conotação ontológica proposta por ele por meio das expressões ideia (*ἰδέαι, idéai*) e forma (*εἴδη, eídê*).

Provavelmente devido a características de sua percepção, o senso comum dá como certa essa diferença ilusória entre evento, acontecimento ou momento, de um lado, e objeto ou coisa, de outro. Se o mundo real e empírico é um fluxo contínuo, o objeto é simplesmente uma sucessão de eventos imperceptíveis, que a pessoa vê unificados em uma coisa, observa como uniforme uma mudança contínua, multiforme e ininterrupta. O dado empírico do conhecimento é o evento, o rio do tempo de Heráclito, não há objetos "sólidos" como algo destacado desse fluxo.

3.2. A RACIONALIZAÇÃO DOS DADOS EMPÍRICOS

Parmênides vai dizer que essa eterna mudança é ilusória. Heráclito disse que tudo muda. Parmênides, que nada muda.

O igual e o geral não existem no mundo empírico, observou Parmênides, mas a mente humana é a fonte que coloca eventos e objetos em classes, gêneros, espécies; a eterna mudança da experiência sensível é uma ilusão, não há certeza, cada um tem a sua. Seu discípulo Platão vai acrescentar que, por isso mesmo, essas classes – que chamou de ideias – constituem a verdadeira realidade, da qual o mundo empírico é sombra imperfeita. A alma humana é capaz de captar e contemplar essas ideias, mas ela não as produz, pois existem por si.

---

[2]   HARTMANN, Nicolai. **Grundzüge einer Metaphysik der Erkenntnis**. Berlin: Walter de Gruyter, 1946, p. 302-306. ADEODATO, João Maurício. **Filosofia do direito** — uma crítica à verdade na ética e na ciência (em contraposição à ontologia de Nicolai Hartmann). São Paulo: Saraiva, 2005, p. 111.

Pode-se imaginar um exemplo: uma pessoa vê um sem número de insetos em sua experiência sensível ao longo da vida e constrói na mente uma ideia de inseto, ideia esta que não corresponde a nenhum objeto dessa experiência, pois ninguém vai conseguir perceber – por meio de visão, audição, olfato, paladar, tato ou qualquer outra – "o" inseto. Somente este ou aquele inseto único e real. A mente (ou "razão") humana faz isso segundo critérios analógicos imprecisos e mutáveis a todo tempo, mas que funcionam admiravelmente na prática. A mente abstrai aspectos que avalia como contingentes e chega a uma espécie de "imagem" por meios não bem esclarecidos pelas ciências. Mas é essa ideia ou imagem que permite ao ser humano, quando se defrontar com um inseto que nunca viu, dizer para si mesmo que aquele objeto é um inseto e se fazer compreender por outro ser humano ao externar esse termo. Aí acontecem os dois milagres, o do conhecimento e o da comunicação.

Jamais haverá correspondência precisa, contudo, entre a ideia abstrata da razão humana e o objeto, o evento único no fluxo do tempo. E o erro de conhecimento consiste justamente na presença de elementos na ideia que não estão no objeto ou vice-versa. A ideia é como que uma fotografia no filme contínuo que é o mundo empírico, ela como que "congela" o rio da metáfora de Heráclito. Eventos todos diferentes, únicos, são encapsulados em uma mesma ideia.

Ambos, Heráclito e Parmênides, atentaram para os elementos fundamentais do conhecimento humano e seu problema central: como coordenar a multiplicidade do mundo empírico dentro da unicidade das ideias, essa característica marcante da mente humana. Ambos concordam que, por um lado, os eventos empíricos são únicos e, por outro, que a razão só pensa por meio de ideias, conceitos, generalizações que não existem no mundo empírico. De uma forma ou de outra, embora os filósofos discordem quanto à solução do problema do conhecimento, ninguém duvida de que o mundo real é particular e a razão humana é geral, ou seja, todos concordam sobre o problema, ainda que difiram em suas explicações.

Quando Platão diz que o mundo empírico não existe e o que existe são ideias, isso não deve ser motivo de desespero para o estudante que se inicia nos mistérios das bases filosóficas do conhecimento. É bom lembrar: se começar a achar que Platão é um tolo sonhador, todo cuidado é pouco; mergulhado na ignorância do senso comum, é mais provável que o tolo sonhador seja você.

Ele quer dizer que o mundo sensível não existe, num sentido bem literal, porque jamais pode ser conhecido pela razão humana, a qual só conhece as ideias genéricas que ela mesma concebe. Os filósofos observaram esse fenômeno cada qual à sua maneira, como dito. Platão transformou as ideias na "realidade superior"[3], construiu

---

[3]   PLATO. **Parmenides**. (129-130). In: **The dialogues of Plato**, translated by Benjamin Jowett, Col. Great Books of the Western World. Chicago: Encyclopaedia Britannica, 1990, v. 6, p. 486-511, p. 488.

com elas uma ontologia cuja unidade racional é exatamente a "ideia" (*ίδέαι, idéai*), retomada por Aristóteles por meio da expressão "forma" (*είδη, eídê*). Uma diferença importante é que, para Platão, as ideias existem "antes" e independentemente dos objetos sensíveis, daí sua superioridade, diferentemente de Aristóteles, para quem as formas estão nos próprios objetos materiais, com a mesma "dignidade epistemológica", teses que os medievais posteriormente denominaram *universalia ante rem* e *universalia in re*, respectivamente.

Essa dicotomia entre as esferas real e ideal impregnou definitivamente a cultura ocidental. Mais ainda, a doutrina platônica de que o mundo ideal é "melhor" do que o mundo real pode ser percebida até hoje, quando se fala em "uma situação ideal", por exemplo. Daí a força retórica dos idealismos normativos, de que ainda se falará muito neste livro.

Confrontada com os eventos, a ideia é o resultado de um processo mental que procura detectar neles características comuns e possibilitar ao ser humano lidar com eventos futuros (que ainda não existem, claro, são expectativas), conhecê-los, racionalizá-los. É por isso que, mesmo sem ter experimentado todos os insetos reais por meio de seus órgãos dos sentidos, o ser humano tem a habilidade, diante de um inseto com o qual nunca teve contato, de compreendê-lo, pensar nele e reconhecer outros insetos semelhantes em eventos futuros. Tais imagens, ou como se quiser denominar o fenômeno observado por Parmênides e tantos outros, e suas relações com os eventos, são tomadas pelos platônicos como existentes em si mesmas, as "verdadeiras realidades" já mencionadas.

Essas generalizações podem ser consideradas como existentes, sim, mas apenas na mente humana, diferentemente de Platão. São "conceitos", daí a expressão "conceitualismo" para denominar essa terceira maneira de encarar o "problema dos universais", *universalia post rem*. Seriam comuns a todos os seres humanos e, nesse sentido, objetivas, ainda que não correspondentes a objetos "reais" (*in re*) ou "em si" (*ante rem*), tais como o diâmetro da circunferência e as propriedades do triângulo equilátero.

Se confrontadas com as palavras que as expressam, contudo, podem ainda ser consideradas somente isso, meras palavras, *flatus vocis* como queria o ceticismo de Roscelino e Abelardo, as quais não correspondem a qualquer objeto e constituem um significado arbitrariamente convencionado pelos seres humanos.[4]

Independentemente dessas quatro "soluções" medievais para explicá-lo, mais importante é o problema: a relação entre a generalidade dos significados ideais das palavras e a especificidade do mundo empírico. De uma perspectiva não ontológica

---

4   RUSSELL, Bertrand. **History of Western Philosophy** — and its connection with political and social circumstances from the earliest times to the present day. London: Routledge, 1993, p. 175 e s. e 430.

como esta adotada aqui, as ideias consistem em significados, construídos em um processo cultural imprevisível, no qual as características que fazem de um objeto ou conceito aquilo que ele "é" decorrem de uma atividade altamente seletiva[5].

Isso faz com que esses significados gerais não possam ser plenamente adequados aos fatos e nem plenamente comunicados entre as pessoas, porque todo o processo de conhecimento se constitui numa linguagem que não é compreendida pelos seres humanos de maneira igual. Repetindo em outras palavras, há um abismo intransponível entre as ideias, os eventos e a linguagem.

Outras linhas de pensamento, designadas pós-modernas, não concordam com a visão retórica de que a linguagem produz completamente o mundo percebido pela espécie humana. Tentam, por diversas teses, encontrar um fundamento externo ao discurso linguístico, como que um resquício do "objeto" tradicional. Para a semântica estrutural e o construtivismo radical, por exemplo, apesar de suas divergências, há percepções fora da linguagem, eventos que lhe são indiferentes.

Os construtivistas referem-se a comportamentos que não são linguísticos, com funções operativas orgânicas, uma forma de cognição sem linguagem que é "sentida" como ação,[6] como uma dor no peito. E Greimas afirma categoricamente: "É com conhecimento de causa que propomos considerar a percepção como o lugar não linguístico onde se situa a apreensão da significação."[7]

Depois do estruturalismo e do criticismo de Roland Barthes, nos estudos da linguagem de vertente francesa, vem o desconstrutivismo de Jacques Derrida, cuja influência se tornou uma "força libertadora" nesses estudos. Em um debate oriundo da teoria literária, uma ideia central de Derrida é que não se distinguem textos filosóficos de textos literários, diferença "que é baseada em um preconceito profundo, mas insustentável."[8] Assim combate essa separação buscada pelo criticismo literário anterior.

Tal perspectiva, mais próxima da retórica, encontrou eco em um mundo de rápidas mudanças, no qual as fronteiras entre as diversas "ciências humanas e so-

---

5   Dentre outros trechos, RORTY, Richard. **A filosofia e o espelho da natureza**, trad. Antônio Trânsito. Rio de Janeiro: Relume-Dumara, 1994, p. 51 e s.; BLUMENBERG, Hans. **Die Lesbarkeit der Welt**. Frankfurt a.M.: Suhrkamp, 1993, p. 373 e s.

6   SCHMIDT, Siegfried J. Der radikale Konstruktivismus: Ein neues Paradigma im interdisziplinären Diskurs, in: SCHMIDT, Siegfried J. (Hrsg.). **Der Diskurs des radikalen Konstruktivismus**. Frankfurt a. M.: Suhrkamp, 3. Auflage, 1990, p. 11-88

7   GREIMAS, Algirdas Julius. **Sémantique structurale** – Recherche de Méthode. Paris: Presses Universitaires de France, 1986, p. 8: "C'est en connaissance de cause que nous proposons de considérer la perception comme le lieu non linguistique où se situe l'appréhension de la signification."

8   *Idem*, p. 18-21.

ciais" são elastecidas e não reforçadas, o que torna desejável a interdisciplinaridade. Nesse contexto, o estudo da linguagem passou a ser o elemento catalisador.[9] A evolução das teorias da linguagem segue o caminho de esvaziamento das ontologias que se percebe em outras áreas do conhecimento. A tese do desconstrutivismo, no sentido em que é compreendida e utilizada aqui, é que o pensamento diante da experiência é figurativo, imagético, metafórico[10], mas a ideia não é exclusiva dos desconstrutivistas: "A relação humana com a realidade é indireta, complexa, retardada, seletiva e sobretudo "metafórica".[11]

Insista-se no resíduo ontológico que perpassa a teoria do conhecimento de Greimas e até do construtivismo radical, na ideia de que eventos como a circulação do sangue ou a translação da Terra não são constituídos discursivamente, linguisticamente, retoricamente. Essa dubiedade ontológica provoca dificuldades. Ao sugerir que não existe significante sem significado, e vice-versa, Greimas parece afirmar que não há limites ontológicos: "designam-se *significantes* os elementos ou os agrupamentos de elementos que tornam possível a aparição da significação ao nível da percepção..." Parece também afirmar o caráter arbitrário da relação significante/significado ao dizer que "A significação, por consequência, é independente da natureza do significante graças ao qual ela se manifesta."[12] De todo modo, o autor não deixa claro o que entende pela expressão "natureza".

Outro bom exemplo de estratégia retórica é a utilização de conceitos de outras áreas do conhecimento, principalmente das ciências físicas, químicas, biológicas. Os químicos definem "isotopia" como uma qualidade de átomos que possuem o mesmo número atômico (mesmo número de prótons), com diferentes números de massa (soma do número de prótons e nêutrons). Segundo Greimas, "isotopia é a interação sintagmática de membros significativos idênticos ou semelhantes que originam um plano homogêneo de leitura textual." Ora, isotopia parece aí uma definição confusa para uma velha figura retórica, conhecida como recorrência, numa versão menos evidente, ou redundância, no sentido forte. Consiste numa

---

[9]   HAWKES, Terence. General editor's preface, in: NORRIS, Christopher. **Deconstruction**: theory and practice. London/New York: Methuen, 1982, p. vii-viii.

[10] NORRIS, Christopher. **Deconstruction**: theory and practice. London/New York: Methuen, 1982.

[11] BLUMENBERG, Hans. Antropologische Annäherung an die Aktualität der Rhetorik, in: BLUMENBERG, Hans. **Wirklichkeiten, in denen wir leben** — Aufsätze und eine Rede. Stuttgart: Philipp Reclam, 1986, p. 115: Der menschliche Wirklichkeitsbezug ist indirekt, umständlich, verzögert, selektiv und vor allem 'metaphorisch'".

[12] GREIMAS, Algirdas Julius. **Sémantique structurale** – Recherche de Méthode. Paris: Presses Universitaires de France, 1986, p. 10: "on désignera de *signifiant* les éléments ou les groupements d'éléments qui rendent possible l'apparition de la signification au niveau de la perception..." e p. 11: "La signification, par conséquence, est indépendante de la nature du signifiant grâce auquel elle se manifeste."

espécie de *Leitmotiv*, um significado que é sugerido por diferentes significantes ao longo do texto. Uma boa estratégia, mas nada "científica".

E observe-se que Greimas, corretamente, critica o conceito de intencionalidade da consciência como uma forma de "mentalismo"[13] – poderia ter dito subjetivismo – porque esse critério leva ao privilégio daquele que fala, sem considerar os fenômenos de transmissão e recepção da mensagem, quando esta adquire significados incontroláveis pelo emissor ou qualquer participante do discurso. O discurso humano tem vida própria, conforme já colocado.

Sem querer apoiar a diatribe do físico Alan Sokal contra filósofos e teóricos das ciências sociais que utilizam conceitos oriundos das ciências naturais,[14] realmente não se percebe o que a nomenclatura de Greimas agrega para o entendimento. Poderia ter utilizado também os conceitos de isotonia (quando os átomos têm o mesmo número de nêutrons) ou isobaria (quando apresentam o mesmo número de massa). Parece ter sido uma moda de intelectuais que chegou a limites curiosos, como mostra o episódio Sokal, que teve reflexos significativos no Brasil, com um debate sobremaneira ideologizado entre homens de letras do Sul do país.[15]

3.3. DIFERENCIAÇÃO MODERNA ENTRE RAZÃO SIGNIFICANTE E RAZÃO SIGNIFICADA E A INSERÇÃO DO PROBLEMA DA LINGUAGEM NA "VIRADA" LINGUÍSTICA: A SÍNDROME DE BABEL

É deveras impressionante que tenha demorado tanto tempo, na civilização ocidental, para a chamada "virada linguística". Enquanto que o racionalismo e o empirismo já ressaltavam a incompatibilidade entre a ideia e o evento desde os primórdios da filosofia, a atenção para com a linguagem só é inserida na teoria do conhecimento com a Escola de Viena. Nominalistas como Roscelino e Abelardo, já mencionados, foram certamente precursores, mas neles a independência da linguagem como um elemento do processo de conhecimento não está ainda claramente desenvolvida.

No início do século XX, começou em Viena um movimento intelectual com consequências importantes para a maneira como os diversos ramos do saber passaram a entender o conhecimento. Esse movimento ficou conhecido como "virada

---

[13] GREIMAS, Algirdas Julius. **Sémantique structurale** – Recherche de Méthode. Paris: Presses Universitaires de France, 1986, p. 69.

[14] SOKAL, Alan & BRICMONT, Jean. **Imposturas intelectuais** – o abuso da ciência pelos filósofos pós-modernos, trad. Max Altman. Rio de Janeiro e São Paulo: Record, 1999.

[15] As curiosas discussões pelo jornal *Estado de São Paulo*, envolvendo os próprios Sokal e Bricmont, estão transcritas em ARONNE, Ricardo. **Direito civil-constitucional e teoria do caos**: estudos preliminares. Porto Alegre: Livraria do Advogado, 2006, p. 123-166.

linguística", devido a suas duas concepções centrais, defendidas de maneira mais ou menos radical segundo cada autor: uma, que os problemas levantados ao longo da história da filosofia ocidental são fruto de falhas na percepção da estrutura da linguagem humana e de sua relação com o mundo real; duas, que a linguagem humana não simplesmente se refere a objetos reais preexistentes em si mesmos, mas sim os constitui. A virada linguística vai ter várias consequências na teoria e na prática do direito.

Nos termos da teoria do conhecimento aqui adotada, não haveria apenas a incompatibilidade entre o fluxo dos eventos reais no tempo e a generalidade abstrata e supostamente atemporal das ideias da razão humana, mas também uma incompatibilidade de ambos em relação à linguagem. Em outras palavras, assim como as ideias e os eventos jamais são adequados uns aos outros, tampouco as palavras conseguem expressar exatamente nem as ideias nem os eventos. Mas há alguma correspondência, percebida por Kant, dentre tantos outros, interessado na questão de como a natureza e o cérebro humano encontram acordo nas leis da matemática[16].

Para exemplificar a relação entre significantes linguísticos e significados ideais pode-se pensar na distinção entre algarismos e números ou símbolos que designam números e os números mesmos: a ideia daquele número é sempre a mesma, numa abstração da razão humana, ainda que sua representação linguística possa diferir: 2, II, two, dos, dva, 兩 (Liăng). Pode-se fazer o gesto de exibir os dedos polegar e indicador, como na Alemanha se indica o número 2, ou indicador e médio, como no Brasil. Todos esses significantes expressam a mesma ideia significada, a qual não existe no mundo real dos eventos nem pode ser escrita, filmada ou desenhada. Assim também a ideia de livro, por mais que variem as palavras que a designam, como book, Buch, βιβλίο ou libro.

O número não é um evento, não existe no mundo real, ainda que seja pensado igualmente por cada ser humano. É de caráter "ideal", no sentido de Platão. A linguagem humana é uma tentativa de imobilizar significados e transmiti-los a outros seres humanos tais como o orador os imagina. Muitos pensadores e o senso comum acreditam que isso é possível, porém não uma retórica realista. Todos os significantes linguísticos trazem inúmeras possibilidades de interpretação, ou seja, construções de significados que dependem de infinitos contextos.

Foi dito aqui que todo evento é único. Ora, o significante consiste em um sinal empírico, tem que ser algo que possa ser percebido na experiência, precisa de um substrato físico, que vai constituir a parte empírica da linguagem. Sons, textos, gestos são eventos. Por isso muitas vezes são confundidos o significante e o

---

[16] KANT, Immanuel. **Kritik der Reinen Vernunft**. In: WEISCHEDEL, Wilhelm (Hrsg.). **Werkausgabe** – in zwölf Bände, Bd. VI. Frankfurt a. M.: Suhrkamp, 1977, p. 76 (A 28, B 44) e 82 (A 35, 36; B 52).

evento, como se o significante fosse um evento. São, todavia, grandezas diferentes no processo de conhecimento. Eventos diferentes podem corresponder a um único significante. Um exemplo ajudará a esclarecer.

O exemplar do Código Civil com o número de série 14008 que está na biblioteca municipal é diferente do de número 27869 que está aqui. Mesmo dois Códigos impressos simultaneamente, na mesma gráfica, são diferentes. São objetos (eventos) individuais distintos, a quantidade de moléculas que compõe cada um deles não é a mesma, os tamanhos de seus caracteres são microscopicamente diferentes, cada um traz páginas diferentes entre si. Mas o texto que todos os exemplares do Código Civil têm em comum não é um evento – pois eventos não se repetem – mas sim uma estratégia da linguagem, um dos elementos intransponíveis do conhecimento humano, generalizações que se mostram na experiência sensível, por via oral, textual, gestual, e que procuram comunicar significados, ideias, generalizações que não se mostram na experiência sensível.

O significante cristaliza o significado, tenta imobilizá-lo; o senso comum e algumas correntes filosóficas acreditam que consegue, mas a análise retórica mostra que os significantes são oráculos de significados para inevitáveis interpretações. O evento é um dado de experiência único, por isso inapreensível, incognoscível em sua inteireza. O significante é um substrato físico, a parte empírica da linguagem. Quando se refere aqui "texto" como significante de um significado e um dos três elementos do abismo do conhecimento, ele não deve ser confundido com o evento, pois não se trata desse sentido de texto como evento-objeto, como "este" ou "aquele" texto contido no livro A ou B, com seu número único de moléculas.

Claro que o exemplar da Constituição Federal que está na biblioteca da Faculdade de Direito do Recife não é o mesmo que está na biblioteca da Faculdade de Direito da Universidade de São Paulo, são eventos únicos e distintos, "objetos", cada um deles contém diferentes impressões digitais e sua quantidade de átomos tampouco é a mesma. São eventos-coisas, eventos-objetos. Mas o texto é o significante que ambos aqueles exemplares têm em comum e isso não é um evento, pois os textos dos exemplares da Constituição são os mesmos e não há igualdade no mundo real dos eventos. Os textos são estratégias linguísticas de abstrair e apreender significados.

Exatamente porque são genéricos e por isso racionalizáveis, significantes e significados não se podem confundir com eventos, irracionais em sua individualidade. Pela própria denominação escolhida, percebe-se que são conceitos correlatos, um só faz sentido com o outro, diante do outro, mesmo que jamais se identifiquem e sempre demandem a ação de interpretar. Um significa e o outro é significado, reuni-los é a significação, a ação de significar. Por esse caráter de generalidade que apresentam em comum, talvez, significantes e significados tenham sido tão confundidos na história da filosofia ocidental.

Ocorre que o postulado de a linguagem ser necessariamente genérica tem sido questionado. Foi dito que já no nascedouro da filosofia ocidental, na Grécia antiga, Heráclito e Parmênides, dentre outros, deixaram claro esse problema do caráter único de cada acontecimento, objeto ou coisa do mundo das aparências e do caráter geral da racionalidade humana, a questão central do ato de conhecimento. Porém, com a virada linguística e a distinção entre o conteúdo da linguagem (significados) e suas mídias de transmissão (significantes), surge o debate a respeito de se as palavras são sempre gerais, tal qual as ideias significadas, ou se há palavras que não designam classes, mas sim objetos individuais, únicos, como no caso dos nomes próprios. Reflexos dessa discussão aparecem na teoria da linguagem por meio da distinção importante entre predicadores e indicadores, que não será discutida aqui.

Por enquanto basta reter que significantes e significados são impensáveis um sem o outro, mas são elementos diferentes no processo de conhecimento. Por isso o mesmo significante pode expressar significados diversos, como "cedo" do verbo "ceder" e "cedo" oposto a "tarde", e o mesmo significado pode ser expresso por significantes diferentes, como "homicídio" e "homicide". O significado é ideal, o significante quer comunicar esse significado por meio de um substrato físico qualquer (som, texto, gesto). Este substrato é único, eventual, mas a linguagem significante não se confunde com ele.

O círculo hermenêutico mencionado no primeiro capítulo é detalhado a seguir.

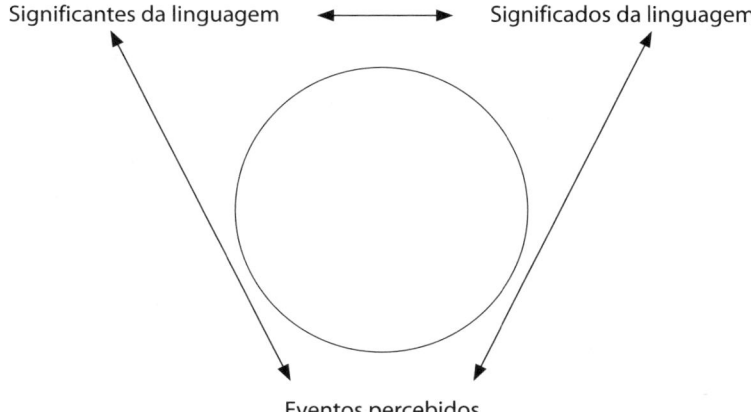

Significantes da linguagem ◄───► Significados da linguagem

Eventos percebidos

3.4. ESQUEMA CIRCULAR (SUGESTÃO RETÓRICA REALISTA PARA TRATAMENTO DO PROBLEMA)

3.4.1. O direito como evento

Para entender esse processo tripartite aplicado ao conhecimento do direito, pode-se começar pelo evento. O direito é fenômeno empírico, inserido no mundo dos eventos e pode ser percebido pelos órgãos dos sentidos. Esse fenômeno empírico tem sua dimensão real no conflito, começa com o conflito; diz-se que o direito tem várias funções, dentre as quais fomentar a solidariedade ou a paz social, como autores mais românticos ou idealistas gostam de referir, mas isso ocorre apenas de maneira remota. O direito existe porque os seres humanos entram em conflito: mesmo que não se trate de contencioso, ou seja, até um contrato entre amigos – desde que procure regras jurídicas para se guiar – precisa ter ao menos a possibilidade de conflito em seu horizonte. E regras consistem em projeções feitas agora no presente, projeções atuais para conflitos futuros, como se verá adiante.

O conflito consiste numa forma de interação social na qual existem pelo menos duas vias diferentes de tratamento e essas vias não podem ser conciliadas, vale dizer, uma terá que ser total ou parcialmente preterida por outra. Nem todos os conflitos são igualmente relevantes para o meio social e somente alguns interessam ao direito, que os separa em um ambiente próprio, segundo critérios também seus. Conflitos que ocorrem nas mais diferentes regiões geográficas, como o adultério, o furto ou a coleta de impostos, podem receber tratamentos completamente distintos, a depender das opções éticas daquela sociedade.

Os conflitos, como todo evento, são portanto sempre contingentes. Essa mesma qualidade da contingência ocorre com a percepção que os seres humanos têm deles e do modo pelo qual acham que deveriam ser resolvidos, as motivações e interesses envolvidos. Não é só dupla, mas infinita contingência. Uma vez que o direito é coercitivo e precisa decidir entre alternativas inconciliáveis, trava-se uma espécie de luta pelo direito[17], ou seja, as perspectivas diferentes se enfrentam na arena política – aqui entendida em um sentido bem amplo de "processo de escolha das regras de direito" – e daí resultará uma opção ética, a qual pode ser uma das perspectivas anteriores em disputa ou um amálgama de várias delas.

O direito é esse regramento para tratar conflitos éticos que venceu, a concepção sobre o que é justo que se impôs a todos, mesmo àqueles que com ela não estão de acordo. Mas essa vitória é ela também eventual, pode ser modificada a qualquer momento e sempre será desafiada pelas concepções éticas derrotadas, ideias de justiça diversas, que não conseguiram, mas almejam se tornar direito positivo.

Pressupondo o caráter polissêmico desses termos, pode-se dizer que o direito consiste na perspectiva ética, moral, de justiça etc. vencedora. Ao impor-se independentemente de acordo dos destinatários, o direito – em um sentido bem literal – constitui a realidade. Essa constituição da realidade pelo direito não segue um caminho necessário, não é inexorável, porém, dependendo da eficiência do

---

[17] Na famosa expressão de JHERING, Rudolf von. **Der Kampf um's Recht**. Wien: Verlag der G. J. Manz'sche Buchhandlung, 1872. Essa preposição "um's", "um das", é normalmente traduzida por "pelo" ("A luta pelo direito"), mas a expressão mais literal seria "em torno de".

aparato sancionador, é muito provável que as determinações do sistema jurídico moldem o futuro e se tornem o mundo real. Se um direito eficiente determina que menores não podem viajar desacompanhados, assim deve acontecer; se decide que o patrão deve dinheiro ao empregado, provavelmente aquela quantia específica será paga. Assim o direito coopera para criar eventos.

Os eventos são incognoscíveis, em sua eterna mudança a cada momento, se não houver a abordagem por meio de significantes e significados. Só o concurso da linguagem e das ideias de razão (ou "conceitos") permite ao ser humano "conhecer" – dessa forma característica que se procura aqui descrever – o mundo. O evento do direito é o conflito.

3.4.2. O direito como linguagem significada

Foi dito acima que a razão humana tem como uma de suas funções, a de conhecimento, estabelecer significados gerais para literalmente classificar – inserir em classes – os eventos.

Além dessa função gnoseológica taxonômica, a razão tem também uma função existencial de controlar a angústia humana diante do futuro, num processo deveras interessante. Uma das características da razão é justamente considerar o futuro, pensar sobre ele, "pre"-ocupar-se com ele. E a única certeza do futuro é a morte, de cuja inexorabilidade todo ser humano tem consciência, ainda que sem saber quando e em que circunstâncias ela vai aparecer. Assim, paradoxalmente, a razão se dirige ao futuro, mas, ao mesmo tempo, tem medo da insegurança que ele traz e esse medo é atual, presente. Não se trata apenas de medo da morte, mas de todas as incertezas, imediatas ou não, que acompanham a capacidade de pensar sobre o que está por vir: medo de doenças, acidentes, perdas, frustrações e assim por diante.

O lento desenvolvimento da razão na espécie humana trouxe também consigo estratégias para lidar com as angústias, mecanismos antropológicos para controlar tais expectativas. Um deles é a norma: sem saber o que o futuro lhe reserva, o ser humano constrói ideias sobre como o futuro deve ser e vive o presente segundo essas expectativas de futuro, as quais podem vir a ser contrariadas pelos acontecimentos que previram.

Ocorre que, se a água não vier a ferver a cem graus centígrados ou as massas dos corpos sólidos não se atraírem na razão inversa do quadrado de sua distância, em condições habituais de ambiente, esses respectivos enunciados serão reformulados, comportamento que Luhmann denomina "aprender com a decepção", isto é, modificar as expectativas para adaptá-las ao evento que as frustrou. Daí chamá-las expectativas cognitivas[18].

---

[18]   LUHMANN, Niklas. **Rechtssoziologie**. Opladen: Westdeutscher Verlag, 1987.

No caso das normas, não há essa adaptação, isto é, quando suas previsões para o futuro vêm a ser contrariadas pelos eventos ocorridos, as expectativas para os novos eventos permanecem da mesma maneira; se alguém é assaltado um dia a caminho do trabalho, suas expectativas normativas de que não será assaltado dali para a frente permanecem. Pode até adquirir expectativas cognitivas de que aquele caminho é perigoso e que a probabilidade de assalto é grande, mas sempre a expectativa prevalece sobre o evento, vale dizer, o evento continua sem dever acontecer, embora aconteça. Este tema será retomado nos itens 8.4 e 8.5 adiante.

A norma é assim parte da razão humana. Se é certo que real é somente o presente, as expectativas a respeito do futuro são parte do presente e se organizam num tipo de "razão" que Immanuel Kant denominou "prática". E não é à toa que o neokantiano Rudolf Stammler definiu a norma jurídica como um "querer" ("vinculatório, autárquico e inviolável"), seguindo a tradição de que a vontade é entendida como uma das faculdades da razão humana – como também em Hannah Arendt, por exemplo[19].

Na perspectiva da filosofia retórica do direito adotada aqui, a comunicação que se processa mediante normas é "racionalizada" por promessas presentes a respeito de situações futuras imaginadas, vale dizer, idealizadas. Essas promessas podem ser cumpridas, quando a ocorrência do evento corresponde às expectativas, ou descumpridas, caso em que outra norma institui a expectativa de sanção para o infrator.

Para alguns estudiosos do conhecimento, como Platão, as ideias são reais, a verdadeira realidade eterna e imutável que só a razão humana percebe, que não faz parte do mundo físico, é meta-física, segundo explicado há pouco. A realidade do senso comum e de Heráclito, a sucessão de eventos perceptíveis empiricamente pelos órgãos dos sentidos, é mera ilusão, reflexo imperfeito e mutável dessas ideias. Kant e seus discípulos as denominam "conceitos" e as separam das "meras" palavras, aquelas que não corresponderiam a ideias.

Cada participante do discurso jurídico propõe então um significado para os significantes (fontes do direito) que escolheu para o caso em tela: advogado, promotora, procurador, juíza, todos precisam expor sua compreensão do caso concreto à luz do ordenamento, do conjunto de "dogmas" do sistema – daí a denominação "dogmática jurídica". A partir do momento em que as autoridades competentes e os ritos de elaboração adequados ao caso determinam o significado dos significantes em discussão, perante o fato empírico considerado juridicamente

---

[19] KANT, Immanuel. **Kritik der praktischen Vernunft**. Grundlegung zur Metaphysik der Sitten. In: WEISCHEDEL, Wilhelm (Hrsg.). **Werkausgabe** – in zwölf Bände, Bd. VII. Frankfurt a. M.: Suhrkamp, 1977. STAMMLER, Rudolf. **Theorie der Rechtswissenschaft** (1923) e **Lehrbuch der Rechtsphilosophie** (1928). 2. ed. Darmstadt: Scientia/Aalen, 1970. ARENDT, Hannah. **The life of the mind** — Thinking; Willing. New York-London: Harvest/HBJ, 1981.

relevante pelo sistema positivo, completa-se o ciclo do conhecimento jurídico do caso, que consiste exatamente no resultado desse conjunto de procedimentos. Este é o direito como linguagem significada. Como o sistema dogmático produz a norma jurídica a partir dos procedimentos será visto no item 7.3.

3.4.3. O direito como linguagem significante

Observe-se que os significados ideais são projetados do presente para o futuro por meio da linguagem, a qual jamais corresponde propriamente a seus significados, conforme enfatizado acima. Algumas dessas ideias se referem a classes de eventos previamente tipificados como juridicamente relevantes, tais como "tomada de preços", "paternidade", "improbidade administrativa", "estrangeiro". Tais significantes, expressos nas normas jurídicas, pretendem agrupar eventos individualizados em unidades genéricas que permitem seu conhecimento e sua comunicação. Todo sistema normativo (religião, direito, moral, etiqueta, economia, política) procura assim transmitir ideias sobre como devem ser solucionados os conflitos futuros.

Ao elaborar e projetar significantes linguísticos para esses conflitos futuros, tais como uma lei, um contrato, ou qualquer fonte do direito, os juristas pretendem transmitir conceitos normativos significados por aqueles significantes.

Ideias significadas, conceitos mentais, não se expressam diretamente entre os seres humanos, precisam de meios. São as mídias significantes que a linguagem insere no mundo empírico por meio de sons, textos, gestos, enfim: sinais comunicativos, também chamados signos. Essas denominações se confundem a depender do autor que se está lendo. Carlos Cossio, por exemplo, separa essas mídias significantes de significados em objetos egológicos – o que chama de "condutas" – e mundanais, agregados a coisas físicas ("substratos empíricos") como a lei ao papel e a arte da pintura às tintas e telas.

Conforme explicado atrás, a relação da linguagem com a ideia que procura transmitir é aqui chamada de sentido. O alcance consiste na classe, gênero, grupo de eventos a que o termo se aplica e somente pode ser atingido diante de um evento concreto. Quando o professor explica em sala "o que significam" as expressões "culpa" e "dolo eventual", por melhor que o faça, está apenas determinando seu sentido. O significado só será compreendido quando, além do sentido, determinada conduta concreta – como um atropelamento ocorrido assim ou assado – for definida como um comportamento culposo ou doloso. Significado é a soma do sentido mais o alcance do termo em questão e só assim se completa o fenômeno do conhecimento: quando reunidos os três elementos.

Então, como um ser humano não consegue transmitir diretamente suas ideias a outro – "ler pensamentos", como se diz – elas necessitam da linguagem. Com as ideias jurídicas acontece o mesmo, claro. Daí o tradicional equívoco da hermenêutica dogmática, pretendendo que o ato de interpretar consiste na busca de adequação entre o fato juridicamente relevante e "a norma". Sob esse conceito de norma aparece a confusão entre os símbolos linguísticos da lei, por exemplo, e os seus significados, que serão construídos diante do caso. É a mesma metonímia reducionista que confunde o acordo de vontades do "contrato" com o "instrumento contratual" que se assina. O contrato constitui o significado, o instrumento é o significante. Interpretar é adequar fato juridicamente relevante, norma significada e fonte significante, são três elementos e não apenas dois.

Os livros de gramática costumam colocar essa característica da ambiguidade como um vício de linguagem, correspondente ao conceito de anfibologia. Mas a palavra pode ser também entendida como polissemia, termo cujas origens estão em "muitos" (*poli*) sentidos (*sema*). Assim ela é utilizada aqui. A dúvidas sobre o alcance da linguagem denomina-se a vagueza das palavras, conforme se disse no item 3 da introdução deste livro.

O PROBLEMA ÉTICO NA FILOSOFIA DO DIREITO, CAMPO 4 DA INTRODUÇÃO AO ESTUDO DO DIREITO: COMO SEPARAR O BOM DO MAU DIREITO

4.1. ESCLARECIMENTO PRELIMINAR: DIFERENÇA ENTRE OBJETO E ENUNCIADO OU ENTRE LINGUAGEM E METALINGUAGEM (DIREITO NATURAL E JUSNATURALISMO, DIREITO POSITIVO E JUSPOSITIVISMO)

Depois que os sofistas e os socráticos inauguraram o problema ético na história do pensamento ocidental, a pergunta pela diferença entre o bom e o mau direito passou a ocupar lugar central na filosofia jurídica. Este o problema central do capítulo. Afora os diferentes contextos em que as expressões "ética", "moral", "direito", "justiça", dentre outras, são desde então empregadas, há uma grande confusão entre gênero e espécie, contém e está contido, quando se empregam tais termos.

Um ponto de partida útil e relativamente pacífico é que se referem à conduta dos seres humanos: daí esses primeiros filósofos depois da cosmologia pré-socrática serem chamados de "humanistas". E a poderosa ideia do direito natural passou a ser o grande impulso para a crítica e a luta contra o *status quo*, o direito positivo estabelecido pela ética dos vencedores.

Procura-se agora então expor o desenvolvimento da história das ideias na civilização ocidental, de forma a entender as dificuldades envolvidas na determinação do conteúdo ético do direito. A metodologia retórica, explicada no item 2 da introdução, consiste na comparação entre as diversas soluções apresentadas e como elas competem para se tornarem preponderantes. Analisa-se a evolução da ideia de direito natural, como instância normativa acima do direito positivo, por meio da exposição de suas diversas vertentes, ressaltando as conexões sobre como

---

[1] Parte das ideias desenvolvidas aqui foram publicadas em ADEODATO, João Maurício. O problema ético: como separar o bom do mau direito. **Revista Jurídica da Presidência**, nº 130, vol. 23. Brasília: PR, 2021, p. 341-366.

uma nova concepção provém da anterior. Mais ainda, a perspectiva anterior, agora superada, não desaparece do horizonte, permanece como concorrente.

Tal evolução vai culminar no direito natural de conteúdo variável, o qual prepara a vitória do juspositivismo. No fim do capítulo, sugere-se uma direção para o dilema da legitimidade do direito, por meio de uma ética da tolerância, que abandona a possibilidade da verdade como objeto do conhecimento normativo, o que será retomado no capítulo final deste livro.

Para entender os conceitos básicos em torno da ética, é útil adotar dois pares de distinções trazidos pelos estudiosos da linguagem, a partir da "virada linguística": primeiro, investigar se as palavras estão sendo empregadas para designar como as pessoas devem se comportar, prescrevendo a boa conduta, ou se objetivam descrever como efetivamente se comportam, numa visão empírica; segundo, aplicar a divisão entre "metalinguagem", a linguagem sobre a linguagem, e "linguagem-objeto", aquela que, literalmente, está "posta à frente", a linguagem em seu primeiro nível:

> No primeiro caso, a implicação situa-se em nível de metalinguagem, isto é, num nível de linguagem sobre a linguagem do Direito positivo, falando acerca de algo que ocorre no Direito positivo. No segundo caso, a implicação é usada no Direito positivo, adquire a prescritividade sobre o comportamento do intérprete e aplicador do Direito, que não tinha como estrutura lógica. Aqui, coloca-se no nível da linguagem-objeto; ali, no nível da metalinguagem.[2]

Aplicando a distinção ao termo "ética": no nível da linguagem-objeto, antes de dizer o que deve ser, é preciso haver acordo sobre o dado empírico, por exemplo: que indivíduos sem muita segurança de seu próprio valor gostam de se cercar de bajuladores. A partir daí, no plano da metalinguagem, a ética tal ou qual "recomenda" que tais pessoas, tanto bajuladoras como inseguras devem ser evitadas – ou louvadas, a depender da ética que se esteja a defender. É o desacordo normativo. O plano da meta-metalinguagem observa a relação entre a metalinguagem normativa e a linguagem-objeto que ela quer conformar, as estratégias que funcionam melhor e pior. Em outras palavras, o termo "ética" pode ser utilizado para significar as efetivas preferências de conduta das pessoas, para significar as estratégias de controle dessas preferências de conduta ou para significar o conjunto de conhecimentos sobre os dois primeiros níveis.

Há autores que empregam a palavra "ética" para designar esse cipoal de conhecimentos que teria a "moral" por objeto. Assim a ética seria a metalinguagem da moral. Outros chamam esse plano da metalinguagem de "filosofia moral".[3] Em

---

2   VILANOVA, Lourival. **As estruturas lógicas e o sistema do direito positivo**. São Paulo: Revista dos Tribunais, 1977, p. 192-193.

3   CHAUI, Marilena. **Convite à filosofia**. São Paulo: Ática, 2001, p. 339 s.

outras palavras, a ética seria um discurso sobre a moral. Como se mostra aqui ao longo de todo o livro, a confusão vem de se pensar em apenas dois níveis.

Por um lado, só admitindo três níveis é possível considerar a questão de se é viável uma meta-metalinguagem descritiva, analítica, científica: descrever as relações entre a linguagem-objeto e a metalinguagem, como a linguagem-objeto ética é efetivamente praticada pelos seres humanos ou se deve dizer como tal ética deve ser. Em outras palavras, se a perspectiva da metaética deve ser descritiva ou prescritiva, analítica ou normativa, respectivamente.

Por outro lado, a moral é uma das ordens normativas da ética, uma espécie do gênero. Os dois conceitos não estão no mesmo nível, porém um está contido no outro.

A classificação entre perspectivas normativas e descritivas parece mais apropriada do que aquela entre idealistas e realistas, respectivamente, muito embora sejam por vezes identificadas. Isso porque as perspectivas analíticas, pretensamente realistas, apresentam por vezes um caráter idealista, pois o idealismo não é apenas normativo, axiológico (que prescreve como o mundo real deve ser a partir de uma concepção ideal de valores), mas também lógico (que, sob influências das matemáticas, descreve um aspecto interno da mente humana, como deduções causais, supostamente extensíveis a todo o universo).

Um dos argumentos em prol da convicção de que toda metaética tem que ser normativa é que a atitude descritiva já caracterizaria os estudos da antropologia, da sociologia, da psicologia, em suma, não faria sentido um estudo descritivo da ética, pois ele não seria mais, propriamente, ética.[4]

O que se observa, de uma perspectiva realista da linguagem, é que todas essas abordagens são conciliáveis na pragmática filosófica do uso dessas expressões. É só lembrar dos planos da linguagem e da metalinguagem.

Há uma definição comum, a partir do conceito de *ethos*, sobre cuja base os autores tentam definir as subdivisões. O entendimento sugerido aqui é que tanto a palavra "ética" quanto o termo "moral" precisam ser entendidos, ao mesmo tempo, nos planos da linguagem (tradicionalmente denominado plano da ontologia) e da metalinguagem (tradicionalmente, plano da gnoseologia), ou seja, ambos os termos designam tanto as opções de conduta que as pessoas efetivamente escolhem quanto o estudo e o conjunto de enunciados sobre tais opções. A ética não constitui a metalinguagem da moral, a metaética é a metalinguagem da ética e a metamoral, da moral. Só que esses termos não se usam.

No primeiro plano, da linguagem-objeto, a relação semântica entre ética e moral é a de gênero e espécie. Outras espécies de ética são as ordens normativas

---

4   NERI, Demétrio. **Filosofia moral** – manual introdutivo, trad. Orlando Soares Moreira. São Paulo: Loyola, 2004, p. 27-29.

tradicionais, dentre as quais se destacam religião, direito, política, etiqueta, cada uma delas com sua respectiva metalinguagem, no segundo plano.[5]

Para resolver o problema de se a metalinguagem ética deve ser normativa (prescritiva) ou analítica (descritiva), apela-se aqui ao antigo ensinamento da retórica clássica de que há três níveis linguísticos e não apenas dois. Há assim a ética – e todas as suas espécies – como linguagem-objeto, a conduta real das pessoas; existe a ética como metalinguagem, composta do conjunto de enunciados para guiar normativamente as pessoas em seu trato com a ética-objeto; e há a ética enquanto meta-metalinguagem, procurando analisar e descrever como a metalinguagem interfere sobre a linguagem-objeto da ética. Esses três planos são importantes e merecem ser discutidos mais de perto, o que será feito adiante, no item 7.4., que trata da cientificidade do direito.

O fato de haver pena de morte para homicidas ou espiões em diversas comunidades, nações e Estados em diferentes tempos e lugares é uma postura ética efetiva, entendida no primeiro plano, dado empírico que qualquer um pode observar. As pessoas que defendem ou rejeitam a pena de morte sob diferentes argumentos, procurando interferir nesse primeiro plano e dizer como ele deveria ser, por exemplo, que a pena de morte não corresponde ao direito natural que defendem, adotam uma postura normativa, no segundo plano. No terceiro nível, os enunciados não pretendem interferir sobre os dois planos anteriores, mas somente analisar como o segundo nível age sobre o primeiro. Exemplificando, alguém pode saber tudo sobre o que os mais diferentes povos e filósofos disseram e fizeram em nome do jusnaturalismo sem ser jusnaturalista, pode conhecer muito sobre o assunto, mas como objeto descritivo de estudo, sem tomar posição normativa. Tal atitude estaria no plano da meta-metalinguagem. Uma pessoa pode saber, no plano da metaética, e se comportar contrariamente, no plano da ética.

Essa tripartição de abordagens da linguagem toma base nas aulas de retórica ministradas por Friedrich Nietzsche na Basileia, publicadas nas obras completas da Edição Mussarion.[6] Contemporaneamente, a tripartição é trazida por Ottmar Ballweg.[7] Na opinião de Katharina von Schlieffen[8], a *Retórica* de Aristóteles teria sido a primeira obra a entender a retórica como conhecimento epistêmico propria-

---

[5]   Para o conceito de linguagem-objeto: VILANOVA, Lourival. **Lógica jurídica**. São Paulo: Bushatsky, 1976, p. 51; e BORGES, José Souto Maior. **Obrigação tributária** – Uma introdução metodológica. São Paulo: Saraiva, 1984, p. 91.

[6]   PARINI, Pedro. **A metáfora do direito e a retórica da ironia no pensamento jurídico**. Tese de Doutorado. Recife: Universidade Federal de Pernambuco, 2013, p. 305 s.

[7]   BALLWEG, Ottmar. Entwurf einer analytischen Rhetorik, in SCHANZE, Helmut (Hrsg.). **Rhetorik und Philosophie**. München: Wilhelm Fink, 1989, p. 229-247.

[8]   SCHLIEFFEN, Katharina von. Rhetorische Analyse des Rechts: Risiken, Gewinn und neue Einsichten, in: Rouven Soudry (Org.). **Rhetorik**. Eine interdisziplinäre Einführung in die rhetorische Praxis. Heidelberg: C. F. Müller, 2006, p. 42–64.

mente dito, chamando atenção para o nível analítico e descritivo. Embora haja sem dúvida essa novidade na abordagem aristotélica, ele também faz alguma confusão, quando defende sua concepção normativa, ao dizer que a legítima retórica precisa ser persuasiva e se apoiar nas vias *logos, ethos* e *pathos*.

A obra de Aristóteles, compreensivamente, chegou aos dias atuais com diversas lacunas, deixadas por ele mesmo ou pelas notas de aula de seus muitos discípulos e pelos copistas posteriores. Mas sua definição de retórica é relativamente simples: "ἔστω δὴ ἡ ῥητορικὴ δύναμις περὶ ἕκαστον τοῦ θεωρῆσαι τὸ ἐνδεχόμενον πιθανόν", transliterando: "*ésto dè he rhetorikè dýnamis perì hékaston tôu theorêsai tò endechómenon pithanón*", ou seja: "A retórica é assim uma capacidade de, em qualquer assunto, observar aquilo que possivelmente persuade."[9]

A preocupação normativa com o uso pragmático da linguagem, contudo, é anterior, tendo sido inaugurada por uma espécie de manual de retórica escrito por Córax e Tísias, o qual se perdeu.[10] Esses primeiros retóricos, assim como a maioria das pessoas até hoje, colocaram a linguagem como *techné*, no sentido de uma exposição de estratégias eficazes para vencer um debate, sobretudo o forense.

De toda forma, quando se fala em ética, é preciso distinguir se a fala é normativa ou analítica, em que plano das duas metalinguagens aqui sugeridas ela se insere. Ambas são perfeitamente legítimas, mas não devem ser confundidas. Uma coisa é defender um posição jusnaturalista, dizendo, por exemplo, que a tortura não deve ser legalizada porque desobedece a uma determinação superior, divina (enunciado normativo); outra é afirmar que o jusnaturalismo tem servido tanto para justificar como para condenar a tortura, a depender do contexto (enunciado analítico).

Em outras palavras, os enunciados normativos dos jusnaturalistas sobre como o direito positivo deve ser, de caráter estratégico, diferem dos enunciados analíticos sobre a influência histórica das diversas teorias jusnaturalistas na formação do direito positivo, por exemplo, os quais não objetivam interferir sobre ele. No plano da metalinguagem normativa, os enunciados sobre um direito natural intrinsecamente justo visam a modificar a realidade estabelecida. No terceiro plano, da meta-metalinguagem ou da metalinguagem analítica, os enunciados procuram descrever as relações entre os dois níveis anteriores, isto é, como a abordagem e as estratégias argumentativas utilizadas por eles são construídas e de que maneira funcionam ou não.

Por vezes, não é fácil compreender a diferença entre direito natural (linguagem objeto) e jusnaturalismo (metalinguagem), assim como entre direito positivo

---

9   ARISTOTLE. **Rhetoric** (I, 2, 1355b25). In: **The works of Aristotle**, translated by W. Rhys Roberts, Col. Great Books of the Western World. Chicago: Encyclopaedia Britannica, 1990, vol. 8, p. 595.

10   COLE, Thomas. Who was Corax? **Illinois Classical Studies**, Vol. 16, No. 1/2 (Spring/Fall 1991). Urbana–Champaign: University of Illinois Press, p. 65-84.

e juspositivismo. O direito natural, para seus defensores, faz parte do mundo real, é o direito que deve ser, independentemente de ser ou não reconhecido em determinado contexto histórico e geográfico. Para os positivistas, do outro lado, o "direito" natural não é direito, mas sim um conjunto de aspirações ideológicas que, embora existam efetivamente, não podem ser compreendidas como direito. Jusnaturalismo e juspositivismo, por sua vez, são perspectivas filosóficas, doutrinas que procuram fundamentar determinadas perspectivas e, por meio delas, interferir no plano real da linguagem-objeto. São "visões", teorias sobre o direito, mas não se devem confundir com ele.

Na exposição das doutrinas jusnaturalistas, a ser feita a seguir, é necessário, portanto, ter em mente alguns pressupostos.

Em primeiro lugar, uma nova forma de pensar o direito, uma nova filosofia do direito, não substitui aquelas que anteriormente preponderavam. A antiga maneira de pensar permanece presente, temporariamente derrotada, e pode retornar na evolução da história das ideias, voltar em forma semelhante à que tinha ou retornar modificada, adaptada aos novos tempos, abandonar um aspecto, adquirir outro, mesclar-se com o novo. Mas permanece lá, como parte da cultura, no caso a cultura ocidental, constituída principalmente com as contribuições do judaísmo, do cristianismo, da Grécia e de Roma antigas, tudo desembocando na chamada cultura europeia.

Depois, de um ponto de vista metodológico, a compreensão da história não se pode reduzir a um relato descritivo de casos e datas, como se houvesse "fatos" históricos, provenientes de relações de causa e efeito, como nas explicações dominantes entre os modernos professores de história. Uma compreensão adequada precisa se pautar pela sugestão de uma ideia diretora, uma tentativa de explicar o desenvolvimento histórico em determinada direção.

Por isso, em terceiro lugar, a tese aqui colocada como guia, em um plano de meta-metalinguagem descritivo, é a seguinte: de um lado, o jusnaturalismo normativo, no nível da metalinguagem da civilização ocidental, desenvolve-se em um ambiente de complexidade crescente, vale dizer, do menos para o mais complexo, da indiferenciação entre o direito justo e o direito posto para uma cada vez mais nítida separação; por outro lado, e ao mesmo tempo, caminha da transcendência para a imanência, ou seja, vai de uma compreensão de justiça como referência intangível e incompreensível para uma aspiração empírica de mudança do direito positivo, realizada pelas próprias pessoas. Em outras palavras, como a ideia de justiça vai de um cosmos acima dos próprios deuses a uma manipulação por órgãos que nem estatais mais são, numa microfísica de poderes difusos e incontroláveis, dos quais são exemplos as agências reguladoras ou os conselhos administrativos brasileiros. Por isso a mutabilidade do direito se institucionaliza, sai do âmbito divino e, lentamente, passa às mãos do legislador universal, daí a juízes casuísticos e depois a incontáveis âmbitos de competência pulverizados, como será visto no capítulo décimo primeiro, adiante.

Finalmente, num quarto pressuposto, essas fases descritas a seguir não devem ser entendidas como escolas. A história das ideias do jusnaturalismo mereceria um estudo muito mais aprofundado. Seus "desvios" céticos, mesmo na Idade Média, em Abelardo, Duns Scotus, Guilherme de Ockham, por exemplo, fogem a essa evolução dominante. Aqui tem-se somente direcionamentos genéricos os quais, ainda que extremamente úteis, não fazem jus à riqueza do pensamento, dominado pela força da religião. São agrupamentos de escolas, num esforço analítico deveras limitado. Mas a única maneira de conhecer esses caminhos do jusnaturalismo milenar é colocá-los em caixas conceituais.

Estabelecidos esses pressupostos, as correntes jusnaturalistas destacadas apresentam aspectos comuns para serem assim classificadas, dos quais relevam-se aqui os seguintes.

Em primeiro lugar, para todas elas existe uma diferença entre o poder puro e simples e o poder legítimo, isto é, o fundamento da legitimidade não se confunde nem depende do poder efetivo, mas sim este depende daquele, o governo justo tem por base instâncias prévias e externas, ainda que cada corrente ou mesmo cada autor enxergue diferentes critérios para elas, os quais podem ser os ditames da razão prática, os mandamentos divinos ou a vontade orgânica do povo, o que quer que signifiquem. A tese é que o governo não se pode desviar do direito intrinsecamente justo, a noção de legitimidade é utilizada para limitar o exercício do poder e evitar seu aumento descontrolado.

Em segundo lugar, esses critérios de justiça têm conteúdos éticos específicos, não dependem de procedimentos: o voto desigual é justo ou injusto, a pena de morte deve ser *versus* a pena de morte não deve ser e assim por diante. O poder não é resultado de relações ou funções estabelecidas pela própria ação política, vale dizer, as normas legítimas não estão à disposição dos eventuais governos ou participantes, seu fundamento não é político, porém ético.

4.2. O DIREITO NATURAL CÓSMICO: DA IDEIA DE ORDEM NATURAL (*PHYSIS*) À DE DIREITO NATURAL (*NOMOS*)

O processo de desenvolvimento do jusnaturalismo na história das ideias da cultura ocidental passa por diferenciações lentamente construídas. A mais significativa delas é o próprio surgimento da ética, dentro das inovações trazidas pelos sofistas, como uma esfera caracteristicamente humana, a qual não estaria submetida às leis causais da natureza: a separação entre *nomos* (que gerou "norma") e *physis* (de onde proveio "física" no sentido de "natureza"). Os filósofos, antes dos sofistas e de Sócrates, eram "científicos". A desgraça, na opinião de Nietzsche, é que depois passaram a ser "éticos", a ter em comum a preocupação com o homem, com o certo e o errado. E este dualismo e até pluralismo se tornou o discurso dominante.

A separação entre *physis* e *nomos*, incorporada por todas as formas de religião, teve outra importante consequência: como só o ser humano pertence à esfera do nomos, só ele tem ética, só ele tem alma e espírito, só ele é feito à imagem da divindade, que lhe deu o domínio sobre toda a natureza, o direito de explorá-la, de usá-la em seu próprio benefício. O dualismo entre corpo e espírito passa a fazer parte inquestionável da criação e dos desígnios de Deus, distinguindo as boas das más condutas, mas também justificando a destruição do meio ambiente e os maus tratos aos animais.

A metáfora de um direito "natural" nasce, e permanece até hoje, da tentativa de unir essas ideias que começavam a se separar de forma irresistível: da mesma forma que a natureza não está submetida à discricionariedade dos governos, que não têm poder para modificá-la, o direito justo também faz parte desse mundo da natureza, além da vontade humana, e não pode ser modificado.

Para parte dos sofistas, aqueles que recusavam autonomia à esfera normativa, o direito seria imposição da vontade do mais forte, tal como no mundo animal. Outros, contudo, da mesma maneira que Sócrates, acreditavam que o direito natural humano seguia suas próprias determinações dentro do mundo da *physis*. Daí a expressão "virada socrática", a qual, contudo, é bom repetir, era apoiada por muitos dos sofistas, cujo apogeu é chamado de "o iluminismo do século V" (a. C.).[11]

Há também a importante separação entre técnica e ética, entre o fazer competente ou incompetente, de um lado, e a ação boa ou má, virtuosa ou vil, de outro, a qual foi realçada pelos estoicos e cristãos, como se vê na máxima "Vinde a mim os pobres de espírito, pois deles é o reino dos céus." Muito embora essa diferenciação seja clara para qualquer pessoa na cultura ocidental cristianizada, ela não era de modo algum óbvia para uma sociedade aristocrática como a grega clássica, na qual o saber e o agir com competência faziam parte da virtude.

Nessa evolução de complexidade social crescente, dentro do conceito de direito, com o vigoroso apoio da filosofia posteriormente dominante de Platão e Aristóteles, firma-se definitivamente a distinção entre direito justo e direito posto ou entre direito natural e direito do governo. Daí em diante cada vez mais diferenciações: direito público e privado, objetivo e subjetivo, já vistas no capítulo segundo atrás, e direito válido e eficaz, vigente e incidente etc., a serem observadas no capítulo décimo.

Numa fase mais remota da evolução antropológica, a partir da observação de grupos sociais de outras espécies animais, pode-se supor que não há uma percepção clara de que as regras instintivas de organização social poderiam ser "melhoradas", uma insatisfação para modificá-las. Em sociedades menos diferenciadas, a única ordem possível é aquela efetivamente existente, não há consciência sobre a distinção entre o direito posto e o direito justo. Só com alto grau de complexidade

---

[11]   GUTHRIE, William Keith Chambers. **The sophists**. Cambridge University Press, 1971, p. 55 s. (Part of **A history of Greek philosophy**, vol. III. Cambridge University Press, 1969.)

aparecem grupos sociais insatisfeitos, para os quais o governo estabelecido não impõe as regras mais adequadas e precisa ser combatido.

Maior grau de complexidade ainda apresenta uma sociedade que passa a diferenciar, dentro da esfera ética dos *nomoi*, direito, religião, moral, política, economia, etiqueta etc., dentre outros tipos de normas[12]. Uma comunidade será mais primitiva, indiferenciada, dentre outros aspectos, se a prática de um ilícito jurídico é ao mesmo tempo contra a moral e a religião, por exemplo, isto é, quando os diversos subsistemas sociais se influenciam e confundem mutuamente.

Um dos primeiros sinais de diferenciação social, no plano das ideias, é precisamente a convicção de que outra ordem jurídica, imposta pela própria natureza, estaria acima do arbítrio do governo, fornecendo-lhe eventualmente um fundamento legítimo. Daí que, contra o direito positivo de Creonte, a norma de direito natural autorizaria Antígona a enterrar seu irmão Polinices, cujo cadáver o governo determinara ficar ao léu para ser devorado pelos animais rapaces. Para ela é clara a ideia de que o direito que o governo do tirano impõe e o direito que ela reclama são diferentes: o dele baseia-se em seu próprio comando; o dela apela a uma instância superior a qualquer governo, está acima dos próprios deuses[13].

Diante das ressalvas já feitas acima, sobre a imprecisão dos conceitos, essa primeira fase do direito natural na cultura ocidental, depois da indiferenciação, pode ser denominada jusnaturalismo cósmico. Isso porque os deuses não são tidos como criadores do universo, mas são demiurgos, assemelham-se a artesãos, àqueles que dão forma a um material preexistente. Embora o significado da palavra demiurgo tenha depois variado no neoplatonismo e no gnosticismo, sua etimologia e seu uso difundido na Grécia clássica ganham o respaldo filosófico de Platão no diálogo *Timeu*.[14]

No *Górgias*, por sua vez, escrito que se concentra sobre a definição e a utilidade da retórica, o Sócrates platônico defende que todo argumento precisa ter um fundo moral fornecido pela filosofia, ou seja, ter uma boa ética; daí a natureza racional do direito. Sócrates rebate seus interlocutores, sobretudo o sofista Cálicles, o qual afirma que o direito natural se reduz ao direito do mais forte e que o apelo a instâncias não empíricas, como a razão, é apenas estratégia dos fracos para impor seus interesses.[15]

---

[12]   LUHMANN, Niklas; DE GIORGI, Raffaele. **Teoria della società**. Milano: Franco Angeli, 1995, p. 353 e s.

[13]   SOPHOCLES. **Antigone**, trad. Elizabeth Wyckoff, Col. Great Books of the Western World. Chicago: Encyclopaedia Britannica, 1993, v. 4, p. 159-174.

[14]   PLATO. **Timaeus** [29-34]. In: **The dialogues of Plato**, translated by Benjamin Jowett, Col. Great Books of the Western World. Chicago: Encyclopaedia Britannica, 1990, v. 6, p. 442-477, p. 447 e s.

[15]   PLATO. **Gorgias**.(468). In: **The dialogues of Plato**, translated by Benjamin Jowett. Col. Great Books of the Western World. Chicago: Encyclopaedia Britannica, 1990, v. 6, p. 252-294, p. 263.

O mesmo pensamento se encontra em Cícero, para o qual o direito natural e o conteúdo ético do direito positivo não são produto da vontade dos deuses, os quais são parte dessa ordem cósmica natural, mas não seus criadores.[16]

Essas duas ideias centrais fornecem os pilares principais do jusnaturalismo cósmico: de um lado, o direito natural está acima dos próprios deuses, que não o podem modificar; de outro, ele tem um propósito ético de conteúdo definido e não está ao talante das forças cegas da natureza.

4.3. O DIREITO NATURAL DA DIVINDADE AINDA IRRACIONAL PARA O SER HUMANO

Ao lado do direito natural cósmico, a ideia de que o direito justo é dado diretamente por Deus já está presente na cultura judaica, como se pode depreender de vários trechos da Bíblia, a exemplo do Livro de Josué, após o Pentateuco. Deus se comunica de maneira imediata com Josué, assim como o fizera com Moisés. É dessa ideia que se apropriarão os protestantes muito tempo depois e, com a Reforma, ela vai se tornar dominante. Mais distante da influência judaica e mais próximo de Roma, o cristianismo católico vai pregar a necessidade de intermediação do clero para comunicar ao poder secular a justiça divina.

Mas a convicção da existência de um Deus todo-poderoso, criador da justiça natural e não a ela submetido, se estabelece antes do poder do clero pela forte influência da filosofia de Aurelius Augustinus de Hipona, o Santo Agostinho, que também se inspira na fonte judaica. À semelhança da filosofia de Plotino, considerado o primeiro neoplatônico, Agostinho entende que a fonte da vontade divina é inteiramente incognoscível para o ser humano, acrescentando os ensinamentos bíblicos dos hebreus de que isso ocorre em consequência do pecado original e decadência da humanidade. Por isso a graça é irresistível e a eleição (ou salvação para o paraíso) é incondicional, incompreensível e independente dos desígnios humanos. Não que a justiça divina seja em si mesma irracional, mas ela é irracional para os seres humanos, daí a denominação aqui escolhida de jusnaturalismo irracionalista. Note-se que parte dessa ética vai ser recuperada pelos jansenistas e calvinistas depois de Lutero.

Em sua obra *A cidade de Deus*,[17] Agostinho dá forma filosófica à separação entre o mundo divino, do direito natural, e o humano, do direito positivo, que vai impregnar de forma decisiva a cultura ocidental europeia. Essa distinção já aparecera

---

[16] LADEUR, Karl-Heinz. **Der Anfang des westlichen Rechts** – Die Christanisierug der römischen Rechtskultur und die Entstehung des universalen Rechts. Tübingen: Mohr Siebeck, 2018, p. 26-27

[17] AUGUSTINE. **The city of God**, trad. Marcus Dods, Col. Great Books of the Western World. Chicago: Encyclopaedia Britannica, 1990, v. 16, Livro XXI, cap. 5, p. 636 s.

no início do Cristianismo, quando três autores dos chamados evangelhos sinópticos – Marcos, Mateus e Lucas – dentre os quatro evangelistas oficialmente reconhecidos pela Igreja Católica, autores dos evangelhos canônicos, mencionam a frase de Jesus Cristo "Dai, pois, a César o que é de César, e a Deus o que é de Deus"[18].

Surgia assim um âmbito ético que pretendia não se subordinar aos governos seculares, dando origem a um conflito pendular que perpassou toda a Idade Média. Em alguns momentos, com papas mais vigorosos e governantes mais frágeis, a Igreja cristã ocidental, herdeira da *auctoritas* do Estado Romano como critério de legitimidade acima da *potestas* do poder secular, supera as forças regionais e assume também controle sobre o direito positivo[19].

Nos séculos IV e V da era cristã, época de Agostinho, porém, a Igreja Católica estava firmando sua ortodoxia e, nos embates entre as diversas heresias, o problema ético da relação entre o direito natural e o direito positivo ainda não se encontrava definido como se tornou posteriormente. A ideia prevalecente permite denominar essa fase de irracionalista, uma vez que, inobstante fosse clara a diferenciação entre o direito divino e o direito humano, os desígnios do Ser Supremo não eram acessíveis para seus intérpretes, conforme dito acima. O Deus da teologia filosófica de Agostinho é onipotente e criador da justiça, mas a fragilidade do ser humano não permite compreender porque alguns são salvos pela misericórdia divina, se todos estão condenados por causa do pecado original de Adão e Eva.[20]

Essa perspectiva pessimista acompanha um período de grande desordem social no ambiente de queda do Império Romano do Ocidente, com o paganismo bárbaro ameaçando externamente a cristandade, ao lado das heresias internas, dando ensejo a uma visão sombria da Cidade dos Homens, tal como até hoje se caracteriza a alta Idade Média. A ideia de que a redenção ou condenação depende das boas ou más obras realizadas aqui no mundo dos homens é posterior e aparece associada a uma ortodoxia estável, pregada por um clero mais unido e senhor de si, com uma percepção mais racionalizadora da ética justa do jusnaturalismo e de seus critérios de avaliação do direito secular.

4.4. O DIREITO NATURAL NA LÓGICA DIVINA TRADUZIDA PELA IGREJA CATÓLICA

O jusnaturalismo teológico, como se vê na etimologia da palavra, se baseia na "lógica" divina. Essa lógica significa que, muito embora não de maneira completa,

---

[18] **Evangelhos** de Marcos, 12 (17); Mateus, 22 (21) e Lucas, 20 (25). **Bíblia Sagrada**, trad. Pe. Antonio Pereira de Figueiredo. Rio de Janeiro: Encyclopaedia Britannica, 1987.

[19] ARENDT, Hannah. What is authority?, *in* **Between past and future** — eight exercises in political thought. New York: Penguin Books, 1980, p. 91-141.

[20] AUGUSTINE. **The city of God**, trad. Marcus Dods, Col. Great Books of the Western World. Chicago: Encyclopaedia Britannica, 1990, v. 16, p. 165-700, p. 191.

os desígnios de Deus podem sim, ser compreendidos pelos seres humanos. Mas não quaisquer seres humanos, haja vista que a lógica da razão precisa ser complementada pela revelação, cuja porta-voz é a Santa Madre Igreja, isto é, a Igreja Católica Apostólica Romana, comandada pela infalibilidade do Papa. Cabe à Igreja transmitir as normas gerais ditadas por Deus, a partir das quais os governantes seculares deduzem e especificam o direito positivo.

Essa variante do jusnaturalismo atinge seu apogeu na obra de Tomás de Aquino, até hoje o mais importante dos chamados doutores da Igreja, o "Doutor Angélico", de cujo nome vem a filosofia tomista ou o tomismo, o qual se dedica a conciliar a filosofia de Aristóteles e as escrituras sagradas da Igreja de Roma, discutindo e buscando eliminar as aparentes contradições entre ambas.

Aquino divide o direito em quatro níveis. Ensina que a *lex aeterna*, o direito essencial e primordialmente divino, origem de todas as instâncias éticas, permanece sempre incognoscível para o ser humano, no que segue a ideia da *Cidade de Deus* de Agostinho. Mas a misericórdia de Deus permite que uma parte da *lex aeterna* seja percebida e constitua a *lex naturalis*, o direito divino por participação ou irradiação, revelado aos representantes de sua Igreja. O direito natural é assim o fundamento efetivo do direito positivo e de todo poder mundano, é a base da *lex humana* dos imperadores e reis. A *lex divina* é justamente essa mediação entre a lei eterna e o direito natural, que se revela nas escrituras e se interpreta pelo clero; a *lex naturalis* faz a mediação entre o direito divino e o humano. A *lex humana* explicita o direito natural a fim de permitir a organização jurídica da sociedade, lançando mão de procedimentos racionais como a dedução lógica. A *lex naturalis* comanda, por exemplo, considerar o homicídio mais grave do que o furto; a quantificação de orientações práticas, tais como regras de administração pública e determinação de penas, fica a cargo do direito humano, positivo.

Essa hierarquia deixa entrever a concepção de um direito de base imutável, bem característico da estabilidade medieval, segundo uma harmonia estabelecida pela própria divindade. A uniformidade hermenêutica dos representantes da Igreja revelava a interpretação genuína da vontade de Deus, fonte de todo direito. A legitimidade do direito e da política é, dessa forma, uma decorrência imediata da subordinação das leis humanas às leis divinas: "...a lei humana não é propriamente uma lei a não ser na medida em que é conforme à reta razão; neste caso, é manifesto que ela deriva da lei eterna".[21]

Observe-se a acentuação da razão no direito natural, mesmo que seus respaldos sejam metafísicos, a lei eterna e a lei divina: o direito natural é racional,

---

[21] AQUINAS, Saint Thomas. Treatise on law, *in* **The Summa Theologica**; v. II, Questions 90-108, trad. Father Laurence Shapcote, Col. Great Books of the Western World. Chicago: Encyclopaedia Britannica, 1990, v. 18, questão 93, artigo 3, p. 208 e s. "Lex" aqui deve ser entendida como sinônimo de "direito" e não de "lei" no significado moderno.

mas a essa razão o ser humano só tem acesso de modo imperfeito, por participação. A lei humana está, então, ontologicamente condicionada à lei natural e à lei divina e, daí, à lei eterna. Por isso decidiu-se aqui não chamar o jusnaturalismo protestante posterior a Aquino de "racionalista", como o fazem muitos autores,[22] pois que ambas as vertentes, a teológica e a antropológica, são racionalistas, com as diferenças expostas aqui.

4.5. O DIREITO NATURAL PROTESTANTE E A LÓGICA HUMANA DA RAZÃO

Por diversos motivos que não cabe discutir agora, a hegemonia da Igreja Católica Apostólica Romana foi paulatinamente se rompendo, até a irrupção dos protestantismos. No campo político, o internacionalismo católico passou a ser ameaçado pela ascensão dos Estados nacionais como instância máxima para decidir questões éticas, as quais em breve se reduziram às jurídicas. Paralelamente, desenvolveu-se uma nova forma de pensar o direito.

Esse jusnaturalismo antropológico se define a partir da ideia de que o direito justo não parte de qualquer critério que transcenda o ser humano, mas sim de dados estabelecidos pelas próprias escolhas humanas que, por isso mesmo, podem ser compreendidas pela razão de qualquer pessoa.[23] Ao aderir a esses limites racionais humanos para aferir a justiça do direito positivo, seus defensores afirmam que as normas de conduta racional são tão válidas em si mesmas quanto, por exemplo, as deduções da matemática. O holandês Hugo Grotius, já no século XVI, um de seus primeiros e maiores representantes, as coloca acima do próprio poder de Deus e escreve:

> O direito natural é tão imutável que nem Deus o pode modificar. Porque, embora seja imenso o poder de Deus, pode-se, contudo, assinalar algumas coisas as quais não alcança... Assim, pois, como nem mesmo Deus pode fazer com que dois e dois não sejam quatro, tampouco pode fazer com que o que é intrinsecamente mau não o seja... Por isso, até o próprio Deus se sujeita a ser julgado segundo esta norma..."[24]

Isso porque o direito tem por base os ditames da reta razão, *dictamen rectae rationis*, cuja síntese está na máxima de que os pactos devem ser cumpridos, *pacta sunt servanda*.

---

[22] Por exemplo AFTALIÓN, Enrique e VILANOVA, José. **Introducción al Derecho**, ed. por Julio Raffo. 2. ed., Buenos Aires: Abeledo-Perrot, 1998.

[23] KELSEN, Hans. **Was ist Gerechtigkeit?** Stuttgart: Reclam, 2000 (1953), V, p. 32 s.

[24] GROTIUS, Hugo. **De Jure Belli ac Pacis** (Del derecho de la guerra y de la paz). Madrid: Ed. Reus, 1925, v. I, p. 54.

Essa passagem do direito natural teológico para o antropológico não recusa uma fonte divina para o direito positivo, mas, à semelhança do direito natural cósmico, a situa acima da própria divindade. No plano teológico, os ensinamentos de Martinho Lutero são categóricos: Deus se comunica diretamente com a razão e o coração de todos os seres humanos, sem necessidade da intermediação do clero. Essa horizontalização entre as justiças divina e humana explica três características importantes do novo cristianismo: a divisão entre as diversas igrejas protestantes desde seu início, vez que não havia uma autoridade reconhecida para decidir sobre as diferentes interpretações; a maior simplicidade de seus ritos; precisamente porque seu clero não é tão nitidamente separado dos fiéis; finalmente, as novas igrejas procuram se unir ao Estado e separar suas esferas de influência, sem ambicionar o poder temporal independente de que gozara a Igreja Católica.

Samuel Pufendorf e Christian Thomasius, pré-iluministas do século XVII, pretendem separar as esferas éticas da religião e da moral, a cargo da Igreja, das esferas jurídica e política, submetidas ao Estado. Daí seu famoso critério de que as condutas religiosas e morais são avaliadas por sua interioridade, ao passo que o direito e a política pertencem à esfera da exterioridade, posteriormente adotado por diversos pensadores, dentre os quais Immanuel Kant.[25] Pufendorf parte da separação entre as esferas da física (*entia physica*) e da ética (*entia moralia*) e, neste segundo plano, segue a senda aberta por Hugo Grotius e afirma a independência entre o direito natural e o arbítrio divino.

No campo do direito positivo, Pufendorf argumenta que o Estado é um ente moral e, por meio desse conceito, ele é um dos primeiros, se não o primeiro jurista, a distinguir o Estado tanto da pessoa física do soberano quanto da comunidade de pessoas a ele submetida, numa inovação que persiste até os dias de hoje. A característica da exterioridade o leva a enfatizar o caráter imperativo do direito, cuja necessidade provém da *imbecillitas* ou desamparo de um ser frágil como o humano; a *imbecillitas* gera a necessidade da *socialitas*, a sociabilidade, o conceito básico do direito natural.[26] Thomasius passou à história das ideias, sobretudo, por sua luta contra a tortura e pela tentativa de acabar com as superstições a ela vinculadas, denunciando a falsidade de supostas provas e a crueldade da caça às bruxas.[27]

Ressalte-se que o jusnaturalismo antropológico nasce no seio da Igreja protestante e provém de uma Reforma do catolicismo, comandada por membros do clero. Daí que não tem por objetivo recusar o papel de Deus na constituição do direito justo. Por outro lado, conforme já mencionado, o jusnaturalismo teológico

---

[25]   REALE, Miguel. **Filosofia do Direito**. São Paulo: Saraiva, 2002 (20ª ed.), p. 653 s.

[26]   PUFENDORF, Samuel. **De jure naturae et gentium**. Böhling, Frank (Hrsg.) Berlin / München / Boston: De Gruyter, 2014, p. 82.

[27]   THOMASIUS, Christian. **Historia algo más extensa del derecho natural**. Madrid: Tecnos, 1998, p. 14 e 112.

assenta-se sobre a lógica divina, da qual emana a razão humana, não são instâncias contraditórias, porém complementares. A mudança é que, agora, a razão deixa de ser uma irradiação proveniente da divindade para ser a fonte imediata originária do direito, tomando o lugar da autoridade e da tradição. Da perspectiva do direito positivo, Grotius, Pufendorf e Thomasius são os primeiros pensadores a perceber a necessidade histórica de separação entre os poderes espiritual e temporal, embora mantivessem a importância da fé: "o ponto não era negar a existência de Deus, mas descobrir no ambiente secular um significado independente e imanente que nem mesmo Deus pudesse alterar".[28]

Com o progressivo aumento de complexidade social, essa imutabilidade do direito racional começa a ser posta em dúvida e se fortalece a ideia de que há um conteúdo empírico e variável no direito, o que traz a convicção sobre sua historicidade e torna impossível uma ordem jurídica única para todo tempo e lugar. Surge assim a tendência que aqui se convenciona chamar de jusnaturalismo democrático, a qual reconhece que os seres humanos são iguais, na medida em que podem conhecer o direito justo diretamente de Deus, por influência da razão colocada pelo jusnaturalismo antropológico. A novidade que trazem é a verificação de que essa razão não é homogeneamente percebida e que justamente por isso as pessoas divergem sobre o conteúdo ético da justiça e assim do direito. E não há como perceber de que lado Deus está.

Aparece então o princípio da maioria, cujo tratamento vai adquirir matizes diversos na definição de quem participa das decisões, num processo de ampliação contínua do direito de voto, o qual perdura até hoje, incluindo a pouco e pouco setores da população como os mais pobres e as mulheres. Esse grave problema de decidir o que significa "a maioria" vai acompanhar os fenômenos da procedimenta- lização, no plano da evolução do direito ocidental, e da ascensão do juspositivismo, como orientação filosófica para legitimar e controlar a nova forma de sociedade que se formava. Mas, antes ainda, se consolida a forma mais recente de jusnatu- ralismo, aqui chamado democrático, resistindo ao processo de esvaziamento de conteúdo ético nos fundamentos do direito positivo que o princípio da maioria e o juspositivismo iriam implantar.

4.6. O DIREITO NATURAL DEMOCRÁTICO E A PROBLEMATIZAÇÃO DA IMUTABILIDADE

Na *Ética a Nicômaco*, Aristóteles discute a divisão estabelecida pelos so- fistas entre natureza e lei humana, entre *physis* e *nomos* e daí separa o direito

---

[28]   ARENDT, Hannah. The concept of history, *in* **Between past and future** — eight exercises in political thought. New York-London: Penguin Books, 1977, p. 70.: "The point was not to deny the existence of God but to discover in the secular realm an independent, immanent meaning which even God could not alter."

que vale para a cidade em natural e positivo (*nomikon* e *physicon*).[29] Menciona então duas diferenças entre os dois tipos de direito: primeiro, o direito natural se aplicaria (*dynamis*) da mesma maneira em qualquer tempo e lugar; depois, ele também vale independentemente do acordo de qualquer pessoa. Já o direito positivo pode se constituir de maneiras diferentes, porém, uma vez estabelecido, deve ser obedecido.

Apesar dessa distinção aparentemente clara, Aristóteles confere também ao direito natural certo grau de mutabilidade e, logo adiante, dá o exemplo das mãos: por natureza, a mão direita é mais forte que a esquerda, mas é possível treinar a mão esquerda para ter duas mãos igualmente fortes.[30] Essa controvérsia, sobre se Aristóteles teria defendido a imutabilidade e universalidade do direito natural ou não, vem desde a Antiguidade e atravessa a Idade Média, assim como as tentativas de suavizar a aparente contradição, chegando até os dias de hoje.[31]

Conforme colocado há pouco, todo jusnaturalismo se caracteriza pela crença na existência palpável de uma ordem jurídica além e acima do direito positivo. Com a corrente do direito natural de conteúdo variável, na era moderna, nasce a teoria (geral) do direito como disciplina relativamente independente da filosofia, com quatro pilares básicos de pesquisa.

Em primeiro plano, o problema da validade formal do direito positivo, vez que sua mutação continuada não mais permitia que ele fosse reconhecido por meio de seu conteúdo ético de legitimação tradicional, identificado pela Igreja ou pela razão, como no passado, e passou a exigir procedimentos para ser produzido adequadamente, com autoridades e ritos de elaboração reconhecidos previamente.

Depois, a teoria do direito precisava investigar as condições de possibilidade de seu conhecimento, inaugurando a perspectiva e a relevância central da metodologia, entendida assim como uma metateoria, que tem por foco determinar que método (caminho) é adequado a cada tipo de conhecimento e que perguntas devem ser feitas.

Em terceiro lugar, como muitas das normas de direito deixavam de ser espontaneamente criadas por meio de costumes e tradições já existentes e passavam a ser elaboradas por legisladores com projeções de condutas futuras, planejando comportamentos sociais ainda a serem estabelecidos, aparece a dúvida sobre se

---

[29] ARISTOTLE. **Nicomachean ethics** (V, 10, 1134b19-20). In: **The Works of Aristotle**, translated by W. D. Ross, Col. Great Books of the Western World, v. 8. Chicago: Encyclopaedia Britannica, 1990, p. 333-436.

[30] ARISTOTLE. **Nicomachean ethics** (V, 10, 1134b34-35). In: **The Works of Aristotle**, translated by W. D. Ross, Col. Great Books of the Western World, v. 8. Chicago: Encyclopaedia Britannica, 1990, p. 333-436.

[31] OTTMANN, Henning. **Geschichte des politischen Denkens** – Von den Anfängen bei den Griechen bis auf unsere Zeit. Stuttgart/Weimar: Verlag J. B. Metzler, 2001, Bd. I, p. 152 s.

os destinatários do direito iriam ou não obedecer a seus comandos, ou seja, o problema da efetividade social como distinto da validade.

Finalmente, a variabilidade de conteúdos éticos do direito positivo tornou crucial o problema da legitimidade, pois os critérios tradicionais de justiça também perdiam suas referências diante de um direito natural de conteúdo variável.

Ao mesmo tempo, contudo, o jusnaturalismo democrático pretende não se confundir com o juspositivismo emergente e, para tanto, a pedra de toque é a recusa do princípio da maioria como critério absoluto para o direito justo. Assim, embora aceite que o direito justo é mutável no tempo e no espaço, essa forma de jusnaturalismo não aceita o esvaziamento de conteúdo ético que o procedimento juspositivista trazia embutido na ideia de que o justo é aquilo que a maioria decide que é justo. Por isso ainda se situa na tradição jusnaturalista que permanece até hoje, por exemplo, na ideia de universalização dos direitos humanos, acima do direito positivo.

Um de seus principais representantes é Jean-Jacques Rousseau, já referido, em cuja antropologia o ser humano nasce individualmente bom, mas a convivência com a comunidade natural dos demais o corrompe pela disputa, vaidade, inveja e outras características não solidárias. Daí a necessidade do contrato social democrático para superar esse estado de corrupção e constituir uma sociedade melhor.

Na interpretação desse contrato social democrático, o direito justo é conduzido pela "Vontade Geral", conceito de definição obscura, a qual, Rousseau diz expressamente, não pode ser aferida pelo princípio da maioria, pois, se não se identifica com a vontade de todos os cidadãos, a qual seria apenas a soma dos interesses egoístas de cada um, muito menos se identifica com a maioria. A associação da vontade geral com o corpo político e a crítica de Rousseau às associações parciais, que poderiam se formar dentro do Estado e solapar a legitimidade coletiva, fizeram restar a vontade do Estado – e daí do governo – como fonte do direito justo. Então tudo parece conduzir à identificação da vontade geral com uma hegemonia autocrática do poder, embora o apelo à figura metafísica do "povo" tenha levado seus simpatizantes a identificá-lo como um democrata. Mas certamente que os sistemas de contrapesos e mútua fiscalização de John Locke e Charles Montesquieu, por exemplo, foram bem mais decisivos na constituição das democracias modernas.

Outro exemplo da recusa em identificar o direito justo com a vontade da maioria se encontra em Georg Friedrich Hegel, que elabora o conceito de *Sittlichkeit* ("eticidade") como uma tentativa de libertar-se por completo da influência de Rousseau na juventude. Hegel coloca dois pontos principais: entende o Estado como portador dessa vontade, objetiva (em si) e autoconsciente (para si), na qual as vontades individuais não teriam qualquer papel; e exclui o contrato como figura essencialmente de direito privado, inaplicável ao problema da legitimidade política. Por isso o "espírito objetivo" resulta na unidade superadora da família e da sociedade civil, nas quais ainda preponderam as vontades subjetivas dos indivíduos.[32]

Ainda que se apresentem como variáveis no tempo e no espaço, e empíricas, ou seja, acessíveis e demonstráveis por via da experiência por todos compartilhada, o problema aqui é que essas instâncias superiores do jusnaturalismo democrático não são empiricamente detectáveis. Enquanto o critério da maioria depende apenas da fixação da competência – quem exatamente compõe essa maioria – e do rito – como se afere a manifestação de vontade das pessoas competentes para votar, a vontade geral e a eticidade, o vontade do povo e o espírito objetivo, a luta de classes e a sociedade civil, com suas variantes, não podem ser aferidas, revelando-se tão metafísicas quanto a vontade de Deus e a razão, ou tão vazias quanto as fórmulas de justiça "dar a cada um o que é seu" e a "regra de ouro" "só faz aos outros o que queres que façam contigo".[33]

É evidente que as regras de direito precisam apontar algum conteúdo ético, dizer se o aborto é permitido ou proibido, qual a alíquota do imposto ou se a pena de morte é legal. A vitória do positivismo na sociedade complexa resulta, exatamente, de ter colocado esse conteúdo ético como resultado do procedimento: determina-se a autoridade competente – por exemplo, votam todos os maiores de 18 anos, o Senado decide sobre a destituição de um presidente da República – e o rito de criação do direito – por exemplo, haverá duas sessões da Câmara que decidirá por maioria igual ou superior a cinquenta por cento dos presentes ou da totalidade dos membros – e justo será aquilo que decidirem.

Assim começa o juspositivismo, com a aceitação do princípio da maioria e todas as suas vantagens pragmáticas, que viriam também com as desvantagens da incerteza que levariam, posteriormente, à criação das maiorias qualificadas e das cláusulas pétreas, dentre outros mecanismos para frear a inconstância das massas, que John Locke tanto temia. Nos seus primórdios, com a Escola da Exegese, o juspositivismo não se opunha tão abertamente ao jusnaturalismo, o que só se manifestaria mais tardiamente.[34] De toda maneira, o domínio da filosofia do direito natural e sua ética já tinham passado à história.

---

[32] KIRSTE, Stephan. **Die Zeitlichkeit des positiven Rechts und die Geschichtlichkeit des Rechtsbewußtseins** – Momente der Ideengeschichte und Grundzüge einer systematischen Begründung. Berlin: Duncker & Humblot, 1998, p. 200 s.

[33] KELSEN, Hans. **Was ist Gerechtigkeit?** Stuttgart: Reclam, 2000 (1953), V, p. 38-39.

[34] ELLSCHEID, Günther. Das Naturrechtsproblem. Eine systematische Orientierung, *in* KAUFMANN, Arthur e HASSEMER, Winfried (*Hrsg.*). **Einführung in die Rechtsphilosophie und Rechtstheorie der Gegenwart**, 6. ed. rev. Heidelberg: C. F. Müller, 1994, p. 179-247.

4.7. IMPOSSIBILIDADE DE SEPARAR ANALITICAMENTE O BOM DO MAU DIREITO

Desde as origens milenares da cultura ocidental, como visto, o problema ético se revela, no que concerne ao direito, na procura por um fundamento de justiça para o direito positivo. Essa diferenciação impregnou a história das ideias por meio da noção de direito natural, a qual se foi tornando cada vez mais mundana, vindo do Céu para a Terra: um direito justo, que ficava acima dos deuses, passa às mãos de Deus, depois de grupos humanos privilegiados, depois progressivamente a todos os cidadãos.

Essa mundanidade, *worldliness*, na expressão de Hannah Arendt, impõe a autodeterminação do direito positivo em todas as esferas da práxis jurídica e os temas da legitimidade e da justiça passam a ser meramente teóricos, sem condições de serem alegados diante das instâncias decisórias positivas. A legitimidade passa a se confundir com a legalidade e daí com a própria validade das normas jurídicas, fazendo-se também resultado do procedimento. Em outras palavras, o direito e a justiça, na sociedade complexa, se identificam com aquilo que é produzido por autoridade competente, de acordo com o rito estabelecido. Não cabe falar em conteúdos "axiológicos" ou "éticos" acima das regras do sistema jurídico. Claro que se pode alegar que uma instância qualquer, seguindo o procedimento, decidiu em desacordo com o conteúdo "material" da Constituição, por exemplo, porém será um novo procedimento que decidirá sobre o provimento ou não de tal argumento.

Todo argumento jurídico, como parte da ética, é estrategicamente normativo. Mas seu conhecimento, como se tenta fazer aqui, tem caráter analítico, descritivo, precisa tentativamente evitar tomadas de posição valorativas antes da experiência (*a priori*), sem, por exemplo, abordar controvérsias ideológicas a partir de uma convicção prévia. Nessa linha, o conceito de direito justo é impossível de ser racionalmente fundamentado, seja ele equiparado a liberdade, felicidade, igualdade e assim por diante, todas substantivos abstratos que não encontram correspondência no mundo empírico.

Os posicionamentos das pessoas sobre o direito positivo são estrategicamente normativos porque o direito existe para dirimir conflitos, se não há disputas incompatíveis, não há necessidade de direito. Pode-se dizer, romanticamente, que o direito leva à paz e enseja a solidariedade, o que não é de todo falso, mas isso só na medida em que consegue resolver conflitos. E os chamados "valores" pelas filosofias ontológicas tradicionais são exatamente essas preferências humanas inconciliáveis, diante das quais uma só pode ser satisfeita, total ou parcialmente, à custa da outra.

Esses problemas éticos não admitem qualificações de verdadeiro e falso, não é possível demonstrar, em sentido lógico, como funcionam essas escolhas de comportamentos. Pelo menos no estágio atual em que se encontram as ciências que estudam o processo de conhecimento humano, os problemas éticos não podem ser verificados pela lógica racional, o que levou pensadores como David Hume, Immanuel Kant e Hans Kelsen, dentre muitos outros, a separar "dois mundos": o ser e o dever ser.

As certezas éticas buscadas pela maioria das pessoas, de forma instintiva e irracional, têm levado a um domínio das filosofias ontológicas, que se digladiam em defesa de cada "verdade" respectiva que defendem. Essa inclinação atávica por verdades absolutas parece ser uma condição antropológica do ser humano, porém não é apoiada pelos dados empíricos. Uma filosofia retórica realista sugere três principais estratégias para tratar esses conflitos éticos, todas lentamente construídas pela civilização ocidental, ainda que nunca tenham sido as tendências dominantes: a dúvida, proveniente do ceticismo; a tolerância, fruto do humanismo; e o relativismo, fruto do historicismo.

O ceticismo deve ser entendido em sua versão pirrônica original, e não segundo as correntes acadêmicas dogmáticas, a partir de dois postulados, um referente ao conhecimento e outro, à ética. Primeiro, que a verdade, no sentido de uma adequação precisa entre enunciados da linguagem humana e o mundo, não é possível, pois a percepção é sempre relativa e o mundo sempre muda, como apontou Heráclito. Depois, que o ceticismo não implica negar ou abandonar qualquer parâmetro ético, mas sim imunizar contra a intolerância dos dogmatismos.

O pirronismo, a forma inicial de ceticismo na história das ideias, apenas suspende a crença na verdade dos enunciados (*epoché*) e assume a inapreensibilidade do mundo (*acatalepsia*), atitudes que levam a uma dúvida respeitosa (*afasia*) perante a "verdadeira" natureza do mundo.[35] Isso não significa duvidar de tudo, da experiência cotidiana, dos sentidos, até da dor (*anestesia*), muito pelo contrário.

Depois de Pirro, é certo, desenvolveu-se na Academia fundada por Platão uma forma de ceticismo que Sextus Empiricus denomina "dogmática", a qual não apenas nega a verdade, mas também o respeito a quaisquer convenções. Provavelmente por força de argumentos dos adversários ou críticos do ceticismo em geral, aplicando a conhecida e eficiente estratégia sofística de exacerbar o que se quer combater, essa forma acadêmica tornou-se, metonimicamente, tomando a espécie pelo gênero, sinônimo de ceticismo. Mesmo grandes pensadores incorrem nessa incompreensão.[36] Os céticos acadêmicos combatiam principalmente os estoicos,

---

[35] SEXTUS EMPIRICUS. **Catalogus Translationum et Commentariorum**: Mediaeval and Renaissance Latin Translations and Commentaries. KRISTELLER, Paul Oskar e BROWN, Virginia (eds.). Washington: Catholic University of America Press, 2000, p. 1-15.

[36] Por exemplo: BERKELEY, George. Três diálogos entre Hilas e Filonous em oposição aos céticos e ateus, trad. Antônio Sérgio, Col. Os Pensadores. São Paulo: Abril Cultural, 1984, p. 50; RUSSELL, Bertrand. **History of Western philosophy** — and its connection with

mas Sextus Empiricus considera ambos "dogmáticos", na medida em que pretendem desvelar "coisas ocultas" (*ádēlos*) e emprestar-lhes uma certeza inacessível.[37]

O segundo componente da atitude para enfrentar a impossibilidade de distinguir verdadeiramente o bom do mau direito está no humanismo retórico. Iniciado pela dita "virada socrática" na Antiguidade grega clássica – de fato diversos sofistas tiveram antes dele essa perspectiva –, continuado pelo círculo cipiônico de Scipio Aemilianus e pelos *studiae humanitatis* de Cícero e redescoberto no alvorecer da modernidade, no seio do Renascimento e da Reforma Protestante, unindo Erasmo de Roterdã, Thomas Morus, Sebatián Castellio e outros, esse movimento implica situar o ser humano no centro da filosofia, isto é, concentrar-se no problema ético. Recorde-se que a filosofia tinha nascido cosmológica, "científica", mais semelhante ao que hoje fazem astrônomos, físicos e matemáticos, conforme sugerido atrás. No Brasil, o humanismo repercute em pensadores como Tomás Antonio Gonzaga, Tobias Barreto, Joaquim Nabuco, Padre Roma, Frei Joaquim do Amor Divino Caneca e Miguel Reale, para citar alguns dos mais significativos.

O humanismo retórico vai ressaltar a intersubjetividade de qualquer conhecimento e de toda ética, opondo-se tanto à ontologia medieval quanto ao solipsismo do método cartesiano. Isso leva ao pluralismo, uma vez que não há comunicação entre pessoas isoladas, e assim à tolerância para com a diferença, construindo a dignidade humana como valor básico. Mas há outras formas de humanismo, ligadas a posturas normativas políticas, não tão simpáticas, como será visto no item 12.4., que discute os vários significados da palavra.

Finalmente, contribui para uma ética analítica o historicismo, bem resumido por Nietzsche, já no século XIX, pois processos históricos escapam ao conhecimento da verdade: "Todos os conceitos, nos quais se compõe semioticamente um processo inteiro, escapam à definição; definível é somente aquilo que não tem história."[38] Por isso os acordos são sempre relativos.

Historicismo tem aqui o significado clássico da Grécia antiga, onde a história era entendida como relatos de exemplos passados a serem seguidos no presente, como paradigmas a ajudar na argumentação, vez que as pessoas tendem a acreditar que o passado se repete. A concepção moderna da história, de viés cartesiano,

---

political and social circumstances from the earliest times to the present day. London: Routledge, 1993, p. 243-4.

[37] SEXTUS EMPIRICUS. **Grundriß der pyrrhonischen Skepsis**, eingeleitet und übersetzt von Malte Hossenfelder. Frankfurt a.M.: Suhrkamp, 1985, p. 93 (PH I, 1-4).

[38] NIETZSCHE, Friedrich. **Zur Genealogie der Moral** – Eine Streitschrift. In: COLLI, Giorgio; MONTINARI, Mazzino (Hrsg.). Friedrich Nietzsche Kritische Studienausgabe – in fünfzehn Bände, Bd. V. Berlin: Walter de Gruyter, 1988. pp. 245-424, p. 317: „alle Begriffe, in denen sich ein ganzer Prozess semiotisch zusammenfasst, entziehen sich der Definition; definirbar ist nur Das, was keine Geschichte hat."

inspirada nos sucessos das ciências físicas e biológicas, trouxe a nova ideia de que certos fatos causam outros (etiologia) e que isso permite prever e até determinar, "causar" o futuro (escatologia),

> fingir a hipótese de um nexo causal entre presente e passado, inclusive fazendo prevalecer o "moderno" frente ao "antigo", assentar a superioridade do presente, fruto do denodado esforço do homem.[39]

No início de sua obra principal, Tucídides, ceticamente, critica Homero pela inserção dos deuses na Ilíada e na Odisseia. A história não deve apelar aos deuses e Tucídides está disposto a pagar o preço de menos sucesso junto ao público, pois "...a acuidade do relato foi sempre escrutinada pelos testes mais severos e detalhados possíveis".[40] O historicismo retórico é, assim, como no mito de Sísifo, que não sabe até onde conseguirá conduzir a pedra, recorde-se: a montanha íngreme é o mundo, Sísifo é a humanidade e o fardo da pedra é a história.

---

[39] GIL CREMADES, Juan José; RUS RUFINO, Salvador. **Estúdio preliminar**, in THOMA-SIUS, Christian. **Historia algo más extensa del derecho natural**. Madrid: Tecnos, 1998, p. X-XI.

[40] THUCYDIDES. **The history of the Peloponnesian war**, translated by R. Crawley. Col. Great Books of the Western World. Chicago: Encyclopaedia Britannica, 1990, v. 5, p. 349-593, Livro I, cap. I [20-22], p. 353-354.

Capítulo Quinto[1]

OS PROBLEMAS DO CONHECIMENTO E DA ÉTICA NA SOCIOLOGIA DO DIREITO, CAMPO 5 DA INTRODUÇÃO AO ESTUDO DO DIREITO: AS SOLUÇÕES DO JUSPOSITIVISMO

5.1. ESCLARECIMENTO PRELIMINAR: AUMENTO DA COMPLEXIDADE SOCIAL, PULVERIZAÇÃO ÉTICA E LEGITIMAÇÃO PELO PROCEDIMENTO JURIDICAMENTE ORGANIZADO

Este capítulo vai discutir a evolução do positivismo, enquanto perspectiva moderna dominante na filosofia e na teoria do direito, mostrando as modificações de seus postulados básicos, dos primórdios, na passagem entre os séculos XVIII e XIX, até os dias de hoje. Como não é possível estudar as inúmeras escolas, e menos ainda os autores nelas inseridos, sugerem-se aqui três grandes tendências para agrupá-las e possibilitar uma visão geral: legalismo, normativismo e realismo, com a perda de detalhes que caracteriza toda generalização. Cada uma dessas tendências é acompanhada de uma sobrecarga crescente das instituições jurídicas estatais e constitui a resposta dos juristas ao momento histórico. Claro que essas tendências abrigam visões muito diferentes. Dentro do legalismo, há escolas como a Exegese e a Jurisprudência de Conceitos e autores como Maurice Bugnet e Christian Wollf; da tendência normativista fazem parte a Jurisprudência dos Interesses de Rudolf von Jhering e a Teoria Pura de Hans Kelsen; e inserem-se no realismo os movimentos escandinavo de Alf Ross e norte-americano de Jerome Frank, apenas para fornecer uns poucos exemplos. Todos com correspondentes no Brasil. Mas um estudo abrangente dessas escolas e autores, repita-se, não é o objetivo aqui.

Essa "evolução" não deve ser tomada na acepção corriqueira de "para melhor", porém como um processo social de mudança de menor para maior complexidade. O campo de reflexão se reduz à cultura ocidental, leia-se europeia, da qual o Brasil,

---

[1] Parte das ideias desenvolvidas aqui foram sugeridas em ADEODATO, João Maurício. Evolução do positivismo como filosofia do direito na sociedade complexa. **Revista da Faculdade de Direito da UFMG**, nº 80. Belo Horizonte: UFMG, jan/jun 2022, p. 179-198

ainda que com suas próprias características, constitui uma das periferias. Tenta-se demonstrar, a partir das interfaces entre a lei do Estado e as decisões dos conflitos concretos, como as instâncias decisórias do direito se tornaram pulverizadas e de difícil controle, o que será detalhado no capítulo décimo primeiro.

A complexidade social é entendida como a "totalidade das possibilidades de experimentar e agir, cuja realização permite uma conexão significativa".[2] O conceito é imaginado como um pressuposto teórico, pois a complexidade social mesma não pode ser empiricamente percebida. O que se observa é o processo de sua redução, posto que há sempre mais possibilidades de conduta ("experimentar e agir") do que condutas efetivas e isso implica uma necessidade – compulsória, com o perdão da redundância – de seleções de alternativas. Essas seleções são empíricas, exteriorizam-se e realizam as condutas escolhidas, traduzem as expectativas em ato. Por isso a redução de complexidade, na nova concepção de sistema, deixou de se orientar pela semelhança e passou a se concentrar na diferença.

Assim como em outras construções epistemológicas contemporâneas, há um abandono da ontologia tradicional, que enxerga uma relação direta com o objeto (ontos), substituída pela compreensão de que o conteúdo de um significante linguístico só pode ser definido em relação a outros significantes do contexto. No campo da teoria do direito, por seu turno, os conceitos legais deixam de ser entendidos como portadores de um significado intrínseco, como no positivismo legalista, para só adquirirem esse significado em uma relação comunicativa concreta diante de casos específicos. Assim, expressões legais como "dolo", "culpa", "responsabilidade civil" ou "matrimônio" não podem ser dissociadas dos conflitos concretos em que seus significados são debatidos na argumentação.[3]

O jusnaturalismo, a filosofia que pressupõe alguma homogeneidade ética na concepção do justo, para que o direito natural prevaleça sobre o positivo, desaparece da esfera do direito efetivamente praticado. Permanece até hoje nas discussões ideológicas, como ocorre no debate sobre o significado de expressões como "direitos humanos" ou "igualdade", mas só o direito posto pode ser alegado e aplicado. Seu progressivo esvaziamento de conteúdo ético definido, do jusnaturalismo cósmico ao de conteúdo variável, teve uma longa evolução antes do surgimento do juspositivismo, conforme foi exposto logo acima.

Essa evolução mostra que a estrutura teológica internacionalista e uniformizada pela hierarquia católica vai se esgarçando no direito natural racionalista das igrejas protestantes e do absolutismo nacionalista e culmina no direito natural de conteúdo variável e supostamente empírico das primeiras democracias modernas e respectivos pensadores, como Locke e Rousseau.

---

[2]   LUHMANN, Niklas. **Rechtssoziologie**. Opladen: Westdeutscher Verlag, 1987, p. 6 e 31;

[3]   VESTING, Thomas. **Rechtstheorie**. München: Verlag C. H. Beck, 2007, p. 57-61.

Evidentemente observam-se ainda hoje autores de diversas tendências, mais ou menos abertamente jusnaturalistas, os quais tentam demonstrar um fundamento acima do direito positivo, mas suas análises concentram-se sobre o que acham que o direito deveria ser e não sobre como aparece empiricamente. Em outras palavras, são idealistas mesmo quando aparentam descrever a realidade. Seu ambiente intelectual vem de uma tradição que não existe mais e por isso, em qualquer de seus matizes, não conseguem explicar o direito contemporâneo. Dentre os mais claramente defensores do direito natural na atualidade está, por exemplo, John Finnis,[4] mas o antipositivismo vai muito além disso, nos argumentos de Ronald Dworkin e Robert Alexy.

Este livro afasta-se por completo dessa linha pela própria postura metodológica: aqui não se procuram argumentos para sustentar qualquer preferência ética, o que fazem as teorias normativas, mas sim tenta-se compreender como essa sustentação evoluiu e passou a ser feita no direito ocidental contemporâneo, como as teorias empíricas.

Outro aspecto metodológico, o prisma da história das ideias, revela-se na tentativa de mostrar como a legitimação do direito positivo recebeu justificativas diferentes, porém sempre em uma evolução de menor para maior complexidade, a tendência mais nova derivando da mais antiga. O direito não tem um fundamento definido, seu fundamento processa-se, e a ideia posterior pode ser rasteada na anterior, vez que as ideias mudam e são imprevisíveis porque "têm história" e não admitem fundamentos ontológicos.

Apesar de uma indisfarçável ojeriza ao positivismo por parte do senso comum teórico de diversos setores da sociedade, leigos e jurídicos, deve-se lembrar que o positivismo se constitui como teoria jurídica da democracia. Exatamente por negar postulados éticos indiscutíveis, o ceticismo positivista constrói o procedimento da decisão dentro do próprio direito, ainda que pagando o preço de abandonar conteúdos éticos estáveis num ambiente em que qualquer deles pode ser modificado por um novo procedimento.

Nessa esfera jurídica, a complexidade social é acompanhada de uma pulverização ética, pois diminuem os significados comuns no ambiente social e cada pequeno grupo, ou mesmo cada pessoa, passa a questionar e entender diferentemente expressões básicas para a comunicação de convivência, tais como justo, bom, honrado etc. Perdem importância na esfera pública, assim, ordenamentos como o religioso e o moral, os quais representavam núcleos éticos comuns na sociedade tradicional, e daí se tornam menos capazes de controlar complexidade. Como o direito é coercitivo e por isso mais independente de escolhas pessoais, passa a ser o principal redutor de complexidade ética. Mas, ao assumir esse papel, ele se sobrecarrega.

---

[4]   FINNIS, John. **Natural law and natural rights**. Oxford: Oxford University Press, 2011.

O aumento na diferenciação entre os indivíduos faz com que o texto da lei passe a ser entendido também de diferentes maneiras. O legislador, a princípio soberano, perde importância e as autoridades responsáveis pela solução dos casos concretos começam a ser mais demandadas por decisões e exigências de legitimação.

Logo o Judiciário se mostra inoperante para lidar com o número crescente de conflitos, mormente em países da periferia. Na doutrina, aparece a ideia de que todos os cidadãos, em maior ou menor grau, decidem e concretizam os textos jurídicos.[5] Na prática, conciliação, mediação, arbitragem, inúmeras agências reguladoras, influências do direito internacional etc. vão pulverizar as instâncias decisórias tradicionais e enfraquecer o Judiciário. As decisões tornam-se ainda mais imprevisíveis e aumenta o casuísmo.

Considerando os três elementos do conhecimento empírico, dentro deste, o conhecimento jurídico, quais sejam o significante, o significado e o fato juridicamente relevante, pode-se traçar um paralelo com as três grandes tendências positivistas colocadas neste capítulo. O legalismo enfatiza os significantes do direito, suas expressões de linguagem, o texto da lei como fonte única do direito. O normativismo, recusando a ideia de que o texto legal é portador de um significado próprio, sugere uma "moldura" variável de significados para as fontes e constrói toda uma hermenêutica com tal fim. O realismo, cético sobre essas possibilidades, procura indutivamente compreender cada decisão e renuncia a generalizações que possam abranger todo o fenômeno jurídico, concentrando-se na individualidade de cada evento.

As atitudes epistemológicas são diversas. Diante de um problema como a pena de morte, por exemplo, o jusnaturalista diria que é justa ou injusta segundo o acordo ou desacordo com regras superiores válidas em si mesmas, independentemente de qualquer condição; o legalista observaria o significado literal e único do texto legal respectivo, previamente estabelecido pelo legislador de acordo com as regras válidas do sistema; o normativista reconheceria a possibilidade de múltiplas interpretações e decidiria a questão em função dos critérios da hierarquia entre elas, diante da unidade do sistema jurídico; o realismo procuraria compreender e explicar a decisão que prevaleceu no caso, em termos de sua efetividade, não importa se nesta ou naquela direção.

O fato é que toda forma de positivismo entende que o direito positivo realiza (torna "real"), em sentido bem literal, um conteúdo ético, uma opção axiológica específica. Esse conteúdo é fruto de uma luta, antagonismos sobre concepções

---

5   HÄBERLE, Peter. **Hermenêutica constitucional**. A sociedade aberta dos intérpretes da constituição: contribuição para a interpretação pluralista e "procedimental" da constituição. Trad. Gilmar Ferreira Mendes. Porto Alegre: Fabris, 1997.

morais a respeito de como o futuro deve ser. O direito se perfaz na moral dos vencedores. Não tem assim sentido dizer que o positivismo advoga a tese da separação entre direito e moral (*Trennungsthese*),[6] a não ser que o conteúdo moral seja entendido como já definido de antemão, válido por si mesmo, o que o positivismo não aceita.

Importante observar que, da mesma forma que na evolução dos jusnaturalismos, as três tendências analisadas a seguir não se substituíram umas às outras, diferentemente do que ocorre em teorias de ciências físicas e naturais. A depender da ocasião, as metodologias de cada uma podem se mostrar mais adequadas e elas se revezam e competem nas formas de argumentação e aplicação do direito segundo o caso específico, fazendo prevalecer ora a indução, ora a dedução, ora uma interpretação literal, ora uma teleológica, até *contra legem*. Assim, reflexos das formas mais iniciais do positivismo, ideias da Escola da Exegese, por exemplo, perpassam a atividade jurídica até os dias de hoje. Por isso, o estudioso do direito deve ser capaz de argumentar em qualquer direção.

5.2. LEGALISMO E GENERALIDADE DA LEI

Três características sociológicas básicas e estreitamente conectadas foram escolhidas aqui para expor essa evolução do juspositivismo: a primeira é um fenômeno relacionado à complexidade social crescente mencionada acima; a segunda, a importância da lei, é a proposição básica dos primeiros positivistas; a terceira, como eles abordaram seu principal problema ao instituir a separação e inibição recíproca de poderes.

A primeira característica é o crescente distanciamento entre o texto da lei geral e prévia e o entendimento que dele têm os indivíduos e grupos, movidos por interesses distintos. Não apenas expressões sempre vagas e ambíguas como "bem comum" e "interesse público" passam a ser problematizadas, mas também conceitos legais tradicionalmente utilizados pelos poderes estabelecidos perdem sua referência objetiva e são relativizados, tais como "propriedade", "legítima defesa" ou "boa" e "má fé". Isso amplia a imprecisão do discurso a ponto de tornar duvidosa qual será e como será que aquela instância decisória – executiva, legislativa, judiciária e outras – vai dizer o direito.

A segunda característica do positivismo emergente é postular o caráter soberano e geral da lei: ela não apenas está acima de quaisquer governos, mas é também geral e válida igualmente para todos. Procurava-se assim evitar tanto a arbitrariedade do monarca quanto o voluntarismo dos diversos juízes, motivos de permanente insegurança para os cidadãos. Então o direito é criado pela legislação

---

[6]   ALEXY, Robert. **Begriff und Geltung des Rechts**. Freiburg/München, Alber, 1992, p. 39.

soberana, a lei é sempre dotada de generalidade e só ela cria o direito, cabendo ao Executivo e ao Judiciário aplicá-la, cada qual em sua esfera de competência.

A terceira faceta dessa evolução, quando o positivismo já questiona a separação de poderes pensada pelo legalismo, é o problema sobre se o juiz cria o direito ou somente o aplica, questão que vai se tornando cada vez mais importante. A proposta inicial, encampada pela École d'Exégèse francesa, era bem expressa pelo brocardo *in claris non fit interpretatio* (na clareza – da lei – não cabe interpretação), a qual, embora jamais tenha feito parte do direito romano clássico, foi estrategicamente apresentada em latim. Na formulação de Montesquieu: "Nas repúblicas, a própria natureza da constituição requer que o juiz siga a letra da lei" e para isso "tudo que ele precisa são olhos". O Judiciário deve ser *la bouche de la loi*.[7]

O Poder Judiciário é pensado como aplicador dos comandos do legislador à diversidade dos casos concretos, numa atividade imparcial e desobrigada de constrangimentos políticos, tecnicamente especializada, até "científica", agindo unicamente quando provocado. O Executivo pode programar suas ações, o Judiciário, jamais: ao Poder Executivo, literalmente, cabe somente a execução das leis no âmbito da administração pública; ao Judiciário cabe a jurisdição, dizer o direito. A Constituição da República Francesa de 1791 é imperativa nesse sentido, um monumento jurídico à separação de poderes, tudo sob o império da lei. Antes mesmo dessa Constituição e do Código de Napoleão, de 1804, contudo, o Código da Prússia (*Preussisches Allgemeines Landrecht*) fora promulgado com cerca de 19.000 artigos e uma proibição genérica de qualquer interpretação por parte do Poder Judiciário.[8]

Ressalte-se que o legalismo é um produto, na teoria do direito, da filosofia do Iluminismo, caracterizada por uma extrema confiança na "razão" humana, entendida, de maneira relativamente reducionista, como uma espécie de "lógica". As palavras de ordem eram *sapere aude, incipe!*, literalmente, "saber ouse, comece!", pois o conhecimento fruto do raciocínio e da observação, em recusa à autoridade da religião, era considerado o caminho para a libertação dos sofrimentos humanos. Ouse saber!

Isso traz reflexos poderosos na filosofia do direito, o qual passa a ser entendido como sinônimo de lei, daí a denominação de legalistas para esses juristas. Há uma frase, atribuída a Maurice Bugnet, que se tornou símbolo do período: *je ne connais pas le Droit Civil, j'enseigne le Code Napoléon* (eu não conheço o Direito

---

7   MONTESQUIEU, Charles Louis de Secondat, Baron de la Brede et. **De l'Esprit des Lois**. Paris: Garnier, nouvelle édition, s/d, Livro VI, 3: "dans le gouvernement républicain, il est de la nature de la constitution, que les juges suivent la lettre de la loi." "...le juge prononce la peine que la loi inflige pour ce fait: et, pour cela, il ne lui faut que des yeux."

8   SOBOTA, Katharina. Don't mention the norm! **International Journal for the Semiotics of Law**, v. 4, fasc. 10, p. 45-60, 1991.

Civil, eu ensino o Código de Napoleão), mesmo que pesquisas posteriores tenham demonstrado que ele nunca a escreveu, nem em suas anotações privadas. Talvez a tivesse dito em sala de aula, mas nenhum documento o atesta.[9]

No campo político, o legalismo incorpora o princípio da maioria, sem as restrições metafísicas – ainda que alegadamente empíricas – de Jean-Jacques Rousseau ou Georg Friedrich Hegel, já citadas. Sim, pois enquanto a Vontade Geral ou o Espírito Objetivo, de conteúdo variável, não se mostram passíveis de aferição, a maioria surge como conceito politicamente manuseável por meio de um procedimento. A efetivação da ideia da maioria começa com várias restrições como os votos censitário, capacitário ou familiar, mas a pouco e pouco vai se ampliando a despossuídos, analfabetos, mulheres, menores, consagrando o sufrágio universal. Claro que o processo foi relativamente lento e não poderia ser de outro modo: até um defensor da liberdade e autonomia do homem como um fim em si, um iluminista como Immanuel Kant, além de suas restrições à capacidade das mulheres, ainda enfatiza outra forma de desigualdade e distingue cidadãos ativos e passivos no voto e na administração da coisa pública.[10]

A mudança foi porém clara na direção do esvaziamento de conteúdo ético nos fundamentos do direito positivo, ou seja, na identificação entre o legal e o legítimo: justo é aquilo que a maioria, por meio da lei soberanamente articulada pelos representantes do povo, diz que é justo.

Outro aspecto importante do legalismo, parte da perspectiva iluminista, é a teoria da única decisão ou resposta correta: os juízes só divergem por erro, pois a lei só tem um significado, do qual seu texto é portador indiscutível. O erro pode ser técnico, quando o juiz não compreende corretamente a lei ou o fato, ou ético, quando ele deliberadamente, por má-fé, foge ao texto da lei. Assume-se que a lei tem sentido e alcance claros e distintos, os quais podem ser percebidos por qualquer intérprete, executivo ou judicial, e por isso as decisões concretas não criam direito, são meras subsunções lógicas a partir da lei. Como o texto só tem um sentido, não há consciência da distinção entre significantes e significados: por isso o conhecimento do direito só tem dois elementos: a lei (entendida como significante e significado único) e o fato.

Como a interpretação consiste na adequação da lei (= norma) ao fato, na técnica jurídica os legalistas não desenvolveram maiores preocupações hermenêuticas, pois a interpretação é sempre declaratória e o método a ser aplicado é o literal, com suas variantes sintáticas, etimológicas, filológicas.

---

[9]   BONNECASE, Julien. **L'École de l'Exégèse en droit civil** — les traits distinctifs de sa doctrine et de ses méthodes d'après la profession de foi de ses plus illustre réprésentants, Paris: E. de Boccard, 1924, p. 30.

[10]   KANT, Immanuel. **Die Metaphysik der Sitten**. In: WEISCHEDEL, Wilhelm (Hrsg.). **Werkausgabe** – in zwölf Bände, Bd. VIII. Frankfurt a. M.: Suhrkamp, 1977, § 46, p. 433.

Na técnica política de elaboração do direito, concentraram sua atenção na validade da lei e das decisões, vale dizer, o direito é criado por autoridade competente, mediante rito de elaboração específico. O conteúdo ético material passa a ser subordinado, mero resultado desse procedimento, assim como é ignorado o problema da efetividade do direito: não cabe questionar se o direito produzido pelo Estado é obedecido por seus destinatários, porque isso é visto como óbvio.

Todas essas características são corolários umas das outras e formam um todo relativamente coerente, apesar das naturais divergências entre os legalistas. Essa forma de encarar o direito permanece viva, como se vê no art. 2º da Constituição Brasileira de 1988, que traz a figura da "separação de poderes", determinada como uma das quatro cláusulas pétreas constitucionais pelo art. 60, § 4º, III. A dificuldade está no alcance do texto, ou seja, determinar que situações específicas ele abrange, pois a criação de regras jurídicas genéricas por tribunais e agências reguladoras, dentre outras instâncias, há muito vem lhe mostrando a obsolescência.

5.3. NORMATIVISMO E A MOLDURA DA CRIAÇÃO DO DIREITO PELO JUDICIÁRIO

Essa tendência é assim denominada porque a lei deixa de identificar a única fonte de regras jurídicas para ser apenas uma de suas espécies e regras individuais como sentenças e contratos, além de regras gerais outras, como a jurisprudência e os tratados internacionais, passam também a ser vistos como criadores de direito. O conceito central do direito não é mais a lei, mas sim a norma jurídica, que se expressa pela lei e mais outras tantas fontes.

Grupos de juristas como a *Freirechtsschule* e a *Historische Schule*, na Alemanha, e a *Libre Recherche du Droit*, na própria França, já criticam a Escola da Exegese e o movimento codificador do legalismo em seu nascedouro. Um novo modelo lança mão de metáforas como "pirâmide" ou "estrutura escalonada" de "normas jurídicas" e é dirigido pela ideias básicas de unidade e hierarquia, segundo as quais as regras inferiores dependem das superiores, que lhes determinam o procedimento de criação e a validade. Por isso contratos e costumes, embora não criados pelo Estado, podem ser aceitos como fontes do direito, desde que não contrariem a lei, a qual, por sua vez, subordina-se à Constituição.

A concepção antropológica dessa tendência caracteriza-se por maior desconfiança na razão como via para solucionar os problemas e considera ingênuo o Iluminismo. A ênfase na vontade como fator decisivo nas decisões jurídicas permite considerar tal antropologia como romântica, no sentido de voluntarista, e assim mais irracionalista, o que vai ter notáveis reflexos na hermenêutica jurídica.[11]

---

[11]   BREWER, Scott. Figuring the law: Holism and tropological inference in legal interpretation. **The Yale Law School Journal**, vol. 97. Yale University Press, 1987, p. 823-843.

No campo político, atacam-se dois pilares básicos do legalismo: a separação de poderes, pois nem só o legislador cria o direito, e o princípio da maioria, que precisa ser controlado para evitar que a lei seja continuamente revista, ao sabor de novas maiorias.

Nas críticas à separação de poderes, o normativismo rejeita a atribuição de competências exclusivas ao Legislativo, para criar, e ao Judiciário, para aplicar o direito.[12] Sua visão é que, dentro do sistema escalonado, qualquer norma cria direito, seja lei, contrato, sentença, em relação àquelas que lhe são inferiores; e aplica direito, em relação àquelas que lhe são superiores. Um Código Penal, por exemplo, aplica a Constituição, que comanda sua elaboração pelo Congresso Nacional, mas também cria direito novo, pois antes de ele ser criado as normas que determinam as diferenças entre o homicídio e o roubo, por exemplo, não existem. O mesmo ocorre quando um juiz condena alguém a uma pena de 12 anos de reclusão por homicídio: a sentença aplica o art. 121 do Código Penal e ao mesmo tempo cria norma individual, antes inexistente, para aquele caso. Em resumo, porque as normas superiores determinam as competências de elaboração das inferiores, estas são sempre aplicação daquelas. E esta aplicação constitui sempre algo de novo no ordenamento jurídico, logo, implicam criação de direito.

Abandonar a generalidade como característica essencial do direito não faz somente a sentença ser vista como norma, mas abarca também as decisões concretas da administração e os contratos particulares. A doutrina normativista sugere então separar as normas jurídicas em genéricas e individualizadas.[13] A resistência a essa mudança de perspectiva é exemplificada pela inserção de conceitos como "norma jurídica individual legislada" e de lei em sentido "formal" e em sentido "material" (estas as leis gerais, "propriamente" ditas), para explicar leis que concedem pensões ou títulos de cidadania.[14]

Nas críticas ao princípio da maioria, os normativistas procuram sugerir mecanismos para dificultar a eterna revisão de decisões por novas maiorias, impondo-lhes limites. Seguindo esta corrente, na Constituição brasileira são exemplos os limites de prazo para projetos de código (art. 64, § 4º), o quórum qualificado para emendas constitucionais (art. 60, § 2º), o caráter excepcional de sessões conjuntas da Câmara e do Senado (art. 57, § 3º). Ou impedir quaisquer futuras modificações em decisões já tomadas, ou até propostas nesse sentido, como é o caso das chamadas cláusulas pétreas (art. 60, § 4º).

---

12 FRANK, Jerome. **Law and the modern mind**. London: Stevens & Sons, 1949, p. 100 s.

13 Kelsen, Hans. **Allgemeine Theorie der Normen**. Kurt Ringhofer und Robert Walter (*Hrsg.*). Wien: Manzsche Verlags- und Universitätsbuchhandlung, 1979, p. 179-180;

14 Aftalión, Enrique e Vilanova, José (com la colaboración de Julio Raffo). **Introducción al derecho**. Buenos Aires: Abeledo Perrot, 1994, p. 657.

No plano da técnica jurídica, o normativismo chega a seu apogeu na teoria de Hans Kelsen, apontado por muitos como o jurista mais importante do século XX, que propõe a teoria da moldura (*Rahmentheorie*) para ilustrar sua concepção hermenêutica sobre como se processa uma decisão de caso concreto. O texto da lei, a jurisprudência e a doutrina, dentre outros componentes, constituem o espectro dentro do qual a decisão deve ocorrer. Porém, dentro da moldura, é impossível determinar qual será a única decisão viável, por conta dos fatores irracionais envolvidos, tais como a personalidade do decididor, o momento histórico, as pressões sociais... Então, num caso de parricídio, diante do Brasil atual, estão fora da moldura, de um lado, a crucificação, a pena de morte ou a prisão perpétua; de outro, não estão na moldura do possível a pena de 5 anos de reclusão ou a descriminalização da conduta sob o argumento de que filho só mata pai por culpa deste, logo, não se trata de crime.

A consequência é que toda aplicação do direito pressupõe interpretação e argumentação, pois não há sentido no brocardo *in claris cessat interpretatio*. Apesar disso, a crença na racionalidade, herdada do legalismo, fez os normativistas desenvolverem todo um edifício teórico em torno da hermenêutica jurídica, estruturando métodos teleológico, genético, lógico, e formas de interpretação extensiva, restritiva, retificadora etc., no intuito de controlar a decisão, mantendo-a "dentro" da moldura.

Finalmente, um aspecto relevante do pensamento normativista é a atenção que começa a dar à efetividade como característica do direito positivo. O problema da conduta *contra legem*, quando os súditos ignoram de forma contumaz os comandos do Estado, que pretende o monopólio do direito, já ocupava o debate da Escola do Direito Livre (*Freirechtsschule*), adversária de Kelsen. Talvez influenciado pela controvérsia, ele mesmo sugere que o fato de a norma jurídica ter sido estabelecida segundo os cânones do sistema (validade) não é suficiente, sendo necessário um mínimo de efetividade (*Wirksamkeit*).[15]

Note-se que o normativismo pode ser dita a tendência ainda hoje dominante na práxis do direito. Continuando nos exemplos do direito brasileiro, ninguém duvida de que o Poder Judiciário não apenas cria direito no caso concreto, mas também normas de caráter geral, como se leis fossem, indo muito além de Kelsen e ensejando o surgimento do positivismo realista, que será visto a seguir. No vácuo de um Poder Legislativo omisso, eliminou a prisão do depositário infiel (Recurso Extraordinário, RE 389.808/PR), autorizou a pesquisa com células-tronco (Ação Direta de Inconstitucionalidade, ADI 3.510/DF), considerou entidade familiar as uniões homoafetivas (ADI 4.277/DF e Ação por Descumprimento de Preceito Fundamental, ADPF 123/RJ), proibiu as vaquejadas (ADI 4.983/CE) e muitos casos mais.

---

15   Kelsen, Hans. **Allgemeine Theorie der Normen**. Kurt Ringhofer und Robert Walter (*Hrsg.*). Wien: Manzsche Verlags- und Universitätsbuchhandlung, 1979, p. 123.

Porém, o mundo real tem ido além disso. O mesmo texto, o mesmo argumento e a mesma figura de retórica foram invocados para decisões contrárias, tal como a "separação de poderes", alegada para justificar a decisão pela qual o Supremo Tribunal Federal negou-se a preencher omissões constitucionais, por meio de mandado de injunção, e ignorada pelo mesmo tribunal, ao decidir que era competente para conceder efeitos gerais (*erga omnes*) em ação direta de inconstitucionalidade, sem necessidade de Resolução do Senado (art. 52, X, da Constituição), na prática "revogando" sozinho a lei por ele próprio declarada inconstitucional.

O realismo jurídico surge da tentativa de entender esses fenômenos, que o normativismo não permitia explicar. Em vez de invectivar contra eles, combatendo-os como irracionais ou fruto de ativismo judicial, procura superar as dificuldades dos modelos anteriores para explicá-los, ao lado de outros fenômenos recentes, como a significativa rebeldia de instâncias inferiores para com os comandos das superiores, além do problema cada vez mais nítido dos conflitos e relações hierárquicas entre os direitos nacionais e as regulações internacionais. Sem força coercitiva, contudo, não cabe à doutrina solucioná-los.

Recusa assim o debate entre as fórmulas tradicionais normativistas e seus adversários, chamados neoconstitucionalistas e pós-positivistas, os quais, muitas vezes, defendem critérios de racionalidade hermenêutica supostamente superiores àqueles efetivamente aplicados pelos poderes estabelecidos, de forma semelhante ao jusnaturalismo anterior. As teorias do consenso tampouco parecem satisfatórias, pois tomam uma atitude mais prescritiva, sobre o que seus autores sugerem para melhorar o ambiente, do que filosófica ou cientificamente descritivas.[16] Os países do capitalismo ocidental periférico desenvolveram sociedades complexas cujos problemas suas estruturas jurídicas subdesenvolvidas não conseguem resolver, é certo, mas uma volta aos modelos tradicionais dificilmente orientará soluções adequadas.

No fundo, o debate é anacrônico. Dentre outros problemas, esquece que a criação do direito foi pulverizada e não se encontra mais estruturada na separação tradicional de poderes. São as fontes do direito criadas e aplicadas por órgãos fora de Legislativo, Executivo e Judiciário que fornecem as normas jurídicas mais importantes para o dia a dia da população. São funcionários terceirizados, mediações e instâncias alternativas os responsáveis pelo controle jurídico na sociedade complexa, para os quais as perspectivas do positivismo realista dirigem sua atenção.

5.4. REALISMO E DIFERENCIAÇÃO ENTRE TEXTO E NORMA

A denominação de "realismo" é extremamente controversa. Já bem distante de suas origens etimológicas (do latim *res*, coisa), seu emprego mais comum parece

---

[16] HERZOG, Don. **Happy Slaves**. A critique of consent theory. Chicago/London: The University of Chicago Press, 1989.

ser o de oposição a idealismo, pois real e ideal são os "modos" do ser.[17] O movimento começa com o realismo denominado escandinavo, com Axel Hägerström, Anders Lundstedt, Karl Olivecrona e Alf Ross, autores que reúnem influências da tendência sociológica no direito e, principalmente em Ross, do positivismo lógico, enfatizando o fato e o conceito de efetividade ou eficácia como principais elementos do conhecimento jurídico. Têm também uma preocupação com a cientificidade de seu estudo, o que está mais ausente do realismo norte-americano. Por oposição, o realismo não tem nem aceita atitudes normativas no conhecimento, a função do estudo do direito não é dizer como o direito deve ser, mas sim como ele é "na realidade". Daí a necessidade de definir o mundo "real".

Por isso, recusam toda forma de metafísica e de idealismo ético ou epistemológico. A postura metafísica tem a pretensão de, unicamente por meio do pensamento, chegar a assertivas *a priori* sobre o mundo empírico e as convicções normativas. Mas seus argumentos são apenas conexões de palavras sem significado, pois os oradores as entendem de modo diferente a cada momento e não há como obter um significado claro a partir delas. Daí o mote de Axel Hägerström, que se estende a todos os realistas escandinavos: *praeterea censeo metaphysicam esse delendam* (além disso, penso que a metafísica deve ser destruída).[18]

Na explicação de Ross, o realismo tradicional permanece apenas na negação das posturas normativas, porém, ao reduzir o direito aos fatos sociais, não consegue distinguir claramente os fatos juridicamente relevantes dos irrelevantes, ou seja, distinguir o direito de outros fatos sociais. Por isso é necessário considerar as ideias normativas como parte do fenômeno jurídico, como realidades psicológicas específicas.[19] Nesse sentido, o realismo está ligado ao empirismo, à ideia de que o conhecimento possível vem dos órgãos dos sentidos. Os escandinavos aceitam a denominação "realismo" para seus pontos em comum, mas este não é o caso dos norte-americanos.

No ambiente do realismo jurídico norte-americano, vinculado ao pragmatismo, o criador da expressão *legal realism* parece ter sido Karl Llewellyn, logo seguido por muitos outros, colocados no mesmo grupo sobretudo por seus adversários. Em comum, concentram-se sobre a atividade judicial (*judge-made law*) no caso concreto: direito é aquilo que a decisão do caso (o juiz) diz que é direito. Questionando a existência mesma de uma "escola realista", Jerome Frank, apontado

---

17   HARTMANN, Nicolai. Alte und neue Ontologie. In: HARTMANN, Nicolai. **Von Neukantismus zur Ontologie, Kleinere Schriften**, Band III. Berlin: Walter de Gruyter, 1957, p. 335.

18   BJARUP, Jes. **Skandinavischer Realismus**. Hägerström, Lundstedt, Olivecrona, Ross. Freiburg / München: Alber, 1978, p. 10.

19   ROSS, Alf. **Hacia una ciencia realista del derecho** – Crítica del dualismo en el derecho. Buenos Aires: Abeledo-Perrot, 1961, p. 57.

como um de seus distinguidos membros, lastima ter inicialmente aderido a esse rótulo e sugere "ceticismo construtivo", "ceticismo de regra" e "ceticismo de fato".[20]

O que se observa é a ideia central de ceticismo que as une, exatamente a dúvida sobre se textos genéricos podem mesmo servir de guia a decisões de casos concretos, além da expressa utilização de conceitos do ceticismo pirrônico clássico como a suspensão do juízo, a *epoché*, a mesma *painful suspension*, a suspensão dolorosa de Frank. E o ceticismo ético, com sua "moral provisória", aparece também ligado, por sua vez, ao empirismo: como não sabemos se há o certo e o errado, devemos nos comportar de acordo com as regras do meio social em que vivemos.[21]

Também crítico do sistema dominante, Frank utiliza o epíteto irônico de "sonambulismo judicial" para significar que, ao apelar a precedentes, os tribunais simplesmente manipulam a linguagem de decisões anteriores. Isto porque é impossível reconstruir os passos dos precedentes e controlar casos concretos por meio de princípios gerais:

> Vagos por causa de sua generalidade, eles nada significam salvo aquilo que sugerem na experiência organizada de alguém que neles pensa e, por causa de sua vagueza, eles apenas remotamente compelem a organização dessa experiência.[22]

Em outras palavras, são as emoções, os preconceitos e as convicções que constituem a decisão, na qual os princípios éticos e lógicos enunciados pelo julgador desempenham papel secundário, mesmo que os juízes não tenham consciência clara disso.

Do ponto de vista da teoria do conhecimento, o realismo retórico tampouco acredita na possibilidade de conhecimento pleno dos fatos, enfatiza a descrição analítica dos procedimentos decisórios e parte também de uma antropologia cética quanto às preferências éticas, movidas mais por contextos e por interesses e impulsos biológicos.[23]

Aqui não é objetivo detalhar as diferenças entre as diversas escolas realistas e sua evolução, evidentemente, motivo pelo qual se tentam reunir suas características comuns, tais como se refletem hoje.

---

[20] FRANK, Jerome. **Law and the modern mind**. London: Stevens & Sons, 1949, p. vii s. (Preface to sixth printing) e p. 160 s.

[21] ADEODATO, João Maurício. **Ética e retórica** – para uma teoria da dogmática jurídica. São Paulo: Saraiva, 2012, p. 369 s.

[22] FRANK, Jerome. **Law and the modern mind**. London: Stevens & Sons, 1949, p. 149: "Vague because of their generality, they mean nothing save what they suggest in the organized experience of one who thinks them, and, because of their vagueness, they only remotely compel the organization of that experience."

[23] CHURCHLAND, Patricia. **Braintrust**: What Neuroscience Tells Us About Morality. Princeton: Princeton University Press, 2012.

O primeiro aspecto importante é a concepção de procedimento, criada pelo esvaziamento de conteúdo ético do legalismo exegético e depois adotada por praticamente todas as tendências contemporâneas na filosofia do direito, em seu distanciamento de perspectivas ontológicas. Até filósofos ontológicos se dizem procedimentalistas. Para os chamados pós-positivistas, com preocupações primordialmente éticas sobre a ideia de justiça, as regras do procedimento não dependem da positivação circunstancial do direito, porém são determinadas por instâncias superiores, como a "racionalidade", que se pretendem demonstráveis para todos.[24]

O procedimento da moldura normativista, por seu turno, é guiado por regras positivadas no sistema jurídico, como aquelas dos códigos de processo e dos tribunais, seus textos estão previamente fixados por regras legisladas válidas e dependem de autoridades competentes e ritos específicos, ainda que não exclusivamente. Fazem parte da moldura a doutrina, a jurisprudência, a personalidade de quem julga e um sem número de fatores contextuais.

Já o procedimento, no entendimento realista, consiste dos caminhos que foram efetivamente trilhados para chegar à decisão, os quais, rigorosamente, só podem ser conhecidos *a posteriori*, isto é, depois de se terem realizado na experiência. Compõe-se das regras que se impuseram ao longo do processo, independentemente do que as regras positivadas anteriormente na lei dissessem a respeito. Um exemplo recente na história do Brasil ilustra a diferença.

O sistema jurídico declarou que uma Presidente da República, retirada do cargo por suposto crime de responsabilidade fiscal, manteria sua "habilitação para exercício de função pública", esta foi a decisão que se efetivou na realidade. Observe-se, contudo, o que prescreve o procedimento previamente positivado na Constituição do país:

> Art. 52, Parágrafo Único. Nos casos previstos nos incisos I e II, funcionará como Presidente o do Supremo Tribunal Federal, limitando-se a condenação, que somente será proferida por dois terços dos votos do Senado Federal, à perda do cargo, com inabilitação, por oito anos, para o exercício de função pública, sem prejuízo das demais sanções judiciais cabíveis.[25]

Não importando o que se avalie sobre a posição política ou moral da decisão, o procedimento, na perspectiva realista, mostra que o texto fixado foi deixado de lado em prol de uma regra não escrita nem previamente conhecida, do tipo: "à guisa de consolação, os direitos políticos serão mantidos no caso".

Outra característica importante do realismo jurídico, tal como aqui entendido, é que o princípio da maioria é mantido apenas como um *topos* retórico, um lugar

---

[24]   ALEXY, Robert. **Theorie der juristischen Argumentation** – die Theorie des rationalen Diskurses als Theorie der juristischen Begründung. Frankfurt am Main: Suhrkamp, 1978.
[25]   O inciso I trata do impedimento do Presidente da República.

comum sem conteúdo definido, o qual é preenchido segundo as circunstâncias casuísticas, uma espécie de carta branca de alta maleabilidade adaptativa. O debate hermenêutico perde seu caráter silogístico e daí a decisão não decorre das regras explícitas, é tomada antes e só depois o sistema de textos vai servir de justificativa, escolhidos os mais adequados à decisão tomada. Sem querer lhe atribuir essas conclusões, é por isso que Müller vai dizer que o texto da lei, criado pelos poderes estatais, é apenas um "dado de entrada" para a concretização da norma jurídica, ou seja, a generalidade é uma característica do texto, não da norma.[26]

Juristas que ampliam esse olhar desconfiam de qualquer relação entre o texto da lei e a norma decisória, pois os pressupostos textuais alegados na decisão, quando existem, são argumentos inconsistentes, dirigidos a uma plateia predominantemente desatenta, num ambiente discursivo no qual somente interesses circunstanciais são considerados e a questão do conhecimento jurídico perde todo o sentido. A decisão toma por base normas, sim, isso é inescapável, mas essas normas pouco têm a ver com o sistema legal pré-fixado.

O realismo chama atenção para a vagueza e a ambiguidade do discurso, assim como para a fragilidade do texto na sociedade complexa, e mostra a necessidade de instituições que, de alguma maneira, controlem a fragmentação do consenso. Diferentemente do normativismo, não considera a dedução a partir de textos e técnicas hermenêuticas a forma mais adequada para lidar com a decisão, mas procura entender os conflitos jurídicos a partir de cada caso, pois essas deduções supostamente racionais não são procedimentos para produzir a decisão, mas sim para apresentá-la.[27] A produção precisa ser indutivamente estudada. A decisão toma base em normas, sim, mas não naquelas explicitadas no ordenamento jurídico, ainda que os próprios agentes envolvidos no processo decisório não tenham consciência disso. Não há decisão correta, há decisão efetiva, uma narrativa dominante que se estabelece a partir da intersubjetividade.[28] Além de muitos outros exemplos colocados neste livro, o realismo parece explicar mais adequadamente como um mesmo fato, por exemplo, a relação homoafetiva, diante dos mesmos textos, o Código Civil de 2002 e a Constituição, não foi julgada entidade familiar em 2002 e o foi em 2011, no direito brasileiro, resultando em decisões diametralmente opostas.

---

[26] MÜLLER, Friedrich. **Strukturierende Rechtslehre**. Berlin: Duncker & Humblot, 1994, p. 251 s.

[27] SCHLIEFFEN, Katharina von. Subsumption als Darstellung der Herstellung juristischer Urteile. In: GABRIEL, Gottfried; GRÖSCHNER, Rolf. **Subsumption** – Schlüsselbegriff der juristischen Methodenlehre. Tübingen: Mohr Siebeck, 2012, pp. 379-419, p. 379 („Darstellung der Herstellung").

[28] STEINER, George. **Real presences** – Is there anything in what we say? London/Boston: Faber and Faber, 1989. SOBOTA, Katharina. Don't mention the norm! **International Journal for the Semiotics of Law**, v. 4, fasc. 10, p. 45-60, 1991.

O que se chama de "norma", para o realismo jurídico, consiste na decisão de cada caso, individualizada em torno dos conteúdos semânticos emprestados por todos os partícipes daquela relação jurídica, dentre os quais os textos alegados constituem um dos elementos. Essas premissas textuais da decisão, quando existem, formam estruturas fragmentárias que funcionam como "justificativas" posteriores. As premissas efetivas, como preconceitos, ideologias e preferências de valor desempenham a função mais importante. Mas na maioria dos casos, são mantidas ocultas.[29]

Juristas mais tradicionais consideram o positivismo realista um fator desagregador que instauraria insegurança no sistema jurídico e visaria a destruir de vez o marco civilizatório da separação de poderes. Os realistas se defendem alegando que apenas observam essa insegurança que efetivamente existe no direito da sociedade complexa, mormente nos países subdesenvolvidos como o Brasil, e que a tarefa da ciência e da filosofia do direito não é lamentar o que detecta, mas sim compreender e explicar seus objetos de investigação.

Mais do que embates entre maneiras diversas de pensar, essa evolução reflete as mudanças sociais vertiginosas dos tempos atuais. A pulverização dos significados comuns da linguagem e as novas mídias comunicativas,[30] com a correspondente exacerbação do individualismo ético, vão fazer com que, dentro de um sistema jurídico já sobrecarregado, sobrecarregue-se também a atividade criadora de todo tipo de julgador, mormente o juiz do Estado, e aumente seu poder de arbítrio, temido pelos exegetas do século XIX.

Ao lado disso, o juiz não é mais entendido como imparcial ou neutro, vez que dele se espera uma efetivação de direitos subjetivos que há muito deixaram de ter caráter meramente declaratório e de respeito passivo, como os direitos fundamentais individuais, mas passaram a exigir efetivação dentro da luta política, como é o caso dos direitos à saúde e ao meio ambiente. Isso faz o Judiciário assumir também um papel político, como se percebe na superexposição de juízes nos meios de comunicação, de que o Brasil atual é um exemplo beirando o absurdo.

Esse aumento de funções e responsabilidades não tem mostrado um Judiciário à altura, muito pelo contrário. Mesmo em países com menos problemas estruturais do que o Brasil, a discussão vem chamando atenção para o perigo de uma "moral do Judiciário" e advertindo sobre a inviabilidade de este poder exercer o papel de "superego da sociedade órfã".[31] Tornar o juiz mais adstrito ao texto da lei e fiscali-

---

29   BROWN, Richard Harvey. **Society as text**. Essays on rhetoric, reason and reality. Chicago/ London: The University of Chicago Press, 1987.

30   VESTING, Thomas. Die liberale Demokratie und das Andere der Kultur (und der Medien). In: AUGSBERG, Ino; LADEUR, Karl-Heinz. **Politische Theologie(n) der Demokratie** – Das religiose Erbe des Säkularen. Wien: Verlag Turia + Kant, 2018.

31   Maus, Ingeborg. Justiz als gesellschaftliche Über-Ich – Zur Funtion von Rechtsprechung in der "vaterlosen" Gesellschaft. In: FAULSTICH, Werner; GRIMM, Gunter (orgs.). **Sturz der Götter?** Vaterbilder im 20. Jahrhundert Frankfurt am Main: Suhrkamp, 1989.

zar suas decisões, mais à francesa, tem sido apontado como caminho viável, num interessante olhar de volta, embora em outro contexto, à aurora do positivismo. O crescimento mais recente de mediação, arbitragem e outros procedimentos extrajudiciais de controle de conflitos também apontam para as disfunções que atormentam os que precisam da atuação do Judiciário. No Brasil, com uma estrutura judicial anacrônica e mal administrada, fatores externos dificultam ainda mais o quadro, tais como o corporativismo, a impunidade e a corrupção que acompanham a aplicação seletiva das regras jurídicas.

Como estratégias para o direito da sociedade complexa, restam a democratização das decisões, apesar de observada sua lerdeza na prática, a pulverização do poder e o fortalecimento de instituições que sejam capazes de controlar tais fragmentações. No cerne da evolução do positivismo aqui colocada estão certamente as tentativas de estabelecer limites, ou seja, o problema do critério e de seus paradigmas de "racionalidade".

Capítulo Sexto[1]

O PROBLEMA DA AUTONOMIA DOS SISTEMAS NORMATIVOS NA HISTÓRIA DO DIREITO, CAMPO 6 DA INTRODUÇÃO AO ESTUDO DO DIREITO: CRITÉRIOS PARA DIFERENCIAÇÃO

6.1. DISTINÇÃO ENTRE SUBSTÂNCIA E ATRIBUTO COMO PONTO DE PARTIDA NA TRADIÇÃO DA DOGMÁTICA JURÍDICA

A história das ideias é crucial para entender o ambiente, para conhecer a civilização em que se vive. A perspectiva histórica mostra que novas ideias e distinções são criadas e não descobertas. Ao analisar o processo de separação do direito das outras ordens normativas, como da religião, da moral, da política etc., ao lado do surgimento do Estado moderno, e as explicações dos filósofos para legitimar essa diferenciação, foi importante, na tarefa de dizer o direito, a teoria de Aristóteles que distingue a substância (essencial) e o atributo (acidental) de algo.

A palavra grega para esse caráter essencial, já que *essentia* é expressão do latim, é *ousia*, aquilo que é "por si mesmo"[2]. A substância é um elemento presente na definição de algo, sem o qual aquele algo deixa de ser o que é. Constitui assim a "quididade" (do latim *quiditas*) daquele algo. O atributo é um elemento contingente, compõe o objeto, mas não faz parte de sua identidade enquanto tal. Na linguagem comum, a palavra "característica" é ambiguamente utilizada para expressar ambas as ideias, de substância e de atributo. Daí dizer-se que tanto o número de cromossomos (essência) quanto os cabelos negros (acidente) são "características" de fulano ou beltrano. Mas os conceitos são bem diferentes.

---

[1]   Parte das ideias desenvolvidas aqui foram publicadas em ADEODATO, João Maurício. Critérios para diferenciação e autonomia do direito diante dos demais sistemas normativos e a coercitividade. **DELICTAE**: Revista de Estudos Interdisciplinares sobre o Delito, nº 3, vol. 4. Belo Horizonte: PUC/MG, jan/jun 2018, p. 157-177.

[2]   ARISTOTLE. **Metaphysics** (III, 2, 997a, 20-25). In: **The works of Aristotle**, translated by W. D. Ross, Col. Great Books of the Western World. Chicago: Encyclopaedia Britannica, 1990, vol. 7, p. 499-626, p. 515-516.

Mesmo assim, a distinção atravessa a cultura ocidental, perde parte de sua carga ontológica como *substantia* e estende-se para outras dicotomias por meio de expressões como necessidade e contingência, permanência e mudança, essencial e existencial, ser-assim e ser-aí, fundamental e eventual etc., aumentando a ambiguidade.

Os pensadores procuram então esses elementos essenciais para fundamentar os critérios de separação entre as esferas do direito e da religião, respondendo a uma necessidade política, pois o Estado emergente precisava de apoio para combater a filosofia universalista da Igreja, instituição onipresente que penetrava em todos os aspectos da vida humana, pública e privada. Quando Christian Thomasius sugere o primeiro desses critérios, retomando Aristóteles, em 1705, sua doutrina vai servir também para enfraquecer a onipresença da Igreja Católica Romana e apoiar os Estados nacionais em formação, como visto no capítulo quarto. Não se faz revolução sem ideias e a emancipação do Estado da Igreja não poderia ser diferente. Claro que, para isso se firmar, era necessário que a Igreja perdesse seu poder, o Estado não conseguiria simplesmente tomá-lo. Mas o poder do Estado foi também ajudado pelo grande desenvolvimento dos instrumentos de violência e das formas de controle e coação.

> Revolucionários são aqueles que sabem quando o poder está largado na rua e quando eles podem tomá-lo. Um levante armado somente jamais levou a uma revolução[3].

Em outras palavras, para Arendt revoluções não são "feitas" e rebeldes só tomam o poder quando o antigo governo já o perdeu.

Sempre corroborando a inseparabilidade entre teoria e prática, esses diversos pensadores concentraram-se na tentativa de separar o direito das demais ordens normativas e construir uma série de critérios diferenciadores. Cada um deles considera diferentes aspectos do fenômeno jurídico e, entendidos de forma complementar, apresentam utilidade até os dias atuais, nos quais a instituição dominante ainda é o Estado nacional moderno, que pretende o monopólio do direito.

Enquanto a religião cristã se divide diante dos movimentos protestantes, o direito do Estado emergente precisa ser separado da religião, aproveitando o enfraquecimento político de uma Igreja corrompida, e também ficar independente da moral, vez que a complexidade social e sua pulverização ética fazem conviver várias morais contraditórias, reduzindo seu papel na coesão social.

Isso pensando da perspectiva do positivismo vencedor, na prática moderna dos órgãos que decidem, a qual parte da autonomia do direito. Continuam a existir

---

[3] ARENDT, Hannah. Thoughts on politics and revolution, em **Crises of the Republic**. New York/London: Harvest/HBJ, 1972, p. 20: "The revolutionaries are those who know when power is lying in the street and when they can pick it up. Armed uprising by itself has never yet led to a revolution."

aqueles que não separam o direito da religião e, sobretudo, não aceitam sua separação da moral, tais como Georges Ripert e Gustav Radbruch[4].

Como o Estado moderno pretende o monopólio da jurisdição e não pode haver vários direitos sob um mesmo Estado, uma dessas perspectivas morais vence a luta pelo direito e impõe-se a todos, mesmo àqueles que dela não partilham. A complexidade social faz com que essa vitória daquela perspectiva moral seja temporária e a todo tempo confrontada com aquelas derrotadas, que não são eliminadas e permanecem em protesto na luta pelo direito. O direito passa a ser o único ambiente ético comum porque é a única forma de ética que é coercitiva. Uma perspectiva moral imposta deixa de ser moral, passa a ser direito. Veja como se construíram esses critérios diferenciadores.

6.2. EXTERIORIDADE, HETERONOMIA E ALTERIDADE

Além da distinção entre caracteres e atributos, colocada por Aristóteles, a primeira nota distintiva entre direito e moral/religião também é acentuada por ele: a exterioridade.

Não se pode dizer que o pensamento de Aristóteles é o mesmo dos pré-iluministas, mais de mil e quinhentos anos depois. Ele nem está preocupado, a rigor, com o direito, mas sim com a justiça enquanto virtude, caracterizada pela proporção entre as pessoas, logo como virtude intersubjetiva. Mesmo assim, como justiça e direito não estão claramente distintos em sua *Ética a Nicômaco*, não está errado dizer que Aristóteles é o grande precursor das tentativas de distinguir as ordens éticas. Muitos outros autores se dedicaram ao tema, acentuando ora um ora outro aspecto e utilizando diferentes palavras: intersubjetividade, exterioridade, exigibilidade, bilateralidade e outras a seguir analisadas. Muito longe de serem sinônimas, essas expressões têm, contudo, uma mesma base filosófica, seguem um fluxo na história das ideias.

É só com o jusnaturalismo racionalista de Thomasius que surge a tentativa de fixar explicitamente um critério distintivo: a exterioridade da conduta humana. As condutas que não podem ser empiricamente observadas pelos demais seres humanos estariam sujeitas às regras da moral e da religião, no foro interno, acessível apenas à consciência de cada um e a Deus. Se alguém vai à missa porque tem interesse em fazer negócios com a Igreja, por exemplo, a norma religiosa não é cumprida, pois a convicção interior, a interioridade, é indispensável.

Isso põe em discussão um problema importante para a teoria jurídica: afinal, as condutas internas são inatingíveis e daí irrelevantes para o direito, ou as intenções e pensamentos devem ser considerados nos conflitos jurídicos?

---

[4]   É a "tese da ligação" ou da "vinculação" entre direito e moral, por exemplo, de ALEXY, Robert. **Begriff und Geltung des Rechts**. Freiburg-München: Alber, 1992, p. 39.

Aristóteles, apesar de ter chamado atenção para o caráter "social" do direito, é partidário da ideia de que o direito cuida também da intenção do agente.[5] Afirma que a maldade está no ato deliberado e aí a deliberação é mais importante do que a mera ação, embora não esclareça como os demais seres humanos podem perceber essa esfera das intenções. Nada obstante, a influência dessa ideia na civilização ocidental é muito grande, por mais que intenções façam parte das "coisas ocultas" (veja o item 4.7.). Inúmeros pensadores as defenderam sob os mais variados argumentos[6]. Certamente, o problema da intenção tem sido relevante na história da filosofia e na prática do direito, inseparáveis que são.

De uma perspectiva realista, Thomasius tinha toda razão: o trabalho dos profissionais do direito só pode atingir os atos exteriorizados e, no máximo, simplesmente inferir sua intenção, jamais observá-la empiricamente. Quando se refere a atos internos, o direito o faz a partir de condutas exteriorizadas, não há como conhecer o foro interno.

Um exemplo da atualidade do embate é oferecido pelos textos dos artigos 110 e 112 do Código Civil de 2002, cuja exegese literal se afigura contraditória.

> Art. 110. A manifestação de vontade subsiste ainda que o seu autor haja feito a reserva mental de não querer o que manifestou, salvo se dela o destinatário tinha conhecimento.
>
> Art. 112. Nas declarações de vontade se atenderá mais à intenção nelas consubstanciada do que ao sentido literal da linguagem.

No primeiro texto da lei, mesmo com a obscura expressão "reserva mental de não querer o que manifestou", a exterioridade parece prevalecer na "manifestação de vontade". No segundo, a interioridade parece decisiva no privilégio da intenção. Mas "intenção" deve ser entendida metaforicamente: aquilo que os atos da pessoa fazem parecer sua intenção. Um exemplo esclarecerá a visão empírica realista aqui defendida.

Imagine o caso de um sujeito A que troca tapas com um sujeito B e na hora diz que vai matá-lo, para logo depois deixar tudo aquilo de lado, esquecendo mesmo o ocorrido. Semanas depois A vai caçar de madrugada em um lugarejo no interior, inteiramente desavisado de que a família de B é daquela mesma cidade há décadas – o que é público e notório, mas A desconhece – e de que B está temporariamente visitando a família. Aí A atira em um animal, erra e a bala ricocheteia duas vezes na

---

5   ARISTOTLE. **Rhetoric** (I, 13, 1374a, 10-15). In: **The works of Aristotle**, translated by W. Rhys Roberts, Col. Great Books of the Western World. Chicago: Encyclopaedia Britannica, 1990, vol. 8, p. 618.

6   Por todos REALE, Miguel. **Filosofia do Direito**. São Paulo: Saraiva, 2002 (20ª ed.), p. 653-671.

rocha, atingindo mortalmente B, no momento em que dava a mamadeira noturna ao filho de dois anos, na varanda do sítio.

O parágrafo acima é um relato e, segundo seu autor, a "verdade" é que A não teve em seu íntimo a menor intenção de matar. "Na realidade" foi um acidente ou, quando muito, um crime culposo. Mas é muito provável que A seja sentenciado à pena máxima, com todas as circunstâncias agravantes presentes na lei: motivo torpe, crime premeditado, sem oportunidade de defesa para a vítima, na calada da noite. O real é o aparente.

A visão idealista, contrária à perspectiva realista da exterioridade, parte de duas suposições nada evidentes: a de que os atos humanos necessariamente partem de intenções definidas e a de que é possível conhecê-las empiricamente.

O embate entre a visão realista de Pufendorf (o que importa é a manifestação dotada de exterioridade) e a visão idealista (há uma intenção "verdadeira" por trás das aparências) revela-se, por exemplo, na referência a atos praticados de boa e má fé, com consequências jurídicas muito diferentes, fazendo crer que a intenção do foro interno é muito importante para o direito.

Diante das críticas feitas ao critério de exterioridade/interioridade para caracterizar o direito, desde seu ressurgimento no século XVII, outros critérios foram tentados. No século XVIII, o filósofo Immanuel Kant vai colocar três outros, pensando em separar o direito tanto da religião quanto da moral.

Sugere então um segundo critério, a heteronomia do direito que o separa da autonomia da moral. Como os nomes demonstram, a moral é autônoma (*auto--nomos*, auto norma) no sentido de serem suas normas de competência e de eleição exclusivas do próprio sujeito; o direito é heterônomo por serem suas normas fixadas independentemente do sujeito que a elas está submetido. A adesão do sujeito à moral ou à religião precisa ser de livre vontade, autônoma; o indivíduo não precisa, contudo, aderir às regras do direito, basta que as obedeça: daí seu caráter heterônomo.

Um terceiro critério é a alteridade, que enfatiza a teleologia ou finalidade do sistema normativo, que, no caso do direito, precisa necessariamente levar em consideração a pessoa do outro (*alter*), ao contrário das normas dotadas de identidade (*id*), as quais buscam o aperfeiçoamento do próprio indivíduo, isoladamente considerado. O direito preocupa-se com as relações entre os sujeitos; a moral e a religião, com os próprios sujeitos.

Observe-se que esses dois últimos critérios, apontados por Kant, são claramente aprimoramentos conceituais do critério da exterioridade. Sim, pois a heteronomia, o caráter de a norma ser estabelecida por outrem, só é possível com normas que se referem a condutas empiricamente observáveis, exteriorizadas; da mesma maneira a alteridade, que só pode visar a aperfeiçoar relações entre pessoas se essas relações forem exteriorizadas.

Para as normas de etiqueta e de política, por exemplo, assim como no direito, tampouco importam as convicções internas do sujeito, a interioridade, a identidade, a autonomia.

6.3. COERÇÃO, COERCIBILIDADE, COERCITIVIDADE, SANÇÃO E COAÇÃO

Os primeiros critérios visavam apenas a fundamentar a diferenciação do direito diante da religião e da moral, e foram bem-sucedidos. Eles não bastam, contudo, para diferenciar o direito dos usos sociais, como as regras de etiqueta e protocolo, ou da política, que também se caracterizam por exterioridade, heteronomia e alteridade.

Além disso a emancipação do direito não teve apenas esse desiderato político de combater o poder da Igreja Católica, adquiriu depois uma ambição cientificista e o objetivo passou a ser isolar o objeto de estudo do jurista, assim como lhe fornecer uma metodologia específica. No meio ambiente, pela primeira vez, vai surgir uma instituição que se arvora o monopólio da jurisdição, ou seja, para o Estado, direito é aquilo que o próprio Estado define como direito. Mas a necessidade prática de diferençar o direito das ordens normativas também dotadas de exterioridade, heteronomia e alteridade persistia, assim como de uma teoria que lhe desse suporte.

Aparece então uma ideia conexa, mas a partir de outra perspectiva, qual seja, a relação entre direito e força, facilmente perceptível para o senso comum, mas objeto de controvérsias e fonte de diferentes conceitos na história das ideias.

A manifestação mais suave é a que Durkheim denominou hábito geral de obediência, também chamado de coerção. Os seres humanos, como a maioria dos primatas, tendem à imitação. Daí a inclinação para seguir a maioria das regras se configurar como a estratégia mais cômoda para viver. Os ordenamentos normativos, mesmo depois de diferenciados, convergem nesse ponto de induzir um comportamento social mais uniforme, vez que sempre há ônus em divergir do ambiente e das pessoas em torno. Assim o direito, a moral, a religião, a política, a etiqueta etc. todos apontam na mesma direção uniformizadora de um comportamento comum.[7]

Ocorre que essa tendência não é forte o suficiente para conter as condutas desviantes. Para estas, o direito apresenta uma ameaça mais específica, acena com consequências desagradáveis para a pessoa que optar por conduta contrária a ele, quando não bastam a religião ou a moral. Essa ameaça, que existe em todo tipo de norma, no direito pode chegar às raias da violência, ou seja, o sujeito que optou pelo ilícito em tese não pode resistir a essa violência, seja sobre sua pessoa, seja sobre seu patrimônio. Essa ameaça se denomina a coercitividade do direito, diz-se também da norma jurídica.

---

[7] DURKHEIM, Émile. **As Regras do Método Sociológico**. Tradução de Margarida Garrido Esteves. Col. **Os pensadores**. São Paulo: Abril Cultural, 1983, p. 82.

Kant dá ao § 4º de sua introdução à teoria do direito, dentro da *Metafísica dos Costumes*, o título *Das Recht ist mit der Befugnis zu zwingen verbunden* (o direito está ligado à autorização para coagir)[8]. A coercitividade é a possibilidade que o direito tem de se fazer valer, a possibilidade de coagir o sujeito a cumpri-lo, é a principal característica do poder, a ameaça de violência irresistível.

Hobbes ressalta que, diante das características humanas, nem as leis da natureza nem os pactos são suficientes sem a coercitividade:

> Pois as leis da natureza... por si mesmas, sem o medo de algum poder que provoque sua observância, são contrárias às nossas paixões naturais, as quais nos levam a parcialidade, orgulho, vingança e semelhantes. E acordos, sem a espada, não passam de palavras e não têm qualquer força para garantir a segurança de alguém[9].

Antes dele, Maquiavel já chamara atenção para isso, de forma ainda mais explícita:

> ...não é razoável que quem está armado obedeça com gosto a quem não está, e que o príncipe desarmado viva seguro entre servidores em armas.
>
> Assim, é necessário a um príncipe, para se manter, que aprenda a poder ser mau e que se valha ou deixe de valer-se disso segundo a necessidade[10].

Mais recentemente, em um debate brasileiro, surge o problema de distinguir coercitividade e coercibilidade, o que vai depender de como se define cada termo. Para um lado, o direito é coercível, suscetível de execução pela força física, isto é, dotado de coercibilidade, a virtualidade ou possibilidade da coação. Já a

---

8   KANT, Immanuel. **Die Metaphysik der Sitten**. In: WEISCHEDEL, Wilhelm (Hrsg.). **Werkausgabe**, in zwölf Bände, Bd. VIII. Frankfurt a. M.: Suhrkamp, 1977, p. 338 e 339 (A-B 35-36).

9   HOBBES, Thomas. **Leviathan, or, matter, form and power of a commonwealth ecclesiastical and civil**. London / Chicago / Toronto: Robert Hutchins / Encyclopaedia Britannica, 1952, cap. XVII, p. 99: "For the laws of nature, as justice, sanity, modesty, mercy, and, in sum, doing to others as we would be done to, of themselves, without the terror of some power to cause them to be observed, are contrary to our natural passions, that carry us to partiality, pride, revenge, and the like. And Convenants, without the sword, are but words and got no strength to secure a man at all."

10   MACHIAVELLI, Niccolò. **Il principe**, em **Opere** (a cura de Mario Bonfantini), Milano/ Napoli: Riccardo Ricciardi, s.d., cap. XIV, p. 47-48: "Perché da uno armato a uno disarmato non è proporzione alcuna; e non é ragionevole che chi é armato obidisca volentieri a chi è disarmato, e che il disarmato stia securo intra servitore armati." Idem , ibidem , cap XV, p. 50: "Onde é necesario a uno principe, volendo si mantenerse, imparare a potere essere buono, e usarlo e non l'usare secondo la necessità."

coercitividade designa a efetividade da coação que tinha sido apenas ameaçada pela coercibilidade, significa que houve a aplicação da força física[11]. Este é um argumento baseado na distinção aristotélica entre potência e ato ou entre possibilidade e efetividade.

Do outro lado tem-se uma objeção etimológica: as pessoas transgressoras é que são dotadas de coercibilidade, são coercíveis, pois coercibilidade é a susceptibilidade de sofrer a coação. Por isso não faz sentido dizer que o direito é dotado de coercibilidade. Ele, o conjunto de normas jurídicas, é dotado de coercitividade, a possibilidade de exercer, de aplicar a coação. Ambas, coercibilidade e coercitividade, são virtuais, potenciais, possibilidades, mas uma é passiva e a outra, ativa. O mesmo ocorre com as palavras compreensível e compreensivo, por exemplo. O compreensível é passível de compreensão, é aquilo, aquele ou aquela que pode ser compreendido; o compreensivo é quem compreende ativamente.

Uma terceira posição considera a coercitividade, entendida como possibilidade de coagir, como sinônimo de coatividade, porém não aceita que seja uma característica do direito ou da norma jurídica. A coatividade pertence à pessoa lesada, para a qual a norma autorizará a eventual coação, ou seja, as pessoas lesadas é que são coativas, coercitivas, dotadas de coatividade[12].

Numa visão realista, o que interessa é o significado, não tem muita importância se o nome é este ou aquele, desde que se defina previamente cada um deles. O caráter distintivo do direito é a ameaça, fica claro que não a coação efetiva, pois não é viável que cada ato de cada cidadão seja vigiado e tornado coercitivamente lícito. Sempre há a escolha entre o lícito e o ilícito, diante da ameaça de violência futura. Feita essa ressalva, diante da precisão terminológica sugerida acima, vai-se aqui escolher a expressão coercitividade.

Em suma, para aqueles que não se deixam levar pelo hábito de obediência de Durkheim nem intimidar pela ameaça da coercitividade, e mesmo assim optam pelo ilícito, o direito autoriza e legitima a prática da violência. Essa autorização é chamada de sanção da norma jurídica, a consequência atribuída pela prática da conduta ilícita. Sanção é a parte da norma jurídica que autoriza aquela ameaça, que era possível de se tornar efetiva, a ser aplicada.

Caso essa autorização para prática da violência efetivamente se realize na esfera empírica, essa violência chama-se coação. A coação é sempre uma forma de violência, como aquela praticada por bandidos, mas a coação jurídica é legitimada exatamente pela prévia autorização da sanção da norma. São elos de uma

---

[11]   REALE, Miguel. **Filosofia do Direito**. São Paulo: Saraiva, 2002 (20ª ed.), p. 657-658.
[12]   TELLES Junior, Goffredo da Silva. **Iniciação na ciência do direito**. São Paulo: Saraiva, 2001, p. 93 s.

corrente: pressão social difusa ➜ coercitividade ➜ sanção ➜ coação. Para muitas pessoas basta a pressão social, para outras, é necessária a coação.

Se nem toda norma é dotada de coercitividade e daí não ameaça com a violência, isso não significa que só a norma jurídica tenha sanção. Toda norma possui sanção em sua estrutura lógica e ela incide em caso de descumprimento. O que a norma jurídica tem de específico não é a sanção, mas sim a característica de que só a sanção do direito enseja a violência. A transgressão de uma norma religiosa provoca o abandono do pecador por Deus ou até sanções institucionalizadas como a excomunhão, terríveis para uma pessoa religiosa. O remorso é uma sanção moral que pode ser extremamente dolorosa para o indivíduo que tem moral. O escárnio e a exclusão do meio pelo descumprimento de normas de etiqueta podem ser sanções graves para certos ambientes sociais.

Contudo, é possível uma pessoa se retirar dessas ordens normativas, basta evitar o ambiente em que elas vigoram: não dar valor, não se importar com religião, moral, protocolos de usos sociais, lealdades políticas. Mas da incidência do direito ninguém escapa. Isso não significa que as normas jurídicas sejam sempre socialmente eficazes, ou seja, que sejam cumpridas ou tenha suas sanções efetivamente aplicadas; é frequente, sobretudo em países subdesenvolvidos da modernidade periférica, que criminosos escapem às instituições jurídicas ou até que sejam sancionados, mas não coagidos. A efetividade do direito é fenômeno fático e não apenas normativo, depende de fatores reais como uma polícia, um Ministério Público, um Judiciário competentes.

Apesar de hoje não mais se constituir num debate decisivo na área jurídica, a inclusão da coercitividade como caráter distintivo do direito em face das demais ordens normativas, dando forma mais clara às necessidades de diferenciação funcional da sociedade complexa, foi útil ao Estado moderno e à filosofia juspositivista emergentes e teve papel importante na construção da ciência do direito. Se "direito" pode ser chamado de "ciência", só depende das definições de ambos os termos.

6.4. OBJEÇÕES À COERCITIVIDADE COMO CRITÉRIO DISTINTIVO DO DIREITO

Muitos participantes desse debate discordam de que a coercitividade possa ser colocada como um caráter específico do direito. Esses autores enfrentam a dificuldade de oferecer outro critério para separar o direito das demais ordens normativas. Os de inspiração kantiana argumentam que o direito é uma parte da moral, mas isso não afasta a questão, pois um critério também é necessário para separar espécie de gênero. O próprio Kant enfrentou esse problema e simplesmente seguiu os pré-iluministas: o direito é dotado de exterioridade. Por isso, o imperativo categórico da moral e de toda a esfera ética é assim definido:

O imperativo categórico é, portanto só um único, que é este: age apenas segundo uma máxima tal que possas ao mesmo tempo querer que ela se torne uma lei universal.[13]

E a "lei geral do direito" expressa-se:

Assim a lei geral do direito é: age exteriormente de modo que o livre uso de teu arbítrio possa conciliar-se com a liberdade de todos segundo uma lei universal... [14]

As objeções anticoercitivistas podem ser classificadas segundo quatro ordens de argumentos: gnoseológica, axiológica, supraestatal e infraestatal.

Segundo os argumentos de ordem gnoseológica, não é suficiente definir um fenômeno empírico como o direito por critérios meramente formais, que procuram analisar estruturalmente os elementos componentes do objeto. Critérios analíticos podem servir para objetos ideais como os da geometria, mas não para o mundo real. Jamais se poderia dizer que se conhece a água a partir de sua definição como H_2O, por exemplo. Muito menos um conceito carregado de valores e escolhas éticas como o de direito: "a norma é jurídica quando sua sanção é coercitiva" é uma definição tão formal quanto H_2O.

Outro argumento oriundo da teoria do conhecimento afirma que a coercitividade é um dado externo ao direito e tudo o que é externo é contingente, logo não pode fazer parte de suas características lógicas essenciais. Isso porque nem toda norma jurídica tem a sanção em sua estrutura lógica, o que confirmaria a tese anticoercitivista: não só a sanção é dispensável ao conceito de norma em geral, mas até ao de norma jurídica. Um exemplo seria a norma jurídica "Constituem objetivos fundamentais da República Federativa do Brasil: I – construir uma sociedade livre, justa e solidária." (art. 3º, I, da Constituição Federal). Onde está a sanção?

Os argumentos axiológicos apontam que a definição do direito a partir da coercitividade e demais critérios diferenciadores (exterioridade, heteronomia, alteridade, bilateralidade) não apresentam conteúdo ético e assim qualquer pos-

---

[13] KANT, Immanuel. **Grundlegung zur Metaphysik der Sitten** (1795). In: WEISCHEDEL, Wilhelm (Hrsg.). **Werkausgabe** – in zwölf Bände, Bd. VII. Frankfurt a. M.: Suhrkamp, 1977, p. A e B 52: „Der kategorische Imperativ ist also nur ein einziger, und zwar dieser: handle nur nach derjenigen Maxime, durch die du zugleich wollen kannst, daß sie ein allgemeines Gesetz werde".

[14] KANT, Immanuel. **Die Metaphysik der Sitten** (1797). In: WEISCHEDEL, Wilhelm (Hrsg.). **Werkausgabe** – in zwölf Bände, Bd. VIII. Frankfurt a. M.: Suhrkamp, 1977, p. A e B 35: „Also ist das allgemeine Rechtsgesetz: handle äußerlich so, daß der freie Gebrauch deiner Willkür mit der Freiheit von jedermann nach einem allgemeinen Gesetze zusammen bestehen könne…"

tura pode ser protegida pelo direito; em outras palavras, o conteúdo ético torna-se irrelevante. Se a proteção aos direitos de igualdade é coercitivamente protegida naquela comunidade, isso é o direito. Mas se a tortura é admitida, também protegida coercitivamente, o apoio à tortura é o valor que o direito garante. Dizer que toda norma coercitiva é direito nada diz sobre seu conteúdo. O critério distintivo da coercitividade, assim, abandonaria a ideia de justiça da qual o direito não se deve nem pode afastar. Um exemplo de argumento axiológico é a "fórmula Radbruch", autor que defende a tese de que condutas "insuportavelmente injustas" não podem ser juridicamente lícitas[15].

A objeção supraestatal ao critério da coercitividade diz respeito ao próprio caráter jurídico do direito internacional. Afirma que muitas normas de direito internacional não têm caráter coercitivo e mesmo assim são jurídicas, só que com base na máxima *pacta sunt servanda*, pactos são obedecidos, suficiente para garantir o direito internacional como ramo do direito há pelo menos quatro séculos. O respeito aos pactos substituiria a coercitividade.

Os argumentos de ordem infraestatal partem do chamado pluralismo jurídico, a ideia de que o Estado não monopoliza o direito e que diversas ordens jurídicas podem coexistir e concorrer em um mesmo ambiente. Assim, diante da ineficiência do Estado, que não consegue distribuir a todos sua justiça, surge um "direito achado na rua", um "direito alternativo" ao estatal, "inoficial", o qual não é apoiado por sanções e nem dotado de coercitividade, mas é reconhecido pela comunidade como direito positivo e tem toda eficácia social. Como no caso do jogo do bicho no Brasil.

Opta-se aqui pela tese de que todo direito é coercitivo. Quando determinada perspectiva moral se torna jurídica, coercitiva, passa a ser imposta a todos, independentemente de com ela estarem de acordo. Ela pode continuar sendo moral para alguns, para aqueles que têm a força ou fortuna de ver suas visões de mundo prevalecerem, mas será jurídica para todos.

Para responder às objeções de ordem lógica, o essencial é perceber que texto e norma, significante e significado não se confundem, nunca coincidem. Por isso, pode haver várias normas em um só artigo ou serem necessários dois ou mais artigos para compor uma norma. Exemplos: o art. 12 de Constituição brasileira, que disciplina a nacionalidade, contém várias normas diferentes. O art. 1.521 do Código Civil estipula que "não podem casar... os ascendentes com os descendentes, os afins em linha reta" etc., sem mencionar qualquer sanção. Esta vai aparecer em outro artigo, 1.548, que disciplina serem nulos os casamentos contraídos em desobediência a qualquer dos incisos do art. 1.521. Ocorre então

---

15 RADBRUCH, Gustav. Gesetzliches Unrecht und übergesetziches Recht (1946), *in* RADBRUCH, Gustav. **Rechtsphilosophie**. Stuttgart: C. F. Müller, 1973, p. 345.

de a sanção estar em outro texto: em outro artigo ou mesmo em outra lei, até de outro ramo do ordenamento jurídico. No exemplo mencionado logo acima, em caso de transgressão da prestação (conduta lícita) "Brasília é a Capital Federal", a sanção está adiante, no art. 34: haverá intervenção para I – "manter a integridade nacional" ou para III – "pôr termo a grave comprometimento da ordem pública". A sanção é a intervenção. Repetindo: toda norma tem sanção, nem sempre exposta no mesmo texto.

A chamada "sanção premial", expressão muito criticada, tem outro significado e não deve ser confundida com a sanção coercitiva da norma jurídica aqui tratada.[16] Trata-se de uma consequência favorável ao agente que cumpre devidamente a norma jurídica, por exemplo, o abatimento de certa percentagem no pagamento de uma obrigação, como a taxa de condomínio paga antecipadamente. Sem esquecer que outra ambiguidade da palavra sanção é que designa também, no direito constitucional e no texto da Constituição, uma das fases do processo legislativo ordinário.

As objeções de ordem axiológica se originam da recusa em reduzir o direito ao direito positivo. Haveria assim uma ética jurídica acima do poder de governo, isto é, nem tudo o que é justo se torna direito positivo e nem todo direito positivo é justo. Um problema para os anticoercitivistas é que, como não há um critério evidente para distinguir o direito empiricamente observável e o critério de justiça que o observador está utilizando, fica difícil definir a pauta de investigação e acabam por fazer filosofia moral e não do direito.

Essa metonímia de confundir espécie e gênero ou espécies de um mesmo gênero coopera para a confusão entre moral e justiça, entre justiça e direito. Sua origem está no enfraquecimento da religião na esfera pública e o consequente crescimento da moral na filosofia ocidental, estabelecido a partir dos ensinamentos do Iluminismo, tendo por vezes levado a uma identificação entre ética e moral ou à ideia de que ética é o estudo da moral.

A resposta contrária à argumentação de que o direito internacional é um exemplo de que nem todo direito é coercitivo é feita casuisticamente e por meio de uma tautologia, dizendo o seguinte: o direito internacional é direito quando é coercitivo. Essas relações internacionais só podem ser consideradas direito se alguma força garantir sua coercitividade: quando as decisões não se conseguem impor trata-se de mera diplomacia ou política. Em suma, é um problema de haver um poder que possa se impor naquele conflito internacional específico.

As exigências para proteção do meio ambiente, por exemplo, supostamente fixadas por normas de direito internacional, que são simplesmente ignoradas pelos maiores poluidores como os Estados Unidos e a China, não podem ser

---

[16] GARCIA MAYNEZ, Eduardo. **Introducción al estudio del derecho**. Mexico: Porrua, 1978, . 309 s. (cap. XXI, § 159-160.

chamadas de normas jurídicas, pois são inteiramente inócuas. Normas de relações internacionais se tornam jurídicas quando as potências militares as apoiam e efetivam, como no caso da Resolução 678 do Conselho de Segurança da Organização das Nações Unidas, quando da invasão do Iraque durante a Guerra do Golfo de agosto de 1990, bem de acordo com a definição de coercitividade dada acima.

Outra linha de argumentação anticoercitivista refere-se a normas produzidas à margem do direito oficial do Estado, o qual pretende monopolizar a jurisdição dentro das fronteiras de determinado território. Afirma que essas regras inoficiais podem ser jurídicas, sem ser coercitivas. Exemplos seriam aquelas exaradas por associações de moradores, líderes comunitários, prelados de igrejas e até órgãos estatais como comissários de polícia, delegados, juízes, complementares ou mesmo contrárias ao ordenamento oficial[17].

Para os positivistas estatalistas, que partem do monopólio estatal da jurisdição, o critério de distinção está, obviamente, no direito estatal: se a coercitividade é exercida de forma complementar à lei, mas de acordo com ela (*praeter legem*), é direito; se é aplicada *contra legem*, não o é.

Esse argumento foi analisado por Kelsen sob a metáfora "bando de salteadores", isto é, se seriam jurídicas as regras impostas a esse tipo de coletividade. Depois de argumentar que o "critério de justiça" (axiológico) de Agostinho e outros não pode ser aceito pela ciência para distinguir direito e regras criminosas, conclui que estas não são jurídicas por serem localizadas, passageiras e, sobretudo, por não serem chanceladas pelo Estado. Porém

> Se esta ordem de coação é limitada, no seu domínio territorial de validade, a determinado território e, dentro desse território, é por tal forma eficaz que exclui toda e qualquer outra ordem de coação, pode ela ser considerada como ordem jurídica e a comunidade através dela constituída como "Estado"...[18]

---

17 ASCENSÃO, José de Oliveira (org.). Água Branca — pesquisa de um direito vivo. Recife: Ed. Universitária da UFPE, 1978; SANTOS, Boaventura de Souza. **O discurso e o poder** — ensaio sobre a sociologia da retórica jurídica. Coimbra: Universidade de Coimbra, 1980; OLIVEIRA, Luciano. **Sua excelência o comissário**. Recife: PIMES/UFPE, 1984; e OLIVEIRA, Luciano e PEREIRA, Affonso César. **Conflitos coletivos e acesso à justiça**. Recife: OAB/ Massananga, 1988.

18 "Ist diese Zwangsordnung in ihrem territorialen Geltungsbereich auf ein bestimmtes Gebiet begrenzt und innerhalb dieses Gebietes in der Weise wirksam, daß die Geltung jeder anderen solchen Zwangsordnung ausgeschlossen ist, kann sie als Rechtsordnung und die durch sie konstituierte Gemeinschaft sehr wohl als 'Staat' betrachtet werden..." KELSEN, Hans. **Reine Rechtslehre**. Wien: Verlag Österreich, 2000 (2. Vollständig neu bearbeitete und erweiterte Aufl. 1960), p. 49. Ver a tradução portuguesa de João Baptista Machado: **Teoria pura do direito**. Coimbra: Arménio Amado Ed., 1976, p. 81.

Isso independentemente de qualquer conteúdo ético dessa ordem jurídica, contrariando Radbruch e jusnaturalismos em geral: como admitiu depois da Guerra de 1939-1945, o nazismo era contra a boa ética de um democrata judeu como ele, mas era direito porque se apossou do Estado.

Paulo de Barros Carvalho, estudando a separação entre normas primárias e secundárias, afirma que não são normas sancionatórias aquelas:

> "sanções administrativas", projetadas para reforçar a eficácia dos deveres jurídicos previstos em outras normas, também primárias, estabelecendo multas e outras penalidades. Pode ter, como de fato muitas têm, finalidade punitiva, agravando o valor cobrado a título de tributo. Nada obstante, essa condição, por si só, não é suficiente para outorgar-lhes o caráter de norma sancionatória no sentido estrito (perinorma, em Cossio), exatamente por faltar-lhes a presença da atividade jurisdicional na exigência coativa da prestação, traço decisivo na sua identificação normativa.[19]

Aparece aqui um critério ainda mais restrito para definir a sanção que expressa a coercitividade e autoriza a coação: não somente a sanção é estatal, mas exige "a presença da atividade jurisdicional na exigência coativa da prestação". Recusa-se não só a coercitividade extraestatal como também aquela que, mesmo chancelada pelo Estado, não teve proteção jurisdicional.

Observe-se que tanto os positivistas "sociologistas", que defendem a existência de direito além do Estado, como os estatalistas, podem ser contestados com o mesmo argumento: ambas as tendências reduzem a coercitividade à coercitividade estatal. Parecem esquecer que essas relações que os sociólogos chamam de direito infraestatal (coronéis de regiões do interior do Brasil, traficantes nas comunidades etc.) são também coercitivas. Isso vai contra os estatalistas, para os quais a coercitividade dos costumes contra a lei do Estado não é coercitividade, porém pura violência, e contra os sociologistas, para os quais há um direito fora do Estado, mas ele não é coercitivo.

O problema de todas as visões anticoercitivistas, se não oferecem um critério para distinguir especificamente o direito, é que fica confusa a relação entre direito e moral, religião, etiqueta e outras esferas normativas. Pelo próprio conceito de ciência, o estudo do direito estará tanto mais acurado quanto mais bem isolado esteja seu objeto.

6.5. UNILATERALIDADE E BILATERALIDADE

Este critério também leva a mal-entendidos porque a tradição jurídica só menciona esses dois termos, porém quer significar três situações e três tipos de

---

[19] CARVALHO, Paulo de Barros. **Direito tributário** – Linguagem e método. São Paulo: Noeses, 2016, p. 865-866 (Item 4.1.1. da 2ª parte).

normas diferentes: na primeira, unilateral, a relação se dá entre o indivíduo e ele mesmo. No segundo tipo de relação, há pelo menos dois sujeitos, mas apenas um é vinculado pela norma, o outro é somente parte do contexto. No terceiro tipo, há também pelo menos dois lados, só que ambos são vinculados pela norma, isto é, a cada dever de um corresponde um poder de outro, no sentido de exigir o cumprimento desse dever.

Exemplificando: no primeiro tipo, a norma incide sobre um polo (sujeito, indivíduo, parte, lado) e um vínculo: "a pessoa deve ser coerente consigo mesma". No segundo, há dois polos, contudo apenas um vínculo: "a pessoa deve amar o próximo", pois não é possível obrigar alguém a amar o próximo. Na terceira situação, apresentam-se dois polos e dois vínculos, para cada dever alguém tem o direito (subjetivo) de fazer o direito (objetivo) obrigar o cumprimento (dever jurídico) da norma: "o comprador deve pagar o preço acertado".

Diante do problema de haver duas palavras significantes para três situações significadas, a doutrina criou variações por meio de adjetivos como os sentidos "forte" e "fraco" ou "amplo" e "estrito": unilateralidade, bilateralidade em sentido fraco ou amplo, bilateralidade em sentido forte ou estrito. É nesse sentido estrito que a bilateralidade é apresentada como um critério distintivo do direito: com dois polos e dois vínculos, ela é chamada de "atributiva"[20].

A bilateralidade atributiva consiste em o direito situar sempre o indivíduo perante outro, estabelecendo a relação jurídica, numa união necessária de direitos e deveres. Essa é, assim, uma bilateralidade não apenas de polos mas também de vínculos, pois não somente envolve dois sujeitos, como o fazem muitas normas morais e religiosas de bilateralidade simples, mas também dois vínculos jurídicos, uma vez que um polo tem o dever e outro, a faculdade de exigir sua satisfação. Nesse conceito amplo, a doutrina inseriu outras expressões equivalentes, como interferência intersubjetiva, exigibilidade ou impedibilidade. Embora possam fazer referências a outros sujeitos, as demais ordens normativas não configuram sua conduta de forma necessária, reduzindo-os a um papel meramente passivo.

Depois de examinar as tentativas de encontrar os critérios distintivos do direito, seus caracteres essenciais, o próximo item vai estudar agora dois atributos, características que podem ou não estar presentes, como dito. Natural perguntar por que apenas esses dois, generalidade e imperatividade, se o direito e suas normas apresentam muitos outros como oralidade, estrita legalidade, caráter tutelar, formalidade etc. A resposta é simples: por serem atributos apontados por muitos

---

[20] PETRAZYCKI, Leon de. **Law and Morality**. Edited with an introduction by N. S. Timasheff. Cambridge, Mass.: Harvard University Press, 1955. REALE, Miguel. **Filosofia do Direito**. São Paulo: Saraiva, 2002 (20ª ed.), p. 685 s. TELLES Junior, **Iniciação na ciência do direito**. São Paulo: Saraiva, p. 59 s.

autores como caracteres gerais, essenciais ao direito, presentes em qualquer norma jurídica, que viriam se somar aos caracteres já apresentados. Por isso interessam à teoria geral, mesmo que aqui se argumente que são atributos.

6.6. GENERALIDADE: UNIVERSALIDADE E IMPESSOALIDADE

O critério da generalidade tem um histórico importante desde que aparece na modernidade, associado ao debate sobre a separação de poderes e à relação entre as atividades do Legislativo e do Judiciário, com a questão de se o Judiciário pode "criar" direito ou apenas "declará-lo". O positivismo inicial, da Escola da Exegese francesa, defende que toda norma jurídica é geral e criada pelo legislador, pois o juiz é um aplicador vinculado exclusivamente ao caso concreto. Daí a denominação de escola legalista e as palavras de ordem sobre o juiz ser a boca da lei e a interpretação ser vedada diante da clareza.

Conforme já apontado, a essa ideia subjaz uma concepção iluminista das capacidades humanas, a qual pressupõe um sentido estreito de "razão" e uma competência comunicativa tão otimista quanto extremada: que o discurso corretamente elaborado transmitirá inequivocamente significados determinados e que ambiguidade e vagueza da linguagem são "defeitos" que podem ser corrigidos. Na parte da ética prática, a justiça do legalismo é garantida pelo princípio da maioria.

Essa suposta clareza dos textos legais, coroados pelo Código Civil Francês de 1804, logo se mostrou insuficiente para explicar a complexidade crescente e a evolução do direito para acompanhá-la. As Escolas Histórica, de Friedrich Savigny, a da Livre Investigação do Direito, de François Gény, a do Direito Livre, de Herman Kantorowicz, e outras aparecem para mostrar que a lei não é a única fonte do direito e que a generalidade não é um dado necessário na definição da norma jurídica.

O normativismo posterior, do qual Hans Kelsen é um exemplo, ensina que as normas jurídicas são genéricas ou individualizadas em seu âmbito pessoal de validade e por isso admite expressamente que o Judiciário cria direito[21]. A princípio fala-se de o Judiciário criar direito no caso concreto, mas logo se admite que cria normas gerais mesmo.

Conforme visto no capítulo passado, a importância da lei diminui. Os positivistas normativistas consideram que a interpretação é necessária e que todo caso concreto, diante da lei, jamais pode levar a uma só resposta adequada; daí admitem algumas decisões distintas, todas igualmente corretas. A lei é somente um dos fatores que compõem a "moldura" da decisão.

A antropologia filosófica não é mais iluminista e a vontade de quem decide no caso concreto vale mais do que a razão generalizante. Na filosofia política, o

---

[21] KELSEN, Hans. **Allgemeine Theorie der Normen**, Kurt Ringhofer und Robert Walter (*Hrsg.*). Wien: Manzsche Verlags- und Universitätsbuchhandlung, 1979, 58. Kapitel, p. 179 s.

normativismo mostra o abandono da crença na competência do Poder Legislativo como guardião do direito e no princípio da maioria como base da justiça. A aplicação do direito é uma tarefa complexa e o juiz ou o membro da administração, que decidem, não podem ser portadores amorfos de uma suposta vontade legisladora abstrata. Modifica-se a maneira de pensar: as inclinações pessoais dos envolvidos precisam ser levadas em consideração tanto pela perspectiva empírica do observador quanto pela perspectiva estratégica do participante.

Esse conjunto de procedimentos a partir dos textos, a moldura, escrutina as decisões possíveis e delas destaca as corretas das incorretas, porém não é possível dizer qual a decisão específica mais correta dentre aquelas indicadas dentro da moldura, pois há as circunstâncias do caso, a personalidade e a vontade de quem decide, o comportamento das partes e assim por diante. A moldura é uma metáfora para a procedimentalização do direito.

A possibilidade de várias decisões corretas é também admitida por autores antipositivistas: após cumprido todo o procedimento, pode ser que resultem decisões diversas de diferentes aplicadores e é requerida uma só decisão. Todas estarão igualmente legitimadas para se efetivarem. Esses autores se dizem contra o positivismo por uma característica clara: as regras do que entendem por procedimento não estão "à disposição do legislador" ou dos participantes, elas se impõem por si mesmas, tais como sinceridade e coerência. É um procedimento idealizado.[22]

Para lidar com essas mudanças, na prática da separação de poderes diante do crescimento do Judiciário, além de ampliar o entendimento sobre as normas jurídicas, classificando-as em gerais e individuais e reconhecendo que o Judiciário cria direito, a dogmática normativista também elaborou os conceitos de lei em sentido formal e lei em sentido material[23]. A lei em sentido somente formal seria aquela que segue os procedimentos do processo legislativo, mas resulta em norma individual, como aquelas que concedem comendas e títulos de cidadão. Note-se como a resistência a essas modificações históricas e a tentativa de manter a generalidade como essência da lei se mostram nas expressões "norma individual legislada" e "lei em sentido formal", para designar leis individuais: lei, para merecer esse nome, tem que ser geral. Para uma visão realista, lei é o resultado do procedimento legislador, seja genérica ou individualizada.

Do outro lado de o legislativo criar normas individuais, tanto o Executivo quanto o Judiciário passam a exarar normas jurídicas gerais; com o trabalho normatizador de agências reguladoras e até de instâncias decisórias terceirizadas, sepulta-se de vez a ideia de que toda norma jurídica é geral e competência exclusiva do Poder Legislativo.

---

22   Por muitos ALEXY, Robert. **Theorie der juristischen Argumentation** — Die Theorie des rationales Diskurses als Theorie der juristischen Begründung. Frankfurt a.M.: Suhrkamp, 1978. ALEXY, Robert. **Begriff und Geltung des Rechts**. FreiburgMünchen: Alber, 1992.

23   AFTALIÓN, Enrique e VILANOVA, José. **Introducción al Derecho**, Nueva Versión ed. Julio Raffo. 2. ed., Buenos Aires: AbeledoPerrot, 1998, p. 654-655.

O positivismo realista já vai defender que toda norma jurídica é individual, criada diante do caso concreto, e que o legislador faz unicamente um texto que vai servir de dado de entrada para o processo de concretização. O texto genérico da lei precisa ser levado em consideração, mas há diversos outros fatores, fases e agentes na criação do direito. A generalidade não é mais a característica que dignifica a norma jurídica, aquilo que colocava a lei acima de tudo.

E essa maior indeterminação na comunicação se explica pelo crescimento da complexidade, com sua heterogeneidade de condutas. Numa comunidade mais homogênea, tal como a sociedade que os exegetas observavam, a literalidade na comunicação é muito mais presente, inclusive em relação ao texto genérico da lei. Expressões como "boa-fé" e "legítima defesa" têm menos ambiguidade e vagueza diante dos casos concretos. Quando os exegetas afirmam que interpretar é adequar norma e fato, entendem que a lei significante é clara e só tem um significado. Com a complexidade foi enfatizada a diferença onipresente entre significado e significante, teorizada pela "virada linguística".

Em sociedades menos diferenciadas, os significados éticos – chamados "valores" pela filosofia tradicional – são mais próximos, há mais acordo sobre o que significam "boa-fé" e "legítima defesa", e tal homogeneidade contribui para a literalidade hermenêutica. Nesse contexto funciona bem a generalidade da lei.

Ao final dessa evolução, dois aspectos importantes estabelecem a diferença entre os conceitos de universalidade e o de generalidade do texto da norma: em primeiro lugar, o conceito que se opõe ao de universalidade é o de individualidade, enquanto aquele que se opõe ao de generalidade é o de especialidade;[24] em segundo lugar, a universalidade exclui a individualidade e vice-versa, ao passo que a diferença entre generalidade e especialidade é de grau. Mais ainda, essas palavras – universal, individual, geral, especial – são empregadas diferentemente pelos autores e adjetivos como abstrato e concreto aparecem para dificultar.

Um texto de norma pode ser geral porque é universal. Todo universal é geral, mas nem todo geral é universal. Uma lei pode ser geral para somente uma classe de pessoas, sem se aplicar a todas elas.

O art. 5º, II, da Constituição Federal diz que: "ninguém será obrigado a fazer ou deixar de fazer alguma coisa senão em virtude de lei;" ora, textos de norma universais como essa cláusula de legalidade ou o "direito à vida" (em um Estado democrático de direito) pretendem se aplicar a todos os seres humanos. Exemplificam o primeiro tipo, a generalidade por universalidade, no qual generalidade e universalidade se confundem.

Os textos de norma gerais que não são universais, por sua vez, são classificados em mais dois tipos diferentes.

---

[24]   ALEXY, Robert. **Theorie der Grundrechte**. Frankfurt a. M.: Suhrkamp, 1986, p. 73, nota 11.

O segundo tipo pode ser denominado generalidade por universalidade relativa, aquele texto cujo alcance atinge classes de sujeitos. Por isso são gerais textos que se dirigem somente aos médicos, aos idosos, às crianças, aos trabalhadores da indústria, aos trabalhadores do comércio. Mas não são universais.

O terceiro tipo é a generalidade abstrata, que se dirige a um cargo ou função específico e que incide sobre apenas um sujeito individual. Difere do texto individualizado propriamente dito, embora ambos se dirijam a uma só pessoa. O teste para diferenciá-los é simples: a validade do texto desaparece com o falecimento do sujeito, o texto deixa de fazer parte do ordenamento jurídico?

Exemplos de normas individuais são as sentenças particulares, que só valem para os envolvidos, assim como as obrigações pessoais: a norma que condenou alguém à prisão desaparece se esse alguém morre, assim como a norma que concedeu a alguém uma cidadania de país estrangeiro. Isso não ocorre com as normas dotadas de generalidade abstrata.

Exemplos dessas normas gerais que só se dirigem a uma pessoa são o art. 57, § 6º, I, da Constituição Federal:

> A convocação extraordinária do Congresso Nacional far-se-á (redação dada pela Emenda Constitucional nº 50, de 2006): I – pelo Presidente do Senado Federal, em caso de decretação de estado de defesa ou de intervenção federal, de pedido de autorização para a decretação de estado de sítio e para o compromisso e a posse do Presidente e do Vice-Presidente da República;

Ou o art. 61, § 1º, I, da mesma Lei: "São de iniciativa privativa do Presidente da República as leis que: I – fixem ou modifiquem os efetivos das Forças Armadas;".

Esses textos constitucionais se dirigem apenas ao Presidente do Senado e ao Presidente da República, respectivamente, porém são considerados gerais pela doutrina dogmática. Essa classificação é importante no exame do caso concreto e pode ter reflexos na hierarquia e na eficácia espacial dos textos, por exemplo, no contexto da *lex specialis derogat generalis*.

6.7. IMPERATIVIDADE E SUA POROSIDADE

É talvez o mais ambíguo dos conceitos jurídicos fundamentais destacados na história dos caracteres diferenciadores do direito neste capítulo. É confundido com o conceito de normatividade, o de coercitividade e o de efetividade ou eficácia social, dentre outros.

Mesmo em seu emprego técnico pelos juristas, o significado da expressão imperatividade varia muito segundo o autor e a época, é um bom exemplo de porosidade, essa variação de significado (sentido e alcance) a que a textura aberta submete as palavras ao longo do tempo e do espaço.

Diferentemente dos paradigmas da ciência, o problema com essa evolução histórica dos conceitos é que o novo significado não substitui o anterior, o qual permanece no ambiente linguístico e pode sempre ser trazido de volta. Os paradigmas da astronomia de Aristóteles ou Ptolomeu têm hoje apenas interesse para a história da cultura, o jovem astrônomo não vai consultá-los. Já os novos conceitos de justiça não substituem os mais antigos, que permanecem em competição. Por isso há tantas teses sobre Aristóteles. Isso aumenta a dificuldade e obriga a observar o conceito sempre no contexto de tempo e lugar para poder compreendê-lo adequadamente. Em vez de procurar o que determinada palavra "significa em si mesma", ou "é", o estudioso precisa procurar compreender o que o orador quer dizer com ela (pragmática).

No século XVIII, em Kant, a palavra aparece como sinônimo de normatividade, pois toda norma consiste num imperativo (*das Gebot*), e esses imperativos se distinguem em categóricos e hipotéticos. Os categóricos valem por si mesmos (A deve ser), ao passo que os hipotéticos dependem da ocorrência de um antecedente para que o imperativo se aplique (Se A acontecer, deve ser B). Essa classificação de Kant foi inserida na teoria da norma jurídica pelo trabalho de diversos autores, principalmente Hans Kelsen, ecoando na América do Sul nas obras de Garcia-Maynez, Carlos Cossio e Lourival Vilanova, dentre outros.

Modernamente, Goffredo Telles é desses autores que, seguindo Kant, entendem imperatividade como característica de qualquer norma, característica que se confunde com o dever ser. O mesmo autor chama a coercitividade de autorizamento e daí define a norma jurídica como um imperativo autorizante[25]. Maria Helena Diniz, como Goffredo Telles, chama a imperatividade de "essência genérica" da norma de direito, que ela divide com as demais normas, ou seja, com todo e qualquer enunciado prescritivo ou de dever ser[26]. O autorizamento seria a "essência específica" da norma jurídica.

A mesma posição, com outras palavras, é defendida por José de Oliveira Ascensão. Para ele, as ordens religiosa, moral e jurídica têm a imperatividade como caráter distintivo, pois o dever ser que exprimem nada tem de condicional. Por isso religião, moral e direito são ordens éticas, ordens normativas em seu conjunto, não no sentido de regras consideradas isoladamente, pois há regras que não são imperativas.[27]

No século XIX, quando Rudolf von Jhering fala de "imperatividade", está pensando no que aqui se definiu como coercitividade, a ameaça da coação, necessariamente emanada do Estado: "A coação aplicada pelo Estado é o critério absoluto

---

[25]   TELLES Junior, Goffredo da Silva. **O direito quantico**. São Paulo: Max Limonad, 1985, p. 268, e **Iniciação na ciência do direito**. São Paulo: Saraiva, p. 43 e p. 62 s.

[26]   DINIZ, Maria Helena. **Compêndio de introdução à ciência do direito**. São Paulo: Saraiva, 2010, p. 362 s.

[27]   ASCENSÃO, José de Oliveira. **Introdução à ciência do direito**. Rio de Janeiro: Renovar, 2005, p. 35-37.

do direito, uma proposição jurídica sem coação do direito é uma contradição em si mesma, um fogo que não queima, uma luz que não brilha."[28] Assim, para ele, o Estado é a única fonte do direito, não há lei imutável e a natureza não conhece imperativos (*„Die Natur kennt keine Imperative"*).

Concepção semelhante está em Celso Antônio Bandeira de Mello, que define imperatividade como "a qualidade pela qual os atos administrativos se impõem a terceiros, independentemente de sua concordância"[29]. No mesmo sentido, segundo José dos Santos Carvalho Filho, imperatividade é expressamente sinônimo de coercibilidade nos seguintes termos: "Imperatividade, ou coercibilidade, significa que os atos administrativos são cogentes, obrigando a todos quantos se encontrem em seu círculo de incidência..."[30]. É aquilo que já foi comentado: os significados mais antigos não desaparecem, porém permanecem em concorrência.

No século XX, o conceito de imperatividade fica ainda mais difícil de unificar-se. Para uns é sinônimo de taxatividade, conceito que se opõe ao de dispositividade: normas taxativas são aquelas em que a manifestação de vontade do titular do direito não é requerida, enquanto dispositivas são aquelas que só produzem efeitos se houver essa manifestação. Assim, a lei que proíbe o homicídio é imperativa no sentido de taxativa, porque a vontade da vítima para perdoar ou acusar o agente é irrelevante; já a lei que obriga o devedor a pagar a dívida só terá efeito se o credor provocar o Estado e autorizar o processo. Isso não se confunde com coercitividade, pois as leis taxativas e as dispositivas são igualmente coercitivas, desde que a manifestação de vontade tenha se verificado.

A doutrina dogmática divide a imperatividade em tipos, para explicar essa diferença: as normas podem ser impositivas (ou de imperatividade absoluta, também chamadas normas de ordem pública), porque comandam algo, ordenam a ação ou abstenção de conduta, sem qualquer alternativa de escolhas; ou dispositivas (de imperatividade relativa), que por sua vez subdividem-se em permissivas e supletivas. Nesse sentido, a taxatividade seria sinônimo de "impositividade" ou imperatividade absoluta.

---

[28] JHERING, Rudolf von. **Der Zweck im Recht**. Leipzig: Breitkopf & Härtel, 1893, p. 322: „Der vom Staat in Vollzug gesetzte Zwang bildet das absolute Kriterium des Rechts, ein Rechtssatz ohne Rechtszwang ist ein Widerspruch in sich selbst, ein Feuer, das nicht brennt, ein Licht, das nicht leuchtet". A tradição oral dos juristas brasileiros consagrou uma versão mais poética: "...chama que não arde, fogo que não queima."

[29] MELLO, Celso Antônio Bandeira de. **Curso de direito administrativo**. 26a. ed., rev e atual. até a EC 57 de 18.12.2008. Editora Malheiros, 2009, p. 380.

[30] CARVALHO FILHO, José dos Santos. **Manual de direito administrativo**. 25ª ed., rev. e ampl. E atual. até a Lei no. 12.587, de 3-1-2012. São Paulo: Atlas, 2012, p. 99.

Para aumentar a confusão de sentidos que penetram uns nos outros, a expressão taxatividade é também empregada de modo inteiramente diferente de imperatividade e passa a significar clareza do texto da lei:

> O princípio da taxatividade preside a formulação técnica da lei penal e indica o dever imposto ao legislador de proceder, quando redige a norma, de maneira precisa na determinação dos tipos legais, para se saber, taxativamente, o que é penalmente ilícito e o que é penalmente admitido. Tal exigência, como é curial, implica em outra: o da necessidade da prévia lei ser escrita[31].

De toda maneira, um tal "princípio" deveria presidir a formulação técnica de qualquer texto jurídico.

Essa discussão ajuda a perceber como não há uma essência nos conceitos. As pessoas apresentam definições para determinadas palavras e tentam convencer umas às outras de que aquela palavra "é" aquela definição. Assim adquirem poder, o direito senhorial de dar nomes. Conforme visto nos itens 3.3 e 3.4, uma das características empíricas da linguagem humana é que as palavras não conseguem conduzir significados definidos e dependem dos mais variados contextos, traduzidos por meio de conceitos como ambiguidade, vagueza, polissemia etc.

---

[31] ANDREUCCI, Ricardo Antonio. **Manual de direito penal**. São Paulo: Saraiva, 2014.

O DIREITO DOGMATICAMENTE ORGANIZADO E SUA CIÊNCIA

7.1. O LEVIATÃ E A PRETENSÃO DE MONOPÓLIO DO DIREITO

Este capítulo procura, em primeiro plano, definir o direito dogmaticamente organizado como uma espécie de direito positivo característica da modernidade ocidental. Isso vai ajudar a compreender a expressão "dogmática jurídica", que é utilizada de modo impreciso pelos próprios juristas, ora significando o fenômeno social, ora o conjunto de conhecimentos sobre esse fenômeno, linguagem-objeto e metalinguagem.

O surgimento da dogmática jurídica coincide com uma modificação significativa na organização social, a positivação, cujas características, ressaltadas atrás, são a pretensão de monopólio estatal do direito e as sobrecargas e disfunções daí decorrentes, principalmente em Estados periféricos. Pela primeira vez na história, aparece uma instituição que declara controlar todo o direito e esse Estado moderno enseja o surgimento de uma filosofia em torno do próprio fenômeno estatal, qual seja, o positivismo.

Para compreender e explicar o surgimento do direito dogmático na modernidade, o positivismo sugere métodos e conceitos que objetivam conhecer cientificamente esse tipo de direito; também de modo inusitado na história das ideias, aparece a pretensão de classificar o direito como uma ciência. Aqui vão-se analisar três desses mais importantes pares de conceitos, ou dicotomias, que visam embasar a cientificidade do direito: ser e dever ser, proposição jurídica e norma jurídica e linguagem e metalinguagem.

---

[1]   Parte das ideias desenvolvidas aqui foram publicadas em ADEODATO, João Maurício. Tópica, argumentação e direito dogmaticamente organizado. **RECHTD**. Revista de Estudos Constitucionais, Hermenêutica e Teoria do Direito, vol. 10, nº 2. Canoas: Unisinos, 2018, p. 128-137. Outra parte em ADEODATO, João Maurício. Análise retórica dos conceitos fundamentais da dogmática jurídica. **Espaço Jurídico Journal of Law**, nº 1, vol. 19. Joaçaba: UNOESC, jan/abr 2018, p. 271-290.

Na tentativa de dar ao problema do conhecimento do direito um tratamento mais adequado do que conseguem essas dicotomias, é apresentada uma perspectiva retórica original, em uma tripartição de perspectivas que buscam esclarecer a confusão corrente entre visões descritivas e prescritivas.

Tal equívoco levou muitos autores a negar peremptoriamente a cientificidade do direito ou até mesmo a simples possibilidade de seu conhecimento. Alguns dos argumentos que utilizaram são colocados e esclarecidos abaixo.

Começando pela distinção entre direito positivo e positivismo: direito positivo é aquele posto pelo poder, isto é, o conjunto de regras – distinguidas por sua coercitividade – que vigoram em determinados tempo e espaço. Nesse sentido, toda sociedade humana tem seu direito positivo, o qual se organiza de tantas formas diferentes como são diversas tais sociedades. Da mais primitiva à mais complexa, cada uma se estrutura à sua maneira e o direito positivo é parte dessa organização. O famoso brocardo *ubi societas ibi jus* (onde sociedade, aí direito) refere-se a esse sentido da palavra, o direito que pode ser empiricamente observado em qualquer comunidade.

Positivismo jurídico, por seu turno, designa uma corrente teórica, que reúne uma filosofia e uma atitude perante a prática do direito, corrente esta que passou a dominar o ambiente jurídico em todo o mundo ocidental a partir do século XIX. Seus postulados principais são: 1) o direito é um fenômeno empírico, isto é, pode ser percebido pelos órgãos dos sentidos, não tem caráter ideal ou metafísico, não se ocupa de "coisas ocultas" (*ádēlos*); 2) o direito resulta da vontade humana, são opções de conduta em detrimento de outras, criadas pelos próprios seres humanos; 3) não há qualquer relação necessária entre direito e moral, por isso interessa ao jurista o que o direito é e não o que ele deveria ser; 4) preferências morais – principalmente as que se apresentam como políticas ideológicas – não são passíveis de demonstração racional (constrangimento pelo *logos*) ou conhecimento. Além de outros postulados mais específicos, cujas diferenças resultam nas diversas formas de positivismo jurídico (legalista, sociológico, linguístico-analítico etc.).[2]

Ao mesmo tempo, a tradição europeia criou o mencionado conceito de "positivação" do direito para significar um conjunto de fatores, de qualidades referentes ao direito, um fenômeno social que surge na passagem do século XVIII para o XIX. Em termos de gênero e espécie, portanto, o direito oriundo da positivação é apenas uma das formas de direito positivo: aquela que caracteriza as sociedades complexas dominantes na chamada civilização ocidental.[3]

---

[2] OTT, Walter. **Der Rechtspositivismus** – Kritische Würdigung auf der Grundlage eines juristischen Pragmatismus. Berlin: Duncker & Humblot, 1992, p. 104 s.

[3] O problema do conceito de "ocidente" é discutido, de modo eurocêntrico, em FERGUSSON, Niall. **Civilization** – The West and the rest. London: Penguin, 2011, p. 26 e *passim*.

Porém, essa denominação gerou alguma confusão terminológica, pois por vezes se emprega a expressão "direito positivo" unicamente para referir essa forma mais recente de organização do direito positivo, levando a crer que o direito positivo é um fenômeno moderno, o que é equivocado. Toda comunidade, por mais simples que seja, apresenta essas regras empíricas, que podem ser observadas por qualquer pessoa, as quais garantem a violência legítima, são coercitivas. Seu conjunto é o "direito positivo". Daí o brocardo latino. Não precisam ser escritas, precisam ser empíricas.

Esse direito positivo organiza-se e manifesta-se das mais variadas maneiras: pode ser exercido por um tribunal com cinco membros, dois reis e trinta legisladores; pode ter um líder eleito por toda a vida ou um chefe por ser filho do chefe anterior; pode ter eleições periódicas e revisar os critérios para separar o lícito do ilícito. E assim por diante. As formas de escolha dessas autoridades também podem ser infinitamente diferentes. Há um direito positivo na antiga Babilônia e há um direito positivo entre os indígenas do Alto Xingu na Amazônia de hoje, um entre os tamoios brasileiros no século XIII, outro em vigor no Velho Oeste norte-americano. Todos resultados de suas respectivas "positivações".

Para distinguir essa forma específica de organização que desponta com o movimento codificador na França, no final do século XVIII, e logo se espalha por todo o mundo, sugere-se aqui o termo "dogmatização". O direito decorrente desse fenômeno é o "direito dogmaticamente organizado", uma espécie de direito positivo. O conjunto de conhecimentos que habilita a lidar estrategicamente com esse direito é a "dogmática jurídica", que é muitas vezes identificada com a "ciência" do direito.[4]

Um dos fenômenos mais importantes para possibilitar essa dogmatização é a referida pretensão estatal de ter a última palavra do dizer o direito, da jurisdição, e seu corolário, que é o monopólio da violência legítima. O Estado não propriamente cria todo direito, mas sim fixa os critérios últimos de decisão, os quais se expressam principalmente pela lei. O fenômeno da legislação, com inúmeras variantes, esteve presente em diversas civilizações pré-modernas, sem dúvida; a novidade agora é considerar a lei a única fonte legítima do direito, da qual todas as demais derivam, que não deve ser contrariada, e crer que essas leis formam um todo coeso e generalizado a ponto de fornecer os critérios para dirimir quaisquer conflitos que o sistema considere juridicamente relevantes.

Coroando essa maneira de ver o direito, vem a procura por garantir, mediante uma Constituição, as regras de organização do poder, de funcionamento da administração e de direitos dos cidadãos. Lembre-se de que tal legalidade se desenvolve sob a pretensão de que o Estado é a fonte de todo direito, sobrepujando a família, as corporações de ofício, as igrejas e quaisquer formas de poder privado.

---

[4]   A denominação vai depender do conceito que se tem de ciência. Cf. FERRAZ Junior, Tercio Sampaio. **A ciência do direito**. São Paulo: Atlas, 1980, p. 9-17.

Em outras palavras, além de pretender o monopólio da última decisão sobre o lícito e o ilícito, o direito dogmático estatal também se arvora competências para responder a todo e qualquer conflito juridicamente relevante, é a "plenitude hermética do ordenamento jurídico", explicitada pela proibição do *non liquet* ou obrigatoriedade de decidir: "não há lacunas porque há juízes".

O direito dogmaticamente organizado diferencia-se de outras formas de organização jurídica anteriores, dentre outros aspectos, exatamente por pretender o monopólio da *juris dictio*. Sempre houve várias instituições criadoras de direito, como a família: o *pater familias* na Roma antiga, por exemplo, poderia manter os filhos sob seu jugo durante toda a vida ou mesmo vendê-los, sem interferência do Estado.[5] O direito dogmático do Estado moderno, onipresente, pretende regular relações tão íntimas como os "deveres de coabitação e fidelidade recíproca" entre marido e mulher (Código Civil, art. 1576).

Esse fenômeno da estatalização do direito é muito recente em umas poucas sociedades e não é hegemônico em muitas mais, não se deve exagerar sua importância. Há menos de dois séculos, em um país moderno como a Alemanha, os crimes contra a honra poderiam ser resolvidos por duelo, sem jurisdição do Estado. Na América do Sul, essa prática do duelo consta hoje do Código Penal Uruguaio e atenua significativamente as penas referentes a lesão corporal grave e mesmo homicídio, desde que cumpridas as formalidades exigidas em lei, como a presença de padrinhos. Tudo à margem do Estado.[6]

Nada obstante, mesmo em sociedades periféricas, o fenômeno da dogmatização e o arsenal conceitual que a dogmática jurídica criou para ele desempenham função significativa. Um número de Estados muito maior do que aqueles que efetivamente modernizaram seu direito apresentam-se como se o tivessem dogmatizado, importando estratégias do capitalismo central para a periferia. Isso sugere que a mera aparência de dogmatização e sua adoção como discurso parecem ser eficientes política e juridicamente. Se a efetiva dogmatização do direito tem se mostrado um poderoso instrumento estratégico, é também funcional o simples discurso de apresentar o sistema como dogmático, isto é, subordinado ao texto da Constituição, imune a pressões políticas, corrupção, regras do clã e demais características do subdesenvolvimento,[7] por mais presentes que essas estratégias estejam.

---

5   BAPTISTA, Sílvio. A família na obra de Rudolf von Jhering. Conceito romano e atual de pátrio poder, in ADEODATO, João Maurício (org.). **Jhering e o direito no Brasil**. Recife: Ed. Universitária da UFPE, p. 202-210.

6   Código Penal Uruguaio: Lei n. 9.155, de 4-12-1933, art. 38 (El Tribunal de Honor). Honor en el delito de duelo), além da Lei n. 7.253, de 6-8-1920, ambas em vigor.

7   WEINER, Mark S. **The rule of the clan** – What an ancient form of social organization reveals about the future of individual freedom. New York: Farrar, Straus and Giroux, 2013, p. 49, 197 e *passim*.

O direito dogmático viabiliza esse monopólio enquanto aumenta a força das fontes estatais, sobretudo a lei, ao mesmo tempo em que as fontes não estatais – como o contrato e o costume, por exemplo – passam a posição secundária e só podem ser alegadas se de acordo com a lei. Por isso, nem todo contrato e nem todo costume são viáveis nas discussões dogmáticas, eles não podem ser *contra legem*.

O direito do Estado, assim estruturado, não apenas regula as condutas e trata os conflitos, como nas formas anteriores de direito positivo, mas passa a ser capaz de realizar modificações concretas nas estruturas sociais, sejam políticas, econômicas, de todo tipo, por meio de um planejamento juridicamente regulamentado. Induzindo condutas, o Estado provoca mudanças vertiginosas que demandam um sistema jurídico flexível o suficiente para controlá-las. O direito dogmaticamente organizado responde a isso. Associado a esse monopólio na produção do direito, já sistematizado pela tradição que culmina na Escola da Exegese e vai pelo menos até Hans Kelsen, vem o monopólio estatal da violência lícita, isto é, da mencionada coercitividade ou coação juridicamente organizada, tal como observado por Max Weber.

7.2. O FENÔMENO DA POSITIVAÇÃO DO DIREITO VISTO COMO DOGMATIZAÇÃO

Esse autor, no começo do século XX, coloca a ordem política em termos de dominação (*Herrschaft*), que não designa simplesmente o poder, mas somente o poder legítimo. E observa que a dominação depende não somente da posse dos meios de violência, mas sobretudo de crença: as sociedades complexas contemporâneas funcionam com uma legitimação legal-racional, na qual os comandos emanados dos governantes têm a pretensão de racionalidade, apresentam-se como genéricos e impessoais e são assim reconhecidos.[8]

Na mesma direção, para Niklas Luhmann, décadas depois, o Estado moderno se caracteriza pelo que denomina positivação do direito, isto é, o fenômeno de as "normas jurídicas" serem estabelecidas por procedimentos e também por procedimentos serem substituídas, institucionalizando a mutabilidade do direito[9]. Para maior exatidão, lembrar que não se trata exatamente de "normas jurídicas", expressão deveras ambígua, mas sim de textos e decisões referentes a esses textos. O conceito de norma será exposto no próximo capítulo.

---

8 WEBER, Max. **Wirtschaft und Gesellschaft** — Grundriss der verstehenden Soziologie. Tübingen: J. C. B. Mohr, 1985, p. 122 e 130.

9 LUHMANN, Niklas. Positivität des Rechts als Voraussetzung einer modernen Gesellschaft, in **Ausdifferenzierung des Rechts**. Frankfurt a.M.: Suhrkamp, 1981, p. 137-8, e **Legitimation durch Verfahren**. Frankfurt a.M.: Suhrkamp, 1983, p. 141 e s.

Essa forma mais sofisticada de legitimação, legal-racional nos termos weberianos, foi criada para responder ao direito ocidental moderno, dogmaticamente organizado. O direito passa a ser instrumento de controle e modificação da sociedade, capaz de influir no cotidiano e de fazer com que a ordem social esteja em referência frequente a textos de normas jurídicas, emanados em larga escala dos centros decisórios do Estado. O direito se torna altamente contingente e imprevisível.

Apesar dessa contingência, somente com a positivação do direito foi possível ao poder institucionalizado comandar mudanças concretas na estrutura da própria realidade social. Pela primeira vez nas sociedades humanas, as decisões impostas aos destinatários das normas jurídicas funcionam como mecanismos para a efetiva modificação das relações sociais; são instrumentos de "fazer" condutas em larga escala. O que as monarquias mais absolutistas não conseguiram, só com a positivação do direito passa a acontecer:

> Até os tempos modernos, o "poder absoluto" restringia-se às possibilidades de tomar e coagir, confiscar e recrutar, e era praticamente impotente quando se tratava de uma modificação da realidade social de acordo com uma finalidade.[10]

A separação entre a criação e a aplicação do direito não é mais uma estratégia para controlar a soberania, antes considerada atributo de uma pessoa ou grupo, por meio da separação de poderes. A especialização dos diversos subsistemas jurídicos torna a soberania uma relação infinitamente divisível, descentralizada, que pressupõe um tipo de sociedade muito heterogênea e capaz de diferenciar autonomamente esses dois setores da atividade jurídica. A pulverização das instâncias decisórias, examinada no capítulo décimo primeiro, é um aspecto desse fenômeno contemporâneo.

Porém, enquanto o procedimento judiciário de aplicação do direito encara as normas jurídicas como textos postos, que precisam simplesmente ser encontrados e interpretados, os procedimentos legislativos veem as normas e as condutas decorrentes como finalidades a serem atingidas, ainda que produzam apenas o texto. O procedimento judiciário tem tradicionalmente um ponto de partida de complexidade mais reduzida, embora essa separação venha sendo eliminada pelo protagonismo politicamente finalístico assumido pelo Judiciário, o "ativismo judicial", mormente no Brasil.

A positivação do direito, fundamentando-o em decisões, traz para o procedimento a obrigatoriedade de que ao final ocorra uma decisão qualquer, agora ainda

---

[10] LUHMANN, Niklas. **Legitimation durch Verfahren**. Frankfurt a.M.: Suhrkamp, 1983, p. 142: "Bis in die Neuzeit hinein blieb 'absolute Macht' beschränkt auf Möglichkeiten des Wegnehmens und Zwingens, des Konfiszierens und Rekrutierens, und sie war nahezu machtlos, wenn es um eine zweckmäßige Veränderung der gesellschaftlichen Wirklichkeit ging."

indeterminada: a verificação de que a legitimidade precisa vir antes da decisão elimina a possibilidade de legitimar a decisão por ser verdadeira ou justa. Por isso a legitimidade se torna legitimação, ação de justificar algo que ainda não ocorreu. Luhmann ressalta que a legitimação pelo procedimento não pode ocorrer em função da ideia de verdade, pois precisa de "outros mecanismos de transmissão funcionalmente equivalentes, de complexidade mais reduzida". A criação desses mecanismos é o objetivo do procedimento. O procedimento é corolário do Estado democrático, o qual é legitimado por meio de constitucionalização, legalização reflexiva do direito e controle politicamente centralizado da jurisdição, dentre outras estratégias.[11]

Na periferia da economia ocidental, nos chamados países subdesenvolvidos, a positivação se dá de forma irregular, errática até, gerando peculiaridades que não são encontradas nos países dominantes nem se adequam às teorias neles originadas. A tese de que essas estratégias de legitimação não correspondem à realidade dos países periféricos já é antiga e remonta pelo menos aos anos 1980, sem se restringir ao debate brasileiro.[12] Depois, o próprio autor reconhece o caráter mais localizado de sua teoria:

> Daí é bem possível que a atual proeminência do sistema jurídico e a dependência da própria sociedade, e da maior parte de seus sistemas funcionais, em relação a um funcionamento do código jurídico nada mais sejam do que uma anomalia europeia, que se enfraquecerá na evolução de uma sociedade mundial.[13]

Os subsistemas dessas sociedades não diferenciadas são incapazes de promover sua autopoiese, isto é, um processo de autorreferência em que cada subsistema, justamente por diferenciar-se dos demais mediante suas próprias regras e estratégias, cria condições de independência em relação à sociedade e

---

[11]   LUHMANN, Niklas. **Das Recht der Gesellschaft**. Frankfurt a.M.: Suhrkamp, 1993, p. 38 s., 145-146, 277-278 e 410. Ou anteriormente LUHMANN, Niklas. **Legitimation durch Verfahren**. Frankfurt a.M.: Suhrkamp, 1983, p. 151 s.

[12]   ADEODATO, João Maurício. A legitimação pelo procedimento juridicamente organizado – notas à teoria de Niklas Luhmann. **Revista da Faculdade de Direito de Caruaru**, vol. XVI. Caruaru: FDC, 1985, p. 85-86; ARGYRIADIS, Chara. Über den Bildungsprozeß eines peripheren Staates: Griechenland 1921-1927. **Rechthistorisches Journal**, Nr. 6. Frankfurt a. M.: Löwenklau, 1987, p. 161.

[13]   LUHMANN, Niklas. **Das Recht der Gesellschaft**. Frankfurt a. M.: Suhrkamp, 1995, p. 585-586: "Es kann daher durchaus sein, dass die gegenwärtige Prominenz des Rechtssystems und die Angewiesenheit der Gesellschaft selbst und der meisten ihrer Funktionssysteme auf ein Funktionieren des Rechtscodes nichts weiter ist als eine europäische Anomalie, die sich in der Evolution einer Weltgesellschaft abschwächen wird." Aprofundando: CAMPOS, Ricardo. **Metamorfoses do direito global** – sobre a interação entre direito, tempo e tecnologia. São Paulo: Contracorrente, 2022.

aos demais subsistemas sociais, todos postos como mundo circundante.[14] Nessas sociedade, alopoiéticas, as interferências mútuas não são neutralizadas pelos subsistemas sociais.

Note-se que, mesmo nos Estados democráticos do centro desenvolvido, a dogmatização do direito e a dogmática jurídica constituem tipos ideais, ficções, estratégias retóricas de controle social que se têm mostrado bem-sucedidas nos mais diversos contextos. Mas daí a crer que os conceitos têm correspondência empírica precisa, e construir uma teoria social ou jurídica omnicompreensiva a partir dela, vai uma grande distância. O mesmo vale para os demais tipos conceituais discutidos aqui, tais como ciência, direito positivo e mesmo Estado democrático de direito.

Não se pense que Luhmann pretende que os conceitos de sua teoria dos sistemas se apliquem a realidades periféricas do mundo capitalista. Ele procura expressamente separar-se da teoria de Talcott Parsons, que entende a diferenciação funcional como uma consequência lógica da análise do conceito de ação. Ao contrário, para Luhmann, a ênfase no sistema jurídico é um "produto da evolução" (*evolutionäres Produkt*), que pode ou não ocorrer.

7.3. O MODELO DOGMÁTICO PARA TRATAMENTO DO PROBLEMA DO CONHECIMENTO DO DIREITO

Com a ascensão do Estado moderno e sua positivação do direito, estão presentes as condições para que o direito se organize dessa forma que aqui se chama dogmática. A dogmática trata os conflitos juridicamente relevantes fazendo-os passar por determinado procedimento, que se pode dividir em fases, para melhor compreendê-lo, ainda que essas fases não sejam a rigor separadas.

Suponha-se um conflito qualquer, que venha a ser submetido ao Estado e a seu direito dogmaticamente organizado. Um conflito é um "fato", um relato sobre um evento ocorrido e, como todo fato, não traz um significado próprio, mas sentidos divergentes e, por isso mesmo, muitas vezes conflituosos. O direito dogmaticamente organizado vai neutralizar esse conflito determinando seu significado e assim decidindo sobre os interesses contraditórios.

Além do papel pragmático de tratar conflitos sociais, a abordagem do direito dogmaticamente organizado é uma maneira de resolver o problema do conheci-

---

[14]   Para o conceito de autopoiesis, MATURANA, Humberto e VARELA, Francisco. **Autopoiesis and cognition** — the realization of the living, Dordrecht, 1980, *passim*; LUHMANN, Niklas. **Die Wirtschaft der Gesellschaft**. Frankfurt a.M.: Suhrkamp, 1988, p. 43 s. Sobre seus reflexos no direito, TEUBNER, Gunther (ed.). **Autopoietic law** — a new approach to law and society. Berlin-New York: Walter de Gruyter, 1988, e **Recht als autopoietisches system**, Frankfurt a. M.: Suhrkamp, 1989, *passim*.

mento. Um fato é tratado para decidir o que ele significa e qual o seu valor social em uma série de procedimentos de acordo com um modelo, o modelo dogmático.

Cada comunidade humana constrói esse fenômeno que, um tanto imprecisamente, chama-se "direito". Essa palavra e seus conexos, como "justo", "correto", "legítimo", até mesmo "bom", "ético", são muito antigas e por isso mesmo seus significados mudaram e mudam radicalmente segundo a época e o local.

Recordando, o direito positivo está sempre presente, porém de modos os mais diversos, como as próprias sociedades em que se encontra. Assim existe um direito positivo entre os indígenas do Jalapão de hoje e existiu outro tipo de direito entre incas, maias e astecas; as leis e costumes jurídicos aplicadas pelos chineses de hoje não estavam presentes na Macedônia de Felipe; e assim por diante. Cada uma dessas formas de direito positivo tem suas características. Uma dessas formas é o direito dogmaticamente organizado.

Esse modelo foi lentamente elaborado para as demandas da sociedade complexa e suas características são inusitadas na civilização ocidental. Dentre as mais importantes, está seu caráter procedimental, o que deu ao direito processual um papel sem precedentes na formação da decisão no caso concreto. Tercio Ferraz Junior é o primeiro jurista brasileiro a investigar as bases ou "dogmas" desses procedimentos dogmaticamente organizados.[15] Posteriormente, também com respaldo em Theodor Viehweg,[16] Ottmar Ballweg amplia o que chama de "constrangimentos" (*Zwänge*) dogmáticos, organizando-os em etapas.[17]

Para expor e cooperar aqui com esse debate, duas ressalvas devem ser feitas. Em primeiro lugar, as formas de esses autores exporem o tratamento dogmático dos conflitos juridicamente relevantes não são excludentes, mas se complementam. Em segundo, esses dogmas ou estágios do procedimento estão aqui colocados em série apenas porque não podem ser expostos simultaneamente. Parece óbvio que interpretação e argumentação, para dar um exemplo, interpenetram-se e não podem ser rigorosamente separadas, assim como não se podem apartar a interpretação e a sugestão de decisão.[18]

Ao descrever o direito dogmaticamente organizado, Tercio Ferraz parte de Viehweg e ressalta dois postulados básicos.

---

[15] FERRAZ Junior, Tercio. 1980. **Função social da dogmática jurídica**. São Paulo: Revista dos Tribunais, 1980, p. 95 s.

[16] VIEHWEG, Theodor. 1980. Notizen zu einer rhetorischen Argumentationstheorie der Rechtsdisziplin, in VIEHWEG, Theodor. **Rechtsphilosophie oder Rechtstheorie?** Darmstadt: Wissenschaftliche Buchgesellschaft, 1980, p. 315-326.

[17] BALLWEG, Ottmar. 1989. Entwurf einer analytischen Rhetorik, *in* SCHANZE, Helmut (Hrsg.). **Rhetorik und Philosophie**. München: Wilhelm Fink, p. 229-247.

[18] ADEODATO, João Maurício. **Uma teoria retórica da norma jurídica e do direito subjetivo**. São Paulo: Noeses, 2014, p. 122.

Em primeiro lugar, a inegabilidade dos pontos de partida, das fontes para os argumentos a serem utilizados, o "princípio da proibição da negação", isto é, a exigência de que toda decisão e correspondente interpretação jurídica precisa se reportar expressamente a um ou mais dogmas do sistema, as habitualmente chamadas normas jurídicas positivas; um argumento não vale por ser de acordo com determinados mandamentos religiosos ou morais ou por ter sido cientificamente demonstrado em laboratório. Ele vale somente na medida em que se reporta às regras do próprio sistema jurídico dogmático. Esse o dogma principal da dogmática, o qual não pode ser negado por qualquer dos participantes: só se deve negar um dogma apelando a outro.

Em segundo lugar, a obrigatoriedade de decidir todo e qualquer conflito, ou seja, ou a situação é irrelevante ou o sistema lhe oferece uma solução. Esse dogma, que também constitui a espinha dorsal do sistema, é chamado a proibição do *non liquet*, uma consequência direta da pretensão do Estado moderno em relação à palavra final sobre o direito, o monopólio da *juris dictio*.

Ottmar Ballweg vai transformar esses dois postulados de base em quatro.

Inicialmente, o sistema dogmático precisa fazer o que o autor denomina "estabelecer" – o mesmo que positivar – aquilo que chama de "normas" (jurídicas), o *Normsetzungszwang*, pois a dogmática começa a se constituir a partir desse procedimento; não apenas leis em sentido estrito ou amplo, decretos, regulamentos, mas também precedentes, súmulas e outros produtos judiciais. É preciso antes de tudo fixar as regras de base, aquelas que definem quem vai e como vai fixar outras regras para decidir os casos individuais. Não pode haver dogmática sem um sistema de regras supostamente explícitas. Observe-se a diferença importante: a atenção de Ottmar Ballweg se dirige à tarefa de criar e positivar as regras, ao passo que Tercio Ferraz põe em relevo as regras já positivadas. Para a perspectiva de uma teoria realista, ressalte-se, o constrangimento inicial é fixar textos e não normas, as quais só aparecem ao final do procedimento.

O segundo constrangimento observado pelo autor é o *Deutungszwang*, a obrigatoriedade de interpretar as regras positivadas na fase anterior, isto é, dizer o que significam diante do caso, vez que a distinção entre significante e significado não permite que haja uma só interpretação.

O terceiro é o constrangimento a decidir, *Entscheidungszwang*, cuja ideia assemelha-se à de Viehweg e Ferraz sobre a obrigatoriedade de decidir: pela primeira vez na história da civilização ocidental o direito não somente monopoliza as questões jurídicas, mas para todas tem uma decisão. Na metáfora latina, o direito está proibido de ser algo que "não está claro" (*non liquet*).

O quarto constrangimento diz respeito à questão da legitimidade, ou seja, é preciso justificar porque se decidiu neste e não naquele outro sentido. É o que o autor chama o constrangimento a fundamentar (*Begründungszwang*).

Opina-se criticamente aqui que, assim como o primeiro constrangimento exposto acima – positivar "normas" –, esta fundamentação não faz a rigor parte do procedimento decisório diante do caso. O procedimento fundamenta a si mesmo.

Isso porque, de um lado, todo procedimento dogmaticamente organizado pressupõe que suas regras estejam previamente positivadas, o que elimina do procedimento propriamente jurídico o primeiro constrangimento, já que o procedimento dogmático precisa partir de dogmas, não cria os textos iniciais. Insista-se que essas regras ou dogmas constituem *significantes linguísticos* – textos, palavras –, pois a distinção entre textos e normas não é enfatizada por Viehweg, Ballweg ou Ferraz, mas aqui é fundamental. De outro lado, o procedimento é sua própria fundamentação, em termos de valor, de justiça, pois o quarto constrangimento de Ballweg estará dogmaticamente satisfeito se o procedimento for seguido, já que uma decisão concreta ficará devidamente justificada, se embasada em uma regra posta no primeiro constrangimento, interpretada no segundo e produzida no terceiro.

Para explicar em mais detalhes e rigor esse conjunto de procedimentos que leva dos textos às decisões, observe-se que o primeiro constrangimento diante dos conflitos colocados perante a dogmática é que todos os envolvidos precisam escolher, dentre os textos que compõem o sistema jurídico (artigos de leis, súmulas, precedentes, contratos etc.), aqueles que são adequados ao caso e mais de acordo com o interesse de cada um. Se o caso se refere a inventário e partilha, por exemplo, as regras do Conselho Administrativo de Recursos Fiscais ou o Código Penal serão desde já excluídas desse processo seletivo de redução de complexidade.

Esses textos devem ser escolhidos dentre um emaranhado de outros textos que constituem o sistema jurídico, textos produzidos por legisladores, administradores, magistrados, burocratas, funcionários terceirizados etc. Tais textos, alegados pelos participantes do procedimento em determinado caso concreto, fornecem os dados para interpretações e argumentações. E não necessariamente num caso contencioso: mesmo em uma relação jurídica trabalhada amigavelmente, os constrangimentos dogmáticos se fazem presentes. Para interpretar e argumentar contra essas fontes escolhidas, repita-se, é preciso escolher outras fontes do mesmo ordenamento, também válidas de acordo com as regras do sistema e também adequadas ao caso: para negar um ponto de partida, é preciso apelar a outro ponto de partida, daí a expressão "inegabilidade dos pontos de partida", preferida por Tercio Ferraz para designar o primeiro dogma da dogmática jurídica.

O profissional do direito precisa se municiar dessas "fontes do direito" e lidar com elas ao entrar no procedimento dogmático. Tendo em vista a pertinência ou adequação diante do fato, ele seleciona umas poucas que assim lhe parecem e testa suas validade, vigência, incidência, eficácia. Essa escolha de fontes adequadas não diz respeito apenas às características do caso, mas também quer dizer adequação aos interesses estratégicos que o profissional pretende ver protegidos pelo direito. Este o primeiro passo. Todos os participantes precisam escolher suas fontes e examiná-las sob o crivo desses conceitos fundamentais, sobretudo o de validade e seus derivados. E fazer o mesmo com as fontes apresentadas pelas demais partes, inclusive aquela que decide (juiz, administrador, funcionário, servidor), pois todos estão inseridos no procedimento. Falhas nesses "testes" a que são submetidas as fontes alegadas podem ser relevantes para a prevalência ou não de um argumento.

O segundo passo após a escolha das fontes é interpretá-las, ou seja, o procedimento dogmático exige que os participantes afirmem o sentido e o alcance dos textos que escolheram alegar diante das características do caso concreto. Em outras palavras, não é suficiente apontar determinados textos, vez que os significados se constroem ao sabor do momento, muitos são possíveis, e só no final do processo de concretização aparece um sentido relativamente definitivo.

A interpretação combate vagueza e ambiguidade, além de outras formas de imprecisão linguística, as quais não são disfunções ou fruto da incompetência de mau oradores ou auditórios. Os significantes hermenêuticos, os textos, permanecem aparentemente os mesmos e procuram garantir a estabilidade do discurso, mas seu significado vai variar.

É preciso reduzir as incontornáveis ambiguidade e vagueza dessas fontes selecionadas: artigos de lei, contratos, textos jurídicos quaisquer e até costumes precisam ter seus sentido e alcance sugeridos pelas partes envolvidas, diante do conflito concreto. Cada uma delas, segundo seu contexto, seus interesses, sugere como as palavras do ordenamento jurídico se adaptam às características do caso. A interpretação é a ação de relacionar os pontos de partida escolhidos (textos pertinentes, válidos, vigentes etc.) com o caso concreto, determinando-lhes o sentido (sintaxe e semântica) e o alcance (pragmática).

Por exemplo: alguém "agride" alguém. Evento assim, único e irrepetível no fluxo heraclitiano do tempo, é incognoscível "em si mesmo", nunca é portador de um significado único. O que foi isso para o direito? Ninguém sabe ainda. Aí verifica-se que o ordenamento jurídico contém palavras que pretendem exprimir significados aparentemente conexos ao caso: rixa, lesão corporal leve, lesão corporal grave, tentativa de homicídio. Os sentidos dessas palavras fazem parte da semântica dogmática, com variados graus de indeterminação. Ocorre que os alcances das fontes só poderão ser determinados diante do caso concreto, como aqui tanto se insiste. As partes então lançam mão do arsenal hermenêutico: interpretações extensivas ou literais, genéticas ou teleológicas, há toda uma ciência a respeito.

O jogo interpretativo consiste na competição estratégica entre significados divergentes diante do caso, é momento em que os envolvidos no discurso dogmático procuram reduzir a vagueza e a ambiguidade dos significantes escolhidos e trazidos ao debate e utilizá-los em seu interesse. Essas interpretações divergentes apresentam-se como relatos também conflitantes, referidos a diferentes versões de eventos supostamente ocorridos – pois os eventos também só podem ser percebidos linguisticamente, conforme a perspectiva da retórica realista. Daí a crítica a como o senso comum parece compreender ontologicamente a palavra "fato": fatos em geral e, é claro, fatos jurídicos, não são acontecimentos inexoráveis e indiscutíveis, porém sim relatos sobre eventos, inapreensíveis fora desses relatos.

O terceiro estágio é o da argumentação, momento em que os participantes tentam fazer prevalecer sua interpretação segundo seus interesses no caso. Curioso observar que, de um lado, essa fase não é salientada no procedimento por Viehweg, Ballweg ou Ferraz; de outro, é superestimada pelas chamadas teorias da argumentação, que a transformam praticamente em um sinônimo de todo o procedimento.[19]

Com cada participante municiado de suas fontes e suas interpretações em relação aos fatos, chega-se ao estágio da argumentação, o terceiro na divisão pedagógica estratégica sugerida aqui. Argumentar dogmaticamente significa persuadir os demais participantes de que esta interpretação das fontes deve prevalecer sobre as demais, ela corresponde mais adequadamente à maneira como o ordenamento jurídico compreende aqueles fatos relevantes. Nessa progressiva concretização do conflito até a construção da decisão, é na ágora da argumentação, no espaço público, que as interpretações realizadas no estágio anterior dialogam e disputam se tornarem o relato vencedor, qual seja, a decisão.

A argumentação termina com a decisão definitiva, quarta e última fase, que traz a seu termo o processo de determinar o significado das fontes alegadas, e o caso concreto passa a ser juridicamente conhecido e avaliado, isto é, "normatizado". O procedimento termina. Antes disso, todos os participantes do discurso, inclusive os magistrados nas sucessivas instâncias, apenas sugerem decisões que lhes parecem adequadas e assim retroalimentam a discussão.

Não se pense que "decisão definitiva" implica que a divergência tenha sido levada a juízo contencioso, basta que a relação jurídica esteja consolidada, como pode ser o caso de um contrato devidamente cumprido, do qual ninguém reclamou. A lide judicial é aqui enfatizada somente para melhor esclarecer o procedimento dogmaticamente organizado. Mas claro que todas as situações jurídicas definidas sem a intervenção do Estado, desde que de acordo com os cânones de seu sistema, consideram-se devidamente concretizadas. Não apenas coisas julgadas, mas também "atos jurídicos perfeitos" ou "direitos consumados" têm seus significados garantidos pelo sistema dogmático. Por isso é correto dizer que a Constituição se concretiza também sem intervenção de tribunais.[20]

---

[19] Por todos, ALEXY, Robert. **Theorie der juristischen Argumentation** — Die Theorie des rationales Diskurses als Theorie der juristischen Begründung. Frankfurt a.M.: Suhrkamp, 1978.

[20] HÄBERLE, Peter. Die offene Gesellschaft der Verfassungsinterpreten, *in* **Verfassung als öffentlicher Prozeß**. Materialien zu einer Verfassungstheorie der offenen Gesellschaft.

Conforme colocado acima, esses testes e fases, aqui ordenados didaticamente para facilitar a compreensão dos procedimentos estabelecidos pela racionalidade dogmática do direito, não cumprem necessariamente essa sequência cronológica; um advogado, juiz ou mediador experiente, todos envolvidos em procedimentos decisórios na práxis da luta pelo discurso vencedor, podem imaginar todos os estágios simultaneamente e vão e voltam nas fases segundo evoluem os argumentos. Já escolhem as fontes sabendo de suas validade, vigência e provável eficácia, pensam em suas estratégias sofísticas ocultas ao mesmo tempo em que sabem que só revelarão as argumentações persuasivas da retórica de Aristóteles.

Ter presente essa sequência é útil, mesmo quando se observam procedimentos alternativos de tratamento de conflitos, repita-se, não submetidos aos constrangimentos dogmáticos do contencioso estatal, tais como conciliação, mediação, arbitragem. Isso porque o direito dogmático permanece sempre no horizonte desses procedimentos alternativos, suas leis, decisões, sua coercitividade ou monopólio da violência legítima.

O seguinte esquema resume essas fases:

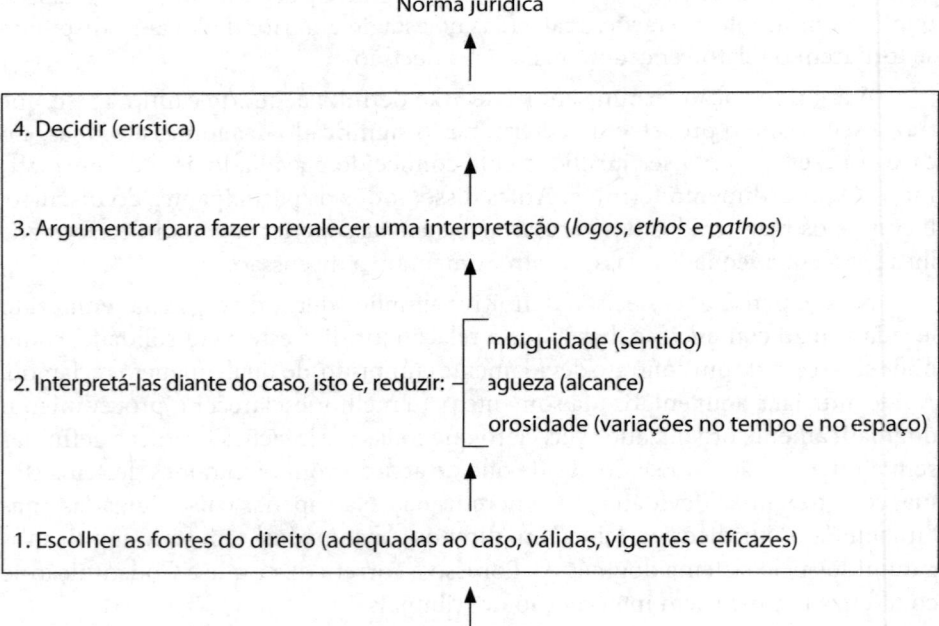

Norma jurídica

↑

4. Decidir (erística)

↑

3. Argumentar para fazer prevalecer uma interpretação (*logos*, *ethos* e *pathos*)

↑

2. Interpretá-las diante do caso, isto é, reduzir: — mbiguidade (sentido)
agueza (alcance)
orosidade (variações no tempo e no espaço)

↑

1. Escolher as fontes do direito (adequadas ao caso, válidas, vigentes e eficazes)

↑

Fato juridicamente relevante

Berlin: Duncker & Humblot, 1978, p. 155-181. MÜLLER, Friedrich. **Juristische Methodik**. Berlin: Duncker & Humblot, 1997, p. 108, insiste que isso vale para um Estado democrático de direito.

Para subdividir melhor a fase de escolha das fontes do direito, mais detalhada pela dogmática jurídica por meio dos conceitos de validade, vigência etc., esta primeira fase da escolha das fontes do direito será detalhada no capítulo décimo adiante. E é importante ter presente que as vias da persuasão exigem tantos pré--requisitos e acordos prévios que dificilmente têm lugar em um procedimento dogmático. Em outras palavras, o estudo da interpretação e da argumentação precisa ser complementado pelo estudo da erística.

A persuasão pode ser a via retórica mais importante, por sua eficácia e permanência no tempo, pela força do acordo etc., mas não é absolutamente a única forma de comunicação no procedimento jurídico dogmático; o jurista necessita se ocupar também da erística, sobretudo nessa última fase do procedimento, a construção da decisão, quando são jogadas todas as cartas. Aí aparecem essas estratégias que todos sabem que existem, mas que não podem ser expostas abertamente.

As vias erísticas são mais numerosas e sua catalogação difere entre os autores, pois constituem infinitas e disfarçadas variações de *ethos*, *pathos* e *logos*: sedução, ironia, engodo, mentira, simulação, dissimulação, ameaça, blefe, bajulação, arrogância, todas as estratégias, em suma, presentes na comunicação humana e reveladas pelos sofistas, estudadas por figuras de retórica como anfibolias, antonomasias, aporias, apócrises, catacreses, hipérboles, lítotes etc., e que têm papel importante nas decisões jurídicas.

Se essas estratégias ocultas são reveladas, enfraquecem irremediavelmente o discurso. Assim o estudo da retórica e o domínio das técnicas e vias erísticas fornece ao jurista arsenal poderoso para desmascarar falácias dos adversários, aí incluídos os juízes e demais órgãos decisórios. Claro que também servirão para enganar os incautos bem-intencionados.

A análise retórica é metodologia muito útil para esclarecer a confusão trazida por perspectivas normativas práticas disfarçadas de teorias empíricas descritivas. Apontar pregações normativas – idealistas que pretendem conformar o mundo à sua luz, além de dificultar a tolerância, única atitude ética possível na sociedade hipercomplexa – é uma contribuição importante da análise retórica do procedimento dogmático. E a forma dogmática de organização do direito, que a cultura ocidental vem há séculos construindo, bem ou mal, é aquilo que se tem revelado efetivo no controle dos dissensos éticos, até em outros ambientes culturais, em sociedades que nunca passaram pelo feudalismo nem pelo legalismo.[21]

---

[21] MACPHERSON, C. B. **The political theory of possessive individualism** – Hobbes to Locke. Oxford: Clarendon Press, 1962.

7.4. O PROBLEMA DA CIENTIFICIDADE DO DIREITO

7.4.1. Três dicotomias: ser e dever (ser), proposição e norma de direito, linguagem e metalinguagem

Para lidar com o direito dogmaticamente organizado, desenvolveu-se um conjunto de conhecimentos altamente complexos e, também pela primeira vez, com a Escola Histórica e a Escola da Exegese no século XIX, esse conjunto de conhecimentos pretendeu ser visto como uma ciência, a ciência dogmática do direito ou simplesmente a ciência do direito, conforme mencionado acima. Para fundamentar a nova pretensão de apresentar os conhecimentos sobre o direito como científicos, foram sugeridos diversos conceitos e estratégias de abordagem.

Dentre elas, destacam-se, neste item, três das mais importantes: a separação entre ser e dever (ser), a distinção entre proposição e norma jurídica e a diferença entre os níveis de linguagem e metalinguagem. Depois, discute-se a sugestão de uma retórica jurídica realista para enfrentar o problema da cientificidade do direito sob uma nova perspectiva.

A retomada moderna da separação entre ser e dever ser a partir da Grécia clássica, consagrou as expressões *ought* (David Hume) e *sollen* (Immanuel Kant), para *nomos*, as quais foram traduzidas para o português por *dever ser*, em lugar da versão literal *dever*. Essa separação foi uma das primeiras dicotomias da filosofia ocidental e se revela em conceitos como natureza e cultura, cosmos e ética, *physis* e *nomos*, conforme visto atrás. Se nos primórdios da civilização grega a distinção não aparece com tanta clareza, no século V a. C., esses conceitos estão plenamente desenvolvidos e ocupam lugar central nas discussões dos sofistas. Para os defensores da separação, fica claro que o direito e a ética em que se insere dependem das pessoas que criam e aplicam as regras, são *nomoi*, enquanto as leis da natureza são *physei*, universais e independentes das escolhas humanas.[22]

Essa ideia nunca foi porém unânime. Diante da controvérsia, a filosofia mais tradicional, dominante e estribada na religião ancestral, já recusa a dicotomia, defendendo que há *nomoi* universais, os quais, assim como as leis da natureza, foram impostos pela divindade para todos os seres humanos. Divide dessarte o ser em três esferas: a da *physis* necessária, a natureza, a da nomos necessária, a justiça, e a da nomos voluntária ou contingente, a menos importante, na qual se coloca o direito positivo.

Mais antiga do que ela, nada obstante, é a visão de que não existe um ambiente separado para os valores, a visão monista dos chamados filósofos da natureza ou

---

[22] GUTHRIE, William Keith Chambers. **The sophists**. Cambridge: Cambridge University Press, 1991, p. 57 s. ARENDT, Hannah. The human condition. Chicago/London: University of Chicago, 1958, p. 15.

pré-socráticos, a qual defende um só fundamento cósmico para ser e dever, seja divino ou não. Assim, o dever ser passa também a fazer parte da natureza e daí nascem as ideias de uma ética universal e de um direito "natural".

A mencionada separação entre os enunciados descritivos e prescritos, a partir dos conceitos gregos clássicos de *physis* e *nomos*, é retomada à sua maneira no século XVIII por David Hume, para quem enunciados prescritivos (*what ought to be*) não podem ser deduzidos de enunciados descritivos (*what is*).[23] A distinção é logo depois também utilizada por Immanuel Kant, nos conceitos de razão pura e razão prática, para quem o Sollen "não tem qualquer significação quando se observa apenas o curso da natureza".[24]

Em versões posteriores de seu trabalho, depois de sofrer críticas dos contemporâneos, Hume procura suavizar essa separação, acrescentando uma "advertência" de que a ideia original constava de um "trabalho juvenil", que ele não mais endossava.

Desde os sucessos da ciência natural, de Copérnico, Galileu e Newton, dentre outros, os filósofos passaram a procurar sistemas que garantam às "humanidades" emergentes, ao estudo do ser humano, a mesma solidez que acreditam existir nas ciências da natureza. No caso da filosofia dos juristas, almejando construir um conceito de ciência adequado ao direito, foi certamente bem recebida a ideia de que as exigências epistemológicas para um lado (ser) não seriam necessariamente aplicáveis ao outro: mesmo inexato e em desacordo com as leis da natureza, portanto, o direito seria uma ciência, uma ciência normativa, submetida às regras de conhecimento da esfera do dever ser (*Sollen*).

O neokantiano Kelsen critica Kant, para o qual tanto a esfera prática da ética quanto a esfera teórica do conhecimento provêm da mesma razão pura, porque parece contradizer a afirmação do próprio Kant de que a razão prática é fruto da vontade. Uma razão pura teórica e uma razão pura prática, que só se separam no momento de aplicação, não satisfazem a Kelsen por confundirem o mundo empírico do pensamento, descritivo, e o mundo ético da vontade, prescritivo. Para ele, a diferença está na própria "natureza" desses dois aspectos das "razões" humanas, pois a vontade é produtiva, enquanto o pensamento é receptivo.[25] O dualismo

---

[23] Cf. o vol. III, part I, section I, de HUME, David. **A Treatise of human nature**, de 1739. Na obra **Philosophical essays**, publicada em 1748 e logo depois retitulada **An enquiry concerning human understanding**, Hume escreve uma "advertência" de que agora fornece uma versão definitiva a um "trabalho juvenil". Col. Great Books of the Western World. Chicago: Encyclopaedia Britannica, 1990, vol. 33, p. 450. A ideia juvenil, entretanto, foi retomada por muitos autores posteriores e constituiu um dos esteios do positivismo jurídico.

[24] KANT, Immanuel. **Kritik der reinen Vernunft II**. In: WEISCHEDEL, Wilhelm (Hrsg.). **Werkausgabe** – in zwölf Bände, Bd. IV. Frankfurt a. M.: Suhrkamp, 1977, p. A 547, B 575.

[25] KELSEN, Hans. **Allgemeine Theorie der Normen**. Wien: Manz-Verlag, 1990, p. 63-64.

entre ser e dever não pode ser suprimido, os dois campos sequer se comunicam. Por isso, as normas expressam atos de vontade que não podem ser inferidos ou deduzidos como consequências de fatos. A ciência do direito trabalha com enunciados descritivos, a dogmática jurídica com enunciados estratégicos normativos.[26]

Um exemplo: da descrição do dado empírico de que todos esses *homo sapiens* apresentam um número igual de 46 cromossomos não se pode concluir a prescrição de que todos devem ser tratados igualmente pela lei ou que alguns devem ter mais direitos do que outros. É preciso um ato de vontade, uma escolha com poder para se tornar eficaz. Então, pois mais acordo que exista sobre o "mundo dos fatos" (todos têm 46 cromossomos), isso em nada ajuda a trasladar essa pretensa racionalidade, em um "salto" para a norma (todos devem ser tratados igualmente). Outro exemplo: mesmo que haja acordo quanto aos critérios sobre o que "é" um homem e o que "é" uma mulher, só a discricionariedade de alguma vontade vai poder determinar se "são" (isto é, se "devem ser tratados como") iguais ou diferentes.

Daí o conceito de "norma fundamental" como ponto de partida da ciência do direito, um pressuposto formal (Kelsen usa a expressão "lógico-transcendental") da validade de cada norma do sistema, o qual não traz qualquer conteúdo ético previamente determinado. O conteúdo ético, que vai certamente aparecer, vez que o direito é uma das ordens éticas e precisa produzir decisões éticas, começa somente a partir das primeiras normas postas, a "primeira Constituição", como se costuma dizer.

A norma fundamental não é empírica, não existe no mundo sensível. Toda norma empírica deve ser obedecida porque se baseia em ("retira sua validade de") outra norma empírica superior. Por isso, a sentença se subordina à lei civil e a lei civil se subordina à Constituição. Porém, essa sequência não pode ocorrer em um regresso ao infinito, precisa de um fundamento primeiro que retire de si mesmo sua validade e não se fundamente em uma norma superior. Este é a norma fundamental, que por isso mesmo é pressuposta e não posta (positivada), responde a essa exigência lógica para evitar o infinito regresso.

Em outras palavras, a "primeira Constituição", fruto do poder constituinte efetivamente originário, pode decidir pelos conteúdos que quiser, vez que retira seu fundamento de validade de uma norma fundamental que não impõe qualquer limitação de conteúdo, pois não tem ela mesma conteúdo ético. As escolhas éticas estão à disposição do governo legislador.

Isso é a base do que Kelsen chama de "dinâmica jurídica", o modelo segundo o qual a validade de uma norma não depende do conteúdo ético de uma norma superior. Se depender, como no caso das normas de moral, trata-se de "estática

---

[26] SERBENA, Cesar Antonio. **Novas perspectivas do realismo jurídico**. Rio de Janeiro: Lumen Juris, 2022, p. 191 e *passim*.

jurídica".[27] Assim Kelsen nega a existência de qualquer direito natural e sua base filosófica: a de que aquilo que deve ser já está contido em algum dado do ser, aquilo que deve ser decorre naturalmente de algo que é. Mesmo o sociologismo da Escola do Direito Livre, critica Kelsen, apesar de se pretender positivista quanto aos valores, é devedor filosófico do direito natural porque pretende reduzir o direito aos "fatos sociais". Ao contrário, a Teoria Pura procura fundamentar a ciência do direito em seu objeto autônomo e em seus métodos próprios de conhecimento.

Autores há que se recusam a reduzir as esferas do agir a ser e dever ser e propõem outras classificações e novas tipologias. Von Wright, apenas para dar um exemplo, afirma que as regras de um jogo não são prescritivas (como as "leis do Estado") nem descritivas (como as "leis da natureza"), mas pertencem a uma terceira classe, que denomina determinativas (como as "leis da lógica").[28]

As contribuições da retórica, que incluem muitas teorias contemporâneas sobre a linguagem, lançam outra luz sobre o problema da separação entre essas "esferas" – mais propriamente tipos de enunciados da linguagem humana – e sobre o problema da ciência do direito. Para esclarecer, pode-se começar pelos aspectos sintático, semântico e pragmático da linguagem.[29]

De uma perspectiva sintática, o critério para fundamentar a distinção entre ser e dever ser parece insuficiente, pois a estrutura da frase pode usar um enunciado aparentemente descritivo para expressar uma prescrição. É comum a lei dizer, por exemplo, "é livre a manifestação do pensamento, sendo vedado o anonimato" (inciso IV) como o faz em todos os incisos do art. 5º da Constituição brasileira. O verbo ser, aqui no presente do indicativo, contudo, quer expressar um dever, e não comunicar ou descrever que a manifestação de pensamento seja efetivamente livre; o anonimato, da mesma forma, não deve, mas pode vir a ocorrer na experiência. Uma norma jurídica só vem a existir se houver ambas as possibilidades de cumprimento e descumprimento, por isso não é adequada para descrever dados empíricos.

O critério semântico, que pretende detectar a adequação entre as palavras significantes e os objetos significados, tampouco parece apropriado para compreender a separação. Ao estabelecer que a dicotomia verdadeiro ou falso só pode ser atribuída aos enunciados descritivos ignora que há enunciados aos quais a dicotomia não pode ser aplicada e que nem por isso são prescritivos, tais como os problemas metafísicos sobre a vida após a morte, a existência de Deus ou a essência

27   KELSEN, Hans. **Reine Rechtslehre.** Wien: Österreich, 2000, p. 114 s. e 196 s.

28   VON WRIGHT, Georg Henrik. **Norma y acción** – Una investigación lógica, trad. Pedro Garcia Ferrero. Madrid: Tecnos, 1970, p. 25 s.

29   Para esses conceitos sugeridos por Charles William Morris, v. HONGWEI Jia. Foundations of the theory of signs (1938) – A critique. **Chinese Semiotic Studies** 15 (1), 2019, p. 1-14. DOI: 10.1515/css-2019-0001.

do mundo, a escolha de uma profissão, de um estado civil ou da maternidade. Não tem sentido falar que uma opção é mais verdadeira do que outra nem que cumpre de modo mais completo com um dever qualquer. Não se trata de enunciados prescritivos nem descritivos.

O terceiro critério, pragmático, privilegiado pela visão retórica, vai defender que a distinção entre os enunciados de ser e dever ser, assim como a relação entre significantes e significados, dependem do uso da linguagem no caso concreto, do contexto no tempo e no espaço, o que será discutido no próximo item.

Essa separação entre ser e dever ser deu origem ao problema, muito atual, sobre que atitude se espera do cientista. Basicamente trata-se da questão de se a ciência deve se amoldar à realidade ou moldá-la. Esse problema metodológico é importante e dá origem a muita controvérsia, principalmente no setor das humanidades ou ciências sociais. A posição empírica da retórica foi exposta acima no item 2 da introdução.

Outra tese importante na discussão da cientificidade do direito, embora também controversa, assenta sobre uma segunda dicotomia, aquela entre proposição de direito (*Rechtssatz*) e norma de direito (*Rechtsnorm*). Em português, as traduções estabelecidas são, respectivamente, proposição normativa e norma jurídica. Proposição "de direito" é mais adequada, pois a *Rechtssatz* é sobre o direito, mas não é ela mesma normativa, por isso será preferida aqui. Para Kelsen, são exatamente esses conceitos que expressam as atitudes respectivamente científica e dogmática, a descritiva e a prescritiva, e é importante distingui-los. Ele chega a essa formulação no capítulo III de sua *Teoria Pura do Direito*, pois na obra anterior, *Problemas Fundamentais da Teoria Jurídica do Estado*, embora trate do problema do conhecimento, não menciona especificamente a diferença.[30]

A ciência do direito é assim tão descritiva quanto qualquer ciência natural. A dicotomia quer expressar que, apesar de o direito ser um fenômeno normativo, o conhecimento do direito não o é. A proposição jurídica são os enunciados descritivos de dados empíricos referentes a normas jurídicas, isto é, ela descreve textos positivados, condutas, acontecimentos etc., seus enunciados vão expressar o conhecimento do direito, pois esta é sua função, eminentemente cognitiva. A norma jurídica, por sua vez, consiste em um imperativo de proibições, autorizações, permissões, obrigações, sua função é prática, de orientação no tratamento de conflitos considerados relevantes pelo sistema jurídico. Ela prescreve o que deve ser, como o nome diz, é normativa; enquanto a proposição de direito descreve como as normas e condutas jurídicas são ou parecem ser ao observador.

São proposições jurídicas enunciados como "O Código Penal Brasileiro distingue homicídio doloso de culposo", "O STF Brasileiro considerou a lei número

---

[30]   KELSEN, Hans. **Reine Rechtslehre**. Wien: Verlag Österreich, 2000, p. 72.

tal inconstitucional", "O adultério não é crime na legislação brasileira", ou seja, um discurso que tem (textos de) normas como objeto, mas que não é ele mesmo normativo, não objetiva balizar condutas. É um discurso sobre o direito, mas não é composto de normas jurídicas, não é um discurso jurídico em sentido próprio, insista-se. A ciência do direito é constituída por essas proposições jurídicas, por isso ela ensina, mas não pode ser normativa e as duas perspectivas não devem ser confundidas.

> As *normas* jurídicas não são juízos, quer dizer, enunciados sobre um objeto dado ao conhecimento. Elas são, em seu sentido próprio, mandamentos e, como tais, comandos, imperativos; mas não apenas mandamentos, pois também são permissões e atribuições de poderes; em todo caso, não são ensinamentos, como por vezes se afirma, identificando o direito com a ciência do direito. O direito prescreve, permite, confere poderes, não "ensina".[31]

É dessa maneira que Kelsen fundamenta a possibilidade de uma ciência do direito.

Mas a definição dessas expressões, *Rechtssatz* e *Rechtsnorm*, como não poderia deixar de ser, não é unívoca e nem todos concordam com Kelsen: para uns, simplesmente não há qualquer diferença, são palavras sinônimas que podem ser utilizadas indistintamente.[32] Muito semelhante é a posição que não entende as duas expressões como sinônimas, porém defende que "não há direito fora das proposições de direito", o que significa que toda norma jurídica se expressa por proposições jurídicas, isto é, que a norma jurídica constitui o conteúdo da proposição e esta consiste numa "formulação linguística" da norma jurídica.[33] Um problema dessa perspectiva é identificar a proposição jurídica com o significante da norma jurídica, ou seja, com as fontes formais do direito, que constituem exatamente "formulações linguísticas de normas jurídicas." Assim, a proposição de direito seria o significante e a norma jurídica o significado.

Uma variante semântica afirma que a norma jurídica é o "sentido" da proposição normativa, daí que uma mesma norma pode ser expressa por diferentes

---

[31]   KELSEN, Hans. **Reine Rechtslehre**. Wien: Verlag Österreich, 2000, p. 73: "Rechts*normen* sind keine Urteile, das heißt, Aussagen über einen der Erkenntnis gegebenen Gegenstand. Sie sind, ihrem Sinne nach, Gebote und als solche Befehle, Imperative; aber nicht nur Gebote, sondern auch Erlaubnisse und Ermächtigungen; jedenfalls aber nicht – wie mitunter, Recht mit Rechtswissenschaft identifizierend, behauptet wird – Belehrungen. Das Recht gebietet, erlaubt, ermächtigt, es "lehrt" nicht."

[32]   LARENZ, Karl. **Metodologia da ciência do direito**, trad. José Lamego. Lisboa: Calouste Gulbenkian, 1997 (3ª ed.), nota de rodapé da p. 350: "O termo «Rechtssatz» (= proposição jurídica) emprega-se aqui, portanto, com um significado idêntico ao de «Rechtsnorm» (= norma jurídica)."

[33]   RÜTHERS, Bernd. **Rechtstheorie**. München: Beck, 1999, p. 59.

proposições, como "é proibido o homicídio" ou "matar alguém, pena de 6 a 20 anos". Ainda em outra direção, vão aqueles que entendem que a norma jurídica é uma espécie do gênero proposição de direito: há proposições gerais/abstratas e individuais/concretas e normas jurídicas são apenas as primeiras.[34] Os entendimentos são diversos, mas têm em comum considerarem importante a distinção entre proposição e norma jurídica.

A terceira dicotomia que pretende fundamentar uma ciência do direito concentra-se nos chamados níveis de linguagem, mencionados no item 6 da introdução, no contexto dos três sentidos ou níveis da retórica. Se o direito é uma forma de linguagem, o que dizer das linguagens que se dirigem a ele? Nesse modelo de relação de uma linguagem sobre outra, usa-se a dicotomia metalinguagem e linguagem, também identificada como linguagem e linguagem-objeto. Pode-se dizer que a linguagem sobre a qual uma metalinguagem fala é uma linguagem-objeto em relação a esta. Vêm logo à mente os dois paralelos: a dicotomia linguagem prescritiva (linguagem-objeto) *versus* descritiva (metalinguagem) e a dicotomia norma jurídica (prescritiva, linguagem-objeto) *versus* proposição jurídica (descritiva, metalinguagem).

Toda a linguagem científica é, assim, metalinguagem, mormente os enunciados da lógica. Esses cânones lógicos podem ser considerados, e são assim chamados, regras, mas nada têm a ver com o sentido normativo do termo "regra", como na expressão "regra jurídica", assemelham-se mais ao sentido de "leis naturais", como na "lei da gravidade".

Esses dois níveis são um dos esteios do chamado estruturalismo linguístico:

> A linguagem natural, incluindo a dimensão do significado "conotativo", está sujeita a uma descrição metalinguística que opera em termos científicos e fornece um nível de compreensão separado ou de "segunda ordem".[35]

Essa metalinguagem seria a semiologia, a teoria da linguagem, a semiótica. Porém nada impede que uma metalinguagem possa se tornar a linguagem-objeto de outra metalinguagem. E é isso que a retórica já propusera séculos atrás, sugerindo a tripartição que será aprofundada no próximo item.

A linguagem foi tradicionalmente tida como um discurso sobre a realidade, sobre um mundo que não era percebido como linguagem, mas sim como algo

---

[34] WESSER, Sabine. **Der Rechtssatz**. Berlin: Duncker & Humblot, 2006, p. 17.

[35] NORRIS, Christopher. **Deconstruction**: theory and practice. London/New York: Methuen, 1982, p. 9: "Natural language, including the dimension of 'connotative' meaning, is subject to a metalinguistic description which operates in scientific terms and provides a separate or 'second-order' level of understanding".

exterior a ela. A partir do momento em que a realidade é vista ela mesma como discurso, a linguagem sobre ela passa logicamente a ser vista como metalinguagem. Por isso a ciência, assim como a doutrina jurídica, consistem em um discurso que versa sobre outro discurso. Isso é mais nítido no campo das chamadas ciências humanas e sociais, porém mesmo a física e a química são discursos sobre uma realidade que também se exprime discursivamente, são interpretações do mundo e não exatamente o mundo.

A linguagem que comanda condutas, a linguagem da lei, por exemplo, é linguagem-objeto. A linguagem que a estuda é uma metalinguagem. Se alguém constrói um discurso sobre as relações entre a linguagem-objeto e a metalinguagem que a estuda, nada impede que se fale em uma meta-metalinguagem. É por essa tripartição, em lugar dos dois níveis anteriores, que vai a sugestão retórica para o problema do conhecimento, e por que não dizer da cientificidade, do direito.

7.4.2. Retórica realista: material (efetividade), estratégica (técnica) e epistêmica (ciência)

Esses três sentidos da palavra "retórica", referente aos seus "níveis", foram propostos no item 6 da introdução deste livro.

Curioso observar que, mesmo em autores assumidamente desconstrutivistas, a autoridade, ou pelo menos a especificidade, da ciência permanece como pano-de-fundo inquestionado. Um deles, por exemplo, apesar de apoiar a proposta de Jacques Derrida, no sentido de não separar textos "literários" de textos "críticos" e "filosóficos", paradoxalmente também dá suporte à distinção de Paul de Man entre esses três tipos de textos, de um lado, e os textos "científicos", de outro. Os textos literários, críticos e filosóficos estão próximos, mas todos parecem acreditar que os textos científicos formam um setor à parte, são dotados de menos ambivalência, logo, menos sujeitos à interpretação ou participação do sujeito.[36]

Os três caminhos apontados no item anterior, embora conectados, fornecem diferentes enfoques para o problema da cientificidade do direito: a separação entre ser e dever ser, a distinção entre proposição e norma jurídica e a bipartição entre a linguagem que constitui a realidade, chamada "linguagem-objeto", e a metalinguagem da ciência. A perspectiva retórica adotada aqui sugere um modelo de três formas de abordagem e não apenas duas, pois as dicotomias simplificam indevidamente o problema e confundem os planos de abordagem ao reduzir três a dois.

---

[36] NORRIS, Christopher. **Deconstruction**: theory and practice. London/New York: Methuen, 1982, p. 23.

Claro que as dimensões de ser e dever ser, as perspectivas descritiva e normativa, e a dicotomia de linguagem sobre linguagem apenas esquematicamente podem ser separadas. Toda conduta humana efetiva, toda "realidade" em torno do ser humano, é fruto de uma estratégia vencedora, ainda que temporariamente. Por isso se fala em "retórica material", o discurso que foi realizado, concretizado no mundo real, e em retórica "prática" (aqui chamada "estratégica"), o discurso que visa a interferir nessa materialização.[37] Além desses dois primeiros níveis, a retórica analítica pretende investigar como a retórica estratégica constitui a retórica material, o que funciona, o que não funciona, quais os elementos componentes do discurso etc. Assume uma pretensão de neutralidade, de não participar da disputa estratégica para otimizar o mundo, uma postura empírica e descritiva.

Um problema para distinguir os níveis retóricos é que as opiniões que as pessoas têm sobre a realidade do direito ao mesmo tempo constituem, produzem, fazem o direito, na medida do poder que detêm. Porém a opinião, seja privada (*doxa*) ou pública (*endoxa*), sempre pertence ao âmbito estratégico, consiste em uma metalinguagem sobre a retórica material, que é linguagem-objeto, e sua atitude é de interferência, participação, modificação do ambiente.

No mundo empírico essas perspectivas se interpenetram, não é demais repetir que são tipos ideais teóricos, no sentido já referido de Max Weber. A diferença vai depender da atitude. Pode ser que uma postura efetivamente analítica estude e defina um conceito como "raça". Porém, atribuir consequências normativas a isso (tal "raça" deve ser superior, igual ou inferior a tal "raça") jamais vai constituir uma postura analítica: será necessariamente uma postura estratégica, uma escolha.

Resumindo os três sentidos da palavra retórica mencionados na introdução: a retórica material, existencial, dinâmica (*dynamis*, δύναμις) é o discurso (temporariamente) dominante, o primeiro plano, o que o senso comum entende por "realidade"; a retórica prática, estratégica, técnica (*téchne*, τέχνη) é o conjunto de discursos que objetivam estabelecer esse discurso dominante; e a retórica analítica, científica, epistêmica (*epistéme*, ἐπιστήμη) é o discurso que procura compreender as relações entre os dois níveis anteriores. Essa tripartição já referida aqui, tomando por base a *Retórica* de Aristóteles, e sem que estivesse

---

[37] BALLWEG, Ottmar. Rhetorik und Vertrauen, in: DENNINGER, Erhard / HINZ, Manfred O. / MAYER-TASCH, Peter C. / ROELLECKE, Gerd (Hrsg.). **Kritik und Vertrauen** – Festschift für Peter Schneider zum 70. Geburtstag. Frankfurt a. M.: Anton Hain Verlag, 1990, p. 34-44. Retórica analítica e direito, Trad. J. M. Adeodato. **Revista Brasileira de Filosofia**, n. 163, vol. XXXIX, São Paulo, ed. Instituto Brasileiro de Filosofia, 1991, p. 175-184.

pensando na cientificidade do direito, é sugerida por Friedrich Nietzsche[38], uma classificação também aplicada por Ottmar Ballweg.[39]

Dentre esses três sentidos da expressão, a mais difícil de entender e aceitar, para o senso comum, é o nível da retórica material. Ele significa que, para os seres humanos, o mundo circundante é um discurso, um relato linguístico, uma narrativa. Imagine uma convicção bem trivial: Sócrates afirma que todo homem é mortal. Como sabe disso? Ora, em primeiro lugar, esse enunciado provém de todos os relatos que lhe chegaram ao longo de sua experiência de vida, sempre pessoas comunicando que outras pessoas teriam falecido, mas somente narrativas. Sim, mas e as poucas pessoas que ele pessoalmente observou morrendo? Bem, em segundo lugar, essa indução seria frágil para a obtenção de conhecimento mais preciso, ao ampliar enunciados sobre alguns para todos os casos, como mostrou Hume;[40] depois, em terceiro lugar, também as pretensas observações diretas, feitas por Sócrates e pelas demais pessoas sobre falecimentos, começam como relatos que elas mesmas se dizem ("percebo que esta pessoa faleceu"), uma espécie de conversa consigo mesmo, a qual constitui o pensamento e que é também construída pela linguagem. Esse caráter linguístico – e daí retórico – do próprio pensamento é defendido por pensadores como Agostinho e Hannah Arendt, ambos com base em Platão.[41]

Esse relato que constrói e revela a "realidade", e que a comunica, inclusive a nós mesmos, no pensamento, a "retórica material", não é porém homogêneo e dificilmente a percepção do meio circundante é consensual. As impressões com que os humanos respondem ao mesmo ambiente é muito diferenciada e elas competem entre si, adaptam-se, combinam-se. Isso não significa que o relato vencedor seja sempre o resultado de uma luta, o consenso é possível, porém existem também vitórias por ameaça, dissimulação e outras estratégias erísticas. O predomínio é sempre temporário, seja a narrativa consensual ou erística, e uma narrativa que era consensual pode se tornar erística e vice-versa. Os pré-requisitos para alcançar um consenso, todavia, são tão complexos que a via da persuasão não é comum, conforme já dito acima.

---

[38] NIETZSCHE, Friedrich. **Rhetorik**. Darstellung der antiken Rhetorik; Vorlesung Sommer 1874. Gesammelte Werke. Band 5. München: Musarion Verlag, 1922, S. 291.

[39] BALLWEG, Ottmar. Entwurf einer analytischen Rhetorik, *in* SCHANZE, Helmut *(Hrsg,)*. **Rhetorik und Philosophie**. München: Wilhelm Fink, 1989, p. 229-247. Porque a denominação de Ballweg, "retórica material", implica "matéria" e parece excluir as "formas" e outras eventuais dimensões do "ser", sugere-se aqui também a expressão "retórica existencial". O significado é o mesmo, contudo.

[40] HUME, David. **An enquiry concerning human understanding**. Col. Great Books of the Western World. Chicago: Encyclopedia Britannica, 1990, vol. 33, p. 458-459.

[41] AGOSTINHO. **De magistro** (Do mestre), trad. Angelo Ricci, Coleção Os Pensadores. São Paulo: Abril Cultural, 1973, p. 294. ARENDT, Hannah. **The life of the mind / Thinking**. New York / London: Harcourt Brace Jovanovich, 1978, p. 185.

Isso leva ao segundo sentido da retórica, o que mais se assemelha ao entendimento que o senso comum tem do termo: retórica como um conjunto de estratégias para impor um discurso. Em termos da tripartição sugerida aqui, essa retórica estratégica constitui a metalinguagem em relação à retórica daquela linguagem que produz o ambiente, material, pois busca interferir sobre ela a partir de um aprendizado de quais relatos são mais bem-sucedidos naquele contexto. Toda pessoa constrói, desde criança, essas estratégias instintivamente, de forma mais ou menos eficiente, segundo seus talentos, mas elas podem também ser estudadas e transmitidas. Assim nasceu a retórica estratégica na Sicília de Córax e Tísias.[42]

As formulações linguísticas eventualmente bem-sucedidas (retórica material) serão tanto mais instáveis quanto mais complexo seja o ambiente em que atuam. O controle dessa instabilidade é também uma função da linguagem, que precisa reduzir as dificuldades oriundas de relatos conflituosos e harmonizá-los na medida do possível, neutralizando-os, por mais imprevisíveis que sejam. Por isso as retóricas estratégicas não são erráticas, à disposição de cada pessoa ou grupo social, precisam se comunicar. Mas seu sucesso é construído de maneira altamente aleatória, que não permite prever com precisão seus resultados na formação do relato dominante. Mesmo no que diz respeito às chamadas evidências empíricas. A depender do ambiente linguístico, o que parece evidente a uns não o é para outros e estratégias outrora bem-sucedidas podem redundar em fracasso. Se no ambiente científico os dados empíricos supostamente prevalecem, em outros contextos os planetas são planos, a Terra é imóvel, algumas pessoas ressuscitam e é possível ver o futuro.

Enfatize-se que a retórica estratégica é normativa, prescritiva, no sentido de que pretende dizer como a retórica material deve ser. E, como esta retórica material resulta das retóricas estratégicas mais bem-sucedidas, ela é também normativa. Isso não significa necessariamente que uma das estratégias em competição tenha prevalecido isolada, pois as diferentes percepções e interpretações interferem umas nas outras, ações e reações em cadeias infinitas, que se mesclam. Daí o fluxo eterno, a metáfora do rio de Heráclito, a imprevisibilidade das ações de Arendt.

A persuasão que todas as partes sinceramente aceitam é uma das vias da retórica estratégica, mas não é a única. Também o são a bajulação, a ameaça do direito coercitivo, a mentira e a dissimulação, dentre muitas outras. Seu sucesso ou insucesso vai depender do contexto. O prisma idealista dos retóricos aristotélicos é reduzir a retórica estratégica à persuasão, que é muito importante, pelo seu caráter

---

[42] COLE, Thomas. Who was Corax? **Illinois Classical Studies**, Vol. 16, No. 1/2 (Spring/Fall 1991). Urbana–Champaign: University of Illinois Press.

duradouro e pacificador. Contudo, ela demanda tantas pré-condições que muito frequentemente não é possível, dando lugar às estratégias erísticas. E os juristas precisam entender como elas funcionam.

O terceiro plano retórico não é tanto parte da antropologia ou "natureza" humana como as retóricas material e estratégica, as quais nasceram com a linguagem do *homo sapiens*. A retórica analítica surgiu somente na Grécia antiga, principalmente com a *Retórica* de Aristóteles, a primeira obra que chegou aos tempos atuais a observar a retórica como um objeto de conhecimento, sem interesse prático imediato.[43] Este plano epistêmico, lembre-se, tem por objetivo descrever como interagem as retóricas estratégicas para construir as retóricas materiais. Sendo uma meta-metalinguagem, a retórica analítica não participa das estratégias do segundo nível, pois pretende observá-las e descrevê-las empiricamente, sem tomar partido em seus conflitos, como mencionado.[44]

O problema das concepções que apenas dividem linguagem e metalinguagem é exatamente confundir os planos das metalinguagens: neles, há dois tipos de atitudes inteiramente diferentes, já separadas pelo menos desde a Antiguidade grega, as quais precisam ser consideradas. Uma metalinguagem pode ser normativa, participar com estratégias de ação; e pode ser descritiva, espectadora, sem apoiar ou rejeitar qualquer das estratégias observadas. Não separar essas duas formas de metalinguagem sempre leva a uma confusão entre os discursos prescritivos estratégicos e os discursos descritivos da retórica analítica.

Retórica material	Retórica estratégica	Retórica analítica
Prescritiva	Prescritiva	Descritiva
Linguagem(-objeto)	Metalinguagem	Meta-metalinguagem

A confusão irrefletida entre a metalinguagem prescritiva da retórica estratégica e a descritiva da retórica analítica pode fazer com que o observador pense enxergar, no mundo empírico que quer descrever, supostas provas de suas convicções normativas. Por isso, Aristóteles afirmou que as órbitas dos corpos celestes seguiam circunferências perfeitas e Tomás de Aquino e René Descartes descobriram provas da existência de Deus.

---

[43] SCHLIEFFEN, Katharina von. Rhetorische Rechtstheorie, in: Gert Ueding (Hrsg.). **Historisches Wörterbuch der Rhetorik**, Band 8. Tübingen: Max Niemeyer Verlag, 2007, p. 197–214.

[44] PARINI, Pedro. A análise retórica na teoria do direito. **Cadernos do Programa de Pós--Graduação Direito/UFRGS**, vol. 12 (n. 1), 2017, p. 115-134.

Por outro lado, o conhecimento não é compatível com a atitude de um suposto observador que explica a realidade a partir de uma história pessoal ou de um ideal de vida, pois o *ethos* da isenção, ainda que tentativamente, é essencial para compreender e explicar o mundo. Aproximar-se da postura epistemológica das ciências naturais é uma tentativa da retórica analítica. No campo do conhecimento do direito, não se pode levar a sério um suposto jurista que pretende ganhar vantagens ou dinheiro se sua tese prosperar nesse ou naquele tribunal, como a defesa da inconstitucionalidade da prisão em segunda instância por tantos que advogam para presos condenados nessa condição. Esse é um debate estratégico, constituído de interesses e opiniões, perfeitamente legítimo, mas nada epistemológico e não merece ser apresentado como conhecimento.

A busca do distanciamento ajuda a diminuir o filtro das emoções e interesses que são tão dominantes no ser humano, pois a esfera do *pathos* tende a obscurecer o campo do *logos*, que é o ambiente postulado pela atitude científica. O *logos* pode ser cultivado e crescer, tanto no indivíduo como no ambiente, mas isso não é tarefa simples e antropologicamente o *pathos* e o *ethos* tendem a predominar.

No caso do direito, o membro do Ministério Público ou a advogada que defende uma causa, assim como juízas, procuradoras ou advogados públicos em geral, não podem constituir parâmetro para pretensões científicas;[45] o conhecimento não admite ações estratégicas, as quais precisamente caracterizam o trabalho desse tipo de profissional do direito. Todos eles procuram vantagens para sua parte segundo as regras do jogo processual, utilizando o espaço razoavelmente indefinido que a dogmática lhes propicia para defender seus interesses, ainda que se expressem como se perseguissem uma "busca desinteressada pela justiça" e até creiam ingenuamente nesse discurso.

Diferente é a atitude, neste caso estratégica e erística, de parecer analítico quando se está a defender uma opinião. Isso ocorre, em determinados contextos, porque os argumentos opinativos são menos considerados e a neutralidade e o distanciamento da atitude analítica podem ter grande força persuasiva. Discursos normativos não são apenas legítimos e desejáveis, são espontâneos nos seres humanos e daí inevitáveis, como já mencionado. O problema é confundi-los ou fazer opiniões passarem por dados empíricos como estratégia sofística. Essa confusão prejudica a transmissão de conhecimento e as pretensões científicas dos juristas.

7.4.3. Negação da possibilidade de conhecimento científico do direito

Prestar atenção nas perspectivas material e estratégica da retórica ajuda a entender o ceticismo em relação à cientificidade do direito, problema que ocupou diversas gerações de pensadores.

---

45   Ao contrário do que defende, por exemplo, COSSIO, Carlos. **La teoría egológica del derecho y el concepto jurídico de libertad**. Buenos Aires: Abeledo Perrot, 1964, p. 101 s., para o qual a sentença, por exemplo, é fruto de um ato de conhecimento.

O fato de o direito modificar-se constantemente, e de modo contingente, isto é, sem seguir um padrão previsível, foi um problema para muitos juristas modernos, levando até à grande dificuldade de definir o que quer dizer a palavra "direito" e que fenômeno específico designa. Há vários paradigmas na história do pensamento jurídico, como a famosa conferência de Julius Hermann von Kirchmann, "A falta de valor científico da jurisprudência", que é muito citada,[46] a qual contém a repetida frase:

> Enquanto a ciência do direito faz do contingente seu objeto, torna-se ela mesma contingência; três palavras retificadoras do legislador e bibliotecas inteiras transformam-se em maculatura.[47]

Em um contexto no qual pretendia combater a Escola da Jurisprudência de Conceitos, caracterizada pelo formalismo dogmático e pretensões rigidamente científicas, Kirchmann parte de uma dicotomia que lhe parece clara: ou a ciência do direito não tem a principal característica de uma ciência, que, em sua opinião, é "influir sobre a realidade e a vida do povo", ou simplesmente não é uma ciência e não pode ser conceituada como tal. Apesar de essa visão estratégica do papel da ciência poder ser questionada, seus comentários parecem de extraordinária atualidade:

> Que massa de leis e todavia quantas lacunas! Que exército de burocratas e todavia que lerdeza na administração da justiça! Quanto esforço em estudos, doutrina, e todavia que hesitação, que incerteza em teoria e prática.[48]

---

[46] Por exemplo: BATALHA, Wilson de Souza Campos. **Introdução ao estudo do direito**. Rio de Janeiro: Forense, 1986, p. 163; e LARENZ, Karl. **Metodologia da ciência do direito**, trad. José Lamego. Lisboa: Calouste Gulbenkian, 1997 (3ª ed.), p. 55 s.

[47] KIRCHMANN, Julius Hermann von. **Die Wertlosigkeit der Jurisprudenz als Wissenschaft** — Vortrag gehalten in der Juristischen Gesellschaft zur Berlin (1848). Berlin: Julius Springer, 1848, p. 23: "Indem die Wissenschaft das zufällige zu ihrem Gegenstande macht, wird sie selbst zur Zufälligkeit; drei berichtigende Worte des Gesetzgebers und ganze Bibliotheken werden zu Makulatur." As traduções habitualmente substituem o original *Makulatur* ("maculatura", folha descartada nas gráficas, utilizada para limpar tinta e sujeira das máquinas impressoras) simplesmente por "lixo". Os argumentos de Kirchmann são contraditados mais de um século depois por LARENZ, Karl. **Über die Unentbehrlichkeit der Jurisprudenz als Wissenschaft** (Sobre a indispensabilidade da Jurisprudência como ciência). Berlin: De Gruyter, 1966, 27 p. Em apoio crítico a Kirchmann, mais recentemente: HABA, Enrique. Kirchmann sabia menos... ¡Pero vio mejor! **Doxa** n. 14, 1993, p. 269-317.

[48] KIRCHMANN, Julius Hermann von. **Die Wertlosigkeit der Jurisprudenz als Wissenschaft** — Vortrag gehalten in der Juristischen Gesellschaft zur Berlin (1848). Berlin: Julius Springer, 1848, p. 6: "Welche Masse von Gesetzen, und doch wie vielen Lücken! Welches Heer von Beamten und doch welche Langsamkeit der Rechtspflege! Welcher Aufwand von Studien, von Gelehrsamkeit und doch welches Schwanken, welche Unsicherheit in Theorie und Praxis."

Isso ocorre porque a opinião que se tem sobre o que o direito deve ser (retórica estratégica) vai fazer, fabricar, constituir o próprio direito positivo (retórica material, as concepções momentaneamente dominantes, as regras efetivamente aplicadas aos conflitos naqueles tempo e lugar), conforme colocado acima. E as opiniões derrotadas, mas não extintas, permanecem interagindo com a retórica material eventualmente preponderante, influenciando e sendo influenciadas, amalgamando-se. Daí a fluidez dessa teia de ações, as quais interferem umas sobre as outras de maneira sempre inusitada. Como explica Arendt, a esfera da ação humana corresponde à pluralidade da vida em sociedade, na qual uma ação não pode ser separada da outra e qualquer ação iniciada provoca reações em cadeia, que fazem com que as relações sociais sejam não apenas imprevisíveis, mas também irreversíveis. Mais ainda, essas cadeias de ações não possuem começo nem fim definidos.[49]

Ora, o direito é parte de tais teias de ações. A observação de que varia de modo imprevisível, no tempo e no espaço, como dito, provocou a crítica de muitos pensadores. Uma reflexão também assaz conhecida é a seguinte:

> Não se vê quase nada de justo ou injusto que não muda de qualidade quando muda o clima. Três graus de elevação do polo colocam do avesso toda a jurisprudência. Um meridiano decide sobre a verdade, ou poucos anos de posse. As leis fundamentais mudam. O direito tem suas épocas. Estranha justiça que um rio ou uma montanha limita! Verdade do lado de cá dos Pirineus, erro do lado de lá![50]

Os argumentos de Kirchmann e Pascal, que aqui aparecem como exemplos, vêm dessa mutabilidade das regras de solução de conflitos no tempo e no espaço. O ponto de partida é que não se pode conhecer algo tão variável. Por isso, as teorias dogmáticas com pretensões científicas tentaram controlar essa instabilidade ao identificar direito e lei (*in claris cessat interpretatio*), processo judicial e autos ("o que não está nos autos não está no mundo") e coibir a discricionariedade dos

---

[49] ARENDT, Hannah. **The human condition**. Chicago/London: University of Chicago, 1958, p. 197. E ARENDT, Hannah. The Concept of History. In: ARENDT, Hannah. **Between past and future** – Eight exercises in political thought. New York: The Viking Press, 1980, p. 59.

[50] PASCAL, Blaise. **Pensées**. Paris: éd. Lefrève, 1839, Partie I, Article VI (Foiblesse de l'homme; incertitude de ses connoissances naturelles), VIII, p. 83-84: "On ne voit presque rien de juste ou d'injuste qui ne change de qualité en changeant de climat. Trois degrés d'élévation du pôle renversent toute la jurisprudence. Un méridien décide de la verité, ou peu d'années de possession. Les lois fondamentales changent. Le droit a ses époques. Plaisante justice, qu'une rivière ou une montagne borne! Vérité audeçà des Pyrénées, erreur au-delà." Na edição de 1787, há uma pequena mudança: "Un méridien decide de la verité. En peu d'années de possession les lois fondamentales changent."

juízes (com a tese do juiz como *bouche de la loi*), dentre outras estratégias argumentativas. Sem muito sucesso, pode-se acrescentar.

Um texto moderno importante sobre o problema do conhecimento do direito, intitulado "Questões persistentes", é o primeiro capítulo do livro de Herbert Hart, que começa com as seguintes palavras:

> Poucas questões referentes à sociedade humana têm sido feitas com tanta persistência e respondidas por pensadores sérios de maneiras tão diferentes, estranhas e mesmo paradoxais, como a questão "O que é direito?"[51]

O dado de que os próprios juristas não concordam sobre se o direito pode ser chamado de ciência não depende apenas da discussão desse primeiro problema, isto é, o que significa a palavra "direito", por conta de sua mutabilidade, e como distinguir o setor da realidade sobre o qual o jurista se deve concentrar, em uma palavra: o objeto de sua ciência. Um segundo problema crucial é a metodologia, isto é, a investigação da forma de abordagem adequada para conhecer esse direito, tradicionalmente o campo da teoria das fontes do direito, a procura das vias pelas quais o direito se mostra.[52] Uma terceira questão, como em qualquer discussão filosófica mais precisa, é terminológica: definir o que se entende pela expressão "ciência".

A ciência natural foi muito importante no combate às interferências da teologia sobre o conhecimento, principalmente pelos efeitos práticos no ambiente, demonstrados empiricamente, controlando doenças, aumentando a letalidade das armas, diminuindo a fome. E a filosofia a apoiou. Descartes, Locke, Kant, os filósofos cientificistas em geral se tornaram dominantes e a nova filosofia assumiu funções da teologia. Esse domínio reuniu filosofia e ciência e provocou uma decadência da metafísica tradicional, que nada obstante permanece no horizonte. Hoje, a crença na onipotência humana e na ciência, por exemplo, parece ter herdado algo da crença na onipotência de Deus, fazendo do humanismo uma espécie de religião (ver o item 12.4 adiante).

Tais sucessos das ciências naturais parecem ter sido fundamentais para a secularização da cultura ocidental e a teoria do conhecimento não ficou infensa ao fenômeno. Kant afirmou expressamente seu objetivo de fazer com que os fundamentos de todo conhecimento passassem a ser "científicos", espelhando-se em

---

[51] HART, Herbert. **The concept of law**. Oxford: Oxford University Press, 1961, p. 1: "Few questions concerning human society have been asked with such persistence and answered by serious thinkers in so many diverse, strange, and even paradoxical ways as the question 'What is law?'"

[52] SCHRÖDER, Jan. **Recht als Wissenschaft**: Geschichte der jutistischen Methode vom Humanismus bis zur historischen Schule (1500-1850). München: Beck, 2001, p. 7.

Copérnico e Newton, e confirmou o ponto de partida subjetivista da certeza de Descartes. Essa "cientificização" fez a filosofia pagar um preço: tornou-se cada vez mais incompreensível para o senso comum e, no começo do século XX, já ocupava um lugar secundário na cultura e havia sido substituída por escritores, jornalistas e pregadores na tarefa de educar a juventude.[53]

O Iluminismo e sua razão revolucionária vão se tornando conservadores, o revolucionário passa a ser anti-iluminista, irracionalista. Os filósofos mais característicos do século XX, como Heidegger e Wittgenstein, procuraram exatamente se afastar desses aportes científicos e da epistemologia correspondente, abandonando a busca por certeza. Claro que continuam a existir os filósofos cientificistas, como Nicolai Hartmann, mas esses não trazem uma postura nova e se dirigem mais ao passado, combatendo os supostos desvios trazidos pelas novas teorias do conhecimento ao papel da filosofia. Essas novas perspectivas continuam se expandindo, e a filosofia retórica é uma delas, porém a maioria dos que discutem esses temas permanecem kantianos, no sentido de que defendem o ato de conhecimento como "formal" ou "estrutural" e a filosofia como "âncora da ciência" (*ancilla scientiarum*).[54]

O problema aumenta para fundamentar uma ciência do direito, pois o estudioso parece ter que se restringir a

> ...uma tentativa de descrever aqueles fenômenos sociais que costumamos chamar de "direito" em diferentes épocas e setores. Tornou-se provavelmente claro que o termo "direito" é utilizado para fenômenos bastante diferentes e, portanto, não é surpreendente que o que é descrito dificilmente possa ser compreendido com uma definição uniforme.[55]

Na discussão sobre a importância da cientificidade, há também o caráter pragmático: em um mundo em que a ciência passou a ter tanta autoridade, é importante que uma disciplina seja considerada científica, inclusive para conseguir verbas para pesquisa. Na dificuldade sobre o que significa ciência, uma definição

---

[53]   RORTY, Richard. **Philosophy as the mirror of nature**. New Jersey: Princeton University Press, 1979, p. 4-5 e 137.

[54]   *Idem*, p. 162. V. também CAHOONE, Lawrence. The consolation of antiphilosophy: skepticism, common sense pragmatism, and Rorty. **Philosophy Today**, vol. 38, Nr. 1/4, Spring 1994, p. 204-224.

[55]   REHBINDER, Manfred. **Einführung in die Rechtswissenschft**. Berlin: de Gruyter, 1995, § 9., p. 55: "...ein Versuch, diejenigen soziale Erscheinungen zu beschreiben, die wir für verschiedene Zeiten und Bereiche jeweils als "Recht" zu bezeichnen pflegen. Dabei dürfte deutlich geworden sein, daß die Bezeichnung "Recht" für recht verschiedene Erscheinungen in Gebrauch ist, und es kann deshalb nicht verwundern, wenn das Beschriebene mit einer einheitlichen Definition kaum zu erfassen ist."

também pragmática é útil: é científica se a disciplina existe por meio de pesquisa, se possui uma doutrina (teoria) e tradição comprovadas e se dispõe de um acervo de conhecimentos considerado seguro.[56]

No uso comum da expressão ciência, permanece também a antiga oposição platônica, aceita pelo Iluminismo, que a separa de opiniões, sentimentos, suposições, intuições. Essa postura analítica transparece na dúvida metódica que caracteriza a atitude científica desde Descartes. Partindo da ideia de que todo ser humano é influenciado por impressões que não podem ser submetidas a prova ou análise, a ciência se afasta delas: cabe-lhe analisar somente os efeitos dessas "pré-compreensões", que são empíricos e se mostram na ação humana, mas a gênese das próprias pré-compreensões, as visões de mundo ou, numa palavra mais corrente, as ideologias de cada pessoa, essas são incognoscíveis.

No campo do direito e de outras disciplinas sobre comportamento do indivíduo, organização da sociedade, poder etc., ocupa papel central exatamente o debate sobre a possibilidade de tal postura analítica, a chamada "controvérsia do juízo de valor" (*Werturteilsstreit*). Para uns, os juízos de valor podem ser incluídos no conhecimento científico, ser comparados e verificados; para outros, os chamados positivistas, isso não é possível. O fato é que o ônus da prova recai sobre quem defende critérios científicos para esse tipo de juízos. E até hoje não há qualquer acordo sobre esses critérios.[57] O que fortalece os argumentos dos positivistas.

Percebe-se novamente a estreita ligação com o problema da divisão entre enunciados de ser e dever ser e a abordagem linguagem/metalinguagem. A tese aqui, repita-se, é que a ciência positiva do direito é tão descritiva quanto qualquer ciência natural, mesmo que a linguagem-objeto para a qual se dirige seja prescritiva.

Para explicar essa complexa relação entre *physis* e *nomos* e o problema do conhecimento mais ou menos adequado da realidade, uma resposta com base na retórica clássica deve ser considerada, conforme se tentou expor aqui.

Em um plano, há a linguagem do direito como efetividade, os discursos que prevalecem em determinado contexto, em determinados tempo e espaço, como a tortura ser considerada crime em tal lugar. Empiricamente, espera-se e é provável que alguém que a pratique seja efetivamente punido pelo direito, no plano da retórica material. Isso varia e não é o que ocorre em outros contextos, nos quais a tortura é permitida e praticada pelo Estado na investigação criminal, por exemplo.

Este nível da linguagem é normativo, pois precisa fazer opções entre atitudes incompatíveis e consiste no discurso temporariamente bem-sucedido, a retórica

---

[56]   RÜTHERS, Bernd. **Rechtstheorie**. München: Beck, 1999, p. 162.
[57]   *Idem*, p. 169-170.

material (a tortura é crime ou não). É um fenômeno social que se observa empiricamente, mas a retórica material não é ela mesma científica, apenas pode vir a ser objeto de ciência.

Em outro plano, também normativo, existe uma esfera de discursos que se dirigem a modificar ou manter esses discursos predominantes, aqueles relatos que pretendem prevalecer, vir a se tornar a linguagem material para a qual se dirigem. Esse impulso atávico do *homo sapiens* para "realizar" suas visões de mundo constitui a retórica estratégica, faz parte da vida ativa e tampouco se adapta à postura científica, ainda que lance mão de outras formas de conhecimento, como o emocional, o intuitivo, o opinativo.

Em um terceiro plano está a tentativa de conhecimento que mais se aproxima das diversas definições de ciência, assim como de seus parâmetros mais exitosos nas ciências físicas e biológicas. Repetindo: a retórica analítica investiga como nasce a retórica material e que meios da retórica estratégica resultam mais bem ou mal sucedidos na criação do ambiente, procurando abster-se de tomar parte nas controvérsias (a chamada εποχη, *epoché* ou "abstenção"): separa-se assim da vida ativa e insere-se na vida contemplativa da condição humana.[58] E este é o lugar do conhecimento.

---

[58] Para a diferença entre as esferas da vida contemplativa e da vida ativa: ARENDT, Hannah. **The human condition** (Vita activa). Chicago/London: University of Chicago, 1958, e **The life of the mind**. New York/London: Harvest/HBJ, 1981.

Capítulo Oitavo[1]

DAS CONCEPÇÕES ESTRUTURAIS E FUNCIONAIS À RETÓRICA DA NORMA JURÍDICA

8.1. ESTRUTURA LÓGICA DA NORMA E FUNCTORES DEÔNTICOS

Com o objetivo de sugerir um conceito para tema tão discutido como controverso na teoria geral do direito, este capítulo vai se circunscrever a um debate que começa em meados do século XX, e partir da abordagem da estrutura da norma e daí à sua função.[2] A seguir propor uma visão complementar à funcionalista, que utiliza a retórica realista para um novo conceito de norma jurídica.

A visão estrutural procura uma taxonomia conceitual que começa selecionando determinado "objeto" sobre o qual a norma incide. Depois de separadas as condutas possíveis das impossíveis e afastadas as impossíveis, as normas jurídicas descartam as condutas interiores dos indivíduos, seus desejos, aversões, pensamentos, tudo aquilo que não se manifesta exteriormente. É certo que os textos legais por vezes mencionam intenções e que a dogmática jurídica discute conceitos como boa e má-fé ou dolo e culpa, mas o relevante vai ser exclusivamente a conduta exteriorizada, pois somente a partir dela se vão depreender eventuais intenções e fés. Em outras palavras, essas condutas internas dependem exclusivamente do mundo das aparências, como já comentado.

Dentro das condutas possíveis, então, aquelas de caráter intrassubjetivo estão excluídas de apreciação pelo direito porque não podem ser empiricamente percebidas. O que ocorre "dentro" do sujeito, as "coisas ocultas", estão excluídas da incidência da norma jurídica. O direito pode obrigar o sujeito a prestar alimentos, mas nunca a amar alguém, por exemplo.

---

[1]   Parte das ideias desenvolvidas aqui foram publicadas em ADEODATO, João Maurício. Conceito retórico de norma jurídica como narrativa. **Direito e Dialogicidade**, nº 3, vol 7. Crato: URCA, 2021. Outra parte foi publicada em ADEODATO, João Maurício. Conceito estrutural de norma jurídica. **Revista da Faculdade de Direito da Universidade Federal de Pelotas**, vol. 8, n. 7. Pelotas: UFPel, 2022.

[2]   BOBBIO, Norberto. **Dalla struttura alla funzione** – Nuovi studi di teoria del diritto. Milano: Edizioni di Comunità, 1977, p. 16 s. e *passim*.

Por isso, a teoria da norma jurídica se ocupa da separação entre conflitos internos e externos, chamados de intrassubjetivos e intersubjetivos.[3] Essa distinção tem por base aquele dado antropológico: a impossibilidade de perceber empiricamente pensamentos e outros "estados de espírito" alheios. As pessoas referem-se frequentemente a sentimentos abstratos, mas atribuem significados a essas palavras a partir da percepção das atitudes dos outros, ou seja, daquilo que é externado por eles, associada à percepção interna, solipsista e intransmissível das próprias motivações.

Eliminam-se as condutas intrassubjetivas, internas, depois eliminam-se as intersubjetivas juridicamente irrelevantes e assim vai-se separando o objeto de incidência da norma.

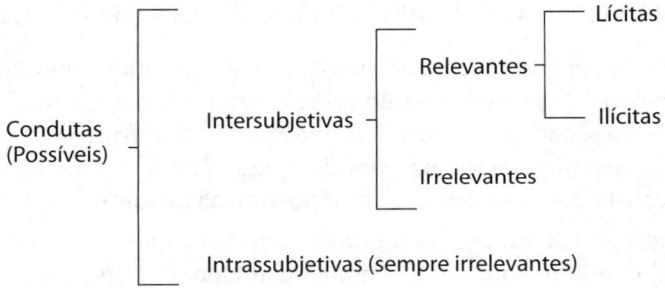

As condutas intersubjetivas se separam das intrassubjetivas pelas condições antropológicas do ser humano, que tem conflitos internos, imperceptíveis pelos demais. Tais conflitos também demandam normas para tratamento, mas não normas jurídicas. Com a incidência da norma jurídica, a divisão entre as condutas intersubjetivas relevantes e irrelevantes é feita pela hipótese; e a separação entre condutas lícitas e ilícitas é indicada pela prestação.

Diante do universo de comportamentos exteriorizados ou intersubjetivos, a estrutura lógica da norma jurídica ajuda a esclarecer a relação entre os textos jurídicos e as condutas lícita e ilícita, o que supostamente facilita a identificação, interpretação e aplicação do direito. A estrutura foi proposta por Hans Kelsen sob a denominação de norma primária e norma secundária, respectivamente. A princípio, o próprio autor as chamava inversamente. Esse debate ocupou espaço importante entre juristas do século XX, especialmente na América Latina, como Carlos Cossio, Eduardo Garcia-Maynez, Goffredo Telles Junior, Miguel Reale e Lourival Vilanova.[4]

---

3   AFTALIÓN, Enrique R.; VILANOVA, José, com la colaboración de RAFFO, Julio. **Introducción al derecho**. Buenos Aires: Abeledo Perrot, 1994, p. 344, 361, 412 s.

4   Por todos COSSIO, Carlos. **La teoría egológica del derecho y el concepto jurídico de libertad**. Buenos Aires: Abeledo Perrot, 1964, p. 333 s.

Não se trata de duas normas, Kelsen insiste nisso, mas de duas faces de uma mesma estrutura normativa. As controvérsias sobre a maior ou menor importância de um ou outro aspecto têm origem em sua afirmação de que a norma primária da conduta lícita, apesar de assim denominada, é supérflua, logicamente dedutível da norma secundária da conduta ilícita.[5] Se o texto da lei diz que é proibido matar e por esse ato atribui uma sanção ao agente, fica claro que a conduta lícita é respeitar a vida. Por outro lado, só por saber que determinado ordenamento prescreve o respeito à vida não se pode deduzir se a sanção pela conduta ilícita será reclusão de seis a vinte anos ou pena de morte, por exemplo. Por isso a norma "secundária" precisa ser expressa e a "primária" pode ser omitida.

Às vezes a separação entre normas primária e secundária é mais enfatizada:

> Ainda que eventualmente juntas, por conveniência pragmática, linguisticamente formuladas como unidade, logicamente são duas proposições normativas. Lógica e juridicamente são diversas, pelos sujeitos intervenientes, pelos fatos jurídicos e efeitos.[6]

A discussão sobre qual dos dois lados seria mais "primário", no sentido de mais importante e decisivo na identificação da norma jurídica, não parece importante, pois os dois lados exigem-se reciprocamente, até de uma perspectiva lógica, como disse Kelsen.

Do ponto de vista da observação sociológica, a maioria das pessoas obedece às normas sem necessidade de serem aplicadas sanções, privilegiando a norma lícita, ou seja, esta seria mais importante (*endonorma*, de caráter endógeno), como quer Cossio.

Por outro lado, se o observador quer distinguir entre espécies de normas, nunca é evidente, no cumprimento da conduta lícita, se a pessoa cumpriu uma norma jurídica, religiosa ou moral, por exemplo. Só se pode aferir a qualidade da conduta, isto é, saber se é juridicamente relevante e está contemplada por norma jurídica, a partir do caráter coercitivamente irresistível de sua sanção, ou seja, a partir do descumprimento. Se alguém se abstém de dar bom dia e de matar, por exemplo, cumprindo as prestações exigidas pelas respectivas normas, não se pode saber empiricamente se cumpriu norma religiosa, moral ou jurídica. Se o agente opta por não cumprir essas prestações, porém, vai-se perceber que não a primeira, mas a última hipótese era objeto de norma jurídica, pois suas sanções serão coercitivas. Assim privilegia-se a norma ilícita no processo de conhecimento.

---

5   KELSEN, Hans. **Allgemeine Theorie der Normen**. Wien: Manz-Verlag, 1990, p. 115.
6   VILANOVA, Lourival. **Causalidade e relação no direito**. São Paulo: Revista dos Tribunais, 2000 (4ª ed. Revista, atualizada e ampliada), p. 189.

Dada H deve ser P

Ou

Dada não-P deve ser S

A hipótese (H) é a porção ideal da norma jurídica que descreve a conduta que vai ser normatizada, tipificada, separando as condutas intersubjetivas relevantes das irrelevantes. A hipótese já implica então uma escolha, um ato de poder. Mas ela mesma não é normativa, no sentido de que não prescreve qualquer direção, apenas declara e descreve a situação sobre a qual a prescrição vai incidir.

Por isso, a hipótese vem antes do functor deôntico (dever ser), é descritiva, "dada H deve ser P". Detectar a hipótese é tarefa difícil e nisso auxiliam as disciplinas denominadas zetéticas, não dogmáticas ou propedêuticas (sociologia, filosofia, antropologia etc.). Elas vão dizer o que é assédio sexual e estupro. Por exemplo: o legislador brasileiro distingue homicídio culposo de doloso e o jurista, diante do caso concreto, precisa dizer se nele cabe a hipótese de homicídio culposo ou doloso. Ele vai ter que distinguir roubo de furto e furto qualificado de furto simples. Já entrando no trabalho dogmático, fazer a correspondência entre o caso concreto e as hipóteses normativas expressadas pelos textos significantes é a primeira tarefa hermenêutica.

A prescrição ou prestação (P) é a conduta que deve acontecer a partir da hipótese, após o functor deôntico. No futuro, é a conduta lícita que satisfaz a expectativa, razão pela qual é sempre possível uma conduta contrária. Caso o agente opte por essa conduta ilícita (não-P), incide a sanção (S), uma consequência desagradável que visa a desestimular aquela conduta no ambiente social.

Em termos lógicos, são chamadas de antecedente, a hipótese, e consequente, a prestação. A conduta ilícita representa o antecedente da sanção consequente. São assim três os elementos variáveis da estrutura de qualquer norma: a hipótese, a prestação e a sanção.

Lembre-se de que a estrutura da norma jurídica ainda traz o conectivo "dever ser", o mencionado functor deôntico, que une a hipótese à eventual prestação e une a eventual conduta ilícita à sanção. Este seria o quarto elemento da estrutura lógica da norma, o primeiro dos dois invariáveis.

Por exemplo, o art. 140, § 3º, do Código Penal Brasileiro, tem o seguinte texto:

> Injuriar alguém, ofendendo-lhe a dignidade ou o decoro: [...] § 3º Se a injúria consiste na utilização de elementos referentes a religião ou à condição de pessoa idosa ou com deficiência: Pena – reclusão de 1 (um) a 3 (três) anos e multa.

Em um caso concreto somente de injúria à condição de pessoa idosa, para simplificar, a estrutura da norma pode ser expressa da seguinte maneira:

Hipótese: Há pessoas de diversas idades diferentes.

Prestação: As pessoas devem ser tratadas igualmente e sua idade deve ser irrelevante.

Não Prestação: Ofender a dignidade ou o decoro utilizando elementos referentes à condição de pessoa idosa.

Sanção: Reclusão de um a três anos e multa.

Todos esses elementos têm tido atenção por parte da teoria geral do direito, principalmente aquela com interesses mais lógicos e analíticos, e provocado muita discussão. Talvez a mais debatida seja a dos tipos de conectivos deônticos, em geral classificados como dever (ser) obrigatório, proibido e permitido. Há uma controvérsia sobre se podem ser simplificados para somente dois functores, obrigatório e permitido, pois proibido seria o mesmo que "é obrigatório não" agir assim ou assado.

Esses functores são apenas aspectos do "operador diferencial da linguagem das proposições normativas, um de cujos subdomínios é o do direito." O dever ser, por constituir uma unidade lógica que não se refere diretamente a nenhum evento real, os categoremas, é chamado de sincategorema, sua função é relacional, é o modal específico das proposições normativas.[7]

Vilanova defende que os functores deônticos, também chamados modos deônticos, são irredutíveis um ao outro; eles são três, com os respectivos símbolos: proibido – V, obrigatório – O, permitido – P. A linguagem jurídica aplicada pelos legisladores e juízes, leigos em lógica, é confusa e em sua interpretação "mesclam--se proposições normativas, normas jurídicas e juízos-de-valor". O trabalho do jurista é detectar esse modais deônticos por trás da linguagem vulgar empregada pelos profissionais do direito. Modais deônticos podem se combinar com modais apofânticos ou aléticos, isto é, o nível descritivo da linguagem humana, na esteira de Kelsen. O autor mostra como a ideia de sistema é importante na obra de Kelsen, quanto à estrutura escalonada das normas, na qual cada ato de produção tem que ser ao mesmo tempo um ato de aplicação do direito, enfatizando inclusive o conceito de fechamento do sistema normativo.[8]

O quinto elemento da estrutura normativa, o segundo lógico e invariável, é o disjuntivo "ou". Ele indica que uma norma traz sempre a possibilidade de ser descumprida, a possibilidade da conduta de acordo ou contrária à prestação esperada. Como na divisão entre normas primária e secundária, endonorma e

---

[7]   VILANOVA, Lourival. **As estruturas lógicas e o sistema do direito positivo**. São Paulo: Revista dos Tribunais, 1977, p. 29-30.

[8]   VILANOVA, Lourival. Níveis de linguagem em Kelsen (norma jurídica / proposição jurídica). In: VILANOVA, Lourival. **Escritos jurídicos e filosóficos**, vol. 2. São Paulo: Axis Mundi / IBET, 2003, (p. 203-247), p. 205 e 234.

perinorma. Alguma confusão é trazida pela ambiguidade do conectivo "ou", que pode ser includente ou excludente. Na frase "O documento deve ser assinado por fulano ou beltrano para ser válido", tanto faz um como o outro, o sentido é includente. Na frase "Só pode ser admitido um ou outro candidato" há mútua exclusão.

O problema sobre se o conectivo da norma jurídica é includente ou excludente (disjuntivo) é também ambíguo, pois, caso se trate da ação real, a norma primária e a secundária são excludentes, ou se concretiza uma ou outra; em termos de validade, contudo, o conectivo é includente, pois ambos os aspectos da norma jurídica são simultaneamente válidos. Tanto a conduta ilícita quanto a lícita são condutas jurídicas.[9]

Aqui há o debate, de origem kantiana, iniciado na teoria do direito com a crítica de Hans Kelsen a John Austin. Contra a visão de Austin, para quem a norma jurídica consistiria em um imperativo categórico, Kelsen defende que a norma jurídica teria a forma lógica de um juízo hipotético ou de um juízo disjuntivo, composto por dois juízos hipotéticos.

A questão não deve ser confundida com aquela de entender a norma jurídica como um enunciado prescritivo, em oposição ao enunciado descritivo. Aqui se trata da função dos enunciados e "não existe nenhuma conexão necessária entre a forma e a função dos enunciados", ou seja, tanto os enunciados de função prescritiva como os de função descritiva podem se apresentar com forma lógica categórica, hipotética ou disjuntiva.[10]

A estrutura da norma jurídica não se confunde com os enunciados, as frases e palavras escolhidas pelo legislador, tribunal, o poder criador de alguma fonte do direito. O conceito estrutural de norma jurídica pretende exatamente auxiliar na condução desse processo que vai dos enunciados à norma jurídica decisória.

Em outras palavras, o intérprete se depara com um texto significante: uma petição ou requerimento, uma sentença, um acórdão ou súmula, um contrato, uma lei, um parecer. Essas são fontes do direito, expressões linguísticas que pretendem comunicar normas jurídicas. Muito frequentemente essas fontes são confusas, por diversos motivos, tais como má redação, desconhecimento do direito e/ou do evento relevante, má-fé ou mesmo dificuldades da própria matéria.

Demonstrar a estrutura das normas a partir desses textos pode ser uma tarefa difícil. Às vezes, a conduta ilícita e a sanção aparecem expressamente no enunciado, enquanto a hipótese e a conduta lícita não são mencionadas. É o caso do estilo literário do Código Penal Brasileiro, por exemplo: "Art. 121. Matar alguém: Pena

---

[9]   VILANOVA, Lourival. **As estruturas lógicas e o sistema do direito positivo**. São Paulo: Revista dos Tribunais, 1977, p. 77.

[10] ALCHOURRON, Carlos E.; BULYGIN, Eugenio. **Análisis lógico y derecho**. Madrid: Centro de Estudios Constitucionales, 1991, p. 333.

– reclusão, de seis a vinte anos." Ou "Art. 155. Subtrair, para si ou para outrem, coisa alheia móvel: Pena – reclusão, de um a quatro anos, e multa."

Por vezes, o texto da norma não expressa todos os seus elementos, pelo menos não em um mesmo artigo: a lei traz a prestação em um capítulo e a sanção (de nulidade) em outro, como no exemplo do Código Civil Brasileiro: "CAPÍTULO III – Dos Impedimentos. Art. 1.521. Não podem casar: [...] VI – as pessoas casadas;" e longe dali: "CAPÍTULO VIII – Da Invalidade do Casamento. Art. 1.548. É nulo o casamento contraído: I – (Revogado); II – por infringência de impedimento."

Outras vezes ainda, o texto da norma não aparece completo e parece não trazer a sanção, por exemplo, como na Constituição Federal, o art. 18, § 1º: "Brasília é a capital federal." Ora, esse texto refere-se à prestação, à atitude que deve acompanhar a expectativa de todos os cidadãos. E seu descumprimento acarreta sanções. Uma das sanções em caso de não satisfação da expectativa – imagine-se, se o governador do estado de Goiás proclama Brasília sua capital – está lá adiante no "Art. 34. A União não intervirá nos Estados nem no Distrito Federal, exceto para: I – manter a integridade nacional; [...]".

A estrutura lógica ficaria assim:

Hipótese: Todo país tem uma capital e há este país Brasil.

Prestação: Brasília deve ser considerada a capital do Brasil.

Ou:

Não Prestação: Agir em desrespeito à expectativa de Brasília ser considerada a capital federal, o que constitui ato contrário à integridade nacional.

Sanção: intervenção (dentre as demais pertinentes).

Assim como os debates em torno das normas primária e secundária, aqueles centrados no functor deôntico e ainda os que discutem o caráter hipotético ou disjuntivo da estrutura lógica da norma jurídica, um quarto problema interessou a muitos juristas: se a sanção é elemento essencial na estrutura lógica da norma, tema estreitamente conexo ao problema da coercitividade do direito e de sua relação com a violência legítima, tratados nos itens 6.3 e 6.4 acima.

Em que pesem a esses problemas quanto ao conhecimento do direito, o estudo da estrutura lógica da norma jurídica pretende ser uma ferramenta para guiar o jurista no emaranhado de textos contraditórios, mal escritos, atabalhoados, que muitas vezes resultam da atividade legislativa. Essa estrutura funciona como uma ponte entre os significantes linguísticos, como o texto da lei, e seus significados, que o direito precisa construir e determinar para o caso concreto.

8.2. DISTINÇÃO ENTRE REGRA E PRINCÍPIO

No debate sobre o conceito de norma jurídica tem desempenhado um papel presente a discussão sobre o que seria um princípio em direito. A palavra tem origem no grego αρχή (*archí*), depois no latim *principium*. Originalmente designa um ponto de começo, tanto em seu primeiro significado de começo no tempo (o momento do princípio da viagem), como na acepção derivada de começo no espaço (o local do princípio da viagem). Pela importância desses princípios/começos nas relações sociais, provavelmente, logo aparece o significado mais relativo e metafórico de princípio como algo hierarquicamente superior. Princípio é início e também domínio, indica prioridade.[11]

Os filósofos ocuparam-se do conceito e lhe foram acrescentando suas interpretações, que paulatinamente penetraram na linguagem comum. Anaximandro, por exemplo, parece ter sido o primeiro a acrescentar-lhe a acepção de infinito. E, bem depois, Aristóteles já classifica diversos significados da expressão: princípio como origem, causa, unidade, enunciado não hipotético, autoevidente.[12]

Embora inicialmente empregado na observação da natureza, então, o conceito de princípio logo é trasladado para a esfera ética dos *nomoi* e, desde então, permanece ligado aos conceitos de norma e regra.

No debate contemporâneo, um dos sentidos mais utilizados para "princípio" é o de "axioma", um enunciado que não entra em discussão naquele contexto, é pressuposto, consiste em uma assertiva ou norma de base que pretende valer por si mesma, estar fora do debate.

Se o conceito de princípio está ligado ao de regra, pode-se partir da classificação em dois tipos de regras: aquelas que se referem a uma conduta definida, como "é proibida a entrada neste recinto" e aquelas que dizem respeito a uma classe, a uma gama indefinida de condutas, como "é proibido causar dano injustificado a outrem" (chamadas *standards*).

Os princípios consistem em um terceiro tipo de regra, com as seguintes características: 1) referem-se à aplicação dos outros dois tipos de regras, específicas e genéricas, são metarregras; 2) dirigem-se às autoridades responsáveis pela aplicação desses outros dois tipos de regras e não às pessoas a cuja conduta essas regras se dirigem; 3) servem para justificar exceções, ampliações e restrições na aplicação das regras específicas e genéricas; 4) pelo seu caráter mais abstrato, são mais indiferentes ao conteúdo ético do caso e assim podem aparentar mais neutralidade diante das circunstâncias. Eles pressupõem a existência de outras regras, posto que se referem a elas, nelas têm seu campo de aplicação. Por isso os princípios são

---

[11] RITTER, Joachim; GRÜNDER, Karlfried. **Historisches Wörterbuch der Philosophie**. Basel: Schwabe & Co., 1989, p. 1336 s.

[12] ARISTOTLE. **Metaphysics** (1003a25). In: **The works of Aristotle**, translated by W. D. Ross, Col. Great Books of the Western World. Chicago: Encyclopaedia Britannica, 1990, vol. 7, p. 495-626, Book IV, p. 522 s.

metarregras ou "pautas de segundo grau". Sua finalidade é guiar sobre como usar os dois tipos de regras de primeiro grau.[13]

Com outra ênfase teórica, na discussão sobre os princípios em direito, tem lugar central o termo "ponderação", ligado às palavras grega *fronesis* (φρόνησις, *phrónesis*) e latina *prudentia*, no sentido de uma sabedoria prática, uma racionalidade para a vida em comum. A ponderação é a maneira pela qual essa sabedoria se expressa. Mais especificamente, ela é definida como "a técnica jurídica de solução de conflitos normativos que envolvem valores ou opções políticas em tensão, insuperáveis pelas formas hermenêuticas tradicionais." Por isso consiste no "modo típico de aplicar princípios", é uma metodologia dos princípios, o que conecta os dois temas, o da ponderação e o dos princípios.[14]

Há também a tese mais ampla de que a ponderação não é específica para os princípios, mas oferece uma metodologia para aplicar qualquer texto geral ao caso concreto. Se a ponderação está sempre presente, é preciso encontrar outros fundamentos para distinguir princípios e regras, tais como priorizar "o caráter justificativo dos princípios e seu uso racionalmente controlado" ("dissociação justificante") ou a função de antecipar qualidades dos outros dois tipos de normas, a fim de aliviar a interpretação e aplicação do direito por meio de uma "descarga argumentativa" ("dissociação abstrata").[15]

Daí a crítica no sentido de que "...todas essas técnicas tradicionais de interpretação se transformaram subitamente em ponderação...", e a busca de um conteúdo específico para a palavra. Diz-se que a hermenêutica é subsuntiva para assim distingui-la da ponderação, na qual não caberia a subsunção.[16]

Mas este é um critério frágil, pois nem a hermenêutica de regras nem a aplicação de princípios pode ser entendida como efetivamente subsuntiva. Talvez até muitos juízes e outros profissionais cotidianos do direito pensem que é, mas nunca foi, a subsunção é um discurso prescritivo, não descritivo, quer dizer, é uma forma de apresentação e não de produção de decisões. Como afirma Luhmann:

> O procedimento público contém, na melhor das hipóteses, fragmentos do processo de produção de decisões; quanto ao resto, ele serve a uma apresentação

---

[13]   CARRIÓ, Genaro R. **Notas sobre derecho y lenguage**. Buenos Aires: Abeledo-Perrot, 1994, p. 195-208.

[14]   BARCELLOS, Ana Paula de. **Ponderação, racionalidade e atividade jurisdicional**. Rio de Janeiro/ São Paulo/ Recife: Renovar, 2005, p. 23 e p. 35.

[15]   ÁVILA, Humberto. **Teoria dos princípios** – Da definição à aplicação dos princípios jurídicos. São Paulo: Malheiros, 2009, p. 64 s.

[16]   BARCELLOS, Ana Paula de. **Ponderação, racionalidade e atividade jurisdicional**. Rio de Janeiro/ São Paulo/ Recife: Renovar, 2005, p. 29.

da produção (*Darstellung der Herstellung*) da decisão [previamente] selecionada e preparada.[17]

A subsunção constitui uma maneira de mostrar a decisão depois de ocorrida no caso concreto e não de construí-la, conforme a dogmática dedutiva tradicional afirma.[18]

Tampouco é motivo para a distinção entre regras e princípios o argumento de que

> As antinomias com as quais a hermenêutica tem lidado tradicionalmente não envolvem um conflito axiológico importante ou uma disputa entre opções políticas, isto é, não se cuida de uma oposição de elementos igualmente relevantes para a ordem jurídica.[19]

Talvez muitos juízes, no Brasil, tenham passado a ser confrontados com essas "disputas entre opções políticas" devido ao fenômeno do ativismo judicial de que participam, mormente em seus níveis superiores, cujos critérios de preenchimento são também abertamente opções políticas. Porém, a hermenêutica tem sempre tratado de "conflitos axiológicos importantes", vez que nem todo conflito importante trata de disputas entre opções políticas. Precisamente porque a alegação de princípios em decisões políticas tem sido comum, é chegada a hora de utilizar o direito para balizar a política e não para ser balizado por ela.

No debate internacional, para a metódica jurídica de Müller, as tentativas de limitar direitos fundamentais por meio da "ponderação de bens e valores", de atenção a "leis gerais" ou de fórmulas de "abuso" de uma suposta prioridade material (ética) não se conseguem fundamentar sem apoio na lei positiva, metodologicamente clara e distinta:

> A totalidade de um sistema de valores de direitos fundamentais ou constitucionais não é racionalizável por meio do princípio formal da assim chamada ponderação de valores.[20]

---

[17] LUHMANN, Niklas. **Legitimation durch Verfahren**. Frankfurt a. M.: Suhrkamp, 1983, p. 124. Das öffentliche Verfahren enthält dann bestenfalls Bruchstücke des Prozesses der Herstellung von Entscheidungen; im übrigen dient es einer ausgewählten und vorbereiteten Darstellung der Herstellung des Entscheidens.

[18] SCHLIEFFEN, Katharina von. Subsumption als Darstellung der Herstellung juristischer Urteile, in: GABRIEL, Gottfried; GRÖSCHNER, Rolf. **Subsumption** – Schlüsselbegriff der juristischen Methodenlehre. Tübingen: Mohr Siebeck, 2012, p. 379-419.

[19] BARCELLOS, Ana Paula de. **Ponderação, racionalidade e atividade jurisdicional**. Rio de Janeiro/ São Paulo/ Recife: Renovar, 2005, p. 33.

[20] MÜLLER, Friedrich. **Juristische Methodik**. Berlin: Duncker & Humblot, 1997, p. 71: "Die Ganzheit eines grundrechtlichen oder verfassungsrechtlichen Wertsystems ist auch mit

Mas o que interessa aqui não é exatamente o conceito de ponderação, mas sim o de princípio, na medida em que se relaciona com o conceito de norma jurídica, objeto deste capítulo. Em seu significado jurídico, a ponderação perpassa todo o processo dogmático: encontrar enunciados, fatos relevantes, interpretar, argumentar, fundamentar, em suma, todos os passos que vão do caso à norma concretizada. Autores que defendem a necessidade de separar os conceitos aceitam a divisão de norma como gênero, do qual regra e princípio são as espécies, e afirmam que, em caso de conflito, prevalecem as regras, exatamente por não estarem sujeitas à ponderação. Tal argumento inverte a relação hierárquica entre regra e princípio e apela ao mandamento hermenêutico de que a lei especial prevalece sobre a lei geral. Além disso entende que essa percepção é prévia ao trabalho hermenêutico: "A qualidade de princípio ou regra é própria dos enunciados normativos e não o resultado final da interpretação."[21]

Parece, contudo, que não procede a afirmação de que a essência dos conceitos é diferente, a separação parece mais o resultado do trabalho do intérprete, que atribui a um enunciado a qualidade de regra ou princípio em um contexto argumentativo.

Segundo o critério da generalidade, princípios seriam normas fundamentais ou generalíssimas do sistema, as normas mais gerais.[22] Esse critério de generalidade seria o mais comum, além de sugerir superioridade hierárquica em relação às demais normas. O problema é que, apesar de aparentemente quantitativo, trata-se de um critério de difícil determinação, principalmente quando o conflito é entre textos com alto grau de generalidade.

Um critério mais qualitativo distingue princípios e regras como espécies de normas. Em comum, são expressões de dever ser. Diferem na medida em que

> princípios são normas que comandam que algo seja realizado na maior medida possível, em relação às possibilidades jurídicas e fáticas. Por conseguinte, princípios são *mandamentos de otimização*.
>
> [...]
>
> Em contrapartida, regras são normas que sempre podem ser obedecidas ou não.[23]

Hilfe des formalen Prinzips der sogenannten Güterabwägung nicht rationalisierbar."

[21] BARCELLOS, Ana Paula de. **Ponderação, racionalidade e atividade jurisdicional**. Rio de Janeiro/ São Paulo/ Recife: Renovar, 2005, p. 165 e 169, nota 232.

[22] BOBBIO, Norberto. **Teoria da norma jurídica**. 2.ed. São Paulo: Edipro, 2003, p. 81.

[23] ALEXY, Robert. **Theorie der Grundrechte**. Frankfurt a. M.: Suhrkamp, 1986, p. 75-76: „... daß Prinzipien Normen sind, die gebieten, daß etwas in einem relative auf die rechlichen und tatsächlichen Möglichkeiten möglichst hohen Maße realisiert wird. Prinzipien sind demnach *Optimierungsgebote*. [...] Demgegenüber sind *Regeln* Normen, die stets nur entweder erfüllt oder nicht erfüllt werden können." Criticamente ÁVILA, Humberto.

Em comum, ambas são normas porque seus enunciados dizem o que deve ser. A questão não é criticar a imprecisão do conceito de ponderação, se é demasiado "aberto" ou "geral", como o próprio Alexy disse da tópica, por exemplo,[24] mas sim avaliar se cabe o significado novo, mais adequado ao direito contemporâneo, que se lhe quer emprestar.

Para uma corrente mais cética, os princípios são utilizados para não decidir, para julgar sem fundamentação: "princípios são casos extremos de indeterminação normativa". Ao contrário da tese de que regras devem prevalecer por serem mais específicas, o que ocorre na prática é o contrário: os princípios são tomados como critério de maior importância na hierarquia do ordenamento jurídico e assumem a função pragmática de impor-se sobre as regras que não se desejam aplicar no caso, alegando-se a metarregra *lex superior derogat lege inferiori* sobre a *lex specialis derogat lege generalis*.[25]

Os chamados princípios gerais do direito adquirem papel retórico de relevo na aplicação do método sistemático, pois eles pretendem unir normas distintas por meio de um objeto comum que todas visam a proteger, como, por exemplo, a ampla defesa processual. Dessarte, em caso de conflito de fontes, aquelas que facultassem a ampla defesa deveriam ser privilegiadas pelo intérprete. O problema é que esses princípios frequentemente estão em conflito, pois a celeridade e a efetividade processual ("justiça tardia é injustiça"), por exemplo, opõem-se pelo vértice à ampla defesa, como se vê na discussão sobre a possibilidade de prisão dos condenados em segunda instância no Brasil atual.

Mas isso não significa que a aplicação de qualquer princípio exige o sopesamento em relação a outro princípio que se lhe opõe. Na práxis jurídica, observa-se por vezes a alegação de estar sendo aplicado determinado princípio ao caso concreto, numa relação direita entre o princípio e a decisão.

A rigor, a diferença entre regra e princípio diz mais respeito a formas de enunciados do que a uma distinção efetiva entre tipos de normas. Sua função é ampliar ambiguidade e vagueza para justificar subsunções entre textos gerais previamente aceitos como fundamentos de decisões de casos concretos que parecem não se encaixar nos critérios comuns.

8.3. DISTINÇÃO ENTRE REGRA TÉCNICA E NORMA ÉTICA

Outra distinção sempre trazida à questão do conceito de norma é aquela entre regra técnica e norma ética.

Teoria dos princípios – Da definição à aplicação dos princípios jurídicos. São Paulo: Malheiros, 2009, p. 63.

[24] ALEXY, Robert. **Theorie der juristischen Argumentation** – die Theorie des rationale Diskurses als Theorie der juristischen Begründung. Frankfurt a. M.: Suhrkamp, 1983, p. 40-41.

[25] SUNDFELD, Carlos Ari. **Direito administrativo para céticos**. São Paulo: Malheiros, 2012, p. 60 e 62.

A distinção entre técnica e ética, para muitos autores, já é suficiente e dispensa apelar aos substantivos regra e norma. Observam a etimologia de *nomos*, *regula* e mesmo *rectum* (de *di+rectum*), palavras que apontam para a mesma metáfora, de prumo, muro, retidão, e cujos significados se interpenetram em um gênero comum.[26] Norma é o equivalente, em grego, a regra, em latim, bastando distinguir os adjetivos técnica e ética.

Em suas origens gregas, a palavra técnica (τέχνη, *téchnē*) designa um poder, destreza, habilidade ou arte, adequadamente dirigidos a uma finalidade. Desde o começo, aparece ligada ao sentido de ferramenta, máquina (μηχανή, *michani*), expressão da criatividade humana, arte, artificial, em oposição à natureza. Este sentido de "arte mecânica" foi a pouco e pouco se destacando como sentido principal da palavra técnica.

A democracia na Atenas do século V a. C. e a retórica dos sofistas ampliaram o sentido da técnica para a arte de saber lidar com praticamente todas as atividades humanas. Etimologicamente isso se revelaria no sufixo "ica", no caso do português, até hoje presente, com variações, em todas as línguas ocidentais, a designar manifestações de arte e conhecimento: aritmética, retórica, música, botânica, informática, física, química e assim por diante.[27] "Em geral, *téchne* é "toda série de regras por meio das quais se consegue algo.""[28]

A dificuldade já está nas diferenças e semelhanças entre os conceitos de regra e norma, além de uma série de outros conceitos correlatos como prescrição, dever ser, ética, técnica e outros. O dicionário especializado já coloca três sentidos diversos, que se interpenetram e têm extensões diferentes:

Regra – 1. Sinônimo da "norma" ou "diretriz" como enunciado tendo função prescritiva.

2. O gênero que contém as normas, diretrizes e outras prescrições.

3. Proposição geral descrevendo uma regularidade.[29]

Um critério sugerido é o da perspectiva temporal do pensamento: a ética elege aqui e agora uma finalidade futura para orientar a ação, enquanto a técnica parte dessa finalidade futura, dirige-se ao passado e procura unir causalmente os fins e meios até o aqui e agora que é o ponto de partida.[30]

---

[26]   CRUZ, Sebastião. **Ius. Derectum (Directum)**. Coimbra: Gráfica de Coimbra, 1971, 74 p.

[27]   RITTER, Joachim e GRÜNDER, Karlfried (*Hrsg.*). **Historisches Wörterbuch der Philosophie**. Basel/Stuttgart: Schwabe & Co., 1971-1992, Bd. 10, p. 940.

[28]   FERRATER MORA, José. **Diccionario de Filosofía**, Tomo 2, verbete "Técnica". Buenos Aires: Editorial Sudamericana, 1968, p. 763.

[29]   ARNAUD, André-Jean *et al.* **Dicionário enciclopédico de teoria e de sociologia do direito** Rio de Janeiro: Renovar, 1999, p. 681.

[30]   AFTALIÓN, Enrique R.; VILANOVA, José, com la colaboración de RAFFO, Julio. **Introducción al derecho**. Buenos Aires: Abeledo Perrot, 1994, p. 420.

Outra é a explanação de Von Wright, que ressalta a importância de não confundir normas técnicas com normas hipotéticas, duas espécies de um mesmo gênero. As normas hipotéticas são prescrições, mas as normas técnicas não são descrições nem prescrições. Em comum, as normas hipotéticas e as técnicas são juízos hipotéticos (condicionais), não juízos categóricos.

Observe sua curiosa terminologia:

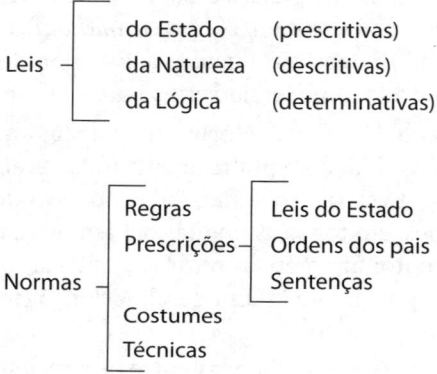

Então: as normas constituem um gênero, separado do gênero das leis. Estas se subdividem em leis do Estado (prescritivas), leis da natureza (descritivas) e leis da lógica (determinativas, como no jogo). As normas, por sua vez, apresentam quatro espécies: regras (de jogo, por exemplo), prescrições (ou regulações: leis do Estado, ordens dos pais, decisões dos tribunais), costumes e normas ("diretrizes") técnicas.

O autor vê uma terceira classe nas leis da lógica e do jogo, as quais não são prescritivas nem descritivas, como as normas técnicas. Tampouco considera regras de jogo nem costumes como prescrições, embora sejam normas, isto é, nem toda norma é uma prescrição.[31]

A distinção entre normas éticas e normas técnicas pode ser vista de perspectiva mais retórica e empírica, ou realista, isto é, tentar encontrar seu significado pelo seu uso na pragmática da linguagem. Assim, "norma", "ética", "prescrição", "dever ser" são palavras criadas em diferentes lugares, épocas e tradições linguísticas, que vieram a convergir para a mesma esfera do *nomos*, ainda que com pontos de referência diversos.

A técnica, contudo, vem de outra tradição.

---

31 VON WRIGHT, Georg Henrik. **Norma y acción** – Una investigación lógica, trad. Pedro Garcia Ferrero. Madrid: Tecnos, 1970, p. 29, p. 91 e p. 178.

Na visão mais difundida na filosofia do direito, dentre as regras hipotéticas, expressas em forma imperativa, há dois tipos principais: as que apontam para um dever ser e aquelas que se referem a uma necessidade. As primeiras são as regras éticas ou normas e as últimas são as regras técnicas. Estas últimas somente indicam os meios eficientes para atingir determinada finalidade, não afirmam que essa finalidade deve ser atingida por qualquer motivo ou valor. Ninguém está obrigado a segui-las, ou seja, não impõem deveres, porém, se a finalidade foi escolhida, a regra técnica tem a pretensão de assumir caráter necessário.[32]

O critério meio/fim, muito utilizado para definir as regras técnicas, é controverso. Tomás de Aquino, por exemplo, entende que toda e qualquer ação humana se dirige a um fim: *"Omne igitur agens agit propter finem"*. Só assim pode-se falar em ação. Aquino utiliza cofiar a barba como exemplo de ações que não parecem se dirigir a uma finalidade, mas logo esclarece que tal ação é ela mesma um fim.[33] Assim o critério da finalidade aplica-se tanto à técnica quanto à ética. Para outros, as regras técnicas são "fórmulas do fazer", meios para atingir resultados.[34]

As regras técnicas são por vezes chamadas de "preceitos das artes", mostrando a origem comum desses âmbitos da ação humana que depois se diferenciaram. Sua estrutura lógica "se a é, b tem que ser" mostra a diferença modal em relação à regra ética, cuja estrutura lógica é "se a é, b deve ser".[35]

Como sempre, são problemas semânticos, basicamente linguísticos. Da mesma maneira que o texto de um artigo de lei pode não trazer expressamente sua sanção, como visto acima, muitas vezes normas se expressam como se fossem descrições, ocultando a prescrição que deve ser. São muitos os exemplos semelhantes ao art. 11 do Código Civil Brasileiro de 2012: "Com exceção dos casos previstos em lei, os direitos da personalidade são intransmissíveis e irrenunciáveis, não podendo o seu exercício sofrer limitação voluntária". Quando a Constituição Federal diz, no *caput* de seu artigo 5º, que "Todos são iguais perante a lei, sem distinção de qualquer natureza, garantindo-se aos brasileiros e aos estrangeiros residentes no País a inviolabilidade do direito à vida, à liberdade, à igualdade, à segurança e à propriedade, nos termos seguintes:", ela não pretende declarar que as pessoas são efetivamente iguais e possuem essas garantias, mas sim expressar um dever ideal cujo descumprimento será sancionado.

---

[32] GARCIA MAYNEZ, Eduardo. **Introducción al estudio del derecho**. Mexico: Porrua, 1978, p. 10-14.

[33] THOMAS VON AQUIN. **Summa contra gentiles**. Gesamtausgabe in einem Band Latein-sich und Deutsch. Liber tertius, capitula I-LXXXIII, p. 8 e 13.

[34] NADER, Paulo. **Introdução ao Estudo do Direito**. Rio de Janeiro: Forense, 2002, p. 30.

[35] GARCIA MAYNEZ, Eduardo. **Filosofía del derecho**. Mexico: Porrua, 1974, p. 35.

Do outro lado, a mesma ambiguidade da linguagem humana faz com que também regras técnicas, *a contrario sensu*, possam se expressar como se fossem deveres: para dar partida e fazer o veículo subir a ladeira deve-se engatar a primeira marcha, de mais força. Apesar do verbo "dever", essa regra exprime uma necessidade causal para atingir a finalidade escolhida. O adjetivo para qualificar a regra técnica é "necessária"; a regra ética é "obrigatória". As regras técnicas não constituem deveres, elas são necessárias para quem quiser atingir determinado fim.

A distinção entre ética e técnica não é evidente para os gregos mais antigos, ainda que Aristóteles já se tenha preocupado em estabelecê-la[36]. Para a gente moderna, é clara a diferença entre a maldade (ética) e a incompetência (técnica), o que, na teoria do direito, reflete na relevante distinção entre dolo e culpa, para dar um exemplo. Se a incompetência que causa danos merece ser punida, a maldade merece sê-lo com mais rigor, assim como o princípio da boa fé procura premiar a boa vontade ética em que pesem desvios técnicos. Diferentemente, para os gregos antigos toda ignorância é um mal, que provém exatamente dela, vez que quem conhece o bem o pratica.

No mesmo contexto grego, no campo propriamente da ética, tampouco é relevante, como se tornou depois do Cristianismo, a distinção entre as condutas internas e externas, pois a justiça grega não cuida da intenção, o ato efetivo é que interessa.[37] Vêm dos primeiros cristãos as tentativas mais bem-sucedidas na diferenciação entre os desvios éticos e os técnicos, ao oporem *fides* e *intellectus* e afirmarem a maior importância de um coração puro em relação à sabedoria técnica, vez que, como diz Mateus, "felizes os pobres de espírito, porque deles é o reino dos céus"[38], na mesma direção de Paulo de Tarso, que afirma: "Cuidai de que ninguém vos leve novamente à escravidão com filosofias falazes e vãs, fundadas em tradições humanas e não em Cristo"[39].

O bem não está no intelecto que compreende e conhece, porém na vontade que quer crer, esta é o centro da ética[40]. A ética se manifesta por meio de normas e

---

[36] ARISTOTLE. **Nicomachean ethics** (VI, 4, 1140a). In: **The Works of Aristotle**, translated by W. D. Ross, Col. Great Books of the Western World, v. 8. Chicago: Encyclopaedia Britannica, 1990, p. 333-436, p. 388-389.

[37] DODDS, Eric Robertson. **Los griegos y lo irracional**. Trad. Maria Araujo. Madrid: Revista de Occidente, 1960, p. 15.

[38] **Evangelho** de Mateus, 5 (3). Ver a respeito ARENDT, Hannah: Tradition and the Modern Age, *in*: **Between past and future** – eight exercises in political thought. New York: Penguin, 1980, p. 31 e 35 s.

[39] TARSO, Paulo de. **Epístola aos Colossenses**, 2 (8).

[40] ARENDT, Hannah. **The Life of the Mind**, vol. 2, **Willing**. New York-London: Harvest--HJB, 1978, p. 67 s. e 84 s.

as normas jurídicas, por sua coercitividade, são as únicas que pretendem se impor a todos. Daí a importância do conceito.

8.4. RAZÃO E TEMPO: A COMPLEXIDADE DO FUTURO

Agora procura-se passar do conceito estrutural para um conceito funcional de norma jurídica, tão importante na teoria do direito que chega a confundir-se com o próprio conceito de direito. O contexto funcionalista entende a norma como estratégia para controle de complexidade e aqui se procura complementá--lo por meio de uma perspectiva retórica de expectativas como construções linguísticas.

Em uma visão retórica realista, o que se chama de "norma" consiste em uma estratégia para reduzir agora a complexidade do futuro. É um dos aspectos mais relevantes da "racionalidade", que diz respeito ao controle, não só dos comportamentos, mas também das expectativas das pessoas a respeito desses comportamentos. A norma exerce controle sobre a conduta humana de forma mediata, na medida em que controla de forma imediata as expectativas de conduta.

Para desenvolver essa perspectiva, pode-se começar pelo conceito de complexidade, uma contribuição da teoria dos sistemas, que tem em Niklas Luhmann um de seus principais nomes no século XX, inspirado em diversos antecessores, dentre os quais Talcott Parsons e Humberto Maturana. A compatibilidade entre a teoria dos sistemas e uma visão retórica da filosofia do direito, tentada aqui, já foi sugerida há algum tempo.[41]

Complexidade não é uma operação desempenhada pelo sistema social. É um conceito, um instrumento para observação e descrição de qualquer contexto fático, que não precisa ser necessariamente um sistema. Nos sistemas sociais, a complexidade resulta das características de sentido, autorreferência, reprodução autopoiética e fechamento operativo; e esse fechamento se dá por meio do monopólio de um tipo operativo próprio: a comunicação.

A própria constituição da comunicação leva à hipercomplexidade, que surge de relatos sobre relatos, observações sobre observações ou descrições sobre descrições (*Beschreibungen*), incluindo auto-observações e autodescrições. Por meio dessa recursividade de comunicação sobre comunicação, as possibilidades de relações entre os elementos de um sistema crescem muito mais do que esses mesmos elementos. Por isso a comunicação se retroalimenta e é infinita.[42]

---

[41] Desde os anos 80 por BALLWEG, Ottmar. **Analytische Rhetorik** – Rhetorik, Recht und Philosophie. Frankfurt a. M.: Peter Lang, 2009 (Rhetorik und Vertrauen, p. 128, e Rhetorik und Res humanae, p. 137).

[42] LUHMANN, Niklas. **Die Gesellschaft der Gesellschaft**. Frankfurt a. M.: Suhrkamp, 1998, Teilband I, p. 134-144.

O interesse retórico por essa visão da teoria dos sistemas é assim fácil de perceber. Comunicação é discurso e este é o foco de interesse da retórica.

Importante é também o conceito de expectativa, vez que a retórica vai atribuir à norma uma função antropológica tranquilizante contra a angústia do porvir. É preciso enfrentar as incertezas de um futuro irremediavelmente contingente e os riscos que oferece. Na luta contra a decepção, as pessoas institucionalizam expectativas de conduta por meio de padrões. Estes são as normas, dizem como as expectativas devem ser e aparentam garantir que o futuro vai satisfazê-las.

Se a complexidade e o futuro são sempre contingentes, as instituições e normas que procuram controlar essa contingência são elas também contingentes. Isso significa que sempre serão possíveis outras alternativas que desempenharão o mesmo papel. A complexidade cresce com a diferenciação social e diferenciação social significa que aparecem cada vez mais possibilidades de conduta no horizonte das escolhas.

As pessoas modificam algumas expectativas, outras, não. Podem mudá-las por verem probabilidade de decepção ou mesmo para adaptar expectativas já decepcionadas. Luhmann fala de expectativas cognitivas quando elas se conformam à situação e se modificam de acordo: alguém tinha a expectativa de que seria possível atravessar o rio a nado; depois de ver vários bons nadadores se afogarem, passa a ter a expectativa de que a tentativa será mortal e desiste. Se a expectativa é que a Terra é imóvel e plana e surgem demonstrações de que ela se movimenta e é esférica, a expectativa se modifica de acordo com elas e a partir daí a Terra será considerada assim. A pessoa "aprende com a experiência", conhece empiricamente o ambiente, daí o termo "cognitiva".

Já as expectativas normativas permanecem, apesar de terem sido decepcionadas pela experiência: alguém que foi atropelado hoje continua com a expectativa de não o ser amanhã, a decepção é, por assim dizer, ignorada. Se uma pessoa tem a expectativa normativa de não ser assaltada e o é, a expectativa de não ser assaltada no futuro permanece. O direito exerce um papel crucial ao assegurar a permanência dessas expectativas, mesmo que elas sejam eventualmente desapontadas. As expectativas são simbolicamente generalizadas e assim ocorrem as interações sociais ou "reprodução de ações".[43]

Isso leva a um aspecto relevante para a história das ideias, qual seja, o débito da teoria dos sistemas para com teorias normativistas, como a teoria pura do direito. De um lado, Luhmann se afasta da dicotomia colocada por elas, na medida em que não equipara o campo do dever ser ao normativo nem o campo do ser fático ao

---

43   LUHMANN, Niklas. **Soziale Systeme** – Grundriß einer allgemeinen Theorie. Frankfurt a. M.: Suhrkamp, 1988, p. 139 e 392.

cognitivo. Para ele, o campo que se opõe ao dever ser não é o ser, mas o conhecer. Em outras palavras, o dever ser normativo também é vinculado ao mundo fático do ser, tanto as cognições quanto as normas referem-se ao ser, não há um mundo objetivo do dever ser, mas sim uma forma de conduta. O campo cognitivo, por seu turno, opõe-se ao normativo, são atitudes mentais perante o mesmo mundo. Esta é uma diferença importante e original.

De outro lado, a interpretação ontologizada da teoria pura, que enxerga uma separação independente entre ser e dever ser, o que diminuiria sua influência sobre a teoria dos sistemas, pode ser contestada. E a distinção entre atitudes prescritivas e descritivas, que mostra nítida relação com as expectativas normativas e cognitivas, já está perfeitamente clara na concepção de ciência do direito oferecida por Hans Kelsen. Ao desenvolver os conceitos de *Rechtssatz* e *Rechtsnorm*, este autor pretende distinguir uma postura eminentemente cognitiva de uma normativa,[44] como o faz a teoria dos sistemas.

Para esclarecer melhor a relação entre aumento de complexidade e diferenciação pode ser útil uma arqueologia etimológica, observar o surgimento e a emancipação das palavras, como tipos ideais a marcar a evolução social. Com os sofistas, a palavra *nomos* passa a ser empregada para designar uma esfera de ações e intenções humanas, cujo conhecimento não se poderia dar pelos parâmetros da *physis*, que eram privilegiados pelos filósofos da natureza, assim chamados exatamente por não distinguirem essas duas esferas. Apesar de enfrentar a oposição desses monistas, que consideravam as ações humanas também sujeitas às leis naturais, os sofistas e depois Sócrates firmaram a distinção na cultura ocidental.[45]

Esse campo dos *nomoi*, das normas, encontra-se com a palavra ética, que evoluíra dos seus significados primitivos de *ethos* como *habitat* de todo animal para o caráter do ser humano e daí para indicar o estudo e também as próprias regras de conduta,[46] por sua vez diferenciando-se em novos tipos ideais, expressos por palavras como religião, moral, direito.[47] A palavra direito logo designa duas ideias distintas: regras impostas pelo poder do governo, de um lado, e regras superiores, emanadas de instâncias não humanas, "naturais" (*physei*), herdeiras daquele pensamento monista anterior, segundo o qual também a aparente independência de *nomos* seria sujeita a *physis*.

---

[44] KELSEN, Hans. **Reine Rechtslehre**. Wien: Verlag Österreich, 2000, p. 72.

[45] GUTHRIE, William Keith Chambers. **The sophists**. Cambridge: Cambridge University Press, 1991, p. 58.

[46] LIDDEL, Henry George; SCOTT, Robert (comp.). **A Greek-English Lexicon**. Oxford: Clarendon Press, 1996, p. 480. BAILLY, Anatole. **Dictionnaire Grec Français** (rédigé avec le concours de E. Egger). Paris: Hachette, 2000 (27e. ed.), p. 581.

[47] ARENDT, Hannah. What is authority? **Between past and future** – Eight exercises in political thought. New York: The Viking Press, 1980, p. 120:

O direito, entendido como direito posto, por seu turno, é dividido em sentidos objetivo e subjetivo, estes se bifurcam em público e privado, o direito privado se separa em civil, empresarial, do trabalho, o direito civil diferencia o direito de família e o direito real, o direito do trabalho se divide em individual e coletivo, a responsabilidade civil distingue-se da penal. Os juristas se enredam nas dificuldades para classificar nitidamente esses termos, mas as diferenças empíricas criadas são reconhecidas por todos e a lista de exemplos pode ser ampliada. Como expressões linguísticas diferentes pretendem se referir a fenômenos distintos, o rastreamento etimológico, mesmo sem ter resultados determinantes, ajuda como método de investigação, pois as diferenciações das palavras já indicam o caminho, como em *auctoritas* e *potestas*, *jus* e *lex* ou *law* e *right*.

Essa arqueologia conceitual indica sucessivas diferenciações e mostra como a complexidade constitui um conjunto de alternativas possíveis em determinado contexto, ou seja, tudo aquilo que pode acontecer, que está no horizonte das possibilidades presentes.

Então esta é a primeira redução na determinação das expectativas: o que é considerado possível e o que não o é, separar o que faz e o que não faz parte da complexidade. Mas é preciso atentar para o seguinte: a fronteira entre o possível e o impossível também depende do contexto, do ambiente social, isto é, das narrativas predominantes sobre o que é considerado possível e impossível. Por exemplo, a bruxaria é possível em alguns contextos, enquanto as evidências científicas empíricas são descartadas em outros; estar em dois lugares ao mesmo tempo e reencarnar podem fazer parte da complexidade, ao passo que a evolução animal e a esfericidade da Terra podem vir a ser excluídas das possibilidades do discurso.

A história da filosofia mostra que esse conceito de possibilidade em Luhmann, vinculado aos de complexidade e expectativa, separando o possível do efetivo ou "realizado", não é de modo algum evidente, mas apenas um dos conceitos a serem considerados. Embora Luhmann não os problematize. Nicolai Hartmann, por exemplo, aponta seis conceitos diferentes de "possibilidade" na história do pensamento ocidental[48].

Ele parte da análise da distinção aristotélica entre potência (*dynamis*, δύναμης) e ato (*energeia*, ενέργεια) e começa por verificar que não se confunde com a dicotomia forma e matéria nem tampouco com a dicotomia possibilidade e efetividade. Ao investigar as relações entre o possível e a realidade, aponta, em primeiro lugar, o conceito de possibilidade como "potência para se tornar algo", como a semente em relação à planta. A realidade é uma consequência da

---

48   HARTMANN, Nicolai. **Möglichkeit und Wirklichkeit**. Berlin: Walter de Gruyter, 1966, p. 9-10.

possibilidade. Um segundo sentido, trazido pela chamada aporia da Escola Ele-ática, entende a possibilidade como uma parte do porvir, um modo de ser que é parcialmente real e está entre o ser e o não ser, ou seja, o que é possível já existe agora e não apenas "em potência", ainda que não exista plenamente. Não são dois, porém três, os modos do ser: o ideal, o porvir (que contém a possibilidade) e o real. Um terceiro sentido é o de possibilidade como algo que existe perma-nentemente na esfera do ser ideal, assim como a circunferência e o triângulo. O senso comum se equivoca ao confundir o que existe com o que é real, pois há objetos que existem e não são reais, como as figuras geométricas: a possibilidade existe efetivamente na esfera ideal, embora não na realidade. Em quarto lugar, possibilidade entendida como um conceito para lidar com o futuro, sem efeti-vidade atual, sem efetividade no momento. O presente traz uma pluralidade de possibilidades futuras, dentre as quais uma se efetivará. A efetividade vai então mostrar que possibilidade se realiza, torna-se parte da esfera real. Depois, uma quinta variante entende possibilidade como fase de um processo em movimento, um processo de constituição do ser que se iniciou e aguarda completar-se para se tornar efetivo. Finalmente, a Escola Megárica identifica possibilidade com efetividade e defende que a distinção é ilusória, pois só é possível aquilo que se efetiva. Em outras palavras, se não se efetivar é porque não era mesmo possível. Só se diz que é possível chover, por exemplo, porque não se conhecem as con-dições causais do momento: se for possível chover, choverá, e se não chover é porque não era possível chover.

Dentro de sua concepção de complexidade, Luhmann parece entender possi-bilidade nessa quarta acepção – por sinal a mais próxima da linguagem cotidiana, do senso comum e dos dicionários – sem lhe dar, contudo, conteúdo ontológico: as possibilidades são constituídas pelas expectativas das pessoas e são infinitamente mais numerosas do que aquilo que se efetiva.

Afirma que a representação de complexidade na "forma de sentido", desen-volvida em algum ponto na evolução da espécie humana, é o que torna possível a comunicação. E essa "forma" é uma unidade composta de dois lados: possibilidade e efetividade, que o autor equipara, no que denomina "uso operativo", a potencia-lidade e atualidade.[49] Observe-se a relação de equivalência que se estabelece entre possibilidade e potência, de um lado, e efetividade e ato, de outro, relação que não é unânime, como dito.

Transformar o possível no provável e o provável no real é uma estratégia retórica erística, quando planejada, mas também pode se dar inconscientemente. As pessoas imaginam um acontecimento possível e falam dele como se já fosse provável ou mesmo efetivo. Daí a ironia do escritor:

---

[49]   LUHMANN, Niklas. **Die Gesellschaft der Gesellschaft**. Frankfurt a. M.: Suhrkamp, 1998, Teilband I, p. 55.

Quem o possui (o sentido da possibilidade) não diz, por exemplo: Isto ou aquilo aconteceu aqui, vai acontecer, tem que acontecer; mas ele inventa: Aqui poderia, deveria ou teria que acontecer; e quando alguém lhe esclarece sobre qualquer coisa, que seria do jeito que é, ele pensa: Bem, provavelmente poderia ser diferente. Assim o senso de possibilidade poderia ser diretamente definido como a habilidade de pensar tudo o que poderia muito bem ser e não considerar o que é como mais importante do que o que não é.

Tais pessoas de possibilidade vivem, como se diz, em uma teia mais sutil, em uma teia de névoa, imaginação, devaneio e conjuntivos; ... Se se quer elogiá-los, esses tolos também são chamados de idealistas...[50]

8.5. FUNÇÃO DA NORMA DIANTE DAS EXPECTATIVAS DE COMPORTAMENTO

A função da norma, para a teoria dogmática de base kelseniana, confunde-se com seu functor deôntico, é o próprio dever ser:

A função específica de uma norma é a imposição de uma conduta fixada. "Imposição" significa o mesmo que "prescrição", para diferenciação de "descrição". Descrição é o sentido de um ato de conhecimento; prescrição, imposição do sentido de um ato de vontade. Descreve-se algo dizendo-se como ele é, prescreve-se algo – especialmente uma certa conduta – expressando-se como ele deve ser.[51]

A função da norma aqui colocada, por sua vez, toma base na concepção de Niklas Luhmann já mencionada. Ele sugere que o mundo humano é constituído por relações de significados e que essa "comunicação" vai além dos constrangimentos genéticos da espécie, não pode ser deduzida somente deles. O conceito central que

---

[50] MUSIL, Robert. **Der Mann ohne Eigenschaften**. Herausgegeben von Adolf Frisé. Reinbeck bei Hamburg: Rowohlt, 2006, p. 16: Wer ihn besitz (das Möglichkeitssinn) sagt beispielsweise nicht: Hier ist dies oder das geschehen, wird geschehen, muß geschehen; sondern er erfindet: Hier könnte, solte oder müßte geschehn; und wenn man ihm von irgend etwas erklärt, daß es so sei, wie es sei, dann denkt er: Nun, es könnte wahrscheinlich auch anders sein. So ließe sich der Möglichkeitssinn geradezu als die Fähigkeit definieren, alles, was ebensogut sein könnte, zu denken und das, was ist, nicht wichtiger zu nehmen als das, was nicht ist. Solche Möglichkeitsmenschen leben, wie man sagt, in einem feineren Gespinst, in einem Gespinst von Dunst, Einbildung, Träumerei und Konjunktiven; ... Wenn man sie loben will, nennt man diese Narren auch Idealisten...

[51] KELSEN, Hans. **Allgemeine Theorie der Normen**. Wien: Manz Verlag, 1990, p. 76: „Die spezifische Funktion einer Norm ist das Gebieten eines bestimmten Verhaltens. „Gebieten" ist gleichbedeutend mit „Vorschreiben", zum Unterschied von „Beschreiben". Beschreiben ist der Sinn eines Erkenntnisaktes; Vorschreiben, Gebieten der Sinn eines Willensaktes. Man beschreibt etwas, indem man aussagt, wie es ist, man schreibt etwas vor – insbesondere ein bestimmtes Verhalten – indem man zum Ausdruck bringt, wie es sein soll."

vem acompanhar o de complexidade é o de contingência. Contingência significa que outras expectativas imprevistas podem ocorrer além daquelas previamente escolhidas; e complexidade, em resumo, quer dizer que há sempre mais possibilidades do que ocorrências efetivas. Assim, contingência sempre implica risco de decepção e complexidade sempre exige seleção de possibilidades.[52]

Diferente de possibilidade e efetividade é o conceito de probabilidade. Como sempre souberam os antigos sofistas, probabilidades não são certezas quanto ao futuro e possibilidades não se confundem com dados empíricos efetivos: o mundo empírico é um infinito de possibilidades futuras e infinitos não podem ser previstos.

Precisamente para controlar e eventualmente minimizar os riscos de expectativas frustradas, a racionalidade humana cristaliza expectativas em relatos sobre como o futuro deve ser e esse fenômeno consiste em uma institucionalização mais ou menos bem sucedida. A norma é uma dessas institucionalizações de expectativas, escolhendo aquelas possibilidades que devem se realizar e aquelas que não. Ela se expressa por meio da linguagem e, no caso da norma jurídica, essa linguagem são as secularmente chamadas fontes do direito, analisadas adiante no próximo capítulo.

Tais institucionalizações são contingentes, posto que o futuro é sempre contingente, ou seja, podem se concretizar outras possibilidades, além daquelas esperadas, como dito. O papel das normas, no controle das expectativas e assim também dos problemas quanto ao futuro, é fazer com que seus destinatários percebam seus comandos como algo que vai efetivamente ocorrer e não como meras escolhas diante de diversas possibilidades. Esse dado antropológico, "o dever ser da razão", faz o *homo sapiens* se comportar como se dominasse a contingência; fá-lo, estando no campo das possibilidades, comportar-se como se estivesse no campo da efetividade. Por isso, de uma visão antropológica, vive, literalmente, em uma fantasia.[53]

Os relatos por meio dos quais o ser humano percebe o mundo podem ser mais ou menos influenciados por elementos supostamente considerados comuns a todos, tais como dados empíricos da percepção sensível ou estruturas lógicas de pensamento da espécie, âmbito do *logos*. Dados empíricos estes que são descritos por meio de palavras, que parecem inteligíveis para todos, como o verde dos vegetais, o azedo do limão e o postulado de que um criminoso não pode estar em dois lugares ao mesmo tempo. E estruturas lógicas, como o silogismo apodítico "se x é igual a y e y é igual a z, logo x é igual a z". Argumentar e decidir com apoio em dados empíricos e lógicos, a depender do ambiente, constituem fortes aliados para impor determinado relato como dominante. Mas nem sempre.

---

[52] LUHMANN, Niklas. **Rechtssoziologie**. Reinbeck bei Hamburg: Rowohlt, 1972, p. 31 s.

[53] GEHLEN, Arnold. **Der Mensch** – seine Natur und seine Stellung in der Welt. Wiebelsheim: Aula-Verlag, 2009, p. 135.

As escolhas feitas agora quanto ao futuro vão servir de partida para novas seleções de alternativas, vale dizer, a contingência é retroalimentada e se torna infinita, por isso o caráter imprevisível dessas seleções. Caso as expectativas passadas sejam decepcionadas no presente, ainda há a alternativa de modificá-las retroativamente e conciliá-las com o agora acontecido. Assim, se altera também o passado, por meio de um relato atual, e tudo isso coopera para constituir novas expectativas quanto ao futuro e ampliar a complexidade.

Luhmann não emprega a distinção kantiana entre ser e dever ser, mas classifica as expectativas em cognitivas ou normativas, segundo definidas acima. Se uma expectativa cognitiva é desapontada pelo futuro, o sujeito a reformula ou elimina. Já uma expectativa normativa, mesmo sendo contrariada no futuro, pretende a mesma validade de antes. Normas são, portanto, "expectativas de comportamento estabilizadas contrafaticamente". A expressão "contrafáticas" se deve exatamente à relativa indiferença dessa espécie de expectativas para com os fatos, isto é, não é essencial que sejam efetivamente cumpridas[54].

Resumindo, o que ambas as espécies de expectativas têm em comum é sua atualidade, ou seja, elas existem no presente; o que as faz diferir é se funcionam aprendendo com a experiência ou de modo contrafático. Tanto as expectativas cognitivas quanto as normativas dizem respeito ao mundo empírico e acontecem agora, embora ambas tenham o futuro como horizonte. Ambos os tipos de expectativas são funcionalmente equivalentes e constituem estratégias humanas para controlar racionalmente o medo do futuro e o risco de decepção. As expectativas diferem quanto ao aprendizado, segundo se modifiquem com a decepção (expectativas cognitivas) ou não (expectativas normativas).[55] Por isso pode-se dizer que as normas controlam o futuro e a insegurança das expectativas.

Ressalta-se aqui, portanto, a relação entre a função das normas e a angústia da morte e do futuro. Esse dado antropológico é enfatizado na modernidade, como mostram as filosofias existencialistas da angústia, o enfraquecimento das instituições tradicionais, como a família e a Igreja, e o crescimento do individualismo. A sociedade hipercomplexa é fragmentada, o indivíduo não consegue compreender seus processos, seu suposto centro é um espaço vazio. Essa complexidade traz a pressão da contingência, quer dizer, um potencial de incerteza que causa emoções desagradáveis, dentre as quais o medo do futuro. O medo é um condensado de práticas comunicativas, fugazes, mas ao mesmo

---

[54] *"Kontrafaktisch stabilisierte Verhaltenserwartungen"*. LUHMANN, Niklas. **Rechtssoziologie**. Reinbeck bei Hamburg: Rowohlt, 1972, p. 43.

[55] LUHMANN, Niklas. **Ausdifferenzierung des Rechts** – Beiträge zur Rechtssoziologie und Rechtstheorie. Frankfurt a. M.: Suhrkamp, 1981, p. 73.

tempo eficazes, um sentimento que, como pano de fundo, norteia a própria percepção do mundo.[56]

Também inspirado nas "sombras de Nietzsche", Arnold Gehlen acredita que as instituições ajudam a "descarregar" o medo, interpõem-se como uma segunda natureza entre o ser humano e o ambiente, protegem-no de si mesmo. Por isso, o enfraquecimento das instituições o desalojou no mundo moderno, não há mais "em casa".[57] Com ou sem o apoio de instituições eficientes, porém, é preciso lidar com as expectativas e o medo e a angústia que as acompanham.

As expectativas cognitivas e normativas constituem relatos sobre posturas mentais diante do mundo, elas não dependem da qualidade do objeto a que se referem. É um erro pensar que as expectativas sobre assertivas de fato são sempre cognitivas e aquelas sobre opiniões são sempre normativas. Aparentes fatos podem ser percebidos normativamente e opiniões podem ser objeto de análise descritiva. Depende da expectativa, não das assertivas.

Há pessoas, por exemplo, que acreditam que a Terra tem alguns poucos mi-lhares de anos de idade e negam a teoria da evolução. A expectativa nesses casos não é cognitiva, ainda que aparente tratar-se de uma assertiva empírica, sobre supostos fatos, mas sim normativa. Demonstrações cognitivas não funcionariam nessa argumentação porque a idade da Terra e a evolução, para essas pessoas, constituem temas normativos. Da mesma maneira, discursos ideologizados, ainda que não cognitivos, podem ser observados por expectativas cognitivas, conforme procuram fazer as perspectivas analíticas ou epistêmicas.

Daí a afirmação de Blumenberg, no sentido de que, a rigor, prováveis são os fatos futuros, pois expectativas são presentes:

> A retórica não lida com fatos, mas sim com expectativas. Aquilo que, em toda sua tradição, se denominou "digno de crédito" ou "verossímil" deve ser clara-mente diferenciado, em sua validade prática, do que teoricamente se chama de "provável"[58].

---

[56]   KOCH, Lars. Angst in der verwalteten Welt. Emotive Kulturkritik bei Jünger, Gehlen und Adorno, in: **Zeitschrift für Literaturwissenschaft und Linguistik**, H. 159 (2011): Semantik der Kulturkritik, p. 41-58.

[57]   GEHLEN, Arnold. Bürokratisierung, in GEHLEN, Arnold. **Einblicke** (hrsg. Karl-Siegbert Rehberg). Frankfurt a. M.: Klostermann, 1978, p. 125-140.

[58]   BLUMENBERG, Hans. Anthropologische Annährung an der Aktualität der Rhetorik, in BLUMENBERG, Hans. **Wirklichkeiten in denen wir leben**. Stuttgart: Reclam, p. 128: „Rhetorik hat es nicht mit Fakten zu tun, sondern mit Erwartungen. Das, was in ihrer ganzen Tradition ‚glaubwürdig' und ‚dem wahren ähnlich' genannt hat, muß in seiner praktischen Valenz deutlich unterschieden werden von dem, was theoretisch ‚wahrs-cheinlich' heißen darf. "

Nos pensadores posteriores, porém, a distinção mais rigorosa do jovem Hume foi cultivada, especialmente no campo da filosofia do direito e na epistemologia jurídica. Isso porque interessava aos juristas fazer de seus estudos uma ciência especial, com suas próprias regras, uma ciência do dever. A ideia de Hume é logo retomada por Immanuel Kant, nos conceitos de razão pura e razão prática, separando o *Sollen* do *Sein*, e é mais radicalizada no século XX por Hans Kelsen, que a toma como um dos eixos centrais do positivismo.

Argúi que não se podem deduzir normas de fatos, como querem as diversas formas de jusnaturalismo. Se há um acordo sobre algum dado empírico, o que é perfeitamente possível, nada permite inferir uma norma, uma preferência valorativa sobre esses mesmos dados.[59] Pode-se concordar que alguns tipos humanos são mais baixos, de pele mais escura ou conseguem correr mais rapidamente do que outros; mas daí não se pode inferir que os indivíduos assim ou assado devem ser privilegiados ou prejudicados.

Argumentos racistas biológicos, empíricos, por exemplo, são sempre irrelevantes para o direito, assim como argumentos referentes a quaisquer diferenças ontológicas, devido a essa intransponibilidade entre ser e dever ser. Se uma "prova empírica" "demonstra" que o negro tem mais ou menos isto ou aquilo do que o branco (tem mais leucócitos, menos melanina, cérebro maior, menor massa muscular etc.), não é o dado empírico que constitui a norma. Não se podem inferir demonstrativamente quaisquer normas, qualquer prescrição que se pretenda justificar pelos "fatos". O dado empírico é apenas uma referência, a prescrição da norma propriamente dita provém de uma escolha "valorativa", uma tomada de posição ética que sempre poderia ter ido em outro sentido.

Kelsen, como discípulo de Kant, prefere dizer que um ato de vontade faz essa ponte entre ser e dever ser. Pode-se também dizer que é uma escolha de poder. Como as escolhas de poder resultam de alguma vontade, só o poder determina essa relação entre os dados empíricos e aquilo que o futuro deve ser. Porém, mesmo com a capacidade de causar dano, de impor uma versão contrária à vontade dos destinatários, de impedir acesso a algo que desejam, enfim, a prestação que o poder exige pode vir a não ser cumprida.

A concepção de norma jurídica como promessa atual sobre o futuro não segue, mas tampouco contradiz, o modelo positivista, segundo o qual "...o *status* deôntico das ações depende de certas decisões das autoridades normativas...", que são assim chamadas porque essas decisões que promulgam são "normas jurídicas". Essas normas jurídicas recortam os fatos jurídicos dos não jurídicos e viabilizam o conhecimento do direito como "fato social".[60] Relembre-se aqui aquela diferença

---

[59]   KELSEN, Hans. **Allgemeine Theorie der Normen**. Wien: Manz-Verlag, 1990, p. 44.

[60]   MORESO, José Juan; NAVARRO, Pablo; REDONDO, Cristina. **Conocimiento jurídico y determinación normativa**. México: Fontamara, 2002, p. 11.

importante: essa abordagem do conceito de norma, pela qual algumas formas de positivismo lhe emprestam uma função cognoscitiva, está ausente da perspectiva funcional da norma como promessa atual para controle atual de expectativa atual sobre o futuro.

A teoria do direito mais de vanguarda, observando o nascimento e a evolução do conceito de norma jurídica na modernidade, já prevê seu desaparecimento. O próprio sujeito é "degradado a uma mera função digital, renovável e substituível".[61] Sem a avaliação negativa, pode-se dizer que a sociedade em rede é heterárquica e dá origem a um novo "ideal de personalidade" da modernidade: *o homo digitalis*.

> As ideias de hierarquia, centralidade e central de poder perdem seu caráter evidente e durante muito tempo incontestável, especialmente na cultura europeia continental... a ordem provém agora de estruturas descentralizadas, múltiplas e adaptáveis, que estão abertas para o imprevisto e conseguem privilegiar o evento em relação à lei.[62]

Interessante observar como a tradição das línguas neolatinas consagrou a tradução "dever ser" a partir do alemão *Sollen*, já referida, que literalmente significa apenas "dever". O acréscimo do verbo "ser" pode ser entendido no contexto do pensamento ontológico dominante.

8.6. CONCEITO RETÓRICO DE NORMA COMO NARRATIVA

Condenada a pensar no futuro e a temer sua contingência, a partir de algum ponto em sua evolução, a racionalidade do *homo sapiens* cria a norma com a função de reduzir complexidade. A concepção de tempo varia nas diversas culturas: em algumas, não se separa do espaço, em outras é cíclico, para algumas é subjetivo. A solução de Agostinho é engenhosa: como o eterno não muda, o tempo é humano, pois a mudança é humana, só na mudança há antes e depois, causa e efeito.[63] Na cultura ocidental, o tempo passa a ser imaginado de modo linear, como algo que pode ser marcado e contado, ensejando a formação e a importância das ideias de passado e futuro. A predominância da cultura ocidental nos últimos séculos encarregou-se de difundir essa cosmovisão por toda a Terra. Mas ela não é de modo algum evidente.

---

[61] FERRAZ Jr., Tercio. **O direito, entre o futuro e o passado**. São Paulo: Noeses, 2014, p. 78-79.

[62] VESTING, Thomas. **Gentleman, Gestor, Homo Digitalis** – a transformação da subjetividade jurídica na modernidade. Trad. Ricardo Campos e Gercélia Mendes. São Paulo: Contracorrente, 2022, p. 269-270.

[63] AUGUSTINE. **The city of God**, trad. Marcus Dods, Col. Great Books of the Western World. Chicago: Encyclopaedia Britannica, 1990, p. 165-696, Livro XI, cap. 6, p. 378.

Tal como entendida aqui, a norma é um dos antídotos desenvolvidos na modernidade para lidar com esse pensar no futuro, ao lado de presságios e todo tipo de premonição, assim como previsões empíricas como as do senso comum e as científicas, em suma, todo esse arsenal que se refere ao que supostamente está por ocorrer. Nesse sentido, a norma constitui, literalmente, uma das formas de racionalização do futuro.

Essa compulsão para pensar sobre o futuro sem a ideia de norma no controle é desagradável, assim como o pensamento de que esse futuro será negativo e deve ser temido. A norma traz racionalidade, no sentido de previsibilidade, porque institucionaliza expectativas, torna-as mais homogêneas. Mesmo para os gregos antigos, com sua fama de mundanos e sem tantas superstições, o desespero diante do futuro da condição humana está muito presente.[64] A única certeza do indivíduo sobre o futuro, a de que vai morrer, lhe é desconhecida e, em geral, antipática. Relembrando: as normas racionalizam esse tempo futuro, antecipam um futuro racionalizado que "deve ocorrer", percebido sempre como algo que "vai ocorrer".

Entre o presente e esse fim do futuro, a complexidade é simultaneamente ine-vitável e intolerável. Se efetivamente considerasse atuais, presentes, todos os eventos que poderiam acontecer em uma situação, quer dizer, se pensasse em tudo aquilo que pode vir a ser em um contexto, nenhum humano conseguiria viver e agir no mundo. Não poderia, por exemplo, tomar um ônibus, se estivesse considerando que o motorista vai ter um enfarto ou que o passageiro ao lado vai assaltar a todos, o que é possível. As pessoas precisam se conduzir de acordo com o que as demais esperam dela, isto é, da maneira "normal", a qual é estabelecida pelas normas, dentre as quais a norma jurídica é uma das espécies. Assim, as expectativas quanto ao futuro são controladas, embora esse controle seja fictício, já que o futuro não existe para além dessas expectativas, as quais, por sua vez, são presentes e não futuras.

Retoricamente, a norma pode ser pensada como uma ideia, mas não no sen-tido ontológico, como um objeto perene de Platão. Uma ideia normativa é uma promessa pensada, uma imagem intencional do futuro, que é pensada agora e é comunicada agora – por meio de linguagem – como se fosse se tornar um evento real no futuro. Esse evento pode ou não ocorrer e corresponder às expectativas, o que equivale a dizer que a promessa pode ou não ser cumprida, ter ou não efetividade. Apesar de destacar a proximidade entre normas e promessas, outros autores opinam que "não seria totalmente correto 'identificar' a promessa com essa relação normativa."[65]

---

64   DODDS, Eric Robertson. **Los griegos y lo irracional**. Trad. Maria Araujo. Madrid: Revista de Occidente, 1960, p. 38-39.

65   VON WRIGHT, Georg Henrik. **Norma y acción** – Una investigación lógica, trad. Pedro Garcia Ferrero. Madrid: Tecnos, 1970, p. 132.

Ao considerar a norma um dos componentes ideais da razão humana, a concepção de norma colocada aqui tampouco deve ser confundida com aquela de razão como justificativa para determinadas ações ou "razões protegidas para a ação", tal como sugerido no debate a partir da obra de Herbert Hart sobre o conceito de direito.[66] O conceito de razão como justificativa da ação, um dos sentidos mais difundidos e dominantes ("ela teve sua razões"), parece tomar como ontológico um conceito que é, como todos, oriundo do uso. A mesma falácia ontológica aparece em diversos estudos de lógica jurídica, adeptos do que denominam, na esteira de Aristóteles, "modos aléticos" (ou "de verdade"): estudam aspectos lógicos do cérebro humano e atribuem ao mundo real características que, no fundo, são simples argumentos ou *modus operandi* do próprio cérebro. Assim, a necessidade é "mais forte" do que a simples verdade e esta é "mais forte" do que a possibilidade.[67] Esses constrangimentos lógicos, porém, não têm qualquer conexão necessária com a realidade com a qual o cérebro humano precisa lidar, pois toda realidade é contingente, "não tem lógica".

No sentido normativo de expectativas sobre o futuro, a sociedade consiste num sistema de comunicação que reduz complexidade e controla contingências, ou seja, incertezas do mundo empírico. A norma consiste em uma das vias de comunicação que compõem tal sistema social. A linguagem normativa limita o futuro no presente ao dizer o que deve acontecer e pretende assim garantir agora o que efetivamente vai acontecer.

A norma tem pois a função de ajudar o ser humano a lidar com o tempo. Um dos primeiros a sugerir a tese de que o tempo é subjetivo, Agostinho conclui que o tempo é uma propriedade da alma, está ligado ao ser humano e não ao universo objetivo, ideia que vai ser retomada por Immanuel Kant e Albert Einstein, dentre outros. Por isso Agostinho diz que só o presente é objetivamente real:

> Há três tempos: o presente do passado, o presente do presente e o presente do futuro... O presente do passado é a memória; o presente do presente é a intuição direta [a experiência]; o presente do futuro é a esperança [ou expectativa].[68]

Percebe-se assim a importância do conceito de norma para compreender como funciona a ética dos seres humanos e como ela se insere no tempo para garantir o futuro, estabilizar agora no presente aquilo que é mero pensamento

---

[66] NAVARRO, Pablo; REDONDO, Cristina. **Normas y actitudes normativas**. México: Fontamara, 1994, p. 45 s.

[67] ECHAVE, Delia Teresa; URQUIJO, María Eugenia; GUIBOURG, Ricardo A. **Lógica, proposición y norma**. Buenos Aires: Astrea, 2002, p. 113.

[68] AGOSTINHO. **As confissões**, trad. Frederico Ozanam Pessoa de Barros. Rio de Janeiro: Editora das Américas, 1968, p. 364.

sobre o que está por vir, sem saber exatamente o que está por vir. A norma é uma racionalização ideal do futuro, uma compensação antropológica diante dessa outra característica da razão humana que é o pensar sobre o futuro e angustiar-se com ele. Tal racionalização se expressa por meio de promessas que organizam o futuro desconhecido, tornando-o confiável. As pessoas acreditam que aquilo que deve acontecer vai efetivamente acontecer; porém, porque o futuro não existe a não ser enquanto expectativa presente, as promessas nem sempre funcionam e são frequentemente frustradas.

Diante das expectativas, a promessa é um tipo de narrativa que pretende controlar o futuro, por isso toda promessa cria norma e toda norma consiste em uma promessa. Com a promessa, o futuro se torna mais previsível e assim pode ser manipulado. Porém, o futuro é a rigor imprevisível e é constituído a cada momento por uma teia de ações e reações. Por isso, as promessas podem vir a ser descumpridas, por mais sinceras que sejam, mas também é possível manter e cumprir promessas, aliviando a angústia diante da imprevisibilidade do futuro.

As normas são constituídas de relatos linguísticos, não se esqueça. Eventos ocorrem ininterruptamente ao longo do tempo e não se devem distinguir acontecimentos e "objetos", como faz o senso comum. Objetos, como todo dado empírico, modificam-se como eventos que são, apenas essas mudanças não são tão perceptíveis pelos sentidos humanos. Por isso o ato de passar a mão nos cabelos é chamado um evento e um computador, um "ob-jeto", "posto adiante", "à frente". Essa "ob-jetividade" dos "ob-jetos" é ilusória, como tudo no mundo empírico, as "coisas" também estão no fluxo irrepetível do rio de Heráclito. A única maneira de perceber, compreender, dominar esses eventos é mediante narrativas. Os relatos cristalizam a fluidez dos acontecimentos e assim possibilitam alguma forma de conhecimento, ainda que antropomórfica.

Não se pense que o conceito de narrativa dominante ou relato vencedor deve ser entendido somente como outra denominação para "realidade". Este nome demonstra a prevalência da perspectiva ontológica, pois vem de *res*, "coisa", como se o mundo fosse constituído de objetos, coisas que jazem adiante. Já os eventos são considerados "fatos", acontecimentos irremediáveis, também coisificados ou reificados de uma vez por todas, são o que são. Para a perspectiva retórica, a narrativa dominante é, antes de tudo, apenas temporariamente dominante. Ela está eternamente sendo revista, emendada, criticada, tanto pelas narrativas anteriormente derrotadas quanto por novas narrativas. E é circunstancial, depende das vicissitudes e variações históricas e geográficas. Eventos e objetos são dados empíricos.

Diferentemente das formas puras de Kant – o espaço, o tempo, as categorias –, que condicionam o conhecimento de qualquer ser humano, o relato vencedor é fruto de escolhas de quem tem poder: é possível que consista no relato da maioria, dos mais cultos, dos mais bem armados, dos mais coesos, dos mais ricos. A ação do sujeito não é condicionada por formas determinantes, mas por uma linguagem que ele mesmo constrói, seu arbítrio é mais amplo. O relato dominante pode ser até contra as determinações do espaço e do tempo, desde que obtenha apoio. Assemelha-se ao conceito de "assertividade garantida", de John Dewey, tal como criticado por Bertrand Russell:

> César atravessou o Rubicão? Eu consideraria uma resposta afirmativa como inalteravelmente necessária para um evento passado. Dr. Dewey decidiria se responder sim ou não mediante uma apreciação de eventos futuros... [...] Se eu achar muito desagradável a crença de que César atravessou o Rubicão, [...] posso, se tiver habilidade e poder suficientes, arranjar um ambiente social em que a afirmação de que ele não atravessou o Rubicão terá "assertividade garantida".[69]

Se a linguagem constrói o passado e modifica os relatos da memória, sobre aquilo que já ocorreu no tempo e supostamente foi percebido por todos, mais ainda ela constrói o futuro, que ainda não existe. As expectativas são narrativas que cada pessoa faz a si mesma e que as pessoas fazem entre si, cujo amálgama resulta no ambiente comum, a "realidade" ou "mundo real".

A perspectiva da norma como narrativa procura sair do funcionalismo sistêmico, abandonando suas pretensões cientificistas de desvelar características e leis no ambiente social. De uma perspectiva retórica, então, há narrativas internas (autorrelatos), narrativas que as pessoas contam a si mesmas, que tanto podem permanecer ocultas quanto se exteriorizar na comunicação, interagir e se mesclar com os relatos das demais pessoas (heterorrelatos), além de ganhar outros significados que os próprios narradores não conseguem controlar.

A linguagem intersubjetiva ganha assim uma espécie de vida própria, na medida em que seu significado não é determinado pelo orador nem pelo ouvinte, nem simplesmente é autodeterminado. Foi esse fenômeno que Hegel, à sua maneira, percebeu como "espírito objetivo" (*objektiver Geist*) ou "objetividade espiritual" (*geisthafte Gegenständlichkeit*) e inseriu em sua metafísica ontológica. Assim como o espírito objetivo, só a linguagem humana se aparta tanto do emissor quanto do receptor.[70]

---

[69] "Did Caesar cross the Rubicon? I should regard an affirmative answer as unalterably necessitated by a past event. Dr. Dewey would decide whether to say yes or no by an appraisal of future events... [...] If I find the belief that Caesar crossed the Rubicon very distasteful, [...] I can, if I have enough skill and power, arrange a social environment in which the statement that he did not cross the Rubicon will have 'warranted assertability'". RUSSELL, Bertrand. **History of Western Philosophy** – and its Connection with Political and Social Circumstances from the Earliest Times to the Present Day. London: Routledge, 1993, p. 780.

[70] GEHLEN, Arnold. **Der Mensch** – seine Natur und seine Stellung in der Welt. Wiebelsheim: Aula-Verlag, 2009, p. 130 s.

Fiel a uma postura cética, a perspectiva retórica entende que não só a linguagem científica, mas toda linguagem se compõe de paradigmas, que de alguma maneira controlam os significados dos significantes e constituem um "holismo semântico", o qual faz todo significado depender de contexto. Daí a "incomensurabilidade" da linguagem e seus tradicionais problemas de ambiguidade, vagueza e porosidade.[71] E daí a importância da norma, não exatamente como texto, mas sim como mecanismo narrativo de controle individual e social.

---

[71]   NAVARRO, Rolando R. **La inconmensurabilidad en el lenguaje**. Maracaibo: Universidad del Zulia, 1997, p. 16-18 e p. 50.

Capítulo Nono

FONTES DO DIREITO COMO EXPRESSÕES LINGUÍSTICAS DE NORMAS JURÍDICAS E SUA HIERARQUIA[1]

9.1. A METÁFORA DAS FONTES DO DIREITO

Segundo os romanistas, o conceito de fonte (do latim *fons – fontis*), no plano jurídico, foi criado por Cícero ou, pelo menos, difundido por ele. Apesar de datada do século I a.C., contudo, a metáfora só passou a ter utilização generalizada por volta do século VI d.C., com uma diferença de sete séculos entre sua criação e sua inserção no vocabulário dos juristas.[2]

Muitos, desde então, têm sugerido expressões para substituí-la, tais como "modelos jurídicos", "fatos de produção normativa" ou simplesmente "fatos normativos"; porém, por diversos motivos, nenhuma delas caiu no uso corrente.[3]

A metáfora foi inspirada no local onde a água aparece ou de onde brota, mas também na origem inicial, como a nascente ou o lençol freático de onde a água provém. Esse significado ambíguo impregna até hoje o uso da expressão. Por isso mesmo, os diversos autores oferecem as mais variadas classificações, tais como fontes diretas, indiretas, imediatas, mediatas, primárias, secundárias, históricas etc. Este capítulo utiliza um método retórico e pragmático de abordagem para tentar demonstrar que esses usos podem ser simplificados e mais claramente definidos, à luz da evolução histórica do conceito, o qual é vago, ambíguo e tem variado muito ao longo da história das ideias da cultura jurídica ocidental.

---

[1] Parte das ideias desenvolvidas aqui foram publicadas em ADEODATO, João Maurício. Fontes do direito como expressões linguísticas de normas jurídicas e sua hierarquia: uma visão retórica. **Novos Estudos Jurídicos**, vol. 25. Governador Valadares: Universidade do Vale do Itajaí, 2020, p. 107-124.

[2] CRUZ, Sebastião. **Direito romano** – lições. Coimbra: Coimbra Editora, 1984 (4ª ed.), p. 163.

[3] Como exemplo REALE, Miguel. **Fontes e modelos no direito** – para um novo paradigma hermenêutico. São Paulo: Saraiva, 1994.

Aqui as fontes do direito são tratadas como linguagem, significantes dirigidos ao direito, com a função de dar início ao processo de decisão de conflitos, para o qual se dirige a dogmática prática, e de conhecimento, para o qual se dirigem a filosofia, a teoria geral e as ciências do direito. Segundo essa sugestão da filosofia retórica, no início da *gnose* do mundo empírico aparece um evento, que a linguagem comum denomina "fato", o qual é único e nunca se repete, como percebeu Heráclito ao comparar o mundo real com o fluxo de um rio. Para captar esse evento, o ser humano lança mão da linguagem, signos com os quais procura compreendê--lo e que formam o segundo elemento do processo. A esses signos, porém, são atribuídos diferentes significados, pois eles não têm um sentido (ambiguidade) nem um alcance (vagueza) precisos, e este significado constitui o terceiro e último elemento do conhecimento.

No campo do direito, um conjunto de eventos relevantes, que os juristas denominam "fato jurídico", precisa ter seu significado específico determinado diante de certos "significantes", como a lei e a jurisprudência, dentre outros. As pessoas envolvidas no discurso argumentam, então, que "significado" atribuem àqueles textos alegados diante dos fatos em questão. A norma jurídica será o relato que o direito positivo fixar no final do processo, determinando o que a lei, por exemplo, significa diante do caso concreto.

Para colocar um exemplo, imagine-se um acidente de automóvel com uma vítima fatal, um evento que, como qualquer outro, jamais acontecerá da mesma maneira. O ordenamento jurídico traz textos com conceitos destinados a apreender aquele fato jurídico, tais como "culpa da vítima", "culpa do agente", "dolo eventual" e "dolo premeditado", dentre outros. Os participantes do debate vão argumentar com o objetivo de nomear aquele evento segundo um ou outro texto: o advogado de defesa pode dizer que foi culpa da vítima; a delegada de polícia, que foi crime culposo; o promotor, que foi dolo premeditado; ao final, o sistema jurídico pode decidir que foi crime doloso. Esta decisão que põe fim à discussão será a norma jurídica.

Esses significantes linguísticos, que podem consistir de textos, palavras orais e gestos, como em qualquer comunicação humana, são isso que os juristas há séculos têm denominado as fontes do direito. Esta visão realista e atual do processo de conhecimento do direito, compreensivelmente, foi precedida de uma longa evolução.

Tal perspectiva diverge da dogmática tradicional e enfatiza a fonte como resultado formalizado linguisticamente dos procedimentos criadores do direito e não como esses próprios procedimentos, de difícil apreensão. De um ponto de vista retórico a fonte não é a lei, mas o texto da lei; não é o costume, mas as formas orais e gestuais pelas quais o costume se manifesta.

Afasta-se assim de Kelsen, para quem as fontes são normas jurídicas positivas do escalão superior:

Fontes de Direito é uma expressão figurativa que tem mais de uma significação. Esta designação cabe não só aos [métodos] acima referidos [legislação, jurisprudência e normas individuais dela decorrentes], mas a todos os métodos de criação jurídica em geral, ou a toda norma superior em relação à norma inferior, cuja produção ela regula.[4]

9.2. A ESTRATÉGIA DOGMÁTICA PARA EXCLUSÃO DO PROBLEMA ONTOLÓGICO: A DIFERENCIAÇÃO ENTRE FONTES MATERIAIS E FONTES FORMAIS

No desenvolvimento histórico da teoria das fontes do direito, a dogmática jurídica do século XIX teve um papel importante, o qual foi apoiado por vigorosas correntes que buscavam dar apoio ao positivismo que se firmava. O tema sempre foi predominantemente filosófico e enfrentá-lo requeria incursões nessa área, sempre prenhe de controvérsias. Certamente é filosófica a pergunta sobre de onde ou de que vem o direito.

Diversas das fontes formais dogmáticas são as fontes "materiais", que designam as forças sociais das quais provêm as fontes formais. Isso porque toda fonte formal se origina de alguma realidade social, tais como ideologias, convicções morais e religiosas, dados biológicos, físicos, psicológicos, eventos históricos e assim por diante. Se o legislador coíbe o adultério para proteger a prole do marido, é devido ao dado biológico – pelo menos antes do exame de DNA – de que o homem não pode ter certeza sobre se aquele filho é seu. Se a lei de Estados muçulmanos se posiciona mais contra o consumo de álcool que de haxixe, e a lei de Estados cristãos vai em sentido inverso, é porque seu passado histórico lhes dá esse fundamento.

Como toda fonte formal tem uma base material, autores há que recomendam a expressão fontes "formais-materiais" para as fontes formais.[5] As fontes materiais perpassam a etiologia jurídica, isto é, o estudo das causas do direito, fatores que supostamente determinariam como as fontes formais surgiram, nesta ou naquela direção. Aí se dividem positivistas e naturalistas. Para os que defendem uma natureza do direito, metáfora que implica a ideia de normas acima das escolhas do direito positivo e seu governo efetivo, válidas em si mesmas, as fontes formais dependem de determinadas fontes materiais metafísicas. Mas a ideia de fontes materiais é retida também por alguns positivistas, mormente os de inclinação

---

4   KELSEN, Hans. **Reine Rechtslehre**. Wien: Verlag Österreich, 2000, p. 238: "Rechtsquelle ist ein bildlicher Ausdruck, der mehr als eine Bedeutung hat. Man kann damit nicht nur die eben erwähnten [...], sondern überhaupt alle Methoden der Rechtserzeugung, oder jede höhere Norm im Verhältnis zu der niederen Norm bezeichen, deren Erzeugung sie regelt."

5   Um exemplo desse sentido está em AFTALIÓN, Enrique e VILANOVA, José. **Introducción al Derecho**, ed. Julio Raffo. Buenos Aires: Abeledo-Perrot, 2ª. ed. 1998, p. 632 s.

sociológica: para estes é preciso estudar de que fontes (materiais) provém o direito (formal), porém essas fontes são reais e empiricamente detectáveis.

Por isso a dogmática jurídica, o conjunto de conhecimentos sobre o direito que se consolidou com o positivismo da era moderna, instituiu estrategicamente a distinção entre fontes materiais e formais, com o objetivo de excluir as primeiras de seu campo de trabalho. Com a progressiva diferenciação entre os campos do saber e o surgimento das novas ciências sociais, essas fontes materiais ficariam a cargo da psicologia, da filosofia, da sociologia, da teologia e assim por diante, pois que ainda não tinham forma jurídica nem a coercitividade do direito positivo. Se é certo que toda fonte formal, como a lei e a jurisprudência, vem de uma fonte material que prevaleceu, investigar essas origens remotas não interessaria ao jurista. Assim descarrega-se a ciência do direito de problemas "zetéticos".

Em sentido inverso, outros autores defendem que fontes materiais importantes são as religiosas, nas quais determinadas autoridades eclesiásticas interpretam os comandos da divindade e comunicam sua vontade às pessoas. As normas daí decorrentes, como a proibição do aborto ou a indissolubilidade do matrimônio, podem ser racionalmente compreendidas, mas o que vale mesmo é a revelação que vem da fé.

As filosofias que procuram fundamentar o direito em Deus e na religião enfrentam diversos problemas. O primeiro deles é quem será o intérprete dessa vontade metafísica, isto é, que não pode ser consultada por vias empíricas acessíveis a todos. Depois, os argumentos dos defensores das fontes materiais religiosas já conhecem de antemão as conclusões a que precisam chegar, pois a fé revela escolhas divinas válidas por si mesmas e que não admitem debates; o problema é que esses fundamentos não são uniformemente percebidos pelas autoridades religiosas, as quais se digladiam em torno das mais variadas interpretações e questões éticas. Em terceiro lugar, embora aleguem que a razão precisa ser guiada pela fé, os defensores dessas fontes insistem que as mesmas são compatíveis com a razão e assim suficientes para convencer inclusive quem não tem fé, o que leva a uma redundância logicamente desnecessária. Finalmente, o que se percebe, quando se alegam fontes divinas, é que também elas surgem em contextos históricos que as podem explicar, como, por exemplo, o fato de os ordenamentos jurídicos muçulmanos terem menos tolerância do que os cristãos para com crimes como o furto; se fatos empíricos podem explicar o direito positivo, a revelação divina seria dispensável.[6]

Com tais objeções, dentre outras, os filósofos e juristas modernos rejeitam as fontes materiais religiosas e advogam a necessidade de excluir esses argumentos da fundamentação do direito positivo.

---

[6] HAESAERT, Jean-Polydore. **Théorie génerale du droit**. Bruxelles: Bruylant, 1948.

Diante dessas dificuldades, outro grupo de autores abandona as referências religiosas e procura fundamentar as fontes formais do direito em postulados que lhes parecem exclusivamente racionais e assim demonstráveis para quaisquer seres humanos.

Mas as influências das fontes divinas continuam a aparecer na tentativa de uma concepção completa e abrangente sobre os fundamentos do direito, assim como no aspecto metafísico, que permanece caracterizando as fontes materiais do direito. Os juristas e filósofos desta tendência, fortemente marcada pelo idealismo e depois pelo romantismo, apelam, ora menos, ora mais, aos dados empíricos, mas essas referências são sempre indemonstráveis.

Como exemplos dessas fontes materiais supostamente empíricas, podem-se citar o espírito absoluto ou objetivo de George Friedrich Hegel e Nicolai Hartmann, a vontade geral de Jean-Jacques Rousseau, o espírito do povo de Friedrich Carl von Savigny, o conjunto de dados da livre investigação científica de François Gény, o querer vinculatório, autárquico e inviolável de Rudolf Stammler, a lista é longa. Não menos metafísicas, apesar de sua aparente vinculação aos dados empíricos, são a luta de classes da dialética de Karl Marx, ou os fatos normativos de Georges Gurvitch e da Escola do Direito Livre de Eugen Ehrlich e Hermann Kantorowicz.

Na procura por fundamentos empíricos para responder a pergunta sobre de onde vem o direito positivo, as tendências oriundas da psicologia remontam às essências fenomenológicas de Edmund Husserl e aos juristas seus discípulos, como Adolf Reinach, passando pela psicanálise de Sigmund Freud, seus continuadores e críticos. Procuram mostrar como a psique humana fornece uma base universal a partir da qual se pode conhecer o direito e separar as inclinações lícitas das ilícitas. O problema é a determinação concreta de conceitos vagos como "consciência jurídica" ou "justa natureza espiritual" do holandês Hugo Krabbe, mesmo que ele as considere objetivas e empiricamente perceptíveis.[7] Suas explicações simplesmente não convencem.

Há autores que defendem fontes materiais biológicas a partir das quais as fontes formais se constituem, ou seja, o direito e a ética não fazem parte de uma esfera específica, mas são determinados por características genéticas da espécie. Elas podem ser comuns a todos os seres humanos, como advoga Maurice Hauriou, ou servir de base para teorias eugênicas construídas sobre o conceito de raça de cada povo e contrárias a qualquer forma de miscigenação. No primeiro caso, o conceito de raça é rejeitado como vazio, inútil para a ciência biológica; no segundo, a finalidade do direito é a pureza racial.[8]

---

[7]   KRABBE, Hugo. **Kritische Darstellung der Staatslehre**. Den Haag: Nijhoff, 1930.

[8]   NICOLAI, Helmut. **Rasse und Recht**. Berlin: Hobbing, 1933

9.3. FONTES FORMAIS PRIMÁRIAS E SECUNDÁRIAS

Uma vez excluída da dogmática a questão das fontes das fontes, isto é, das fontes materiais do direito, aparecem dois novos problemas importantes, já no âmbito interno do positivismo dogmático: primeiro, definir quais são essas fontes formais; segundo, se sua aplicação tem duas ou mais fontes formais contraditórias na solução de uma controvérsia jurídica, estabelecer sua hierarquia e aplicar a fonte superior.

Para isso, a teoria do direito dogmaticamente organizado da modernidade, a dogmática jurídica, separa as fontes formais em primárias e secundárias.

Observe-se aqui, para evitar mal-entendidos, que diversos autores identificam o conceito de fontes primárias com o que aqui se chamou de fontes materiais.[9] Somente para lembrar que é preciso atentar se, no contexto de algum debate, os interlocutores falam de fontes primárias em oposição a fontes formais ou de fontes formais primárias em confronto com as fontes formais secundárias, como se vai fazer agora.

Tomando as expressões mais antigas, opta-se aqui pela dicotomia, mais tradicional, entre fontes primárias e secundárias. Mas esses mesmos adjetivos são complexos porque trazem dois sentidos contraditórios: por um lado, "primário" é o mais simples, menos sofisticado, menos complexo, ou seja, menos digno de atenção; por outro, "primário" é o principal, o que vem antes de secundário e lhe é superior, isto é, mais importante. A denominação escolhida não vai ser tão relevante, porém, se se cuida da significação dos termos.

Para exemplificar a dificuldade dessa classificação, observe-se a crítica feita por Carlos Cossio ao "primeiro" Hans Kelsen, sobre como classificar e hierarquizar o conceito de norma jurídica. Cabe ressaltar que ambos entendem a palavra "primária" no significado de mais importante do que "secundária". Para Cossio, a norma de conduta lícita "dada a hipótese deve ser a prestação" seria a norma primária, ou "endonorma", porque a grande maioria das pessoas se conduz de acordo com ela e, por outro lado, a sanção não pode ser colocada como critério distintivo da norma jurídica, vez que toda norma tem sanção.[10] Para Kelsen, a norma de conduta ilícita "dada a não prestação deve ser a sanção" seria norma primária, posto que só nela se mostra a coercitividade do direito, já que uma pessoa pode obedecer à norma de conduta lícita por impulsos morais ou religiosos, não jurídicos, como explicado há pouco. Observa-se aqui que a diferença está antes na perspectiva dos autores do que em alguma característica "essencial" da

---

9   ADEODATO, João Maurício. **A retórica constitucional** – Sobre tolerância, direitos humanos e outros fundamentos éticos do direito positivo. São Paulo: Saraiva, 2009, p. 85 s.

10   DURKHEIM, Émile. **Lições de sociologia**. A moral, o direito e o Estado. São Paulo: T. A. Queiroz / EDUSP, 1983, p. 3.

norma jurídica e as posições são mais conciliáveis do que aparentam.[11] Por isso propõe-se aqui um conceito diverso.

Qual seja: a denominação de "primárias" para aquelas fontes formais básicas, as quais retiram sua coercitividade e sua validade de si mesmas e não precisam do acordo de outras, e de "secundárias" para aquelas que, apesar de também formais, só valem se de acordo com as fontes primárias. Fontes formais primárias são então independentes de outras fontes formais, reclamam validade e obediência por pretender sua própria coercitividade. Fontes formais secundárias são também dogmáticas e coercitivas, mas só valem se coerentes com as fontes formais primárias. Assim é que, apesar de contratos em geral constituírem normas jurídicas, e assim serem obrigatórios, aquele que desobedeça aos requisitos da lei é inválido e sua obediência não deve ser reclamada. Por isso a lei é dita uma fonte formal primária e o contrato, uma secundária.

Ao enfrentar o primeiro problema, de classificação, os autores que se debruçaram sobre as fontes formais, em sua tradicional maioria, apesar de desacordos, apontam a lei, a jurisprudência e o costume como as fontes formais primárias, posição que se vai adotar aqui. Às vezes "corrige-se" a fonte "lei" por "legislação", sob o argumento de que a lei é o produto da legislação ou atividade legisladora, mas esse purismo não parece tão significativo.

Ressalve-se, por um lado, que essas três espécies de fontes devem ser entendidas em sentido muito amplo, e, por outro, que elas trazem suas próprias hierarquias internas. Por exemplo, a Constituição e a lei delegada são tipos de leis, mas não têm o mesmo peso em uma decisão sobre um conflito, enquanto o mesmo acontece com a súmula de um tribunal superior e o acórdão de um tribunal local, que fazem parte da jurisprudência. Além disso, a criatividade dos juristas traz novas classificações, as quais incluem nas fontes formais a autonomia da vontade de contratar e até vias para preenchimento de lacunas como a analogia e os princípios gerais do direito, além da equidade.

Mas é no segundo problema, o da hierarquia entre as fontes formais primárias, que aparecem divergências mais profundas, as quais podem, para fins de clareza e simplicidade, ser colocadas em três grupos, estudados no capítulo quinto.

Para os legalistas, a corrente mais antiga do positivismo, a única fonte formal primária é a lei, a qual é inclusive identificada com "direito": somente o legislador cria o direito com caráter geral, obrigatório, ao passo que o juiz se limita a aplicá-lo aos casos concretos, numa rígida separação de poderes. Oriundos do Iluminismo e da crença numa razão homogênea e esclarecida, os legalistas entendem que cada caso admite uma só decisão correta. Por isso qualquer interpretação deve ser evitada e, quando necessária, deve ser a mais literal possível.

---

[11]   COSSIO, Carlos. **La teoría egológica del derecho y el concepto jurídico de libertad**. Buenos Aires: Abeledo Perrot, 1964 (2. ed.), p. 305.

Apesar de ainda hoje presente em diversas constituições e aceita por boa parte da doutrina, inclusive no Brasil, o legalismo e sua separação de poderes já eram combatidos por seus contemporâneos, como a Escola Histórica e a Escola da Jurisprudência dos Conceitos. Para os juristas aqui denominados normativistas, que vão culminar em Kelsen, já no século XX, o juiz cria, sim, o direito, e não há muito sentido em dizer que a lei é fonte formal primária hierarquicamente superior à jurisprudência. Se a sentença pode ser considerada uma fonte formal secundária, pois pode ser invalidada quando reconhecida ilegal, por exemplo, o mesmo não se pode dizer de uma jurisprudência definitiva, vez que é ela que vai determinar o significado da lei. Dizer que uma decisão jurisprudencial definitiva é contra a lei pressupõe algum critério superior para tal juízo, o qual simplesmente não existe. Daí o normativismo alegar que a lei e a jurisprudência são ambas fontes formais primárias, posto que inseparáveis, faces da mesma moeda. Por isso não entram em conflito: a lei significa aquilo que a jurisprudência diz que ela significa.

Para o argumento de que o costume é também uma fonte formal primária, é crucial a aceitação do costume *contra legem* como direito. Sim, porque o normativismo aceita tranquilamente o costume como fonte formal secundária, ou seja, válido e aplicável, se de acordo com a lei. O problema de verificar se o costume jurídico tem força própria aparece quando ele se efetiva por sua própria força coercitiva e aplica-se inclusive em detrimento dos comandos do Estado. Ao defender tal postulado, essa terceira forma de positivismo, chamada de sociologista ou simplesmente realista, contraria Kelsen em seu exemplo de que as normas efetivas entre um "bando de salteadores" não podem ser entendidas como direito. Para ela, a validade procedimental da criação estatal do direito é deixada de lado e o critério passa a ser a efetividade ou eficácia social: se a comunidade segue comandos contrários aos do Estado, estes é que não podem ser chamados de direito por carecerem de "realidade" (efetividade) diante das condutas. O mesmo se aplica em relação aos contratos que desobedecem à lei: se efetivamente são cumpridos, são jurídicos, pois o direito eficaz prevalece sobre o direito válido.

9.4. FONTES NÃO ESTATAIS DO DIREITO: O COSTUME JURÍDICO

Conectado ao problema das fontes formais primárias e secundárias, está o das fontes estatais, claro. Para os positivistas, que entendem que as fontes estatais são as únicas primárias, o direito positivo é obviamente reduzido ao direito produzido ou chancelado pelo Estado.

Nas primeiras manifestações que deram nascimento longínquo ao direito moderno, a fonte primordial do direito é o povo e, como em todas as civilizações primitivas, o direito é primordialmente costumeiro. Os especialistas divergem sobre o que significava o costume para os antigos romanos, em cujos escritos aparecem três expressões nesse sentido: *usus, mos* e *consuetudo*. A primeira palavra relaciona--se com uma evolução da palavra grega *ethos*, que resulta da porosidade de duas palavras parecidas, mas com significados diversos, quais sejam *έθος* (hábito, uso) e *ήθος* (modo de pensar), isto é, um mais social e outro mais pessoal, com a diferença apenas na primeira letra da palavra. O significado original, de mais interesse agora, pode ser, nos primórdios, traduzido por *habitat*, aplicado inclusive ao ambiente dos animais. Só depois a metáfora se desenvolve para exprimir caráter e maneira de ser de um povo ou indivíduo. E divergências permanecem.

> Há um único passo nas fontes jurídicas romanas, em que a palavra *usus* tem o sentido de verdadeira fonte de direito: Trata-se duma constituição do imperador Constantino, do ano 319. Independentemente das diversas explicações dadas por vários romanistas, devemos ter presente que esse texto pertence à época pós-clássica; ora a característica geral desta época, como sabemos é a confusão; não admira, pois, que um texto pós-clássico confunda *usus* com *mores maiorum* e sobretudo com *consuetudo*.[12]

Desde essa época, o costume está ligado à ideia de efetividade, obediência uniforme e constante a determinada regra, *larga et inveterata consuetudo*, somada à convicção psicológica, subjetiva, de que todos estavam a ele obrigados. A expressão *mores maiorum* surge quando *usus* já adquiriu uma "forma" juridicamente aplicável, um modo de expressão, uma medida de prumo, como *nomos* na Grécia. Daí os romanos começarem a falar de *instituta maiorum*, o que tornava uma *contradictio in terminis*, falar de "maus costumes", pois o costume era naturalmente bom, moral e jurídico, tal qual fenômenos da natureza, irresistíveis porque devem necessariamente ocorrer.

O processo de formação do costume, como sói acontecer, tem base antropológica. A tendência à imitação no comportamento dos animais vertebrados "superiores" já havia sido percebida por Charles Darwin no começo do século XIX.[13] Na linguagem comum, diz-se que os símios gostam de "macaquear", porém as pessoas agem da mesma maneira. Pesquisas sobre o cérebro humano revelaram os chamados "neurônios-espelho", responsáveis pela imitação e por comportamentos como a empatia, os quais são muito importantes na capacidade de adaptação dos humanos a diferentes ambientes e situações.[14]

Um hábito pode ser individual, aquele que cada pessoa adquire e adota ao longo da vida, dentro de uma invariabilidade infinita, e coletivo, aquele que se torna dominante nas condutas de muitas pessoas ao mesmo tempo, tais como

---

[12]   CRUZ, Sebastião. **Direito romano** – lições. Coimbra: Coimbra Editora, 1984 (4ª ed.), p. 169 s.

[13]   DARWIN, Charles. **The origin of species**. London: Global Grey E-books, 2018 (1872, 6th edition), p. 403.

[14]   GEHLEN, Arnold. **Der Mensch** – seine Natur und seine Stellung in der Welt. Wiebelsheim: Aula-Verlag, 2009, p. 130 s.

escovar os dentes ou viver com animais domésticos. Esses hábitos coletivos são denominados usos sociais.

Confirmando a estreita ligação entre as diferentes "ordens normativas", como são hoje chamadas o direito, a moral, a etiqueta, a religião, Hobbes já chama as regras de etiqueta de "*small morals*".[15] É curioso observar o realismo da argumentação de um autor do século XIX, como Roquette, sobre a importância da etiqueta: apesar de embasada na mentira e no fingimento, a hipocrisia de tentar parecer abnegada, generosa, desinteressada, como num teatro, exerce um papel no aperfeiçoamento moral da pessoa.[16]

Um ponto de observação importante, na passagem do uso para o costume, pode ser um olhar sobre a moda enquanto instituição social.[17] A moda, um dos aspectos relevantes da modernidade, se baseia na "permanência da mudança", ou na "conformidade do desvio", que parecem paradoxos diante das concepções tradicionais de racionalidade: todos querem ser originais, dessemelhantes, e nesse objetivo se assemelham. A função da moda está em funcionalizar esses paradoxos, na medida em que os banaliza e assim os neutraliza: há alguma racionalidade no modo pelo qual a moda produz e utiliza a irracionalidade.

Esse fenômeno radica na antropologia, pois a humanidade não é social no sentido de gregária ou solidária, são animais políticos que têm em comum seu egoísmo, indivíduos que dependem dos demais até para pensar e entender o mundo, mas que sempre parecem almejar autonomia. Por isso, o ser humano tem uma atração por tudo que é novo e diferente, o que vai de encontro ao papel estabilizador do costume como fonte material do direito.

A moda no sentido estrito, moderno, nem sempre existiu, nem sequer a denominação. Ainda não banalizada, a moda tinha significado mais amplo e profundo que o de hoje, praticamente resumido a roupas e acessórios, quando não aplicado pejorativamente a outros setores, como a atividades de intelectuais, cientistas, jornalistas ou professores. Uma notória característica da era moderna é olhar para o novo e o futuro, pois sociedades pré-modernas sempre se baseiam na estabilidade da tradição. A moda é um dos sinais mais evidentes dessa modificação, assim como o direito positivo, que institucionaliza a mutabilidade por meio do procedimento.[18]

---

15   HOBBES, Thomas. **Leviathan** or Matter, form and power of a state ecclesiastical and civil. Col. Great Books of the Western World. Chicago: Encyclopaedia Britannica, 1990, v. 21, p. 39-283, cap. 11, p. 76 (*Of the Difference of Manners*).

16   ROQUETTE, J. I. **Código do Bom-Tom** ou Regras da civilidade e do bem viver no século XIX. SCHWARCZ, Lilia Moritz (org.). São Paulo: Cia das Letras, 1997, p. 28.

17   MÜLLER, Eveline. **Georg Simmels Modetheorie**. Zürich: Soziologisches Institut der Universität Zürich, Oktober 2003.

18   LUHMANN, Niklas. **Legitimation durch Verfahren**. Frankfurt a.M.: Suhrkamp, 1983.

A adaptação ao supostamente novo é a única forma de estabilidade para uma sociedade que não se baseia no passado, mas no futuro. Porém, como a criatividade é limitada, diante da contingência ilimitada do mundo, a moda tende a voltar sempre, imitando a si mesma no passado. O mesmo ocorre com o direito da sociedade em rede e do *homo digitalis*.

Na sociedade complexa, há o paradoxo da conformidade com o desvio: a sociedade ocidental tradicional sabia o que esperar de cada indivíduo, dentro de uma estrutura hierarquizada, na qual não se precisava lidar com os mistérios da personalidade de cada um. Na modernidade, a sociedade é constituída por indivíduos "singulares e idiossincráticos", cada qual procurando sua originalidade, objetivando ser reconhecido como sujeito único, autêntico, imprevisível, original. Essa pluralidade e volatilidade muito contribui para a hipercomplexidade.

É curioso observar que as referências a serem imitadas eram heróis, santos, o bom, o belo, o justo, o admirável em algum sentido. As referências atuais da moda, ao contrário, imitam grupos minoritários e periféricos na sociedade, tais como prisioneiros, ciganos, moradores de rua, uma vez que a admiração por grupos desfavorecidos implica recusar a conformidade, desviar-se, ser original. Espelha indivíduos que ninguém quer ser. Da moda ninguém escapa, pois ser intencionalmente fora de moda implica o mesmo fenômeno, do lado da recusa: todos estão inseridos.[19]

Embora uma forma específica de moda, a importância do luto foi grande na sociedade tradicional, poucas gerações atrás, e sua convicção de obrigatoriedade foi particularmente acentuada. Depois de inúmeras classificações, cada qual com suas normas específicas, pode-se ler:

> Além destes, existe o luto de deferência ou afeição, que se usa durante sete dias e que, às vezes, se prolonga por algumas semanas: por madrinha, padrinho, tutor, sócio ou pessoa, mesmo estranha, da qual se recebe um legado importante. (...) As pessoas desquitadas nos perguntam frequentemente se devem, ou não, vestir-se de luto pelo falecimento do outro cônjuge. É evidente que não. Se houver, entretanto, um filho dessa união, a criança se veste de luto...[20]

Alguns "usos" são definidos como "costumes", mas há grande desacordo sobre quando determinado uso social se torna costume jurídico, vez que os juristas divergem quanto aos critérios para essa distinção.

Pode-se dizer que a obrigatoriedade é tida como critério básico desde os antigos romanos, conforme colocado acima. Como o costume surge espontanea-

---

[19] ESPOSITO, Elena. Originality through imitation: the rationality of fashion. **Zentrum** für **interdisziplinäre Forschung** – Mitteilungen. Bielefeld: Universität Bielefeld, 2017, p. 23-32.

[20] D'ÁVILA, Carmen. **Boas Maneiras**. Rio de Janeiro: Civilização Brasileira, 1956, p. 381.

mente, essa obrigatoriedade faz inicialmente parte de uma convicção psicológica generalizada naquele grupo social. Por isso os juristas apontam esse elemento subjetivo, além do elemento objetivo da coercitividade.

O direito consuetudinário surge, portanto, não por um processo estatal formal, mas de um exercício mais longo, que deve ser permanente e constante, uniforme e geral (*longa et inveterata consuetudo*), e reconhecido como legalmente vinculativo pelo grupo social envolvido (*opinio iuris necessitatis*).

Com a constituição do Estado moderno e da filosofia que o acompanha, o juspositivismo em sentido amplo, constrói-se também a pretensão de monopólio do direito, a ideia de que todo direito é positivo e, se não emana diretamente dos órgãos burocratizados do Estado, precisa se subordinar aos critérios por eles fixados. No caso de uma fonte formal do direito espontaneamente criada pelos grupos sociais, como o costume, essa compatibilidade pode vir a ser um problema.[21]

Para o positivismo, legalista ou normativista, o costume deve ser reconhecido pela lei ou aplicado pelos tribunais para se tornar efetivamente uma fonte formal do direito, daí sua classificação em *secundum legem*, *praeter legem* e *contra legem*, sem que este último seja aceito como direito: o costume jurídico é, portanto, uma fonte formal secundária, dependente da lei e da jurisprudência. Para o positivismo sociologista ou realista, por seu turno, o costume é uma fonte formal primária e, em caso de confronto com regras estatais, o chamado costume contra a lei, o critério decisivo será a efetividade ou eficácia social, ou seja, qual das soluções efetivamente prevalece no caso concreto, se a legal ou a ilegal.

O costume *secundum legem* é aquele a que a lei se reporta expressamente, reconhecendo sua obrigatoriedade, e assim não oferece problemas de conciliação com o direito estatal. A lei lhe faz referência com função de complementá-la, de forma semelhante ao costume *praeter legem*, com a diferença de que remete a instância responsável pela decisão diretamente ao costume, sem que o texto deixe espaço para que se resolva se há lacuna no caso concreto. Dois exemplos:

> Código Civil, Art. 615. Concluída a obra de acordo com o ajuste, ou o costume do lugar, o dono é obrigado a recebê-la.
>
> Consolidação das Leis do Trabalho, art. 458. Além do pagamento em dinheiro, compreende-se no salário, para todos os efeitos legais, a alimentação, habitação, vestuário ou outras prestações *in natura* que a empresa, por força do contrato ou do costume, fornecer habitualmente ao empregado.

---

[21] BRONZE, Fernando José. **Lições de introdução ao direito**. Coimbra: Coimbra Editora, 2002, p. 127, chama essa pretensão de monopólio de "estadualidade" do direito: 6ª Lição, 2) b β "A insuficiência ainda da complementar qualificação pela estadualidade – algumas notas sobre a relação entre a estadualidade e a juridicidade."

A Lei de Introdução às Normas do Direito Brasileiro diz em seu artigo 4º: "Quando a lei for omissa, o juiz decidirá o caso de acordo com a analogia, os costumes e os princípios gerais de direito."[22] Ela mostra a inspiração legalista do legislador, já anacrônica. Apesar de datar do ano de 1942, foi ratificada em 2000 e 2018. Ora, se há costume, a rigor não há lacuna, somente lacuna na lei, pois o costume é uma fonte formal do direito. Mesmo para o juspositivismo normativista.

Na mesma direção vai a Consolidação das Leis do Trabalho:

> Art. 8º As autoridades administrativas e a Justiça do Trabalho, na falta de disposições legais ou contratuais, decidirão, conforme o caso, pela jurisprudência, por analogia, por equidade e outros princípios e normas gerais de direito, principalmente do direito do trabalho, e, ainda, de acordo com os usos e costumes, o direito comparado, mas sempre de maneira que nenhum interesse de classe ou particular prevaleça sobre o interesse público.[23]

O costume *praeter legem* é aquele em que pensou o legislador brasileiro ao redigir o artigo 4º da Lei de Introdução, que em nada mudou a respeito, desde 1942. É um costume que complementa, mas não contraria a lei, oferecendo uma das vias para preenchimento de lacunas dentro do sistema estatal. Por isso sempre foi aceito pelo positivismo estatal, de viés kelseniano, ainda que, como dito, como fonte formal secundária.

O costume *contra legem* é também chamado de costume ab-rogatório, mas essa segunda denominação já pressupõe por resolvido o problema central do fenômeno, isto é, se o costume pode ab-rogar a lei, ou seja, simplesmente revogá--la; outro ponto controverso é confundir os efeitos do costume *contra legem* com os do desuso. Na base da discussão está o mesmo problema, de se o direito deve ser reconhecido a partir de sua validade estatal (*Geltung*) ou de sua eficácia social (*Wirksamkeit*). A jurisprudência, inclusive, em países periféricos, caracterizados pela ineficiência estatal, como o Brasil, tem reconhecido efeitos lícitos a costumes manifestamente ilegais, como direitos trabalhistas decorrentes do jogo do bicho, da prostituição, do trabalho do menor. A base dogmática para esse tipo de decisão é com frequência o art. 5º da mesma Lei de Introdução: "Na aplicação da lei, o juiz atenderá aos fins sociais a que ela se dirige e às exigências do bem comum", texto altamente impreciso.

Há que referir também a figura do desuso, ou *desuetudo*, conceito distinto do de costume *contra legem*. A semelhança responsável pela imprecisão é que, em ambos os casos, o comando do Estado é ignorado. Porém, enquanto que, no

---

[22] Lei 13.655, de 25 de abril de 2018. A primeira é o Decreto-Lei nº 4.657, DE 4 de setembro de 1942.

[23] Decreto-Lei nº 5.452, de 1º de maio de 1943.

costume *contra legem*, há uma norma costumeira contrária ao direito estatal, no desuso este direito é tão somente ignorado, sem que se coloque uma conduta diversa em contrário, pois o fato disciplinado pela lei, "letra morta", passa a ser juridicamente irrelevante.

Em geral, com a hipercomplexidade social crescente, a perda de relevância do costume, no Brasil, vem desde a "Lei da Boa Razão", de 1769, na era pombalina, lei que recusou expressamente o acolhimento do costume, se contrário à lei. Dita lei dirigia-se precisamente às fontes e é um marco na pretensão estatal de monopólio na criação do direito na cultura lusitana, tendo inclusive desautorizado os complementos ao *Corpus Juris Civilis*, introduzidos pela doutrina de glosadores do final do Medievo, como Bartolo de Sassoferrato e Francesco Accursio.

Para um exemplo da importância do costume na história do direito brasileiro, nada obstante, é interessante o caso real do concubinato. Aluísio de Azevedo, em seu livro *O cortiço*, já em 1890, mostra sem rodeios a injustiça social do interesse econômico e o desvalor da companheira, que em tudo ajuda e é depois desprezada à míngua. Sem qualquer pudor, João Romão descarta Bertoleza e a faz voltar à condição de escrava, provocando seu suicídio, para casar com a rica e branca Zulmira, filha de seu antigo desafeto.[24]

Diante dos preconceitos, denunciados pela literatura e logo encampados pela doutrina, restou à justiça brasileira conceder os direitos à concubina sob o curioso argumento dogmático de desconsiderar a afetividade (*more uxorio*) e apelar por analogia à figura da sociedade de fato, em 1963, por meio da Sumula 380, afirmando que "... a sociedade de fato, e não a convivência *more uxorio*, é o que legitima a partilha dos bens entre os concubinos".[25] De uma simples negativa de quaisquer direitos à concubina, vez que constituiria enriquecimento ilícito fruto de uma "relação imoral", sem consideração pelos "laços sagrados do matrimônio", evolui-se para o reconhecimento do direito à indenização ou mesmo à meação, segundo houvesse ou não patrimônio a ser partilhado.

Sendo o componente econômico da sociedade conjugal o fator determinante, e não o sexo ou a afetividade do concubinato, isso também ajudou no sentido do reconhecimento da meação patrimonial entre pessoas do mesmo sexo, início do processo de legitimação jurídica da união familiar entre homoafetivos.

9.5. A DOUTRINA COMO FONTE DO DIREITO

Nos dias de hoje, pode causar surpresa os livros e professores de introdução ao direito colocarem a doutrina como fonte do direito, ao lado da lei, da jurispru-

---

[24] AZEVEDO, Aluísio. **O cortiço**. 30. ed. São Paulo: Ática, 1997.
[25] SUPREMO TRIBUNAL FEDERAL. Súmula 380 de 1963. **Revista Trimestral de Jurisprudência**, vol. 79. Brasília: 1977, p. 229.

dência, do costume e da autonomia da vontade. Diga-se que o principal motivo para a doutrina ser até hoje discutida como fonte do direito tem suas raízes em Roma. O *Corpus Juris Civilis* de Justiniano I, que subiu ao trono em Constantino-pla em 527 d. C., foi compilado a partir do ano de 529, sofreu diversas alterações, teve sua versão final promulgada em 534 e foi a mais importante fonte do direito na Europa e suas colônias até a modernidade.

O direito romano constituiu a tradição europeia e hoje faz parte da cultura jurídica mundial. Até cerca de cinco décadas atrás, era disciplina obrigatória nas faculdades de direito brasileiras. A longa permanência no tempo demonstra as qualidades de adaptação das criações romanas. A denominação posterior de sistema "romano-germânico", de René David, é criticada, pois a contribuição germânica seria proporcionalmente insignificante.

O direito da *Common Law* não vem do direito romano, mas a Inglaterra tem forte influência de Roma no desenvolvimento de suas instituições jurídicas. Os dois sistemas conviveram e convivem, vez que Oxford e Cambridge existem desde a Idade Média e o *Common Law* só se consolida posteriormente. O direito romano era importante para a *langue d'ouil*, proveniente do norte da França, a língua culta na Inglaterra dos normandos, que dominaram os anglo-saxões.

Com a doutrina do *stare decisis*, esteio do direito comum, os tribunais são obrigados a seguir somente as decisões das cortes superīores. Esses casos são chamados de *controlling authority*. Mas há outras fontes, que possuem *persuasive authority*. São decisões e leis de outras jurisdições e também a doutrina contida em textos profissionais e acadêmicos. Podem ser referidas pelos advogados e juízes para fundamentar o que dizem. Como o nome diz, são persuasivas e não obrigatórias. Os precedentes e leis têm *primary authority*. A doutrina, *secondary authority*[26].

Por isso o modelo moderno de cidadania, da tradição continental, é o modelo romano, segue a tradição romana. A princípio não era um critério territorial, embora depois tenha evoluído nessa direção. Era sobretudo um critério jurídico, um feixe de direitos que constituíam o caráter de *cives*: votar, ser eleito, casar com reconhecimento do Estado, contratar. Não era usual, mas essa cidadania podia ser limitada pela não concessão de alguns direitos.

O chamado direito romano "clássico" vai até cerca de 300 d. C. e o "vulgar" se estabelece a partir de 400 d. C., com a difusão do direito germânico na Europa e sua fusão com o direito preexistente. Em 560, aparece o *Corpus Juris Civilis*, mas tal denominação veio muito depois. Trata-se de uma coleção de todo o direito romano, feita já em Bizâncio, pois o império do Ocidente não mais existia. O *Corpus* tratava de pessoas, coisas e ações. O Código Civil francês de 1804 e demais

---

[26]   HEGLAND, Kenney F. **Introduction to the study and practice of law** – in a nutshell. St. Paul: Thomson West, 2003 (4ᵗʰ ed.), p. 47.

códigos modernos ficaram com pessoas e coisas e as ações foram assumidas pelo direito processual, que adquiriu autonomia nunca vista, principalmente por meio de códigos específicos.

Essa compilação do *Corpus* não se compunha apenas de leis, mas também de orientações jurisprudenciais e doutrina. Sabe-se que o chamado "tribunal dos mortos" consistia no conjunto de opiniões dos cinco grandes juristas Gaio, Papiniano, Modestino, Paulo e Ulpiano, e pesava mais nas decisões da Roma clássica do que qualquer outra fonte do direito, mais do que a lei e o direito pretoriano ou jurisprudencial. Ou seja: o *Corpus* era muito importante dentre as fontes e, em seu seio, a doutrina era fundamental.

O *Codex* era uma consolidação de todas as leis romanas anteriores recepcionadas em Constantinopla. O *Digesto* (em latim) ou *Pandectas* (em grego) resultou da compilação da doutrina propriamente dita, da opinião dos juristas, e excluía expressamente como inválida qualquer orientação que não constasse de seus 50 livros. As *Institutas*, inspiradas na obra de mesmo nome, de Gaio, compunham-se de textos mais elementares e esquemas pedagógicos destinados à educação dos jovens juristas. As *Novellae* foram publicadas por último e, como o nome diz literalmente, continham as novas leis do próprio Justiniano, aquelas decretadas após a revisão do *Codex* e a ele acrescentadas.

É difícil para o estudioso moderno compreender a força dessa tradição. Vários séculos se passaram sem que aparecessem juristas no nível técnico do tribunal dos mortos, além do respeito para com um povo antigo e considerado versado em direito, na visão das culturas posteriores, oriundo de uma cidade que era a sede da Cristandade. O simples passar do tempo trouxe ainda mais autoridade ao seu maior monumento jurídico, o *Corpus*, e o fato de ser escrito foi-lhe dando força de "lei" – o texto da norma que se comunica por meio da leitura e cuja aplicação se pretende geral, muito diferente dos costumes antigos e medievais localizados –, ainda que, como dito, o conteúdo do *Corpus* abrangesse todos os tipos de fontes formais do direito: legislação, jurisprudência, costume e doutrina.

Por fazer parte do conteúdo do *Corpus Juris Civilis*, a doutrina foi considerada fonte formal do direito, vista com o que hoje se chamaria "força de lei"; a princípio, a doutrina romana original, depois, a doutrina dos juristas contemporâneos do aplicador, sobretudo a partir da Escola de Bolonha e dos glosadores do próprio *Corpus*, que se mantinha como fonte a ser interpretada e adaptada ao momento.

Na época de hoje, certamente a doutrina não é uma fonte formal, dogmática, do direito positivo. Em primeiro lugar por sua falta de uniformidade, vez que os doutrinadores divergem sobre todos os temas e, por isso mesmo, podem-se encontrar doutrinas para todos os gostos. Mais ainda, a doutrina se compra, o que lhe retira a condição de fonte: não se pense que um parecerista é contratado para fornecer sua perspectiva "doutrinária" própria, mas sim para dar uma opinião que apoie os interesses localizados do contratante.

Ainda assim, a doutrina, como amálgama dos debates dos doutos em direito, pode ser dita uma das vanguardas importantes para inspirar as fontes formais e também a fonte material mais importante do direito, dentre aquelas que constituem a opinião pública. Uma autoridade reconhecida na área jurídica, desinteressada e cientificamente focada, pode ser importante na evolução do que se entende por direito, pois, se a ideologia de quaisquer grupos sociais é fonte material do direito, mais ainda o será a opinião daqueles que fazem do direito seu campo de pesquisa descritiva ou científica. O caráter mercantilista da indústria de pareceres no Brasil tem enfraquecido a força da doutrina, é certo, mas este deve ser, esperançosamente, um fenômeno passageiro.

Para exemplificar na prática a importância da doutrina, veja-se um exemplo mais detalhado de evolução da tolerância, sobre o problema jurídico do adultério, na posição de um doutrinador brasileiro na área de direito de família.[27]

Começa com uma sugestão mais igualitária, crítica à interpretação dominante anterior, segundo a qual o adultério do esposo só se daria se houvesse "concubina teúda e manteúda". A proposição do autor é que também a aventura ocasional caracterizaria adultério.

Mas logo acrescenta, como pessoa de seu tempo:

> Entretanto, do ponto de vista puramente psicológico, torna-se sem dúvida mais grave o adultério da mulher. Quase sempre, a infidelidade no homem é fruto de capricho passageiro ou de um desejo momentâneo. Seu deslize não afeta de modo algum seu amor pela mulher. O adultério desta, ao invés, vem demonstrar que se acham definitivamente rotos os laços afetivos que a prendiam ao marido e irremediavelmente comprometida a estabilidade do lar. Para o homem, escreve Somerset Maugham, uma ligação passageira não tem significação sentimental ao passo que para a mulher tem.

Depois vem um argumento pragmático, que hoje estaria muito enfraquecido:

> Além disso, os filhos adulterinos que a mulher venha a ter ficarão necessaria-mente a cargo do marido, o que agrava a imoralidade, enquanto os do marido com a amante jamais estarão sob os cuidados da esposa. Por outras palavras, o adultério da mulher transfere para o marido o encargo de alimentar prole alheia, ao passo que não terá essa consequência o adultério do marido. Por isso, a própria sociedade encara de modo mais severo o adultério da primeira.

---

[27] MONTEIRO, Washington de Barros. **Direito de família. Curso de direito civil**, 2º Vol. São Paulo: Saraiva, 1970 (9ª ed. revista e ampliada), p. 112. Essa discussão foi retirada das edições posteriores, após o falecimento do autor.

Justiça seja feita, ele diz depois, contrariando a visão dominante e desigual:

> Observe-se, porém, que do ponto de vista moral e jurídico, entre as duas infrações inexiste qualquer diferenciação: ambas atentam contra lei, a moral e a religião, dissolvem o casamento e provocam a dissolução da família. Merecem, pois, idêntica reprovação.

Essa concepção sobre supostas diferenças entre os sexos esteve profundamente arraigada não só no vulgo, mas também na ciência e na filosofia, por meio de argumentos ontológicos que apelam à própria natureza humana. Assim, Schopenhauer afirma que o homem tende à infidelidade porque quanto mais mulheres tiver, mais filhos pode gerar, ao contrário da mulher, que procura a manutenção da prole e da relação monogâmica: "É essa uma consequência do fim da natureza, que é dirigido para a manutenção e por conseguinte para o aumento mais considerável possível da espécie." Ou:

> Daí resulta que a fidelidade no casamento é artificial para o homem e natural para a mulher e portanto o adultério da mulher, devido às consequências que a acarreta, e porque é contra a natureza, é muito mais imperdoável do que o do homem.[28]

Com sua força vanguardista, a doutrina também revela ao historiador a evolução do direito positivo e ajuda, no problema do conhecimento, a superar os abismos entre significantes e significados: apresenta-se, agora outro exemplo, quando é preciso definir se determinada pessoa, de pai militar, é ou não uma mulher, o que pode ser problemático, diante dos progressos da medicina. A aplicação do texto depende de como é vista a pessoa, por exemplo, diante do problema de a lei oriunda da ditadura de 1964 determinar a pensão vitalícia para filha solteira de militar.

9.6. AUTONOMIA DA VONTADE E CONTRATO COMO FONTE NEGOCIAL

Não há dúvida de que o contrato seja fonte formal, dogmática e dotada de coercitividade. A discussão, semelhante ao que ocorre com o costume, posto tratar-se também de fonte não estatal, é defini-la como fonte primária ou secundária. Sua característica mais marcante é que se trata de fonte de obrigações específicas, que não se dirigem a um universo qualquer de pessoas, mas exclusivamente às partes que manifestam a ela seu aceite.

---

[28] SCHOPENHAUER, Arthur. **As dores do mundo** – o amor – a morte – a arte – a moral – a religião – a política – o homem e a sociedade, trad. de José Souza de Oliveira. São Paulo: EDIPRO, 2014, p. 51.

O problema é, consequentemente, saber se contratos *contra legem* podem ser considerados jurídicos, ou seja, se a livre manifestação de vontade basta ou se o acordo com a lei é essencial. A contradição está em que o direito estatal, pelo menos no ambiente periférico como o brasileiro, tem aceitado efeitos de contratos contrários à lei, como no caso de direitos trabalhistas oriundos de trabalho escravo, já mencionados.

Para muitos autores, a vontade das partes seria o núcleo da relação contratual, exercendo a lei apenas papel supletivo. Para outros, contudo, os limites da lei são preponderantes, cabendo a coercitividade do contrato somente se seu teor está de acordo com as normas estatais.

Questão correlata aparece quando se discutem os tratados, pactos e convenções do direito internacional como fonte do direito. Da mesma maneira, certamente são fontes formais, o problema é se primárias ou secundárias. Para Max Weber, o direito só merece tal nome se coercitivo, o que excluiria o direito internacional:

> Desde logo, segundo a terminologia aqui escolhida (como conveniente), não se pode na realidade designar como direito uma ordem [o d. internacional] que só está garantida pelas expectativas da reprovação e das represálias daqueles que são lesados, quer dizer, convencionalmente e pela situação de interesses, e que careça de um quadro de pessoas especialmente destinado a impor seu cumprimento[29].

A fonte convencional da autonomia da vontade, então, deve ser entendida, pelo menos no momento presente, como fonte formal secundária, nos termos da filosofia positivista dominante.

A teoria das fontes do direito está presente em toda a civilização ocidental, ainda que seu conteúdo varie ao longo de cada época, adapte-se a certa "moda" social, indo da teologia à metafísica e desta à ciência. Tais teorias utilizam-se das mesmas premissas, embora cheguem a conclusões totalmente opostas. A premissa *omnis potestas a Deo* do jusnaturalismo teológico, por exemplo, justificou a tirania, a solidariedade dos direitos do homem, a supremacia do Estado. Também os discursos sobre os significados das expressões fontes materiais e formais primárias ou secundárias constituem reações pró ou contra a ordem positiva vigente: se a lei é a fonte mais alta na hierarquia, a única fonte formal primária, certamente o Estado se fortalece; se o costume, o "direito vivo", tem igual força, ressalta-se a diferença entre sociedade e Estado.

Para que apareça essa controvérsia entre sociedade e Estado, observa-se antes uma ordem social na qual o indivíduo pensa em si mesmo como distinto da

---

[29] WEBER, Max. **Wirtschaft und Gesellschaft** – Grundriss der verstehenden Soziologie, Johannes Winckelmann (Hrsg.). Tübingen: Mohr-Siebeck, 1985, Kap. I, § 6, 2, p. 18.

sociedade. É o espírito subjetivo de Hegel, o espírito pessoal de Hartmann, sem a carga ontológica desses dois pensadores. Ela é construída e não dada, porém sem dúvida é preciso existir a noção de sujeito e a partir dela a consciência de direitos subjetivos. Ambas as ideias são conexas e de grande importância na civilização ocidental: a origem do direito do sujeito e a noção de indivíduo.[30] Já se discute, porém, que esses conceitos estão obsoletos e tendem a desaparecer.[31]

Essa visão histórica e pragmática mostra que o apelo a fontes primárias e naturais do direito, no mundo ocidental, representa alguma reação do indivíduo diante dos constrangimentos sociais a que está submetido. Sem chegar a afirmar que o conceito de sujeito é mero produto de infraestruturas econômicas, pode-se sugerir que ele tem servido de recurso para aqueles que se sentem de qualquer forma oprimidos pelo direito positivo, essa ordem que resiste a suas individualidades.

---

[30] LADEUR, Karl-Heinz. **Der Anfang des westlichen Rechts** – Die Christanisierug der römischen Rechtskultur und die Entstehung des universalen Rechts. Tübingen: Mohr Siebeck, 2018, p. 134. Observe o item 2.4 atrás.

[31] FERRAZ Jr., Tercio. **O direito, entre o futuro e o passado**. São Paulo: Noeses, 2014.

Capítulo Décimo[1]

ESCOLHA DAS FONTES ESTATAIS COMO PONTOS DE PARTIDA DOGMÁTICOS DIANTE DO CASO CONCRETO

10.1. O PROCEDIMENTO DEMOCRÁTICO NA DOGMÁTICA JURÍDICA

Este capítulo pretende esclarecer os conceitos mais importantes do procedimento jurídico dogmático, aquele que é constituído perante os órgãos do Estado, sobre os quais há muito desacordo na doutrina. Concentra-se sobre a sequência de passos que o profissional do direito precisa observar em relação aos textos jurídicos que alega dentro daquele procedimento, isto é, submeter as fontes formais do direito, que escolheu para fundamentar seus argumentos, a testes dogmáticos retoricamente construídos: adequação, validade, vigência, incidência, eficácia técnica, eficácia jurídica, eficácia social (efetividade) e existência. A análise retórica levada a efeito aqui, além de estabelecer um acordo teórico sobre a mais antiga das metodologias, tem caráter pragmático, na medida em que pretende fornecer um roteiro prático sólido a quaisquer profissionais do direito no exercício de seu trabalho.

Ubi homo, ibi societas. Ubi societas, ibi ius. Ergo ubi homo, ibi ius. (Onde homem, aí sociedade. Onde sociedade, aí direito. Logo, onde homem, aí direito). Estas frases – que compõem um silogismo – teriam sido escritas por Domitius Ulpianus e até referidas, suposta e erroneamente, como se constassem do *Corpus Juris Civilis*. São também atribuídas a Cícero e a Hugo Grotius, dentre outros. Mais do que a fidedignidade histórica do silogismo, que é de toda forma muito antigo, interessa aqui o que ele transmite a nossos tempos.

Significa que o direito está sempre presente em qualquer forma de organização social; e ainda que esse fenômeno, que bem imprecisamente se chama "o direito",

---

[1] Parte das ideias desenvolvidas aqui foram publicadas em ADEODATO, João Maurício. Análise retórica dos conceitos fundamentais da dogmática jurídica. **Espaço Jurídico Journal of Law**, nº 1, vol. 19. Joaçaba: UNOESC, jan/abr 2018, p. 271-289.

serve como critério para distinguir uma sociedade de um mero aglomerado de seres humanos. "Direito" no sentido de posto, "positivo", isto é, percebido pela observação empírica, regras que são "impostas" e "obedecidas", sempre desagradando ou protegendo interesses deste ou daquele indivíduo ou grupo, apoiando ou contrariando o que entendem por justo ou moral.

Dentro dessa definição bem ampla, esse direito posto pelo poder do grupo mais bem-sucedido assume as mais diferentes características no tempo e no espaço: pode ser indicado por presságios como o voo dos pássaros, revelado por pitonisas, processado em ordálias medievais. No ambiente cultural do centro ocidental moderno, na Europa, mais ou menos a partir do final do século XVIII, começa a se organizar dogmaticamente o direito positivo.[2]

Tal espécie de direito positivo, com todas suas características específicas, é resultado de um longo desenvolvimento histórico, que não vai ser tratado aqui, e suas influências estenderam-se a toda a Terra, como uma das consequências do domínio cultural europeu. Esse tipo de direito positivo tem esse nome, sobretudo por causa de seu mais importante "dogma": tudo o que for alegado por cada participante em um conflito jurídico dogmaticamente organizado, assim como toda e qualquer decisão, tem que se basear numa fonte do direito. Para argumentar contra uma fonte do direito é preciso apelar a outra e assim por diante. A forma de pensar, explicar, justificar essa nova realidade, ainda que dividida em diferentes escolas, é conhecida como juspositivismo, positivismo jurídico ou simplesmente positivismo.

Uma fonte do direito (dogmático) é uma regra criada por um procedimento jurídico, uma sequência ritual de atos praticados por pessoas determinadas. Mas não só a criação da regra, tudo o que acontece no direito dogmático depende de procedimentos, vale dizer, todas as etapas, do conflito inicial até a decisão final. Essas regras podem vir a ser mudadas, sim, desde que também sigam o procedimento adequado a isso. Então, em que consiste esse ponto de partida, o procedimento dogmaticamente organizado?

É relativamente simples: o conteúdo ético do direito, isto é, a escolha do *que* é lícito ou ilícito, passa a um segundo plano de importância e o cerne do direito positivo concentra-se em *quem* faz a escolha – a autoridade – e *como* essa escolha é feita – o rito de elaboração. Claro que o direito positivo precisa determinar em algum momento as opções éticas, *o que* se decide, mas essas irão variar ao sabor dos procedimentos. A procedimentalização dogmática é uma novidade da modernidade para enfrentar os problemas trazidos pela complexidade social, a qual,

---

2   VIEHWEG, Theodor. **Tópica y filosofía del derecho**. Barcelona: Gedisa, 1991. FERRAZ Junior, Tercio. **Função social da dogmática jurídica**. São Paulo: Revista dos Tribunais, 1980. BALLWEG, Ottmar. **Rechtswissenschaft und Jurisprudenz**. Basel: Helbing & Lichtenhahn, 1970.

para efeitos do tema agora, pode ser entendida precisamente como o desacordo generalizado sobre a licitude ou ilicitude de uma conduta. Diante de uma questão juridicamente relevante, como, por exemplo, se é lícita a pena de morte, o direito dogmático propõe antes regrar quem toma e como são tomadas as decisões.

Dessa maneira, o direito positivo se descarrega das responsabilidades éticas sobre o que já foi previamente decidido pelas escolhas políticas da legislação que determina o procedimento. Dentro do rito posto, quem tem a competência pode decidir em qualquer direção. E se houver controvérsia sobre quem tem essa competência "dentro do rito posto", outro procedimento a determinará, e assim por diante.

É nesse contexto que a primeira etapa no trabalho do jurista dogmático, do profissional como o advogado e o juiz, é a escolha das fontes que vão servir de base ao tratamento do caso concreto, pois, como dito, qualquer argumento e toda decisão precisam se referir a elas. Devido ao caráter procedimental do direito dogmático, essas fontes – assim como todo e qualquer ato jurídico – precisam passar por etapas, constrangimentos ou, em outras palavras, ser submetidas a determinados "testes" para verificar se detêm certas qualidades específicas exigidas pelo sistema jurídico. Essas qualidades são designadas, neste capítulo, os conceitos jurídicos fundamentais.

Agora duas ressalvas são necessárias.

A primeira é que esses testes não ocorrem necessariamente na ordem cronológica ou lógica em que aqui são colocados; um profissional do direito experiente pode conceber uma estratégia de ação completa a partir do momento em que é confrontado com o conflito ou problema, não precisa avaliar primeiro a vigência e depois a eficácia jurídica, por exemplo. Por outro lado, organizá-los pedagogicamente, como é feito aqui, não fará mal à prática de qualquer jurista, por experiente que seja.

A segunda é que aqui se tenta analisar cada um dos conceitos ou ideias que essas palavras – os "conceitos fundamentais" – procuram expressar e não propriamente determinar o que cada uma delas "realmente" significa. Isso porque, na doutrina, o mesmo significado é expressado por palavras diferentes, assim como a mesma palavra significa ideias diferentes, causando perplexidade ao leitor. É assim que o fato de uma lei estar apta a ser imediatamente aplicada é chamado de vigor, vigência, validade. E a mesma expressão "validade" pode se referir, em outro autor, ao reconhecimento dos destinatários de que o texto de norma é justo e adequado. O que este estudo tenta isolar são as ideias, os significados das expressões utilizadas no debate e na prática dogmáticos, de forma a que não se confundam.

O capítulo detalha os conceitos fundamentais da primeira fase do trabalho dogmático, aquela da escolha das fontes do direito, apresentada no item 7.3 atrás. Em um esquema preliminar, as fontes do direito escolhidas para um procedimento dogmático devem ser submetidas aos seguintes testes:

1. Adequação
2. Validade
   2.1. Formal
      2.1.1. Competência da autoridade
      2.1.2. Rito de elaboração obedecido
   2.2. Material
3. Vigência
   3.1.   Ausência total de vigência
      3.1.1. Vacância
      3.1.2. Vigência ("eficácia") limitada
   3.2. Ausência parcial de vigência
      3.2.1. Vigência ("eficácia") contida
      3.2.2. Vigência ("eficácia") programática
4. Incidência (união do texto com o fato, depois do sucesso em todos os testes anteriores) e eficácia técnica
5. Eficácia jurídica (sua falta = caducidade)
6. Eficácia social
   6.1. Falta pelo desuso
   6.2. Falta pelo costume *contra legem*

10.2. ADEQUAÇÃO

Já foi dito que todo direito começa com algum tipo de conflito: mesmo que não se trate de contencioso, ou seja, até um contrato entre amigos – desde que procure regras jurídicas para se guiar – precisa ter a possibilidade de conflito em seu horizonte. E regras consistem em projeções atuais para conflitos futuros.

E todo conflito, enquanto acontecimento real, é único em suas peculiaridades. Exatamente porque o principal dogma do direito dogmático é embasar todo o procedimento nas fontes do direito, o primeiro passo é, segundo aquelas características específicas daquele evento, escolher essas fontes. Tal relação entre o conflito e as fontes escolhidas é aqui denominada adequação. É a relevância das fontes escolhidas para o caso.

A adequação é o fio de Ariadne no labirinto do ordenamento jurídico. É o constrangimento que guia a escolha das regras adequadas ao caso. Se é necessário pleitear, argumentar e decidir sobre um conflito entre mulher e marido, por exemplo, o critério da adequação vai mostrar que a Consolidação das Leis do Trabalho, as leis sobre ICMS e um sem-número de outras fontes serão ali irrelevantes. Por meio da adequação, o profissional do direito consegue selecionar, dentre uma infinidade de fontes cuja interpretação continuamente se modifica e outras que são diariamente excluídas e acrescentadas no âmbito do ordenamento, aquelas que lhe parecem apropriadas ao caso.

A adequação é entendida aqui como uma qualidade do significante jurídico, da fonte do direito que, na opinião de cada participante do discurso, o sistema dogmático determinou como apropriada a ser alegada no caso em tela. Isso significa que as fontes do direito, pinçadas do ordenamento jurídico para fundamentar a interpretação, a argumentação e a decisão sugeridas por qualquer dos participantes em uma lide dogmática, precisam corresponder ao caso concreto. Assim, numa questão trabalhista, outro exemplo, o Código do Consumidor ou precedentes judiciais sobre guarda de filhos não devem ser invocados pelos participantes, por serem impertinentes. A dogmática jurídica, enquanto retórica estratégica, desenvolve mecanismos para detectar e construir essa adequação.

Isso porque os ordenamentos jurídicos modernos se tornaram literalmente infinitos, um *vade mecum* completo forma apenas a ponta do *iceberg*. A todo momento são criadas novas fontes do direito, não apenas leis. Mais numerosos ainda são decretos, regimentos, regulamentos, portarias... Sem contar resoluções, atos, instruções normativas, decisões judiciais, contratos e assim por diante. Imagine-se o número de sentenças prolatadas hoje; tudo isso passa a fazer parte do ordenamento jurídico. Note-se ademais que as fontes antigas não são retiradas do sistema por revogações expressas, o que faz com que permaneçam no ordenamento e façam parte da complexidade que o profissional precisa reduzir, tornando mais árdua a tarefa de escolher as fontes tendo em vista quais as mais pertinentes à lide.

Como há outra significação para a palavra pertinência, entendida como sinônimo de validade, prefere-se aqui o sentido já exposto, de adequação da fonte ao evento, ou seja, a análise de se uma fonte tem ou não relevância jurídica para o caso é anterior ao teste da validade: adequação e validade ou pertinência não se confundem.

Para o Constructivismo Lógico-Semântico, por exemplo, pertinência é a relação entre um elemento e uma classe, é uma operação lógica[3]. Ao inserir um elemento em uma classe, são necessários um ou mais critérios quaisquer, escolhidos pelo observador, para separar o que tem ou não pertinência à classe. Num sistema de regras de direito não é diferente: se uma fonte do direito, por exemplo, uma lei, pertence ao ordenamento jurídico brasileiro, são necessários parâmetros. O conjunto desses parâmetros – o critério de pertinência – é a validade.

---

[3]   CARVALHO, Paulo de Barros. **Direito tributário: linguagem e método**. São Paulo: Noeses, 2008 (2ª ed.), p. 403-404.

10.3. VALIDADE

Por isso, o teste da validade é o mais básico e daí porque muitos autores, como será mencionado adiante, chegam a identificá-la com a existência mesma da norma jurídica, posto que sua ausência implicaria um nada jurídico.

Uma fonte do direito é válida quando termina seu rito de elaboração realizado por autoridade competente. Aí ela passa a integrar o ordenamento jurídico. No caso de uma lei ordinária, por exemplo, quando for publicada, já que a publicação é supostamente a última fase de seu rito de elaboração. Mas a exigência de validade impõe-se a qualquer ato jurídico, por mais simples que seja, cada qual com seus ritos e competências determinados pelas regras superiores do sistema. Até aqui tudo bem.

Mas a doutrina é tão unânime quanto acrítica ao dividir o conceito de validade em formal e material, defendendo que a mera bipartição entre competência e rito caracterizaria apenas a validade formal.[4] Validade material é definida como o acordo entre o "conteúdo" da fonte ou ato jurídico sob exame e o "conteúdo" das regras superiores do sistema, em cujo topo está a Constituição; com base nisso, apenas um exemplo, pode-se argumentar que uma lei ordinária que discrimine homens e mulheres, ainda que publicada sob os devidos rito e autoridade, será inválida por contrariar "substancialmente" a regra constitucional da igualdade.

Esse conceito de validade material, porém, sob um olhar mais acurado e realista, é frágil e não se sustenta, pois sempre vai demandar um procedimento formal para sua determinação. Ficando no exemplo imediatamente acima, para que se diga que o conteúdo de determinada lei ordinária contraria a igualdade entre o homem e a mulher prevista na Constituição, é necessária determinação da autoridade competente, seguindo o rito prescrito para tanto. Então não é exagero dizer que, na sociedade complexa em que todos discordam, validade é validade formal e que os conteúdos fáticos e éticos, precisamente porque são percebidos e avaliados de diferentes maneiras, em sua "substância", pelos envolvidos no discurso dogmático, simplesmente fornecem ornamentos para a argumentação dentro do procedimento. Quem fala em validade material são os insatisfeitos com o resultado material do procedimento.

---

4   Para a teoria dogmática, por todos, SILVA, José Afonso da. **Curso de direito constitucional positivo**. São Paulo: Malheiros, 1992 (8ª ed.), p. 48, que fala em incompatibilidade material "quando o conteúdo de tais leis ou atos contraria preceito ou princípio da constituição.", embora na p. 47, já houvesse afirmado: "Mas, do ponto de vista jurídico, só é concebível a supremacia formal [da Constituição]..." Para uma visão externa: ADEODATO, João Maurício. **A retórica constitucional**. Sobre tolerância, direitos humanos e outros fundamentos éticos do direito positivo. São Paulo: Saraiva, 2010, p. 227 s.

Embora nunca se possa falar com certeza quanto ao resultado de um conflito jurídico, a validade formal é mais facilmente detectável, reduzindo-se à investigação de competência e rito, que manipulam desacordos sobre fatos e posições éticas, sempre subordinando a validade material à formal. Claro que, se não é viável para uma parte argumentar pela invalidade formal de uma fonte ou ato invocada ou praticado pela parte contrária a seus interesses, em caso de todos os envolvidos terem alegado fontes pertinentes e formalmente válidas, ela sempre pode tentar trazer incompatibilidades de conteúdos fáticos e éticos (inconstitucionalidade ou ilegalidade material) à argumentação.

Contudo, repita-se, são a autoridade e o rito competentes que aceitarão ou não esses argumentos materiais. Por isso as próprias regras se reportam a argumentos materiais e com base neles um juiz pode decidir, mas só porque é autoridade competente para tal alegação. Se houve ou não crime de responsabilidade fiscal (juízo de fato) ou se alguém sabia sobre se a prática era criminosa (juízo de valor), só o procedimento pode determinar. Outros bons exemplos do direito brasileiro estão em que permanecem consideradas constitucionais as regras que privilegiam as mulheres quanto a aposentadoria, conscrição militar ou pensões com recursos públicos, regras que aparentemente contrariam o direito constitucional fundamental à igualdade, dentre outros.

10.4. VIGÊNCIA

Diz-se aqui que uma fonte do direito é vigente se, além de válida, ela está pronta para ser aplicada, o que significa disponível para ser alegada pelos envolvidos no debate dogmático. Isso porque não é incomum que chegue ao fim o rito de elaboração e, ainda assim, apesar de válida (isto é, completa, integrante do ordenamento e não mais passível de modificação), a lei não possa ser alegada como base de uma argumentação ou decisão. Embora a lei seja aqui tomada como exemplo, a análise do conceito de vigência pode ser aplicada às fontes do direito em geral.

A vigência é um requisito a mais em relação à validade, um adendo posterior à inserção da fonte no ordenamento jurídico. Em outras palavras, uma fonte do direito pode ser atualmente válida sem ser vigente, mas não pode ser vigente sem ser prévia ou simultaneamente válida. Na maioria dos casos, hoje em dia, a validade e a vigência são simultâneas, a fonte do direito entra em vigência no momento em que termina seu rito de elaboração, mas para que isso ocorra é necessário um dispositivo que expressamente o declare: "esta lei, portaria, parecer normativo, disposição etc. entra em vigor na data de sua publicação". E há muitas exceções.

Em dois casos, essa validade sem vigência é total, ou seja, a fonte do direito não pode ser alegada em nenhum caso, de forma absoluta (porque é às vezes possível a vigência parcial, relativa). É como se a fonte não existisse, por isso autores como Kelsen realisticamente identificam validade e existência, como se verá adiante.

No primeiro deles, quando a lei está em vacância (*vacatio legis*), ela depende de um decurso de prazo para que possa vigorar ou viger, isto é, ser alegada como base de uma argumentação ou decisão dogmática. A lei precisa explicitar esse prazo, da mesma maneira que precisa dizer expressamente que vai entrar em vigência na data de sua validade se for o caso, como dito. Em não o fazendo, há uma metarregra no artigo 1º da Lei de Introdução às Normas do Direito Brasileiro, segundo a qual a vacância será de 45 dias.

Repita-se que, *mutatis mutandis*, o mesmo vale para as demais fontes, dentro do direito dogmaticamente organizado. Um contrato pode estar perfeitamente pronto e acabado, mas depender de um decurso de prazo para se tornar exigível e produzir efeitos. Não se diz que o contrato "está em vacância", mas, para o objetivo deste texto – compreender a função dos conceitos jurídicos fundamentais no procedimento dogmaticamente organizado – a ideia é muito semelhante.

No segundo caso, a fonte do direito está também pronta e acabada, mas reclama a ocorrência de novo fato ou a elaboração de uma nova lei ou ato jurídico qualquer para poder ser invocada. Enquanto não vier essa complementação, da mesma maneira que na vacância, ela tampouco pode ter qualquer papel na argumentação ou decisão, não vigora. No dogmática contratual, há semelhança com o conceito de "termo", evento futuro e certo que condiciona o início dos efeitos do negócio jurídico. A diferença é que o termo é certo e o advento da lei regulamentadora, pelo menos em países periféricos como o Brasil, nem sempre.

Essa necessidade de regulamentação, em tese, deveria ser exigida pela própria lei que demanda regulamentação, porém, pelo menos no Brasil, pode ser exigida pelo Judiciário, como foi o caso dos juros máximos de 12%. Nos sonhos do constituinte de 1988, os bancos seriam obrigados a limitar a cobrança de juros a 12% ao ano e, apesar de o texto constitucional não exigir complemento para ser aplicado, e apesar do artigo 5º, § 1º, o Supremo Tribunal Federal entendeu que a norma precisava de uma regulamentação, que nunca veio. O mesmo se deu, durante muito tempo, com o mandado de injunção.

Vê-se que essa validade sem vigência, pendente de regulamentação, provavelmente imaginada para durar um mínimo de tempo, condicionada a advento futuro e certo da regulamentação, com o objetivo de detalhar procedimentos da norma principal, pode funcionar como expediente para evitar seu cumprimento em países subdesenvolvidos como o Brasil. Tal estudo, porém, por interessante que seja, é sociológico e foge ao âmbito da dogmática jurídica.

Uma fonte torna-se então válida se foi completado o processo de sua produção de acordo com os requisitos do ordenamento jurídico e cada tipo de fonte (decreto, regulamento, sentença, jurisprudência, instrução normativa etc.) tem diferentes autoridades competentes e ritos de elaboração. Isso faz problemático distinguir validade de vigência a partir das fases do processo legislativo, como sugere Tercio Ferraz Junior:

> Por exemplo, terminada a fase constitutiva do processo produtivo de normas legais, que ocorre com sua sanção, temos uma lei válida. Sancionada a norma legal, para que se inicie o *tempo* de sua validade, ela deve ser publicada. Publicada a norma, diz-se, então, que a norma é vigente. *Vigência* é, pois, um termo com o qual se demarca o tempo de validade de uma norma.[5]

É mais claro pensar na vigência como a qualidade que decorre da satisfação de outros eventuais requisitos após a validade e permite que a fonte vigente seja alegada numa decisão. No caso da lei ordinária, por exemplo, a validade se dá com a publicação e a vigência quando outros requisitos – se os houver – venham a ser preenchidos (como uma *vacatio legis* ou a publicação de lei regulamentadora) e ela possa ser alegada como fundamento de uma argumentação ou de uma decisão.

10.5. INCIDÊNCIA

É como a teoria dogmática denomina o caso em que a fonte válida e vigente encontra o fato nela previsto e lhe transmite seu comando. A incidência faz surgir a norma individual e concreta.

Não se confunde com a eficácia jurídica, que ocorre depois da incidência, porque o fato pode ocorrer e a fonte não incidir por falta eficácia técnica (que é o mesmo que eficácia limitada ou, na análise proposta aqui: necessidade de regulamentação, uma das duas formas de validade sem vigência).

A incidência também difere, portanto, da eficácia técnica. A norma válida e vigente incide quando encontra o fato. Aí é que se testa se ela tem eficácia técnica (aqui sinônimo de vigência) ou não, segundo precise ou não de regulamentação.

A incidência só é possível se o fato for eficaz para o direito, ou seja, o momento de reconhecimento do fato como juridicamente eficaz coincide com a incidência. Em outras palavras, incidência é o reconhecimento, pelo sistema, de que um fato é juridicamente eficaz. A hipótese de incidência prevê um fato em abstrato. Quando esse evento ocorre no mundo real, tal como previsto na hipótese do texto, ele é eficaz juridicamente, o que provoca a incidência do mesmo texto. O conceito de incidência difere do de eficácia jurídica, pois incidência é um juízo sobre a aplicação da norma (então: incidência + ocorrência do fato = eficácia jurídica). Pode-se considerar excessivamente tecnicista a distinção, pois é lógico que a norma incide somente quando é juridicamente eficaz, mas é útil entender que os termos são usados pretendendo significados diversos.

---

[5]   FERRAZ Junior, Tercio Sampaio. **Introdução ao estudo do direito** – técnica, decisão, dominação. São Paulo: Atlas, 2008, p. 165-166.

Eficácia jurídica é uma qualidade do evento, é a ocorrência de um fato previsto em texto de norma, que antes era só uma hipótese de incidência. Um fato sem incidência é um fato social, mas, por não estar previsto em texto de norma, por não haver incidência, não é um fato jurídico. Hipótese de incidência é o mesmo que previsão no texto da norma. E incidência propriamente dita significa essa hipótese de incidência deixar de ser hipótese e se realizar em um fato, que passa assim a ser dotado de eficácia jurídica.

A incidência da fonte transforma condutas e bens sociais em condutas e bens jurídicos. Quer dizer que a incidência transforma os fatos em fatos jurídicos, transforma-os em suporte fático do direito, como Pontes de Miranda os denomina.[6] Para um fato ser jurídico ele precisa antes existir. E depois de tornado juridicamente relevante, a dogmática o classifica como válido ou inválido e a partir de aí em viciado, nulo, anulável etc., qualificações que derivam do binômio validade/invalidade. Somente após esses dois planos de existência e validade serem testados e verificados é que se vai examinar se o fato é juridicamente eficaz. No primeiro plano, a questão é se o fato social existe. No plano da validade, por sua vez, a existência do fato jurídico já é pressuposta. Quando a fonte incide, entra no plano da eficácia, ou seja, o conceito de incidência parte da distinção entre mundo fático e mundo jurídico, explicada por Pontes de Miranda segundo os planos de existência, validade e eficácia.

Em suma, quando se fala em incidência, deve-se compreender a interferência (incidência, "ação" de incidir) do sistema jurídico sobre o mundo fático: o suporte fático, ao se realizar, conduz à incidência da norma jurídica. Aí diz-se que esse fato tem eficácia jurídica. A vigência é apenas pressuposto da incidência, não é seu sinônimo. A fonte estar vigente quer dizer tão somente que já está apta a incidir, não quer dizer que vai necessariamente incidir. O texto vigente precisa "encontrar" um fato para incidir. Esse suporte fático é daí transformado em um fato jurídico. Note-se que a incidência não corresponde exatamente ao suporte fático jurisdicizado, porque faz uma seleção e divide o suporte fático da realidade em aspectos relevantes e irrelevantes, o que provoca a incidência sobre apenas uma fração do suporte fático, aquele que é tomado como relevante para o direito.[7]

10.6. EFICÁCIA TÉCNICA

Para a Escola do Constructivismo Lógico-Semântico é possível distinguir os conceitos de "vigência" e "eficácia técnica".[8]

---

[6]   PONTES DE MIRANDA, Francisco Cavalcanti. **Tratado de direito privado**, tomo I. São Paulo: Revista dos Tribunais, 2012, p. 85.

[7]   MOUSSALEM, Tarek Moyses. **Fontes do direito tributário**. São Paulo: Noeses, 2006.

[8]   CARVALHO, Paulo de Barros. **Direito tributário: linguagem e método**. São Paulo: Noeses, 2016, p. 404 s. e 412 s.

Viger é ter força, no sentido de possibilidade de aplicação, para disciplinar condutas descritas no texto normativo. Vigência é propriedade daqueles textos de norma que estão prontos para propagar efeitos, tão logo aconteçam, no mundo social, os fatos descritos. Desse modo, na *vacatio legis,* o texto não é vigente exatamente porque lhe falta essa possibilidade de aplicação, como uma característica intrínseca a ele: mesmo ocorrendo o fato, o texto não pode ser alegado, está excluído da argumentação.

São dotados de eficácia técnica, por seu turno, os textos de norma que não têm qualquer obstáculo externo à sua aplicação, uma vez acontecido o fato jurídico correspondente. Seu contrário, a ineficácia técnica, ocorre nos casos em que o texto é dotado de vigor, mas, por um fator extrínseco, que pode surgir a qualquer momento, tenha obstada a propagação dos seus efeitos jurídicos. Eficaz tecnicamente seria o texto livre de qualquer obstáculo material ou impossibilidade sintática. Seriam exemplos desses obstáculos externos a necessidade de regulamentação ou uma posterior redução do alcance da lei, o que outro autor denomina, respectivamente, eficácia limitada e eficácia contida.[9] Eficácia técnica aparece então como uma aptidão, a norma está pronta para incidir sobre o fato. É anterior cronologicamente à eficácia jurídica. Só se pode testar a eficácia ou ineficácia jurídica após verificada a eficácia técnica.

A distinção existe porque um texto de norma sem *vacatio* ou cuja *vacatio* já terminou é vigente, mesmo que ainda precise de regulamentação: é vigente sem eficácia técnica. Há assim distinção entre vigência, atributo do texto, e eficácia técnica, decorrente de outros fatores normativos ou fáticos que não inviabilizam ou viabilizam a aplicação do texto vigente. Estes fatores podem justificar porque um texto de norma pode ser vigente e não ter normas inferiores que viabilizem a sua aplicação (ineficácia técnica sintática, eficácia limitada) ou não existirem condições factuais (ineficácia técnica semântica ou ineficácia jurídica).

De um ponto de vista da retórica realista, é impreciso colocar a vigência e a eficácia técnica em um mesmo plano nos conceitos fundamentais, pois a distinção entre vigência e eficácia técnica é entre gênero e espécie, não são separados dentro de um mesmo alcance semântico, ou seja, o conceito de eficácia técnica está contido no de vigência. Em ambos os casos – *vacatio* e necessidade de regulamentação – tem-se validade totalmente sem vigência: a fonte não pode ser alegada. Para o constructivismo lógico-semântico, porém, a norma que não está em *vacatio* é vigente, situações idênticas; aí essa norma pode ser: vigente com eficácia técnica (vigência plena, eficácia plena) e vigente sem eficácia técnica (a que precisa de regulamentação, eficácia limitada). Na perspectiva aqui colocada, a fonte que

---

[9]   SILVA, José Afonso da. **Aplicabilidade das normas constitucionais**, 3. ed. São Paulo: Malheiros, s. d., p. 121 e s.

precisa de regulamentação não deve ser chamada de vigente. A discordância fica no plano da denominação escolhida.

10.7. EFICÁCIA JURÍDICA

O teste da eficácia jurídica quer dizer simplesmente verificar se o fato previsto no texto da norma efetivamente ocorreu e ocorre ou se não ocorrerá mais. Alguém pode achar difícil imaginar que um texto emitido por autoridade jurídica descreva um fato que jamais venha a acontecer ou mesmo que seja impossível de acontecer, mas isso não é tão raro assim. O problema da eficácia jurídica, contudo, aparece mais nos casos de fatos que aconteciam, mas deixaram de acontecer, o que a dogmática denomina caducidade. Muitos textos continuam válidos, vigentes, tecnicamente eficazes, mas o fato a que se referem não mais ocorre e tudo indica que não mais ocorrerá, apesar da imprevisibilidade do futuro. Como os textos jurídicos que regulamentavam a fabricação de fitas de vídeo VHS, por exemplo, que não mais são fabricadas. Em todos esses casos em que o fato não ocorre, a fonte do direito é juridicamente ineficaz e não pode ser aplicada, evidentemente.

Os fatos que foram transformados em fatos jurídicos por fonte com vigor e incidência – eficácia técnica – passam a ser potencialmente capazes de aplicação; potencialmente porque podem jamais vir a ter efetiva aplicação ou eficácia social ou efetividade. Isso pode aparecer em relação a leis, mas as condições em direito civil constituem outro exemplo, inseridas em contratos cuja efetivação está sujeita à ocorrência de uma condição. O texto contratual tem validade e vigência, e teoricamente tem incidência, por ser tecnicamente eficaz, mas só vai ter eficácia jurídica se e quando ocorrer a condição. Depois de verificada a eficácia jurídica é que vai surgir o problema da efetividade.

Embora não se confunda com a eficácia social (efetividade), a eficácia jurídica é uma qualidade do fato e não do texto. O fato, por corresponder à hipótese de incidência descrita no texto da norma (texto pertinente, fato adequado), torna-se um fato jurídico.

10.8. EFICÁCIA SOCIAL (EFETIVIDADE)

O conceito de eficácia social ou efetividade é uma ferramenta de estudo da sociologia do direito. Apesar de utilizado, é frágil no procedimento dogmaticamente organizado, pois argumentos no sentido de alguém não ser obrigado a cumprir uma regra porque outros não a cumpriram tendem a ser ignorados. Diz-se que uma fonte do direito tem eficácia social quando seu comando é obedecido por um número razoável de destinatários ou se, em caso de desobediência, a sanção correspondente é aplicada ao transgressor. Determinar esse "número razoável" é impossível, daí a elasticidade do conceito.

Com a efetividade chega-se ao fim do procedimento desenvolvido pela dogmática jurídica para conhecer eventos transformados em fatos juridicamente relevantes, procedimento que foi da validade do texto a esse resultado final da efetividade, objetivo de todo comando normativo.

Como validade é o conceito mais fundamental do procedimento dogmático, vai haver dificuldades práticas e conceituais se, em larga escala, o âmbito da validade e o da efetividade não se corresponderem na arena da realidade social, ou seja, quando normas válidas postas pela autoridade não são obedecidas (desuso) e/ou quando são seguidas normas contrárias ao ordenamento válido (costume *contra legem*).

Por isso, ao classificar as tendências do positivismo, é procedente a tese de Robert Alexy ao se reduzir à bipartição validade *versus* eficácia social e separar o positivismo em duas tendências principais: aquela primariamente orientada para a efetividade (*Wirksamkeit*) e a primariamente orientada para o estabelecimento (*Setzung*), isto é, para a validade da norma.[10] Ignoram-se assim adequação, vigência, eficácia técnica ou jurídica, conceitos que simplesmente complementam, dependem do conceito de validade e constituem um problema interno da própria dogmática jurídica.

Um critério empírico para separar as duas tendências aparece claramente no costume *contra legem*, na questão de se essas normas produzidas pelas forças da comunidade fazem parte do direito positivo. Para as concepções orientadas para a efetividade, o direito é positivo se realmente se aplica, independentemente de ser ou não aceito pelo Estado: o costume *contra legem*, ainda que inválido na dogmática estatal, é direito posto. Para os positivistas orientados para a validade, normas elaboradas em contradição com o sistema jurídico estatal não fazem parte do direito, são desvios temporários ou no máximo ilícitos reiterados no âmbito de um Estado ineficiente.

Obviamente o mais funcional para o direito dogmático é que coincidam o máximo possível as esferas da validade e da efetividade. E o direito será tanto mais dogmatizado quanto mais isso ocorra.

Numa visão realista, um padrão de conduta pode se tornar direito positivo pela via da validade ou pela via da efetividade, quer dizer, se foi constituído de acordo com as prescrições do sistema ou se seus destinatários se comportam de acordo com elas, independentemente das regras dogmáticas de validação. Nesses termos é possível existir uma regra jurídica contra um direito estatal que pretende, mas não consegue, monopolizar as regras de produção do direito positivo, como ocorre no Brasil.

Aqui aparece o problema de em que momento pode-se dizer que um texto jurídico se efetiva, quando exatamente deixa o sentido de norma-ideia e passa

---

[10]   ALEXY, Robert. **Begriff und Geltung des Rechts**. FreiburgMünchen: Alber, 1992, p. 31 s.

ao sentido de norma como decisão efetiva. Se é quando o juiz decide, quando o condenado começa a cumprir a pena ou o inadimplente tem seus bens levados a leilão. Como na decisão o mais crucial é a efetividade, a norma como decisão precisa penetrar no mundo dos eventos, ser cumprida no plano da retórica material, ou seja, só quando o condenado é posto na cadeia, quando o devedor é forçado a pagar a dívida ou quando a paga espontaneamente etc.

10.9. EXISTÊNCIA

Esse conceito é colocado por Pontes de Miranda no início do procedimento de construção do direito, mas aqui é tratado no final, por seu caráter problemático, por muitos considerado conceito supérfluo, sem significado próprio.[11]

Antes de ser qualificado de válido ou inválido, argumentam os ponteanos, o fato precisa ser reconhecido como existente. Dentro desse complexo fático, o direito vai ainda separar o pertinente ou relevante do impertinente ou irrelevante. E isso só pode ser feito diante de fatos existentes. Um contrato sem partes ou manifestação de vontade, por exemplo, não existe; um contrato entre menores de idade ou com vontade viciada, obtida sob fraude, é existente, mas inválido.

Quem considera esse plano da existência inútil argumenta que um dado só pode ser considerado inexistente se for inválido e a nulidade atribuída pela ordem jurídica aos fatos inexistentes é exatamente a mesma consequência que atribui a fatos inválidos. Por isso o atual Código Civil Brasileiro não deu guarida à teoria da existência: seu artigo 104 vai direto ao conceito de validade, dizendo o que é essencial a um negócio jurídico. Claro que a sanção para os fatos juridicamente inexistentes é a nulidade absoluta, aplicando-se a anulabilidade a outras formas de invalidade.[12]

Mesmo admitindo que, em regra, nulidade, invalidade absoluta e inexistência coincidem, uma nova figura da jurisprudência brasileira tem sido usada pela

---

[11]   Defendem um conceito autônomo de existência da norma, entre outros, PONTES DE MIRANDA, Francisco Cavalcanti. **Tratado de direito privado** — parte geral: Validade. Nulidade. Anulabilidade. Rio de Janeiro: Borsoi, 1954, §§ 358 e s., p. 8 e s.; MELLO, Celso Antônio Bandeira de. **Curso de direito administrativo**. São Paulo: Malheiros, 1993, p. 176 e s.; e MELLO, Marcos Bernardes de. **Teoria do fato jurídico** — plano da existência. São Paulo: Saraiva, 1995, p. 77 e s. e *passim*, e **Teoria do fato jurídico** — plano da validade. São Paulo: Saraiva, 1995, p. 77-83. Contra a distinção, isto é, identificando os conceitos de validade e existência, pronunciam-se, por exemplo, além de KELSEN, Hans. **Reine Rechtslehre**. Wien: Franz Deuticke, 1983, § 34; BOBBIO, Norberto. **Teoria dell'ordinamento giuridico**. Torino: Giappichelli, 1960, p. 15 s.; VILANOVA, Lourival. **As estruturas lógicas e o sistema do direito positivo**. São Paulo: Revista dos Tribunais, 1977, p. 23; e CARVALHO, Paulo de Barros. **Curso de direito tributário**. São Paulo: Saraiva, 1993, p. 64-65.

[12]   GAMA, Tácio Lacerda. **Competência tributária** – fundamentos para uma teoria da nulidade. São Paulo: Noeses, 2011, p. 99 s. e 337 s.

doutrina e pelos tribunais partidários da distinção entre inexistência e invalidade: a modulação de efeitos. Isso significa o sistema aceitar alguns efeitos de fatos passados, mesmo que estes sejam agora declarados nulos. Em regra, o que é nulo não deve produzir efeitos desde sua ocorrência (*ex tunc*), mas alguns desses efeitos têm sido validados, "modulados", em nome da segurança jurídica e da ordem pública. Isso não poderia acontecer com algo inexistente, que absolutamente não gera efeitos no mundo jurídico.

Outro exemplo estaria no casamento putativo, aquele que é contraído com infringência a cláusula de nulidade absoluta, desconhecida dos nubentes, que agem de plena boa-fé, como no caso de Édipo e Jocasta, filho e mãe. O ato seria nulo e inválido, mas existente, produziria alguns efeitos determinados pela lei, diferentemente de um casamento realizado por atores em uma peça de teatro, juridicamente inexistente.

10.10. UMA CRÍTICA RETÓRICA ÀS DIVERGÊNCIAS CONCEITUAIS

Há uma discussão um tanto estéril em torno dessas divergências conceituais, que se concentram mais nos significantes do que nos significados, mais na forma de exprimir as ideias do que nas próprias ideias, mais na linguagem exteriorizada do que no conceito ou, numa analogia com a matemática, mais no algarismo do que no número. São usadas diferentes terminologias, mas, analisadas retoricamente, procuram descrever as mesmas etapas do procedimento dogmático.

Autores que partem de uma teoria do conhecimento conservadora, como Habermas, ainda ensinam que o direito deve resultar da "vontade soberana do legislador político", em um processo cultural no qual distingue "promulgação", "aplicação" e "execução" da lei. E, mesmo admitindo que

> Para uma perspectiva empírica, a validade do direito positivo é tautologicamente determinada, no sentido de que, em primeiro lugar, o que vale como direito é aquilo que obtém força de direito (*Rechtskraft*), de acordo com procedimentos (*Prozeduren*) juridicamente válidos...

Afirma logo adiante que "A legitimidade de uma regra é independente de seu cumprimento."[13] Em sua defesa, deve-se dizer que o objetivo do autor não é descrever a realidade social, mas sim fornecer orientações que poderiam, em sua opinião, melhorá-la. Esse caráter idealista impede um diálogo mais fecundo com

---

[13] HABERMAS, Jürgen. **Faktizität und Geltung**. Beiträge zur Diskurstheorie des Rechts und des demokratischen Rechtsstaats. Frankfurt a.M.: Suhrkamp, 1993, p. 47-48: „Für eine empirische Betrachtungsweise ist die Geltung des positiven Rechts zunächst tautologisch dadurch bestimmt, daß als Recht gilt, was nach rechtsgültigen Prozeduren Rechtskraft erlangt…" „Die Legitimität einer Regel ist von ihrer faktischen Durchsetzung unabhängig."

aqueles que discutem um problema anterior e já sozinho extremamente polêmico e complexo: descrever empiricamente essas "realidades em que vivemos", na expressão de Blumenberg, num mundo aparentemente comum.

É difícil fazer uma síntese da confusão entre as denominações sugeridas pelos mais diversos autores: identificam eficácia e adequação, adequação e aplicação, aplicação e execução, validade e vigência, vigência e eficácia e assim por diante, sem contar um grande número de adjetivos que pretendem designar diferentes conceituações.[14]

Sobre os termos validade, vigência e eficácia, a ambiguidade é auxiliada pelas traduções a partir da doutrina alemã (*Gültigkeit, Geltung, Geltungsdauer, Rechtskraft, Effektivität, Haltbarkeit, Wirksamkeit, Validität...*), nem sempre precisas.

Hans Kelsen identifica os conceitos de validade e existência e declara a inutilidade deste último. Ele separa claramente os conceitos de validade e eficácia quando pensa em norma isolada, mas, ao pensar no ordenamento jurídico como sistema dinâmico, subordina a validade de todas as normas à eficácia social ou efetividade do ordenamento como um todo, vez que a validade de cada norma depende de ter sido posta em um sistema jurídico socialmente eficaz por autoridade competente e mediante rito adequado. Herbert Hart vai no mesmo caminho.[15] Assim unem as ideias de validade e efetividade.

Um dos conceitos dogmáticos mais adjetivados, demonstrando tanto a importância quanto sua ambiguidade, é precisamente o de "validade": "validades" técnica (técnico-jurídica, técnico-formal), fática (vigência, eficácia), moral (justiça, fundamento), positiva... Dentre muitos outros, Miguel Reale é um autor que, sob a rubrica de validade, entende os três problemas centrais da filosofia do direito, da teoria geral do direito e da dogmática jurídica: fundamento, vigência e eficácia.[16]

Observa-se que, a rigor, vigência e eficácia técnica são conceitos inúteis para o procedimento decisório da prática dogmática, pois designam ainda fases do processo legislativo, tais como a sanção pelo Executivo ou a publicação, no caso da lei ordinária. Bastar perguntar, diante do conflito, se aquele texto determinado está "valendo" ou não, se o procedimento de validade chegou a seu termo. Não interessa muito em que fase ele está. Uma lei já publicada, mas ainda em vacância, por exemplo, ou que depende de norma regulamentadora, cuja falta impede que seja sequer alegada, não chegou ainda ao final de seu rito de elaboração, logo não seria ainda "válida" – tomando-se o conceito de validade como um ponto de partida realista. O procedimento legislador é importante, mas é anterior à inserção da

---

[14] CADEMARTORI, Sergio. **Estado de direito e legitimidade** – Uma abordagem garantista. Campinas: Millenium, 2007, p. 49 s.

[15] HART, Herbert. **The concept of law**. Oxford: Oxford University Press, 1961, p. 122 s.

[16] REALE, Miguel. **Filosofia do direito**. São Paulo: Saraiva, 2010 (20ª ed.), p. 586 s.

fonte do direito no sistema dogmático, antes de seu término não se tem ainda uma fonte do direito. Não faz muito sentido, então, considerar um texto vacante como fonte. O mesmo pode ser dito de contratos e outros tipos de atos jurídicos que, ainda em elaboração, sequer podem pretender efetividade. Ocorre que a dogmática jurídica consagrou as distinções e, como dito acima, o que importa aqui é isolá-las para compreender os conceitos fundamentais do procedimento dogmático e não exatamente como são denominados pelas diferentes teorias.

Observe-se que os primeiros conceitos de adequação, validade e vigência (e incidência, e eficácia técnica) são autorreferentes no sistema jurídico e relativamente independentes do mundo dos fatos. Já a eficácia jurídica e a eficácia social ou efetividade são conceitos que não se limitam à observação do discurso do Estado, em torno da validade, mas envolvem também a observação de outro sistema, o discurso sobre os eventos, fatos não organizados dogmaticamente, o que os torna ainda mais complexos.

Tercio Ferraz Junior propõe ainda a denominação "em vigor" para aquelas leis (ou fontes do direito em geral) que perderam suas validade e vigência, mas continuam a valer e produzir efeitos para situações, por exemplo, de direito adquirido[17], algo assim como uma vigência retardada contra a retroatividade da lei. Apesar de esta constituir uma situação clara e comum para a ciência dogmática, a expressão não vingou e "vigente" e "em vigor" são tidas por expressões equivalentes. Simplificando, uma fonte revogada que ainda pode ser alegada e aplicada a situações pretéritas é vigente, sim, para aquela situação; afinal, a vigência de qualquer texto jurídico é situacional, dirige-se a determinados contextos e a outros, não. Em outras palavras, há uma vigência atual e outra sobre fatos passados.

Existem então somente três significados, três conceitos distintos: "fonte elaborada de acordo com as regras do sistema", "fonte apta a ser alegada no procedimento decisório, além de elaborada de acordo com as regras do sistema" e "fonte que se adequou ao fato nela previsto e está apta a produzir efeitos jurídicos, além de apta a ser alegada e elaborada de acordo com as regras do sistema". Diante de tantas denominações diferentes, contudo, são muitas vezes confundidos pela doutrina dogmática.

O caso de parâmetros de conduta que têm efetividade e não têm validade leva a outro problema, pois a dogmática, por princípio, não aceita normas contrárias ao sistema estatal, vez que validade seria a base de todos os outros conceitos fundamentais, a qualidade de a fonte ter sido produzida de acordo com as regras do sistema. De fato o é, ou deveria ser, ao menos para o direito oficial. Mas a complexidade invadiu também o aparato interno do Estado, sua uniformidade é

---

17 FERRAZ Junior, Tercio. **Introdução ao estudo do direito** — técnica, decisão, dominação. São Paulo: Atlas, 1988, p. 180-181.

uma ficção, mormente diante de um Estado ineficiente como o brasileiro. Pode ser, por exemplo, que um tribunal aceite argumentos ou legitime efeitos de práticas dogmaticamente inválidas, tais como o trabalho do menor ou o jogo do bicho, já mencionados, ou seja, é possível que normas *contra legem* que são efetivas, gerem efeitos também na esfera dogmática, mesmo sem terem passado pelos crivos genéricos de validade, e venham para dentro do sistema por via de sentenças e jurisprudências. Assim haveria o direito efetivo, mas inválido, assim como o válido e inefetivo. Legalistas contestam. É o antigo problema do costume *contra legem*, do direito livre, de se um "bando de salteadores" pode produzir direito.

Um exemplo interessante, diferente do costume *contra legem* porque ocorre sob uma legitimidade oficial, ato praticado por órgãos do Estado, é a sentença inconstitucional, claramente inválida (porque produzida com defeito insanável) e por isso impossibilitada de ser invocada (sem vigência) e de produzir efeitos (sem eficácia social). Se produz efeitos, apesar de inválida, logo existe no mundo e no mundo jurídico; isso porque apoiada em um sistema de normas eficaz (as que dão autoridade ao juiz que a prolatou, por exemplo). Este mesmo sistema cassa *a posteriori* a validade da sentença inconstitucional, pretendendo com isso fazer também cessar sua pretensão de produzir efeitos. Isso nem sempre é possível, daí a "modulação de efeitos" mencionada acima.

Por isso Kelsen fala no mínimo de eficácia do ordenamento e Cossio, no princípio da habilitação[18]. A tese que subjaz a esses argumentos é de que uma fonte do direito ("norma jurídica" na linguagem desses autores), mesmo inválida a princípio, pode ser validada por sua efetividade ou, embora isoladamente inefetiva, se é produzida ou acolhida por um sistema que se mostra eficaz em seu conjunto.

---

[18] KELSEN, Hans. **Reine Rechtslehre**. Wien: Franz Deuticke, 1983, § 34; COSSIO, Carlos. **La teoría egológica del derecho y el concepto jurídico de libertad**. Buenos Aires: Abeledo Perrot, 1964, p. 443.

SOBRECARGAS E PULVERIZAÇÃO DAS INSTÂNCIAS DECISÓRIAS

11.1. A SOBRECARGA DO TEXTO: DISSOCIAÇÃO ENTRE TEXTO E NORMA DECISÓRIA

Este capítulo quer explicar como a evolução do direito moderno levou a um estado da arte com características específicas que a erística vai ajudar a compreender, apesar de tantos séculos desde seu surgimento. Isso porque se o direito e a sociedade mudaram tanto e tão rapidamente, o ser humano continua o mesmo, assim como não se modificou sua relação com a linguagem. Com o aumento da complexidade social, diminui o espaço persuasivo da decisão jurídica e as possibilidades de consenso se tornam mais e mais escassas. Seria ingenuidade pensar que pessoas e órgãos decisórios, que fixam as regras das sociedades atuais, persuadem os destinatários para obter acordo e obediência, em razão de respeito, autoridade, conteúdo da decisão, eficiência, em suma, por vias persuasivas.

Enxergar no desenvolvimento das sociedades humanas um aumento de complexidade é uma ideia que vem da teoria da evolução, a qual nasce na geologia, passa pela biologia e pode ser também aplicada à observação da sociedade.[2]

É aí que o conhecimento das estratégias erísticas pode ajudar a compreender como funcionam as motivações e conexões do sistema decisório no Estado e fora dele. Em países periféricos como o Brasil, carente de instituições que estabilizem as divergências, prestar atenção à erística é ainda mais fundamental.

Para dissecar essa tese geral e explicar seu caminho, colocam-se aqui quatro teses específicas que procuram esclarecer a crescente imprevisibilidade do direito:

---

[1] Parte das ideias desenvolvidas aqui foram publicadas em ADEODATO, João Maurício. A retórica constitucional e os problemas dos limites interpretativos e éticos do ativismo jurisdicional no Brasil. **Revista da Faculdade Mineira de Direito**, vol. 20, no 40. Belo Horizonte: PUC/MG, 2018, p. 118-142.

[2] RUSSELL, Bertrand. **Religion and science**. London: Thornton Butterworth, 1935, p. 49 s. LUHMANN, Niklas. Evolution des Rechts, in **Ausdifferenzierung des Rechts**. Frankfurt a. M.: Suhrkamp, 1981, p. 11-34.

1. O fenômeno da dissociação entre o texto e a norma decisória. 2. A sobrecarga do direito como único parâmetro ético comum, em virtude de sua obrigatoriedade. 3. A sobrecarga da decisão concreta dos poderes Executivo e Judiciário, em detrimento do legislativo, devido ao enfraquecimento do texto. 4. A pulverização das instâncias decisórias, à custa dos poderes estatais como um todo.

A primeira tese, já mencionada, é que, em uma sociedade altamente diferenciada, os signos linguísticos tendem a se distanciar cada vez mais de seus significados. No caso do direito, os textos normativos passam a ser compreendidos diferentemente pelos diversos indivíduos e grupos, vez que cada um reage a seu modo diante de expressões como "dignidade humana", "interesse público", "intimidade", "ato jurídico perfeito" e mais uma série de termos, técnicos ou não, contidos na Constituição e nas leis, cujas ambiguidade e vagueza os fazem maleáveis a ponto de se adaptarem a diversas situações inteiramente diferentes, as quais somente serão definidas segundo os interesses e desequilíbrios de poder no caso concreto. Por isso a lei, como texto prévio genérico, perde sua importância.

Porque, com a crescente complexidade social, o texto e a norma decisória efetiva ficam cada vez mais separados, o que faz com que o entendimento literal da lei vá sendo deixado de lado e quem tem competência para decidir no caso concreto vá determinar o que as palavras daquele texto alegado querem dizer.

Assim ocorre uma dissociação entre texto "original" e consequentes desdobramentos. Mesmo a Escola da Exegese, a primeira e mais radical das escolas positivistas, no que concerne à relação entre texto e norma, não os confunde necessariamente, ainda que considere essa distinção um "defeito", vez que implica a necessidade de interpretação do texto: o ideal é a "clareza", pois *in claris cessat interpretatio*, lugar comum já repetido aqui. Na clareza ideal, o texto é a norma e a norma é o texto.

Note-se que esse ideal surgiu em uma sociedade relativamente mais simples, com um direito menos complexo, como o que aqueles primeiros positivistas tentavam descrever, em cuja aplicação havia um acordo muito maior sobre o sentido e o alcance do texto diante do caso concreto; hoje, ao contrário, observa-se uma crescente importância do caso concreto em detrimento dos textos e seus procedimentos de aplicação previamente estabelecidos. A literalidade do texto domina a hermenêutica jurídica de sociedades e de metáforas menos complexas.

No caminho da linguagem como ponto de partida até a compreensão que leva à decisão, a interpretação literal é aquela que espontaneamente aparece em primeiro lugar, é aquela que os participantes menos familiarizados com a linguagem vão privilegiar no discurso. Quem está aprendendo uma língua estrangeira tende a interpretar os enunciados literalmente; metáforas como "uma mão de milho" ou "pé da mesa" são de compreensão mais difícil. E o aluno de direito vai estranhar que os juristas chamem de "tradição" o ato de entrega de uma coisa móvel, pois a palavra deveria se referir a folclore ou costumes sociais arraigados, assim como o pai vai ficar confuso quando a filha adolescente sentenciar: "lacrou!"

Na filosofia e na teoria do direito, para bem entender como evolui o distanciamento entre texto e decisão, pode-se tomar o debate em torno do conceito de "generalidade" como elemento essencial ou acidental da norma jurídica, acompanhando a discussão sobre se o juiz criaria direito, diante da teoria da separação de poderes.

A primeira perspectiva do positivismo é legalista, no sentido de que reduz o direito à lei e daí entende que toda norma jurídica é geral e o juiz é mero aplicador, *la bouche de la loi*. A necessidade de interpretação surge por defeito na clareza da lei; a regra é o máximo de literalidade:

> Mas os juízes da nação não são, como dissemos, nada além da boca que pronuncia as palavras da lei; seres inanimados que não lhe podem moderar nem a força nem o rigor.[3]

O normativismo posterior permanece na tese de que todo direito emana do Estado, mas já considera que as normas jurídicas podem ser genéricas ou individualizadas, em sua classificação quanto ao âmbito pessoal de validade. Como o juiz é a autoridade estatal tradicionalmente responsável pelas normas individualizadas, Kelsen admite expressamente que a sentença do juiz cria direito.[4]

Hoje, para a teoria estruturante de Friedrich Müller, por exemplo, a generalidade é uma característica apenas do texto e a norma jurídica só aparece na decisão concreta.[5] A tarefa de todo legislador, assim, é produzir textos genéricos prévios e válidos, não a regra jurídica propriamente dita, textos que são apenas parte da "moldura" dentro de cujos limites a norma é produzida.

A fixação de textos tornou-se menos importante na sociedade complexa, o mito do texto como portador de sentido enfraqueceu-se e a teoria da linguagem cuidou de sistematizar os novos tempos na chamada "virada linguística".

Vejam-se alguns exemplos de como o sistema define os significados dos textos legais, começando pelo famoso caso sobre se tomate é fruta ou vegetal. O caso Nix

---

3   MONTESQUIEU, Charles Louis de Secondat, Baron de la Brede et. **De l'esprit des lois** (1758). Paris: Gallimard, 1995, p. 116: "Mais les juges de la nation ne sont, comme nous avons dit, que la bouche qui prononce les paroles de la loi; des êtres inanimés qui n'en peuvent modérer ni la force ni la rigueur."

4   KELSEN, Hans. KELSEN, Hans. **Allgemeine Theorie der Normen**, Kurt Ringhofer und Robert Walter (*Hrsg.*). Wien: Manzsche Verlags- und Universitätsbuchhandlung, 1979, p. 179 s.

5   MÜLLER, Friedrich. **Strukturierende Rechtslehre**. Berlin: Duncker & Humblot, 1994, p. 251 s.

versus Hedden foi proposto para a Suprema Corte dos EUA em 1887 e julgado em 1893. "Em termos botânicos, o tomate é fruto de uma videira, assim como pepinos, abóboras, feijões e ervilhas", escreveu o juiz Horace Gray em seu voto de 1893, "mas na linguagem comum das pessoas, sejam vendedores ou consumidores de provisões, todos esses são vegetais." A corte decidiu contra a ciência unânime e pela utilização pragmática da expressão "tomate". Isso não significou solução do problema. Vários estados se rebelaram: Tennessee e Ohio chamaram o tomate de "fruto do estado" – embora Nova Jersey o tenha transformado em "vegetal do estado", citando especificamente o caso Nix *versus* Hedden. E em dezembro de 2001, a União Europeia emitiu uma diretiva que classifica os tomates como frutas – juntamente com ruibarbo, cenoura, batata doce, pepino, abóboras e melão.[6]

Na Alemanha, uma pessoa foi condenada em primeira instância, por ter vendido alguns quilos de cogumelos a diversos compradores, a dois anos e oito meses de prisão, sob acusação de tráfico ilegal de plantas alucinógenas ou entorpecentes. Na segunda instância foi absolvida, argumentando que cogumelos não são "plantas", como diz o texto da lei alemã, mas sim "fungos", segundo a ciência botânica. Observe-se que o caráter alucinógeno ficou em segundo plano, o problema era a adequação do significado do texto ao caso concreto. O problema foi para a Suprema Corte, que concluiu que cogumelos, para os fins da lei, são plantas por serem assim considerados e utilizados pelas pessoas. O significado científico foi derrotado pelo significado do uso. Muito semelhante ao caso dos tomates, de 1893, e a decisão é de 4 de setembro de 2009.[7]

Outro é o caso ocorrido no estado brasileiro de Santa Catarina, onde um restaurante foi multado pela autoridade fiscalizadora por servir a cerveja em barril, ou chope, com espuma, conhecida como "colarinho". O juiz singular manteve a multa, mas o Tribunal a cancelou, determinando que o colarinho estaria contido no conceito de chope.[8]

Diante disso não é de estranhar que o Senado Federal, presidido pelo Presidente do Supremo Tribunal Federal, nos termos da Constituição, tenha decidido pela manutenção da "habilitação" para exercício de função pública de uma Presidente da República, que o sistema jurídico brasileiro declarou afastada do cargo por impedimento decorrente da prática de crime de responsabilidade fiscal, conforme mencionado no item 5.4 atrás.

---

[6] WASHINGTON POST. https://www.google.com.br/amp/s/www.washingtonpost.com/amphtml/news/wonk/wp/2017/10/18/the-obscure-supreme-court-case-that-decided--tomatoes-are-vegetables/. Acesso em 01 de julho de 2020.

[7] https://www.bundesverfassungsgericht.de/SharedDocs/Entscheidungen/DE/2009/09/rk200909042bvr033809.html Acesso em 01 de julho de 2020.

[8] https://sinhoresosasco.com.br/justica-decide-que-espuma-do-colarinho-faz-parte-do--chope/ Acesso em 01 de julho de 2020.

Mesmo que não se concorde com esse casuísmo subdesenvolvido, uma visão realista sobre a racionalidade humana ajuda a entender melhor o ambiente em que a efetividade de uma decisão prepondera sobre textos reconhecidos por todos como válidos. A explicação para o Senado votar em separado o impedimento e a cassação de direitos políticos ("O rito do *impeachment* é controverso")[9] mostra o desprezo do sistema jurídico para com a necessidade de fundamentação, considerada indispensável pelas teorias idealistas da argumentação.

Esses casos ajudam a perceber que a distância entre o texto jurídico e a norma decisória concretizada pode ser detectada em questões cotidianas comuns e não apenas quando os juristas definem expressões legais grandiloquentes como dignidade da pessoa humana, responsabilidade fiscal, antecipação terapêutica do parto ou igualdade perante a lei.

Daí a tese da teoria retórica epistêmica ou analítica, em seu viés realista: o conhecimento se reduz ao conhecimento da linguagem, a qual constitui, cria, produz, fabrica aquilo que o senso comum e a filosofia ontológica denominam "realidade".

11.2. A SOBRECARGA DO DIREITO COMO AMBIENTE ÉTICO COMUM

Foi dito que em sociedades tradicionais, isto é, relativamente menos complexas, há mais acordo na comunicação, a linguagem é entendida de forma mais semelhante e há menos dissenso em torno de textos, aí incluídos os textos legais. O importante agora, ao analisar essa segunda sobrecarga no direito contemporâneo, é destacar que o fenômeno do consenso textual é auxiliado por ordens éticas aglutinadoras, como a religião e a moral, e sua relativa homogeneidade faz com que acordos hermenêuticos sejam facilitados. Nas sociedades complexas, essas ordens éticas não garantem coesão na interpretação. Quem vai dizer o que os textos legais e, em muitos casos, o próprio mundo em torno, significam, é o próprio direito. É o direito que define se tomate é fruta.

Em ambientes mais homogêneos, as ordens éticas não se apresentam tão separadas e às vezes fica difícil perceber se determinada infração vai de encontro ao direito ou à religião, à moral ou aos costumes, tão imbrincados que estão. A moral e a religião sociais sempre controlaram e decidiram sobre uma série de questões que atualmente estão todas disciplinadas pela lei. A própria separação entre essas ordens normativas é problemática, como se vê no texto dos Dez Mandamentos, que reúne diretrizes hoje separadas em religiosas, morais

---

[9]   Dilma Roussef perde o mandato de presidente da República, mas mantém direitos políticos. **Senado Notícias** (https://www12.senado.leg.br/noticias/materias/2016/08/31/dilma--rousseff-perde-o-mandato-de-presidente-da-republica-mas-mantem-direitos-politicos). Acesso em 21.10.2020.

e jurídicas, tais como "amar a Deus sobre todas as coisas", "honrar pai e mãe" e "não matar", respectivamente.

Com o estabelecimento do direito dogmático estatal, a ordem jurídica paulatinamente se separa das demais, mas não por algum conteúdo ético específico e sim pelo seu caráter obrigatório, que é um critério formal. Tanto é assim que um mesmo conteúdo ético pode ser visto pela ordem jurídica como lícito, ilícito ou irrelevante, segundo o tempo histórico e o espaço territorial, como é o caso de adultério e nepotismo, por exemplo.

Daí a segunda tese aqui, chamar atenção para o direito ter se tornado o único ambiente ético socialmente relevante, um "mínimo ético", que é comum a todos justamente por seu caráter coercitivo: as regras que valem para todos passam a ser somente as jurídicas, pois todos divergem sobre conteúdos morais e religiosos. Ao mesmo tempo em que isso é pouco para unir os indivíduos de uma comunidade, é muito para a forma democrática de organização do direito dogmático estatal, que não tem condições de responder a todas essas demandas com eficiência.

Além disso, o direito vê-se constantemente às voltas com necessidades de legitimação, pois as ideologias não contempladas permanecem insatisfeitas no horizonte social, combatendo as expectativas vitoriosas que foram institucionalizadas como coercitivas pelos procedimentos do próprio direito. Isso pode ser aplicado a qualquer exemplo prático, como a idade para dirigir, a questão do aborto ou a alíquota do imposto de renda. O jogo democrático consiste em decidir, por meio de um procedimento, que opções devem prevalecer naquele contexto de desacordos.

O justo é aquilo que o Estado diz que é justo e o justo é criado e aplicado por meio do direito e seus órgãos estatais. Diante das diferenciações éticas sem precedente que ocorreram na era moderna, as democracias ocidentais organizaram-se com base em regras sem conteúdo ético definido, uma arena para decidir sobre recursos escassos e alternativas incompatíveis, sobre as quais não há consenso.

Essa procedimentalização institucionaliza a mudança, uma característica importante do direito moderno, pela qual todas as valorações, normas e expectativas de conduta precisam ser filtradas e controladas por processos decisórios. Como o direito torna-se procedimento, seu conteúdo ético sempre se modifica e até o próprio procedimento está sujeito a novas decisões, segundo novos procedimentos.

Depois de positivada a Constituição, feitas determinadas escolhas éticas básicas, claro que os poderes decisórios derivados, pelo menos nos sistemas democráticos, precisam respeitá-las. Mas, em que pese à posição contrária das linhas dominantes na filosofia do direito contemporânea, o poder constituinte efetivamente originário não tem qualquer limite ético prévio que se imponha por si mesmo. Pelo menos é o que mostra a observação histórica. Mais ainda, depois de estabelecidas suas escolhas, a legitimidade do direito passa a ser uma questão de validade legal, pois os textos derivados são corretos na medida em que frutos de autoridade competente e rito de elaboração concordante, mais uma vez critérios puramente procedimentais.

Se a positivação originária da Constituição é certamente limitada por circunstâncias históricas, físicas, geográficas, de infraestrutura econômica e densidade populacional, dentre outras condicionantes não jurídicas, seus limites éticos constituem questão aberta. Ou seja: não existem. É a total disponibilidade ética do direito moderno.

É por isso que, no mundo contemporâneo, o direito dogmático e a democracia positivista tradicionais não se mostram mais tão eficientes e perdem também em consistência teórica. A crise se manifesta em várias direções, como na possibilidade de partidos não democráticos participarem do jogo político, acenando com o fim da democracia, ou no alto índice de abstinência dos votantes. Ressentimentos de grupos sociais excluídos ou que se consideram em desvantagem invadem a arena política e criam "inimigos objetivos" como imigrantes, ciganos, judeus, estrangeiros, intelectuais.

Essa crise faz com que a tese positivista de separação autopoiética do direito passe a ser contestada em várias frentes. Com efeito, juristas contemporâneos, contrários ao positivismo, buscam estabelecer regras jurídicas de conteúdo moral definido, que todo poder constituinte originário precisaria respeitar, como a de que todos são iguais e por isso têm o direito de participar igualmente do discurso racional, vale dizer, justo. Esses conteúdos racionais teriam caráter intrínseco a todo ser humano e proviriam de valores universais; por isso o direito não teria como independer deles, por isso estariam acima do poder constituinte e de qualquer regra formal de procedimento. Exemplos desses conteúdos, além da igualdade, seriam o banimento da tortura, do racismo, do sexismo, independentemente do dado empírico de que muitas regras positivas de diversos sistemas jurídicos antes e hoje contrariam esses postulados.

A fragilidade dessas teorias está precisamente em seu caráter normativo: esses juristas pretendem dizer como o direito deve ser, segundo ideais em que acreditam. O problema é que as pessoas, os grupos sociais, as nações e os juristas não concordam sobre tais ideais e não há critério para decidir sobre a prevalência de uma opinião quando há diversas e são incompatíveis.

O dado é que o direito nunca foi tão onipresente, a história mostra que essa função de cuidar de todo tipo de conflito nunca foi solicitada do direito. Em sociedades pré-modernas só os conflitos mais agudos necessitam de tratamento coercitivo. Hoje, em muitas sociedades, qualquer desavença entre vizinhos é passível de ser levada aos tribunais e há regras na lei sobre assuntos íntimos como a obrigatoriedade de vida em comum no domicílio conjugal.[10]

---

[10] Lei nº 10.406 de 10 de Janeiro de 2002, **Código Civil Brasileiro**, art. 1566, II.

Georg Jellinek oferece uma famosa e muito difundida narrativa sobre a formação do Estado Moderno, construído a partir das quatro ideias básicas de unidade, liberdade burguesa (individual), liberdade política e nacionalidade, as quais cooperaram para superação dos esteios medievais representados pela Igreja, pelo Sacro Império Romano e pelos estamentos ou castas.[11] A elas se deve acrescentar a ideia de que todo direito provém de uma só instância, capaz de decidir todo e qualquer conflito relevante. As pretensões de monopólio e de universalidade da jurisdição constituem o lado jurídico dessa sobrecarga para o Estado e daí a força do positivismo enquanto concepção sobre o direito, culminando na afirmação de Kelsen que não apenas a expressão direito positivo é pleonástica, mas ainda que todo direito positivo é estatal, vez que não há esse dualismo entre Estado e direito.[12]

Fique claro que esse monopólio é ao mesmo tempo um discurso do próprio Estado, a que os dados empíricos nem sempre correspondem. Estados nos quais não há vontade política ou condições econômicas de satisfazer postulados do chamado Estado de direito, em sociedades com todo tipo de carências, também se arvoram o monopólio da jurisdição e a inseparabilidade entre direito e Estado, sem muito sucesso.

Até no centro desenvolvido esse monopólio é em parte ineficaz, mas o Estado não admitir discutir o dogma, ainda que ficção, pois ele tem um papel importante, funciona como ameaça, vez que, em havendo interesse suficiente, os poderes estatais coercitivos levam vantagem num debate ou luta que, enfim, será decidida pelo próprio Estado.

A tese de que o Estado não detém o monopólio do direito, o pluralismo jurídico, já foi colocada desde o século XIX, defendida pelo positivismo chamado sociológico, sociologista ou sociologismo jurídico, como as Escolas da Livre Pesquisa do Direito, na França, e do Direito Livre, na Alemanha. No século XX, persiste o debate, por exemplo, em movimentos como os *Critical Legal Studies*, nos Estados Unidos, a Teologia da Libertação, O Direito Alternativo, o Direito Achado na Rua, dentre outros, na América Latina.

A popularidade e a atenção dedicada a essas perspectivas parecem guardar relação direta com a maior ou menor incapacidade do Estado para efetivamente monopolizar a jurisdição. Isso porque, se o Estado não consegue distribuir sua justiça a todos os conflitos que ele mesmo declara relevantes para seu direito, certamente algum direito surgirá, no sentido de que o conflito precisa ser controlado e esse controle, quando coercitivo, é o direito. Por isso o brocardo *ubi societas ibi*

---

[11] JELLINEK, Georg. Die Entstehung der modernen Staatsidee. Vortrag gehalten im Frauenverein zu Heidelberg am 13. Februar 1894, in JELLINEK, Georg. **Ausgewählte Schriften und Reden**, Bd. 2. Berlin: O. Häring, 1911, p. 45-63.

[12] KELSEN, Hans. **Reine Rechtslehre**. Wien: Verlag Österreich, 2000, p. 289.

jus (onde sociedade, aí direito). A ineficiência dos órgãos estatais provoca o sur-gimento de toda sorte de regras e procedimentos decisórios que nem sempre se harmonizam e por vezes entram em choque com o próprio direito estatal que se arvora o monopólio. Atentar para esse direito é um dever científico, pois se trata de um fenômeno empírico claramente observável.

11.3. A SOBRECARGA DO JUDICIÁRIO E O PROBLEMA DO ATIVISMO JUDICIAL

A terceira tese sugere que, dentro desse subsistema jurídico sobrecarregado, há outra sobrecarga dos poderes Executivo e Judiciário, em detrimento do Legislativo. Não é difícil perceber a ligação entre esta sobrecarga e o fenômeno da dissociação entre texto e norma de decisão, chamado acima de primeira sobrecarga. Foi dito que a legislação, em que se estribava a positivação do direito no século XIX, torna--se mais e mais disfuncional, devido ao crescente desacordo sobre o significado dos textos genéricos previamente fixados. Aí as instâncias decisórias nos casos concretos veem aumentar ao mesmo tempo seu descontrole e sua importância. Esse poder perdido pelo Legislativo vai ser tomado por outras instituições.

O debate brasileiro a esse respeito começa com a democratização e a criticada interferência do poder Executivo na legislação, por meio de medidas provisórias e decretos, na época da promulgação da Constituição de 1988, e depois se estende à interferência do Poder Judiciário na criação do direito por meio do chamado ativismo judicial, que até hoje é muito debatido. Nesse processo de enfraquecimento do poder democrático que produz o texto genérico, não apenas há uma sobrecarga do direito em geral, como ambiente ético comum, envolvendo excesso de leis, regulamentos, decretos e todo tipo de decisão, mas também uma sobrecarga para quem tem que decidir o caso concreto, isto é, o Executivo e o Judiciário.

A cobertura da imprensa, dentre outros fatores, tem feito aflorar as vaidades mais comezinhas. E uma curiosa autoconfiança faz com que muitos magistrados escrevam opiniões, antes inconfessáveis, nos próprios textos de suas decisões. Veja-se o voto:

> Acabo de concluir que devo deixar de ensinar doutrina e assumir que devo apenas ensinar jurisprudência dos Tribunais Superiores. Não me importa o que pensam os doutrinadores. Enquanto for Ministro do STJ, assumo a autoridade da minha jurisdição...
>
> Decido, porém, conforme minha consciência. Precisamos estabelecer nossa autonomia intelectual, para que este Tribunal seja respeitado. É preciso con-solidar o entendimento de que os Srs. Ministros Francisco Peçanha Martins e Humberto Gomes der Barros decidem assim, porque pensam assim. E o STJ decide assim, porque a maioria de seus integrantes pensa como esses Ministros. Esse é o pensamento do STJ e a doutrina que se amolde a ele. É fundamental

expressarmos o que somos. Ninguém nos dá lições. Não somos aprendizes de ninguém. Quando viemos para este Tribunal, corajosamente assumimos a declaração de que temos notável saber jurídico – uma imposição da Constituição Federal. Pode não ser verdade. Em relação a mim, certamente não é, mas, para efeitos constitucionais, minha investidura obriga-me a pensar que assim seja.[13]

Este discurso é um bom exemplo de diversos enunciados erísticos, como a chamada "falsa modéstia", estratégia comentada adiante. Depois de dizer que não aceita lições de ninguém, o juiz exclui-se do grupo dos que teriam notório saber.

Essas manifestações de voluntarismo e autoconfiança estão naturalmente em relação direta com: 1) a possibilidade de a decisão ser reformada; 2) a possibilidade de aplicar sanções em quem decidir equivocadamente, qualquer que seja o critério; 3) a possibilidade de a instância decisória ser colegiada ou monocrática.

Um exemplo de "fundamentação" curiosa pode ser visto em uma decisão do Supremo Tribunal Federal sobre concessão de *habeas corpus*. O juiz afirma "que os astros estão alinhados pela concessão das ordens" porque "eu acredito em Deus, mas eu acredito também na astrologia. Os astros hoje estão alinhados, em uma conjugação favorável aos pacientes." Ao que outro juiz do colegiado retruca ironicamente: "Confesso que estou me sentindo em um colegiado diverso daquele que geralmente integro às terças-feiras!"[14]

Outro aspecto importante são as decisões monocráticas, acabando com a própria razão de ser de órgãos decisórios colegiados. O monocratismo judicial nos tribunais tem se mostrado um desastre, em termos de legitimação popular, doutrinária, política, administrativa etc., não apenas porque contraria os pressupostos mais simples de colegialidade de decisões em sistemas democráticos, mas também porque viabiliza vaidades tolas e, o que é pior, incoerências incontornáveis na má qualidade da jurisprudência e na total submissão à política, mesmo que seja à política corporativista dos próprios magistrados.

Ao lado da grande significação estratégica tradicional da Constituição, denominada Carta Magna, Carta da Nação, Lei Suprema e outros epítetos agregadores, a importância da jurisdição constitucional cresceu, controlando conflitos que se originam de divergências sobre o próprio texto constitucional. No exercício de suas funções, os juízes e tribunais eliminam esses conflitos determinando a "coisa julgada", decisão definitiva da qual não mais cabe qualquer recurso.

É certo que na "sociedade aberta dos intérpretes da Constituição", todas as pessoas concretizam essa Constituição, na medida em que se conduzem de acordo com ela, sem terem necessariamente que provocar o Judiciário. Quando cumprem

---

[13] SUPERIOR TRIBUNAL DE JUSTIÇA. Voto extraído do AgReg em ERESP no. 279.889-AL.
[14] SUPREMO TRIBUNAL FEDERAL. Habeas Corpus 103.412/SP. **Folha de São Paulo** de 21/10/2012.

efetivamente um contrato, por exemplo, as partes com certeza concretizam normas jurídicas, sem intervenção do Judiciário. As normas jurídicas são concretizadas por todos os destinatários, todo o ambiente social que lhes determina o sentido, e não é possível estabelecer uma lista de autoridades competentes, isto é, um *numerus clausus* de intérpretes da Constituição, conforme mencionado atrás.[15]

No Brasil, país em que parcelas significativas da população só têm relações com a parte penal do direito estatal, o tratamento de muitos conflitos jurídicos dá-se frequentemente sem o menor contato com o aparato estatal. Mas o Estado exerce papel fundamental, já que está proibido o *non liquet* nas democracias contemporâneas, e ele sempre poderá dizer a última palavra sobre o dissenso quanto à solução de um caso. O direito estatal está sempre no horizonte do conflito.

Quer dizer, mesmo que a concretização da norma jurídica não esteja exclusivamente concentrada na autoridade estatal judicante, a importância do Judiciário cresceu com a complexidade social. Contudo, isso não significa aceitar os dois principais pressupostos teóricos do criticado ativismo jurisdicional, os quais não são, de modo algum, óbvios, ainda que façam parte de uma respeitável tradição na teoria jurídica ocidental mais recente: a um, o direito é visto sobretudo a partir do conflito já ocorrido e da necessidade de seu controle; a dois, de modo correlato, o direito é constituído, efetivamente, por meio da atividade do juiz.

Diversamente do que ocorre em sociedades mais homogêneas, nas quais o direito é uma espécie de último recurso para conflitos, nesse contexto de ampliação do papel do direito, do direito estatal e, dentro dele, do Poder Judiciário, veem-se causas as mais bizarras e demandas as mais esdrúxulas, desde as petições iniciais.[16]

Há propostas sensatas para achar uma espécie de meio termo entre uma utopia da única decisão correta e o ativismo jurisdicional errante no Brasil. Dois lados, duas ideias, quanto às vias para aplicação do direito: de um lado, as que creem na possibilidade de correspondência entre o texto genérico e prévio e a decisão do caso concreto, por meio de uma interpretação guiada racionalmente, isto é, competente e justa; de outro, aquelas que veem a decisão como independente do texto, servindo a Constituição e demais ordenamentos legais muito mais para uma justificação posterior de uma opção criada casuisticamente. Cada autor é mais próximo de um ou outro extremo no debate.

---

[15]   HÄBERLE, Peter. Die offene Gesellschaft der Verfassungsinterpreten, in HÄBERLE, Peter. **Verfassung als** öffentlicher **Prozeß**. Materialien zu einer Verfassungstheorie der offenen Gesellschaft. Berlin 1978, p. 155-181.

[16]   Por exemplo: Justiça decide que orgia tem regra: ninguém é de ninguém. Correioforense. https://www.correioforense.com.br/direito-penal/justica-decide-que-orgia-tem-regra--ninguem-e-de-ninguem/#:~:text=BRAS%C3%8DLIA.,senten%C3%A7a%20%C3%A9%20ins%C3%B3lita%20e%20in%C3%A9dita.&text=Se%20o%20indiv%C3%ADduo%2C%20de%20forma,de%20atentado%20violento%20ao%20pudor. Acesso em 30.07.2022.

Opor essas concepções subsuntivas às decisionistas ajuda a entender como a sociedade e o direito se modificam ao longo do tempo, num contexto em que o aumento de complexidade social torna mais agudo o distanciamento entre os signos linguísticos e seus significados concretos. O esclarecimento desse debate pode sugerir um meio caminho entre um regresso problemático à separação de poderes dos séculos XVIII e XIX, ao "juiz boca da lei" da única decisão correta, e a tese de que qualquer decisão é possível.

Para os partidários da ausência de limites, surge, na teoria do direito, uma espécie de irracionalismo, que ignora os textos válidos do ordenamento jurídico, negando sua relação com a decisão concreta e afirmando que, em um sentido bem literal, quem decide o caso "faz" o direito. Em lugar da teoria tradicional sobre a hierarquia das fontes e a submissão do juiz à lei, observa-se que a cúpula do Judiciário não pode contradizer a Constituição, em última análise, pois a própria Constituição afirma que quem diz o conteúdo do texto constitucional é o Supremo Tribunal Federal, o tribunal constitucional, e seus ministros já o afirmaram expressamente. Pode haver uma decisão judicial momentaneamente *contra legem*, mas dizer que uma decisão definitiva da corte constitucional é contrária à lei afigura-se uma *contradictio in terminis*. Ou seja, a Constituição diz aquilo que os tribunais dizem que ela diz.

Porém, mesmo em se admitindo que é o juiz quem determina a norma jurídica, o problema estratégico é se há limites previamente fixados à sua ação e quais são eles.

Como toda sugestão, essas agora são propositivas, não mais analíticas.

Novamente: se aqui se admite que o texto normativo previamente elaborado não determina a norma propriamente dita, isso não implica dizer que nada significa na aplicação do direito, ele precisa ser parte do procedimento. Por outro lado parece claro que, ao decidir, o Judiciário lança mão de critérios, fornecidos não apenas pelas fontes do direito como a lei, mas também pelas inclinações pessoais de cada juiz, pelas pressões sociais, quando o caso interessa a muita gente, todas "inseridas em um contínuo de indeterminação" que é simplesmente impossível de esclarecer em sua totalidade[17]. Para controlar essa relação entre texto prévio e decisão, os juristas têm feito as mais diversas sugestões doutrinárias e a dogmática jurídica contemporânea tem desenvolvido mecanismos hermenêuticos mais ou menos intrincados para isso.

Não acreditar na possibilidade da única solução correta, portanto, não significa pregar o ativismo judicial ou combater esse fenômeno, é simples verificação. Lembrando que essa ênfase sobre o caso não é trazida apenas pelo juiz, mas

---

[17] GUIBOURG et al. (2004), p. 5. GUIBOURG, Ricardo Alberto et al. **Análisis de criterios de decisión judicial**: el artículo 30 de la ley de contrato de trabajo. Buenos Aires: Grupo de Análisis de Criterios, 2004.

também pelas outras numerosas instâncias decisórias, conforme referido acima. Tampouco se considera aqui que qualquer solução concretiza "adequadamente" a norma constitucional. O problema é determinar quando esta concretização é adequada, quando não, vez que a polissemia está sempre em qualquer linguagem.

Essa polissemia não é apenas presente no direito aplicado, mas também influi sobre a ciência do direito, questionando e modificando as perspectivas sobre a Constituição e sua interpretação[18]. Uma doutrina mais adequada é requerida porque o leigo e também os profissionais do direito não conseguem compreender como se processa, na modernidade, "...uma mutação constitucional permanente, mais ou menos considerável, que não se deixa compreender facilmente e, por causa disso, raramente fica clara"[19]. Se isso é observável em países do capitalismo central, como a Alemanha dos autores agora referidos, mais ainda é de difícil controle a jurisdição constitucional de países subdesenvolvidos, cujas instituições e lideranças padecem de problemas crônicos de falta de coerência, competência e ética.

Isso porque boa parte dessa discussão só tem sentido no contexto do Estado democrático de direito, com suas estratégias de funcionamento e de legitimação. As constituições democráticas afirmam que o poder emana do povo, ainda que não sejam elaboradas por ele, nem ele participe das decisões dos tribunais ou da administração. A unidade do povo e a unidade entre Estado e Constituição não são óbvias, sobretudo se o povo não pode ou não quer "participar". A grande questão passa a ser justamente "quem" pertence ao povo, a que corresponde esse conceito constitucional.[20]

Para definir o Estado democrático de direito, é também preciso decidir se uma economia de mercado "aberta" e "livre" é pré-requisito para sua existência[21], o que reduziria a utilidade da discussão às sociedades capitalistas da Europa, América do Norte e eventualmente determinadas porções da Ásia. Isso porque as sociedades modernas não são integradas apenas socialmente, em torno de valores e normas, "...mas também sistemicamente, em torno de mercados e poder administrativamente aplicado", isto é, dinheiro e poder constituem também mecanismos de integração da sociedade[22].

---

[18]   AUGSBERG, Ino. **Kassiber** – Die Aufgabe der juristischen Hermeneutik. Tübingen: Mohr Siebeck, 2016.

[19]   HESSE, Konrad. **Elementos de direito constitucional da República Federal da Alemanha**, trad. Luís Afonso Heck. Porto Alegre: Fabris, 1998, p. 51 e 63 s.

[20]   MÜLLER, Friedrich. **Wer ist das Volk?** Die Grundfrage der Demokratie (**Schriften zur Rechtslehre**, Bd. 180), Ralph Christensen (*Hrsg.*). Berlin: Duncker & Humblot, 1997.

[21]   HÄBERLE, Peter. **Europäische Rechtskultur** – Versuch einer Annäherung in zwölf Schritten. Frankfurt a. M.: Suhrkamp, 1997, p. 112.

[22]   HABERMAS, Jürgen. **Faktizität und Geltung**. Beiträge zur Diskurstheorie des Rechts und des demokratischen Rechtsstaats. Frankfurt a. M.: Suhrkamp, 1993, p. 59.

Assim a questão gira em torno de proteger os textos previamente colocados como pontos de partida das decisões, sabendo que não se pode voltar à única resposta correta ou a ideias ontológicas de verdade e justiça.

Aqui está um dos papéis principais da doutrina hoje. A doutrina é uma das formas civilizadas mais eficazes no controle da vagueza e da ambiguidade, da polissemia dos textos jurídicos. É a fonte material do direito mais importante, no sentido de que toda regra jurídica segue alguma doutrina; sem ser coercitiva, ela se constitui a partir de um debate livre, que se baseia no conhecimento e no convencimento de cada um. Na sociedade complexa, compreender o direito exige uma doutrina correspondente, cuja autoridade técnica e ética possa nortear a elaboração dos textos jurídicos, das decisões, da lei, da jurisprudência, dos contratos.

A fiscalização pela doutrina pode dificultar o voluntarismo ensimesmado das instâncias decisórias, principalmente quando não couber mais qualquer recurso. Não apenas a doutrina técnica dos juristas, mas também todos os núcleos organizados da sociedade, que porventura tenham interesse naquela decisão específica: ordem dos advogados, associações em geral, sindicatos, grêmios, qualquer canal que possa se opor a convicções monocráticas, lamentavelmente frequentes nos procedimentos decisórios brasileiros.

Assim se colocariam empecilhos àqueles tristes catálogos de *topoi* que se vão formando no país: "a decisão vai depender do que o juiz comeu no café da manhã" ou "na minha vara somos eu e Deus; e nessa ordem", "decido somente com minha consciência" e outras pérolas do gênero.

Principalmente diante das mazelas brasileiras, cujo Poder Judiciário assume postura casuística, na medida em que as justificativas das decisões variam a ponto de se expressarem mediante argumentos simplórios do tipo "é da natureza da ação", "mudei de opinião" ou "a Constituição diz o que nós dizemos que ela diz", ou seja, é assim porque assim o é.

Por absurdo que pareça, dito assim direta e claramente, esse voluntarismo tem sido a narrativa final há muitos anos no Brasil, é assim que funciona. Sabe-se que o sistema jurídico vai muito além de suas bases textuais: o sentido e o alcance dos termos contidos nas fontes do direito, definidos a cada decisão, não estão ali nesse livro que se chama "a Constituição" e, nem por isso, deixam de fazer parte do universo constitucional. Ao conjunto de interpretações, argumentações e decisões apreciadas pelo Judiciário, em questões que envolvem os textos constitucionais, dá-se a denominação de jurisdição constitucional, a *Verfassungsgerichtbarkeit* dos alemães. Observe-se que a jurisdição constitucional, por sua vez, é também composta de textos de decisões, os quais vêm somar-se aos textos do livro constitucional e servir de partida para novas interpretações, argumentações e decisões. O problema é institucionalizá-la e fazê-la funcionar.

A jurisdição constitucional pretende desempenhar diversas funções importantes: 1. Limitar o poder, garantindo o que a Constituição chama de "equilíbrio harmônico" entre os poderes, função "orgânica"; 2. Pronunciar-se sobre inconstitucionalidades por ação e por omissão; 3. Unificar e harmonizar a interpretação da Constituição diante de outros tribunais e da sociedade em geral; 4. Garantir as competências dos entes públicos e federativos, as autonomias municipal, estadual e de entes públicos em geral. 5. Decidir a respeito da soberania nacional diante de outros países e do direito internacional. 6. Exercer a chamada função contramajoritária, isto é, fazer valer e garantir direitos fundamentais e direitos de minorias, para impedir seu esmagamento pela maioria.

No Brasil, o problema da jurisdição constitucional é sua falta de limites. Se os limites materiais são indetermináveis, necessário fixar limites procedimentais formais. Apesar do ilemorfismo da filosofia de Aristóteles, no sentido de que tudo o que existe tem matéria e forma, viu-se aqui no item 10.3 que o sistema dogmático privilegia o procedimento formal.

Por outro lado, o Supremo Tribunal Federal brasileiro pode agir controlada e deliberadamente em determinada direção na concretização da Constituição. Pode ser para ampliar as "vias democráticas", como sempre afirmam, mas há casos de significativas restrições ao que é normalmente considerado democrático. Um exemplo já consolidado: o texto do artigo 103 da Constituição de 1988 ampliou muito a legitimidade ativa da ação direta de inconstitucionalidade, ou seja, as pessoas que podem propô-la são muitas mais do que o Procurador Geral da República, a única parte legitimada pelo sistema anterior. Pouco a pouco, o STF foi restringindo a ação de cada uma das partes elegidas pelo artigo 103. O "encolhimento dos sonhos democráticos" ocorreu porque "a Corte Suprema tratou de diminuir a amplitude da garantia constitucional de acesso ao controle concentrado por uma jurisprudência sistematicamente restritiva." Isso foi conseguido criando distinções e exigências inexistentes no texto da Constituição, ou seja, por meio da jurisdição constitucional.[23]

Além do controle difuso de constitucionalidade, consagrado pela Constituição, segundo o qual todo juiz pode declarar a inconstitucionalidade de lei ou ato no caso concreto, a Súmula 347 do Supremo Tribunal Federal confere aos tribunais de contas poderes para deixar de aplicar no caso concreto uma lei que considerem inconstitucional, o que atesta que o controle difuso e sua declaração incidente de inconstitucionalidade foi estendido a uma instância que não é do Poder Judiciário.

---

[23]   ARAUJO, Luiz Alberto David. Da ingênua objetividade de critério para conhecimento da ação direta de inconstitucionalidade para o juízo subjetivo e inseguro da arguição de descumprimento de preceito fundamental: uma tentativa de apresentação crítica da evolução do sistema de controle concentrado de constitucionalidade na Constituição Federal de 1988, sob a ótica da segurança jurídica. In: TAVARES, André Ramos e ROTHENBURG, Walter Claudius (orgs.). **Aspectos atuais do controle de constitucionalidade no Brasil**. Rio de Janeiro: Renovar, 2003, p. 407-442.

11.4. A PULVERIZAÇÃO DAS INSTÂNCIAS DECISÓRIAS: DO DESACORDO SOBRE O TEXTO AOS ALGORITMOS

Em sociedades mais homogêneas, há uma institucionalização dos significados de linguagem, que é imperceptível para o senso comum. As pessoas entendem as palavras de maneira análoga e acreditam que isso se deve ao fato de tratarem com os mesmos objetos, a uma objetividade do mundo. A comunicação pode se fiar em mais sinceridade, exatamente porque os indivíduos e grupos são menos diferenciados, dividem as mesmas crenças, pautam-se por normas semelhantes em suas expectativas do futuro. Sinceridade não significa verdade objetiva, mas sim, crença em uma verdade objetiva.

O oposto ocorre na sociedade hipercomplexa. Não há acordo sobre o significado da linguagem, não há confiança, só interesses. Aí a erística cresce de importância, torna-se mais e mais necessária no tratamento da divergência, e, curiosamente, é a sinceridade que se torna corrosiva e disfuncional.

Esse fenômeno do enfraquecimento de significado atinge também os textos jurídicos, claro, e acompanha a evolução do direito dogmaticamente organizado e de sua doutrina, o positivismo. Como já explicado, a literalidade na interpretação do texto geral, com a primazia do Poder Legislativo (legalismo), é substituída pela teoria da moldura e pela convicção de que o Poder Judiciário cria direito no caso concreto e até normas gerais (normativismo); daí para a concepção realista de que a norma jurídica só é criada no caso individual não demorou muito. Hoje, o poder de decidir conflitos individuais foi pulverizado por um sem-número de instituições, muitas das quais fora da órbita estatal ou terceirizadas por ela.[24]

Um exemplo de instrumento eficaz nessa pulverização recente é fornecido pelo desenvolvimento da computação, como aqueles sistemas para decidir casos, baseados em matemática de probabilidades, que se denominam algoritmos.

A admiração pelas matemáticas e suas certezas, supostamente independentes da opinião, é antiga e fascinante, assim como a tentativa de aplicação de seus critérios a conflitos de valor entre as pessoas. O assunto é controverso e mesmo um matemático e filósofo reconhecido como Bertrand Russell lamenta a influência das matemáticas sobre a filosofia e outros setores do saber em que elas não caberiam. Falando de Pitágoras, afirma:

> A matemática, no sentido de argumento demonstrativo e dedutivo, começa com ele e nele está intimamente conectada com uma forma peculiar de misticismo.

---

[24]   ADEODATO, João Maurício. **Uma teoria retórica da norma jurídica e do direito subjetivo**. São Paulo: Noeses, 2014, p. 59 s.

A influência da matemática na filosofia, em parte devida a ele, tem sido, desde seu tempo, ao mesmo tempo profunda e desafortunada.[25]

A ideia de algoritmos é antiga na história da matemática. Consistem em programações de decisões, encadeadas em uma série, que pretendem não ser ambíguas e trabalhar com uma linguagem formal, não influenciada por juízos éticos, o que reduz sua imprecisão, em comparação com a linguagem natural. A novidade atual é que as complexas tabelas para aplicações práticas de algoritmos a todo tipo de problema tiveram um grande salto com o mundo informatizado da *internet*. As ferramentas computacionais trouxeram muito mais rapidez e alcance aos algoritmos e essa eficiência foi imediatamente cooptada nas estratégias de decisão.

A discussão é grande hoje, com repercussões práticas no direito e na política, e conceitos como anonimato e transparência reclamam mais acordo sobre seus significados, pois são estratégias opostas, que tanto podem ser vistos como garantia da lisura do processo decisório, como vias para arbitrariedades. Na controvérsia, já surgem casos de aplicação de algoritmos declarados ilegais pelos tribunais.[26]

Se é adequado a programar decisões, nada mais óbvio do que utilizar algoritmos para obter decisões jurídicas. O problema é que, mesmo em se concordando com essa metodologia, os algoritmos não decidem com a objetividade que se esperaria de um procedimento matemático. De fato nem chegam perto desse antigo ideal.

Algoritmos não conseguem decidir com objetividade rigorosa. Como são programados por pessoas, as escolhas dessas pessoas, fonte original dos algoritmos, são constitutivas dos resultados que virão. Ao selecionar quais são os critérios do procedimento supostamente "matemático", as pessoas fazem juízos de valor, no sentido de escolhas que relevam alguns aspectos e ignoram outros. Como algoritmos funcionam a partir de decisões sobre decisões sobre decisões e assim por diante, a carga de preferências valorativas pode crescer exponencialmente, ainda que fique progressivamente mais oculta.

---

[25] RUSSELL, Bertrand. **History of Western philosophy** — and its connection with political and social circumstances from the earliest times to the present day. London: Routledge, 1993, p. 49: "Mathematics, in the sense of demonstrative deductive argument, begins with him, and in him is intimately connected with a peculiar form of mysticism. The influence of mathematics on philosophy, partly owing to him, has, ever since his time, been both profound and unfortunate."

[26] DIARIO LA LEY. Primera sentencia europea que declara ilegal un algoritmo de evaluación de características personales de los ciudadanos. (https://diariolaley.laleynext.es/Content/Documento.aspx?params=H4sIAAAAAAAEAM-tMSbH1czUwMDAyNDa3NDJUK0stKs7Mz7M1MjACC6rl5aekhrg425bmpaSmZealpoC UZKZVuuQnh1QWpNqmJeYUp6qlJuXnZ6OYFA8zAQCfSdkrYwAAAA==WKE). Acesso em 10 de julho de 2022.

Isso não significa que a metodologia algorítmica não possa auxiliar na distribuição de decisões que demanda controle de dados empíricos e muita celeridade. Porém, posturas tradicionais como os ideais de prudência, sopesamento, equidistância etc. continuam necessárias para enfrentar o problema do critério.

Repita-se que os algoritmos precisam de alguém que classifique os dados de partida, o que necessariamente implica seletividade de alguns elementos, desconsideração de outros e hierarquização dos dados selecionados. Se no começo do processo algorítmico há um ser humano e no final há outro, informações contextualmente menos relevantes para uns podem ser fundamentais para outros. A determinação da justiça, isto é, a decisão, é ato humano e assim informada pela antropologia e pela biologia, que até hoje debatem e não conseguem explicar se há redes causais que determinam essas preferências éticas. Daí que elas permanecem no campo do imponderável e incognoscível. Esse desconhecimento é agravado por fatores contextuais como a influência da riqueza, da política, da força, da amizade, isto é, dos fatores de poder, sobre os procedimentos decisórios. Algoritmos não fogem ao padrão e os critérios escolhidos vão resultar desse poder.

Exemplos concretos esclarecem. A temperatura média de uma pessoa é um dado empírico, assim como sua altura em centímetros ou as avaliações que recebeu dos professores quando era criança. Esses dados empíricos fazem parte de sua história de vida, assim como infinitos outros. Pois bem: quais deles devem entrar na preparação de um algoritmo que pretende avaliar as possibilidades de aquela pessoa cometer fraude contra o sistema de saúde? A vizinhança em que alguém reside ou a profissão dos pais deve ter que peso nos critérios para prever as possibilidades de este alguém se tornar vítima de alcoolismo?

Os partidários da aplicação de algoritmos defendem que são uma estratégia contra todo tipo de interferências, que algoritmos competentemente elaborados podem mesmo ser mais imunes a influências de fatores de poder sobre a decisão jurídica, ainda que não inteiramente. O algoritmo é um tomador de decisões por meio de filtros e, embora esses filtros sejam decididos por pessoas, que os organizam segundo critérios estimativos, eles são estabelecidos prévia e genericamente, abstraídos dos casos a serem decididos e assim mais imunizados contra as pressões e interesses do aqui e agora. Enquanto não se demonstrar alguma causalidade na ética, esses constituem argumentos a serem considerados.

Além da discussão sobre o problema da subjetividade na seleção e hierarquização dos dados colecionados, há o problema de sigilo ou divulgação desses mesmos dados. Se a publicidade pode cooperar para evitar o arbítrio, a intimidade das pessoas investigadas também pode ser comprometida. Aqui os constitucionalistas falam em conflito de princípios.

É importante, na práxis jurídica, a questão sobre se acumular esses dados pessoais fere o direito à privacidade, mas isso deve ser deixado à dogmática constitucional. O que interessa à teoria da decisão colocada aqui é como separar dados relevantes de irrelevantes, ou seja, como conhecer dados empíricos, para fixar probabilidades sobre o futuro. Em uma frase: pela primeira vez em escala planetária, por conta das ferramentas tecnológicas, utilizar algoritmos para fundamentar entimemas.

Se os algoritmos sabem mais das pessoas, pode até ser que possam decidir sobre certos assuntos de forma mais eficiente do que elas mesmas.[27] Alguém pode achar que deve tomar suco de laranja em vez de refrigerante, por razões de saúde, porém os algoritmos podem informar que aquela pessoa é sensível a um componente químico da laranja, eventualmente mais danoso. Pode também sugerir que é mais indicado constituir uma sociedade com fulano do que com beltrano, ainda que este seja muito mais amigo e apresente mais gostos e facetas em comum com o indivíduo. Uma pessoa jamais pode memorizar informações e processar operações que cheguem sequer perto do que fazem os mais simples algoritmos, acoplados a máquinas velozes. Mas para que tenham as vantagens resultantes da disponibilidade dos dados é preciso que as pessoas abdiquem de sua privacidade.

Observe-se também que os algoritmos possibilitam que qualquer pessoa "decida", ou seja, aplique o algoritmo. Isso vai cooperar cada vez mais para a pulverização das instâncias decisórias apontada aqui, pois não são necessários conhecimentos jurídicos ou mesmo sobre a programação que os elaborou, ou seja, os algoritmos podem ser operados sem muitas habilidades especiais. Além disso, a instância que decide tem a vantagem altamente funcional da onipresença, de poder estar em qualquer lugar, com as ferramentas da internet.

A funcionalidade mais decisiva para destacar a importância da erística no mundo contemporâneo, nada obstante, é a possibilidade de anonimato de quem decide. A estratégia de despersonalizar a instância decisória coopera para um aumento de possibilidades e complexidade social.

A pulverização de instâncias decisórias não apenas diminui a importância dos textos legais, mas também aumenta a importância da argumentação. E a estratégia da verdade, tradicionalmente bem-sucedida em ambientes mais homogêneos, fica mais e mais enfraquecida. Por isso a importância renovada do estudo das vias inconfessáveis do discurso humano, revelá-las para provavelmente também enfraquecê-las e assim fortalecer a persuasão que enseja o convencimento confessado. Até conhecer a erística para poder combatê-la. O dado mais significativo, independentemente desse combate estratégico, é que as vias erísticas existem e precisam ser analiticamente estudadas pela retórica e pela ciência do direito.

---

[27] HARARI, Yuval Noah. **Homo Deus**. A brief history of tomorrow. London: Vintage, 2017, p. 90 s.

Capítulo Décimo Segundo
– CONCLUSÃO

O ETERNO RETORNO:
O PROBLEMA DA FUNDAMENTAÇÃO E A
LEGITIMIDADE DO DIREITO POSTO

12.1. AS DIVERSAS PERSPECTIVAS SOBRE O VALOR HUMANO NA NATUREZA

Já se examinou o nascimento da ética no capítulo quarto e agora o objetivo é agrupar as posturas éticas dos diversos pensadores em tipos ideais, classificá-las. É certo que os parâmetros éticos humanos não são objetivos, como qualquer observação empírica e histórica vai mostrar. Mas se a ética não é objetiva, ela tampouco é arbitrária, subjetiva ou solipsista. Ela é intersubjetiva, construída numa interação de estratégias para conseguir a narrativa dominante. O relativismo intransponível vem exatamente da condição de que o sucesso ou fracasso das narrativas vai depender do contexto e contextos jamais se repetem, são eventos únicos, como todo o rio de Heráclito.

Ceticismo e consequente relativismo éticos não significam o que divulgam seus adversários. Para bem entender a ética empírica e realista que foi defendida neste livro é preciso compará-la com outros conceitos, caixas de significados. A classificação de cada filosofia nesses grupos sob um termo comum vem da observação de como os diversos pensadores que as defendem abordaram o problema.

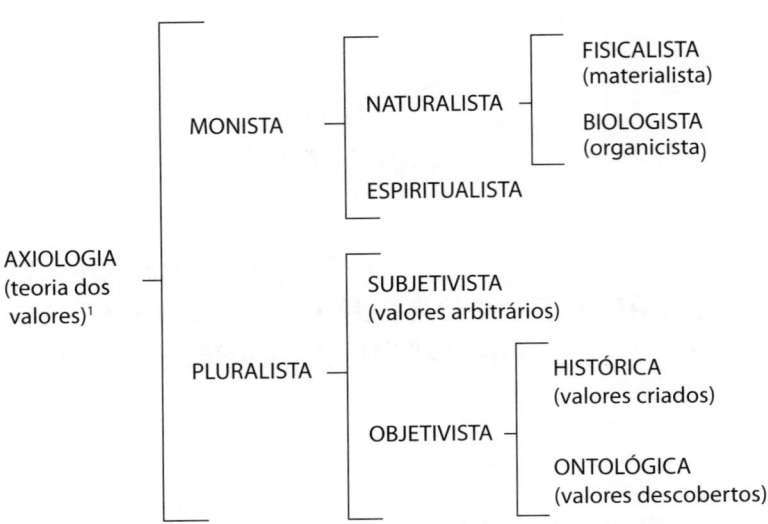

Como sempre se insiste neste livro, cada termo comum designa tipos ideais. A separação entre o que é "natural" e o que é "humano" tem ocupado a filosofia desde seus primórdios. A primeira questão é se há efetivamente esses dois "setores", "esferas" ou "reinos" no mundo. A convicção de que há essa separação constitui uma narrativa importante na cultura ocidental e levou a conceitos como "alma", "espírito", "mente", "razão" e tantos outros, que formaram a base da religião, da filosofia, da ciência, da relação destrutiva com o meio ambiente e com os demais animais. Mas a negação da separação esteve também sempre presente no debate.

Assim se opõem dualistas/pluralistas e monistas. Estes defendem uma ideia simples: a natureza é única e o *homo sapiens* faz parte dela, obviamente. As mesmas forças que comandam os chamados fenômenos físicos, tais como a causalidade e a genética, respondem pelos chamados valores, preferências, estimativas das pessoas.

Porém mesmo dentre os monistas há divergências. Para alguns, tudo é material, no sentido de fruto de interações físicas ou físico-químicas, em torno do conceito de causalidade. Esses são chamados os materialistas, como Demócrito e Marx.[2] Para outros naturalistas, o mundo físico não determina diretamente as preferências éticas, mas sim o mundo orgânico, mesmo que este possa ser deter-

---

[1]   ADEODATO, João Maurício. **Filosofia do direito** – uma crítica à verdade na ética e na ciência (em contraposição à ontologia de Nicolai Hartmann). São Paulo: Saraiva, 2019, p. 207.

[2]   MARX, Karl. **Differenz der demokritischen und epikureischen Naturphilosophie**. Berlin: Holzinger, 2014.

minado pelo mundo físico. O mundo biológico vem do mundo físico e dá origem ao mundo ético, o que vai além do dualismo. São os biologistas, hoje também chamados biologistas morais.[3]

Para outros ainda, monistas espiritualistas, todo o universo é composto de espírito e até o que chamamos matéria tem natureza espiritual, conforme defendeu Leibniz, por exemplo.[4] Ambas as formas de monismo permanecem na cultura ocidental até hoje, seja na filosofia, seja no senso comum. Os monistas concordam no ponto de que a separação é ilusória e somente a ignorância da natureza nos leva a enxergar a distinção entre ser e dever ser.

Os dualistas separam *physis* de *nomos* e nos diferentes contextos os significados vão se mesclando com outros pares de conceitos, tais como determinismo e liberdade, natureza e cultura, ser e dever. Mas é difícil associar necessariamente este e aquele pares de dicotomias, pois muitos discordam de que a natureza funcione de modo determinista, por exemplo. E embora concordem que existem dois mundos distintos, há os dualistas chamados objetivistas e os subjetivistas. Para os primeiros, como o nome diz, os valores éticos são o que são independentemente das opiniões ou preferências de cada pessoa ou grupo de pessoas, têm valor em si, intrínseco. Para os últimos, cada indivíduo e comunidade constrói seus valores arbitrariamente. Os objetivistas ainda se separam entre aqueles que creem que essa objetividade é universal, absoluta, essencial, que a qualidade do valor não está subordinada ao tempo e espaço históricos, e aqueles que admitem que os valores, apesar de não serem subjetivos, são construídos pela história e relativos a cada contexto.

Um exemplo de pensador dualista objetivista que procurou um critério absoluto é Immanuel Kant. Como os conteúdos éticos das normas variam ao infinito, Kant criou uma fórmula sem conteúdo, exclusivamente formal, o famoso imperativo categórico. Esse imperativo diz que você deve tratar as demais pessoas como quer que todos sejam tratados, incluindo você mesmo. A antropologia de Kant parece muito otimista, ele não imaginou um indivíduo que sinceramente pretenda extinguir a espécie humana, incluindo a si mesmo, por exemplo. Sua antropologia, na linha de Rousseau, sempre parece esperar os "melhores conteúdos éticos", ou pelo menos aqueles com que ele mais concorda:

> Pois a observação mais simplória mostra que, se imaginasse uma ação de [total] integridade, praticada com firmeza de alma e apartada de qualquer intenção de vantagem, neste ou em outro mundo, mesmo sob as maiores

---

[3]   ZAK, Paul J. **The moral molecule**: the source of love and prosperity. London: Penguin, 2012.

[4]   Ou hoje GOSWAMI, Amit; REED, Richard E.; GOSWAMI, Maggie. **O universo autoconsciente** – como a consciência cria o mundo material, trad. Ruy Jungmann. São Paulo: Aleph, 2008.

tentações da necessidade ou da sedução, [o agente] deixaria de lado qualquer ação que pudesse ser minimamente provocada e obscurecida por uma motivação espúria, elevaria a alma e suscitaria o desejo de poder também agir assim[5].

O problema dos dualistas objetivistas relativos ou históricos é como detectar a prevalência de um grupo de valores sobre outros, quando em conflito em um mesmo contexto de tempo e espaço, unindo e desunindo grupos os mais heterogêneos. O problema dos dualistas objetivistas absolutos ou essencialistas, ontológicos, é mais difícil ainda, pois os dados históricos depõem contra sua alegação por valores imutáveis e os forçam a defender variações na percepção dos valores, para justificar a falta de uniformidade de critérios absolutos.

O problema dos monismos, por seu turno, é que seus defensores não conseguem demonstrar, nas relações humanas, previsões matemáticas e biológicas, causais, equivalentes às que os cientistas detectam na natureza. Ao contrário, são essas ciências naturais que vêm reduzindo o grau de certeza de suas previsões, em conceitos como indeterminação e em concepções do universo como aquelas oferecidas pela física quântica, nas quais a causalidade é relativizada. Mesmo que o ambiente ético fosse intrinsecamente previsível, não há como medir, no estado atual das ciências naturais, as condicionantes para aquela criança preferir o azul ao amarelo, conservadores a revolucionários.

Uma saída é apelar à ideia de procedimento, porém assim mais se escamoteia do que decide o problema: para autores como Robert Alexy e Jürgen Habermas, por exemplo, as regras procedimentais são ontologicamente racionais e, nesse sentido, não estão à disposição dos envolvidos. Equivale a dizer que há um procedimento para a decisão e que certas regras do procedimento não podem ser modificadas pelos participantes, nem impostas pela vontade de alguém, elas se impõem por si mesmas, são idealmente corretas e precisam ser perseguidas pelos procedimentos que efetivamente acontecem, os quais a elas se subordinam; essas regras devem ser atingidas para habilitar a realização da decisão correta.

---

[5]   KANT. **Grundlegung zur Metaphysik der Sitten. Werkausgabe** — in zwolf Bande. W. WEISCHEDEL (*Hrsg.*). Frankfurt a.M.: Suhrkamp, 1977, vol. VII, p. A e B 34 (nota): „Denn die gemeinste Beobachtung zeigt, daß, wenn man eine Handlung der Rechtschaffenheit vorstellt, wie sie von aller Absicht auf irgend einen Vorteil, in dieser oder einer andern Welt, abgesondert, selbst unter den großten Versuchungen der Not, oder der Anlockung, mit standhafter Seele ausgeübt worden, sie jede ähnliche Handlung, die nur im mindesten durch eine fremde Triebfeder affiziert war, weit hinter sich lasse und verdunkle, die Seele erhebe und den Wunsch errege, auch so handeln zu können".

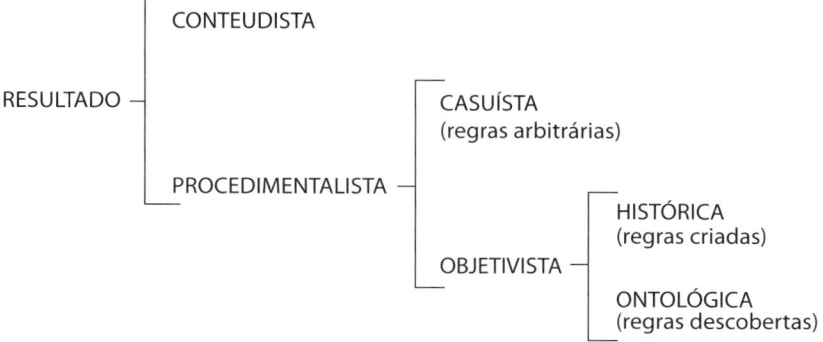

A partir do resultado a que se chega, as teorias éticas conteudistas, também chamadas de materiais, resolvem se uma decisão normativa é adequada ou inadequada; não é pelo procedimento, mas sim segundo seu acordo ou desacordo com determinadas regras específicas e expressas. Por exemplo: a pena de morte não deve ser, o homem e a mulher são iguais, todo cidadão deve portar armas. Elas não dependem dos procedimentos decisórios porque valem por si mesmas, incondicionalmente.

As teorias procedimentais veem uma decisão como adequada ou inadequada não pelo conteúdo ético de seu resultado, mas sim segundo sua obediência a um procedimento previamente fixado. Por exemplo: a pena de morte será justa ou injusta a depender do que decidir o Congresso (autoridade competente) por mais da metade de seus componentes em duas votações separadas por 24 horas (rito de elaboração).

Algumas teorias, apesar de procedimentais, defendem um procedimento composto de regras absolutas, válidas para todo tempo e espaço, e podem ser denominadas ontológicas, como aquele setor dos dualistas comentado acima. Tais teorias ainda se dividem entre as que acreditam que o procedimento leva a uma só conclusão ou decisão correta[6] e aquelas que aceitam que conclusões diversas podem resultar de um só procedimento essencialmente correto e todas serão igualmente adequadas.[7]

Outras teorias apresentam viés mais historicista e defendem que há conteúdos e procedimentos corretos, cujas regras não estão à escolha dos participantes, porém variam no tempo e no espaço, são historicamente construídas. São herdeiras

---

6   RAWLS, John. **A theory of justice**. Oxford: Oxford University Press, 1973, p. 21, p. 243. DWORKIN, Ronald. **Justice for hedgehogs**. Boston: Harvard University Press, 2013, p. 14.

7   ALEXY, Robert. Probleme der Diskurstheorie. In: ALEXY, Robert. **Recht, Vernunft, Diskurs** – Studien zur Rechtsphilosophie. Frankfurt a.M.: Suhrkamp, 1995, p. 112.

do dualismo histórico relativo, também observado acima, e do clássico direito natural de conteúdo variável. Algo como uma terceira via.[8] Assim, por exemplo, a igualdade entre os sexos seria uma exigência ética de justiça definida na cultura europeia de hoje, mas poderia ser relativizada na cultura islâmica, por exemplo, que atravessou outras vicissitudes históricas.

O problema aqui é resvalar no arbítrio do procedimento casuísta e deixar a decisão sobre o justo e o injusto a critério da eficácia social. E se o justo é fruto da história, o que dizer das regras éticas dos povos que passaram por outras evoluções históricas, como os nigerianos e os nepaleses? E a ideologia nazista, por outro lado, não é também fruto da história ocidental, da história da Europa? Nada existe fora da história.

12.2. CONCEPÇÃO ERÍSTICA SOBRE A ARBITRARIEDADE DAS PREFERÊNCIAS ÉTICAS: SUBDESENVOLVIMENTO E CORRUPÇÃO

Talvez não seja de todo apropriado enxergar uma ligação intrínseca entre poder e corrupção e tampouco uma oposição também intrínseca entre política e virtude, e chegar a afirmar:

> ...que o trono real não poderia ser sustentado sem corrupção, porque aquele temperamento positivo, confiante, irrequieto, que a virtude infundia em um homem, era um obstáculo perpétuo para os negócios públicos.[9]

Mais provável é pensar que a corrupção ética, a permanente possibilidade de desvio de toda regra, desempenha uma função significativa em determinadas formas de organização social, evoluindo com elas. A corrupção é uma das muitas estratégias que retiram sua força do ocultamento e por isso procuram evitar a luz pública.

Um dado relevante é que, ao lado da corrupção criminosa, sistemas jurídicos subdesenvolvidos como o brasileiro institucionalizam interpretações e decisões de casos, as quais parecem incompatíveis em relação aos textos genéricos da lei, principalmente, mas não apenas, da Constituição. Por exemplo: a aposentadoria de deputados. Se são literalmente compatíveis ou incompatíveis com a Constituição deixa de ser relevante, pois não há uma jurisdição constitucional coerente e os

---

8   RABBI-BALDI CABANILLAS, Renato. **Teoría del derecho**. Buenos Aires: Editorial Ábaco, 2009, p. 124-135.

9   SWIFT, Jonathan. **Gulliver's Travels** into Several Remote Nations of the World. Ed. David Price. London: George Bell and Sons, 1892, p. 242: "...that the royal throne could not be supported without corruption, because that positive, confident, restiff temper, which virtue infused into a man, was a perpetual clog to public business."

textos da lei ensejam interpretações ao sabor do momento, por parte dos próprios órgãos do Estado, nos três poderes. Tudo acontece dentro do sistema legal, por isso não se trata de corrupção, pelo menos em sentido estrito, ou peculato, que constituem propriamente crimes, previstos no sistema penal. Trata-se de ilegalidades institucionalizadas pelos próprios órgãos do Estado.

Textos genéricos como dignidade da pessoa humana, igualdade perante a lei, proibição de nepotismo, fraude à lei e muitos outros servem para apresentar o sistema e sugerir acordos que a audiência incauta preenche com suas próprias convicções. Mas não produzem, não constituem o direito. Uma coisa é "queremos o bem do Brasil", que nada significa, outra é "o bem do Brasil implica o teto de vinte mil reais mensais para qualquer funcionário público" ou "o bem do Brasil implicar estatizar o sistema bancário". Uma coisa é "Precisamos de uma universidade unida em torno de valores democráticos soberanos", que nada quer dizer, e outra é dizer que "valores democráticos soberanos implicam sistema de cotas para ingresso na universidade." Nunca é demais repetir: quanto mais preciso o discurso, mais desacordo acarreta no plano opinativo (ou normativo).

Por isso se diz "sem fazer juízo de valor...", por isso os sofistas de hoje misturam suas opiniões a pretensos discursos "científicos". Se disser abertamente que é a própria opinião, enfraquece o discurso, conforme já enfatizado neste livro. E não há um auditório qualificado para apontar os sofismas, como uma doutrina sólida ou uma jurisprudência coerente. Uma das funções mais importantes do direito é garantir alguma previsibilidade aos conflitos humanos. É trivial: "Como os advogados reduzem complexidade? Afirmando uma regra de direito que explica o que parecem ser casos inconsistentes."[10] Porém dominado pela política, o sistema jurídico não consegue desempenhar eficientemente tal função.

Os discursos de cientificidade, objetividade e neutralidade são utilizados, porém não se sustentam. Assim aumenta a importância dos estudos de erística no contexto de um país com as características do Brasil. Os textos da Constituição não conseguem neutralizar as contradições comuns entre valores, positivos e negativos. Só com o auxílio da retórica, enfatizando a erística, tanto no sentido dos *dissoi logoi* quanto no de sofística, é possível conhecer a realidade jurídica brasileira.

Em outras palavras, além do direito extraoficial, alternativo, não dogmático etc., "à margem do Estado", o direito imposto nos grotões e comunidades a que o direito estatal não chega, mais estudado,[11] há um direito não dogmático "à

---

[10]   HEGLAND, Kenney F. **Introduction to the study and practice of the law**. Saint Paul: Thomson West, 2003, p. 38.

[11]   Tais procedimentos foram estudados no Recife desde a década de 70. Por exemplo: AS-CENSÃO, José de Oliveira (org.). **Água Branca** – pesquisa de um direito vivo. Recife: Editora Universitária da UFPE, 1979; FALCÃO Neto, Joaquim de Arruda (org.). **Conflito**

sombra do Estado", isto é, ao lado e concorrendo com o direito estatal dogmaticamente organizado.[12] Os exemplos se multiplicam. É a lei que garante a extrema
desigualdade entre funcionários públicos, apesar de a Constituição supostamente
proteger a isonomia, por exemplo, entre Defensoria e Ministério Público, para não
falar entre desembargadores e professores. E até absurdos como faisão, caviar e
vinhos são comprados legalmente com recursos públicos. É a lei que atribui ao
presidente da Câmara dos Deputados isoladamente a competência para decidir
sobre instauração de processo de *impeachment* contra o Presidente da República,
é a lei que garante as aposentadorias, as prerrogativas, os privilégios. Apesar de
supostamente garantir também igualdade e isonomia.

Tais inconsistências também se observam, por exemplo, nos ditos conflitos
de princípios, como no direito à liberdade de expressão do artigo 5º, IX, da Constituição Federal ou da Primeira Emenda da Constituição Norte-americana, pois não
há um direito absoluto. Leis que proíbem obscenidades, declarações difamatórias,
incitação à violência, vão contra a liberdade de expressão e não são consideradas
inconstitucionais.[13] Tampouco as leis funcionam no conflito concreto de valores,
como no exemplo da vacinação obrigatória *versus* direito à liberdade de decidir sobre si, segundo textos ambíguos e vagos a respeito da linha divisória entre liberdade
e autonomia da vontade, por um lado, e o bem-estar do próximo e, por extensão,
de toda a comunidade, do outro. E a lei, que supostamente protege o equilíbrio
harmônico entre os poderes, permite que o chefe do Executivo invalide decisão
judicial do Supremo Tribunal por meio de indulto individual, alegadamente como
instrumento de mútua fiscalização dos pesos e contrapesos.

Essas incoerências estão presentes também nos países dogmaticamente desenvolvidos, mas aí se criam mecanismos de controle. Como nem os textos nem
os eventos humanos conseguem portar um significado correto, o significado dominante precisa ser institucionalizado. Talvez a partir da observação desse direito
estatal mais eficiente, os mais otimistas esperam que, também nas sociedades

---

de direito de propriedade: invasões urbanas. Rio de Janeiro: Forense, 1984; OLIVEIRA,
Luciano. **Sua excelência o comissário**. Recife: PIMES/UFPE, 1984; e OLIVEIRA, Luciano e
PEREIRA, Affonso César. Conflitos coletivos e acesso à justiça, Recife: OAB / Massangana,
1988. SOUTO, Cláudio. Direito alternativo: em busca de sua teoria sociológica. **Anuário dos
Cursos de Pós-Graduação em Direito**, nº 7. Recife: Universitária da UFPE, 1995, p. 49-106.

[12] Esta tese foi sugerida inicialmente em ADEODATO, João Maurício. A legitimação pelo
procedimento juridicamente organizado – notas à teoria de Niklas Luhmann. **Revista da
Faculdade de Direito de Caruaru**, vol. XVI. Caruaru: FDC, 1985, p. 65-92, sugerindo
que o direito subdesenvolvido não se adapta àquela teoria e que a ineficácia das normas
estatais não deve ser reduzida a mera disfunção, mas desempenha papel importante no
direito brasileiro.

[13] HAMES, Joanne Banker; EKERN, Yvonne. **Introduction to law**. Upper Saddle River, NJ:
Pearson Prentice Hall, 2006, p. 480.

periféricas alopoiéticas como a brasileira, a jurisdição faça a ponte entre os textos gerais da lei e os casos individuais, estabelecendo a mencionada previsibilidade.

Contudo, isso só é possível a partir da crença em alguma medida de literalidade a partir dos textos jurídicos, principalmente a Constituição, os quais permitiriam interpretações corretas e justas.[14] Desafortunadamente, este não é um problema somente hermenêutico, principalmente em sociedades nas quais os sistemas econômico e político interferem decisivamente sobre o sistema jurídico. Mas mesmo se o conhecimento hermenêutico conseguisse se impor aos magistrados, administradores e políticos, ele não é decisivo; o respeito pelo texto, pela coerência com decisões do passado e pela fundamentação não são dados, mas precisam ser institucionalizados.

Em sociedades periféricas, o texto, a coerência, a fundamentação não fornecem os parâmetros efetivos da decisão, como se pensa, mas tampouco são inócuos; eles cooperam para estratégias ocultas, erísticas. A doutrina em geral não as considera estratégias, mas sim disfunções[15], e isso quando são mencionadas. O fato é que até a simples indiferença ao texto legal pode cooperar para produzir o direito, pois constitui-se um procedimento ao nada se fazer.

Um exemplo é o § 1º do artigo 5º da Lei 9.882/1999, que dá ao juiz relator o poder de conceder liminar na arguição de descumprimento de preceito fundamental, desde que *ad referendum* do plenário do tribunal. É cediço que a ADPF não deve ser instrumento para questionar a constitucionalidade da lei, exceto aqueles casos anteriores à Constituição de 1988, diante de leis municipais, não contemplados pela ação direta. A necessidade de uma decisão apoiada por todo o tribunal explica-se para que um único magistrado não tenha a competência para desfazer atos legítimos do Poder Legislativo. Porém, na prática, esse referendo nunca ocorre e a decisão monocrática se institucionaliza com eficácia imediata a partir da ineficácia do referendo pleno.

Em toda sorte de matérias jornalísticas, no mesmo sentido, meios de comunicação já se habituaram a dizer que "tal ministro determinou..." e não apenas os 11 ministros do Supremo Tribunal Federal, já dividido em 11 linhas hermenêuticas ao sabor do caso e das circunstâncias. E assim se faz o relato dominante, no poder individual de cada juiz, enfraquecendo as instituições, no caminho contrário às necessidades de institucionalização das sociedades complexas.

A modernidade havia trazido o governo administrativo, técnico, aquele dos "aparelhos de Estado", nos quais os profissionais do direito passaram a ter grande

---

14   ABBOUD, Georges; CARNIO, Henrique Garbellini; OLIVEIRA, Rafael Tomaz de. **Introdução à teoria e à filosofia do direito**. São Paulo: Revista dos Tribunais, 2014, p. 437 s.

15   DIMOULIS, Dimitri. **Manual de introdução ao estudo do direito**. São Paulo: Revista dos Tribunais, 2016, p. 266 s.

participação. E aí surge uma "ética administrativa", a princípio com aquele *ethos* primitivo, ligado ao carisma do chefe, o modelo do pai e da família, da economia privada dos séculos XVII e XVIII. E este é o padrão que se instala no Brasil, mas sempre com suas características específicas. A ética legalista francesa mescla-se com a ética patrimonialista portuguesa anterior, gerando a estratégia de "criar dificuldades para vender facilidades": de um lado, a leniência da sociedade patrimonialista, do outro, a rigidez burocrática da lei.

É importante acentuar o ambiente do subdesenvolvimento, que pouco se debate no Brasil, porque perpassa as instituições jurídicas, mas também o jornalismo, associações profissionais e de classe, hospitais e planos de saúde. Tudo isso no contexto de uma democracia imatura, egressa de um longo domínio militar não democrático e tão recente que seus simpatizantes e antipatizantes ainda vivem. Daí a dificuldade de apoiar coercitivamente a separação entre legalidade e privilégio, compensação e corrupção, presente e suborno, pois a diferença entre o próprio e o público não é nitidamente institucionalizada.

Uma análise retórica que destaque a erística na administração do Estado, evidentemente incluindo as funções judicante e legislativa, coopera pra debilitar estratégias de ocultamento e assim aperfeiçoar a administração pública. A vinculação milenar entre retórica e democracia não é difícil de entender: quantos mais participam, mais sólido é o relato, mais real a realidade.

12.3. ÉTICA E TOLERÂNCIA: A RETÓRICA DA UNIVERSALIZAÇÃO DE DIREITOS SUBJETIVOS

Aceitar o enunciado de que todo ser humano avalia situações e daí tem preferências valorativas não se confunde com a "correção do valor" nem com a "universalidade do valor". Uma coisa é dizer que todo ser humano toma posição, outra é identificar tal dado com posições corretas, verdadeiras, justas. Não é claro o critério de separar teorias em *Verbindungsthese* (direito e moral não se separam) e *Trennungsthese* (direito e moral se separam), pois todo direito tem um conteúdo moral, conforme já sugerido aqui. Faz mais sentido o debate sobre se há ou não limites morais ao poder de criar o direito, se o direito está ou não "à disposição" do legislador.

A tomada estratégica de posição é inevitável, inexorável, na vida humana. A tolerância é uma das posturas éticas caras à perspectiva retórica, pois a urgência de decisões éticas nem sempre permite a suspensão do juízo e a abstenção (*epoché*), adotadas no *dissoi logoi* do conhecimento. A intolerância não vem de tomar posições quanto ao valor, mas sim de entender que a posição tomada é a correta e deve ser imposta aos demais. Por exemplo: o fato de uma pessoa admitir o aborto em determinadas situações – sua decisão estratégica, com conteúdo ético substancial definido naquele determinado caso – não significa que ela considere inaceitável alguém ser incondicionalmente contra o aborto como regra geral.

O problema é que é preciso fixar limites à tolerância e esses limites não podem ser somente formais, precisam ter conteúdo ético. Este é um problema filosófico que foi abordado por Hannah Arendt, por exemplo, com um tratamento um tanto ambíguo. Com efeito, ela procura um fundamento para o direito de Israel executar Adolf Eichmann, o carrasco nazista, e termina praticamente caindo no olho por olho, dente por dente do realismo: a responsabilidade é moral e individual, assim como a culpa e o castigo.[16] A resposta é: se os limites são arbitrários, se não podem ser impostos por razão, verdade, justiça ou outro critério "objetivo", só resta a busca pela estratégia vitoriosa na fixação do justo e do injusto. E aí, como visto, o relato coercitivo do direito tem peso considerável.

Democracia e pluralismo tampouco são conceitos substanciais. São formais, sim, mas os comentadores se contradizem. Para alguns, democracia e pluralismo, nos moldes de Bobbio, não são absoluta nem totalmente formais, porque pressupõem uma série de limites e direitos individuais mínimos. Para outros mais ontológicos, como Rawls e Dworkin, só há democracia se obedecidos os conteúdos éticos tais e tais.

O conceito de democracia de Kelsen, combinado com sua teoria do conhecimento ("pura"), parece rigorosamente formal, procedimental e sem conteúdo ético. Apenas quando as primeiras escolhas éticas são feitas pelo poder constituinte originário, o que ele chama "primeira Constituição", o sistema passa a ter conteúdo. É por isso que discriminar mulheres é ilícito no Brasil e lícito no Irã. Mas não pela norma fundamental, que é vazia de conteúdo em ambos os sistemas jurídicos, porém sim devido ao direito positivo.

A objeção é que, ainda que a democracia procedimental seja neutra valorativamente e totalmente formal, ela não enseja necessariamente tolerância e pluralismo, porque o que a maioria (ou o procedimento) decidir poderá ser intolerante com minorias. Poderá proibir uso de drogas, aborto, estupro, religiões, partidos políticos nazistas. Em suma, o procedimento não vai levar necessariamente a conteúdos eticamente desejáveis para esta ou aquela ideologia.

O ponto é apenas: tolerância não pode significar a possibilidade de qualquer um fazer qualquer coisa, aceitar qualquer conduta não significa tolerar. É certo que a palavra modificou seu significado ao longo do tempo, indo de "suportar" na direção de "aceitar".[17] Mesmo um procedimentalista rigoroso, não conteudista, não será necessariamente tolerante e plural, porque tudo vai depender das regras do procedimento que segue, as quais podem levar a resultados diferentes.

---

[16] ARENDT, Hannah. **Eichmann in Jerusalem** – A report on the banality of evil. New York: Penguin, 1982, p. 280 s.

[17] BOCKEN, Inigo. Toleranz und Wahrheit bei Nikolaus von Kues. **Philosophisches Jahrbuch**, 105. Jahrgang / 2, 1998, p. 242-266.

Sim, o procedimento (mesmo formal, que somente determina quem e como se decide) pode levar a um sistema ético intolerante, desde que as escolhas substanciais (o "que" ético), dele resultantes, assim o determinem. Embora o próprio procedimento não tenha conteúdo, haverá um conteúdo ético em seu produto, vez que o direito e suas decisões sempre precisam determinar algum conteúdo ético.

A tese aqui é que o procedimento democrático é o caminho mais eficiente, pragmaticamente, para tratar coercitivamente conflitos em uma sociedade hipercomplexa, mas não que ele seria a solução para a intolerância. A história traz exemplos de democracias que levaram à intolerância. Na prática da modernidade, o direito se torna procedimental e o ambiente intelectual fica mais propício a ideias como imanência, solipsismo, autopoiese etc., que constituem a oposição filosófica ao ideal de universalização dos direitos subjetivos.

O solipsismo tem pontos de contato com o ceticismo e até com a retórica em geral, mas os significados não se confundem. Ele nega a possibilidade de conhecimento objetivo, pois a única certeza é o próprio pensamento, o próprio eu, como no idealismo racionalista de Descartes e Fichte. O ceticismo objetivo assumido inicialmente é convertido em subjetivismo. Só o eu é real e não é possível ter qualquer conhecimento do mundo exterior, todo conhecimento é imanente. O solipsismo associa e até iguala ceticismo e subjetivismo: aí o problema passa a ser como conciliar conflitos entre visões subjetivas e individuais diferentes. Em sua versão ética, o solipsismo tende ao egoísmo e à intolerância, pois o indivíduo não tem outro critério além de seguir seus apetites. Lembre-se de que a retórica também nega o conhecimento objetivo, sim, porém não adere ao subjetivismo solipsista e fica no critério da intersubjetividade, já explicado no item 8.1. atrás.

O tema da universalização dos direitos leva ao antigo problema de se os critérios, tanto do conhecimento quanto da ética, estão dentro do indivíduo ou provêm do mundo exterior. Em outras palavras, se são imanentes ou transcendentes.

Nas bases da cultura ocidental e da filosofia em particular, desde os primeiros filósofos da natureza, os chamados pré-socráticos, que colocaram o problema do conhecimento humano, a dicotomia entre transcendência e imanência constitui um dos mais perenes debates. Como esses conceitos são muito antigos, seus significados variam substancialmente nos contextos ao longo dos séculos, pela textura aberta da linguagem que leva à porosidade das palavras, já aqui discutida.

Os estudiosos do tema dividem-se: para alguns, a dicotomia já aparece na Grécia antiga, com os pré-socráticos, numa tradição que se estende até a Escolástica; para outros, no latim clássico mais antigo, a dicotomia ainda não havia sido criada, o que só vai acontecer corriqueiramente a partir de Duns Scotus e Guilherme de Ockham. Tomás de Aquino já fala em "qualidade imanente", mas seu sentido de "permanente" não se identifica com "transcendente", pois não se opõe ao de "imanente", mas sim ao de "passageiro" ou "transitório".[18]

Os primeiros empiristas, inspirados no rio da metáfora de Heráclito, cooperam com a ideia de que o mundo empírico consiste em um eterno fluxo em mudança. E os racionalistas, inspirados em Parmênides e Platão, trazem outro componente do conhecimento humano, que percebe um mundo de ideias como imutável.

Essas duas tendências, com suas peculiaridades, por vezes denominadas empiristas e racionalistas, outras vezes, realistas e idealistas, se opõem na história das ideias ocidentais desde então. Inclusive na periferia, no Brasil, nos debates da Escola do Recife, por exemplo, que confrontam os conceitos de movimento e sentimento.

O problema é estabelecer um significado da dicotomia imanência *versus* transcendência para entender se o empirismo é imanente e o racionalismo transcendente ou vice-versa. A discussão esteve desde sempre associada à teologia e à metafísica de fundo religioso. Se Deus seria a causa imanente de todas as coisas, como no panteísmo de Spinoza, por exemplo, ou o criador transcendente delas, na versão vencedora na Igreja Romana.

Deus é transcendente, mas a visão do conhecimento como imanente é em geral dominante. Uma epistemologia que marcou a civilização ocidental é detalhada em Platão: o conhecimento verdadeiro é reminiscência (ανάμνηση, *anámnisi*), recordação. Como argumenta Cebes para Símias, apoiando Sócrates:

> Se você coloca uma questão para uma pessoa de maneira correta, ela dará por si mesma uma resposta verdadeira, mas como ela poderia fazer isso a não ser que já houvesse conhecimento e reta razão nela?[19]

Em outra obra, Sócrates pede que chamem um dos muitos atendentes de uma festa, um jovem supostamente ignorante, e demonstra aos participantes da discussão que, por meio das perguntas corretas, dedutivamente, o jovem já conhece geometria, pois "não há ensino, mas somente recordação".[20]

As duas tendências chegam à modernidade.

À sua maneira, René Descartes pode ser colocado no lado do racionalismo e da tradição de Parmênides, Zenão de Eleia e Melisso de Samos, que desemboca

---

18 RITTER, Joachim; GRÜNDER, Karl (Hrsg.). **Historisches Wörterbuch der Philosophie**. Basel/Stuttgart: Schwabe & Co., Bd. IV, 1976, p. 221-222.

19 PLATO. **Phaedo** (73). In: **The dialogues of Plato**, translated by Benjamin Jowett. Chicago: Encyclopaedia Britannica, Col. Great Books of the Western World, v. 6, 1990, p. 228.

20 PLATO. **Meno** (82-83). In: **The dialogues of Plato**, translated by Benjamin Jowett. Chicago: Encyclopaedia Britannica, Col. Great Books of the Western World, v. 6, 1990, p. 180 s.

em Platão.[21] Para o fundador da filosofia moderna, as bases do conhecimento são ideias inatas que o sujeito descobre observando seus dados imanentes, seu *cogito*. Só assim o conhecimento obtém a clareza e a distinção que caracterizam a verdade e o sujeito consegue "...elevar o espírito além das coisas sensíveis..."[22] O conhecimento não está nas "coisas sensíveis", empíricas, e as bases do conhecimento são imanentes.

Buscando combater a tese de que o conhecimento tem por dados iniciais as ideias inatas de Descartes, Locke sugere a metáfora do papel em branco do espírito humano, vazio de qualquer escrita, no qual a experiência de vida vai inscrevendo o conhecimento. O ser humano vem ao mundo sem quaisquer ideias, elas são fruto unicamente do contato com o mundo exterior.[23] Assim, o conhecimento vem de fora para dentro e é, nesse sentido, transcendente.

Kant se declara provocado pelos problemas colocados por David Hume, o qual teria levado às últimas consequências o empirismo de Hobbes e Locke. Kant parte da pergunta sobre se são possíveis juízos sintéticos *a priori* e chega à sua estética transcendental: o conhecimento vem de fora, mas essa coisa em si lá fora só pode ser percebida pelas formas puras que nascem com qualquer ser humano, estão "dentro". Kant tenta conciliar as duas tradições, embora seja hoje visto como fundador nada empírico do idealismo alemão.

Para ele, o conhecimento não é somente transcendente nem imanente, mas sim transcendental. A experiência dos eventos que estão supostamente fora do ser humano só é possível dentro de padrões inatos, as formas puras da sensibilidade. Os mundos interno e externo são indissociáveis no processo de conhecimento, vez que o conhecimento não se reduz à experiência, mas só se revela por meio dela. Tais formas puras, o espaço e o tempo imanentes aos seres humanos, não são subjetivas porque, de um lado, são comuns a todos nós, e, de outro, só se revelam em contato com a experiência transcendente. Sem o mundo exterior, o espaço e o tempo não podem ser sequer percebidos e é por isso que os objetos que conhecemos não estão exatamente fora de nós, pois já são o resultado de uma síntese entre a coisa em si transcendente e as formas puras da sensibilidade imanentes. Daí "são possíveis juízos sintéticos *a priori*", como Kant formula a problematização de sua *Crítica da razão pura*.[24]

---

[21]   BORNHEIM, Gerd A. (org.). **Os filósofos pré-socráticos**. São Paulo: Cultrix, 1977, p. 60-66.

[22]   DESCARTES, René. **Discours de la méthode** – pour bien conduire sa raison et chercher la vérité dans les sciences. Édition électronique (ePub) v.: 1,0: Les Échos du Maquis, 2011, p. 22-24. https://philosophie.cegeptr.qc.ca/wp-content/documents/Discours-de-la--m%C3%A9thode.pdf. Acesso em 3 de novembro de 2022.

[23]   LOCKE, John. **An essay concerning human understanding**. Col. Great Books of the Western World, vol. 33. Chicago: Encyclopaedia Britannica, 1993, Book I (Neither Principles nor Ideas Are Innate), § 10 s, p. 43 s.

[24]   KANT, Immanuel. **Kritik der reinen Vernunft I**. In: WEISCHEDEL, Wilhelm (Hrsg.). **Werkausgabe** – in zwölf Bänden, Bd. III. Frankfurt a. M.: Suhrkamp, 1977, p. 52 (A7 - B11).

Convém lembrar que Aristóteles claramente antecipa o conceito de transcendentalidade, com o qual Kant sugeriu resolver a controvérsia conhecimento racional X conhecimento empírico ou imanência X transcendência, logo no início de seus *Analíticos posteriores*:

> O reconhecimento de uma verdade pode conter, em alguns casos, ambos os fatores: conhecimento prévio e também conhecimento adquirido simultaneamente com aquele reconhecimento – este último, dos particulares, efetivamente se inserindo no universal e assim já virtualmente conhecido.[25]

Uma perspectiva metodológica historicista como a da retórica começa por observar a ambiguidade e a vagueza dos termos. Em primeiro lugar, aplica-se o adjetivo "imanente" a algo que é criado pelo próprio ser humano e assim pode ser a todo momento por ele modificado; o oposto "transcendente", nessa visão, seria aquilo que se impõe de fora para dentro e assim não estaria à disposição da vontade humana. Mas, por outro lado, a palavra "imanência" também é usada para designar um conhecimento que já nasce com o ser humano, independe de sua vontade, e ainda de quaisquer fatores externos, considerando que o mundo sensível exterior é indigno de crédito; e aí o oposto, "transcendente", é o conhecimento sensível, pois os órgãos dos sentidos seriam as únicas vias de contato com o mundo exterior.

Neste trabalho, a dicotomia é entendida no primeiro sentido, ou seja, os defensores de uma retórica da transcendência afirmam que o problema do fundamento último não depende das escolhas humanas, mas deve ser "descoberto" em algo exterior, que em geral é entendido como emanado de uma instância superior ao mundo humano e àquilo que consegue empiricamente perceber. Assim, jusnaturalistas são transcendentes, juspositivistas, imanentes.

O direito dogmaticamente organizado, em torno do Estado de direito, parte de determinada concepção de racionalidade do *logos*, cujo discurso promete: 1) Previsibilidade, o que deve ser atingido por meio de constância e coerência. 2) Universalidade, que pressupõe uma postura ética de igualdade, transformada em isonomia, uma ética formal. 3) Pretensão de correção, ou convicção de justiça, uma ética material. Como visto (item 7.3.), por sua ligação com o problema da legitimidade, esse fundamento material é excluído do direito dogmático, descarregado e formalizado no procedimento, e transferido para a política.

---

[25] ARISTOTLE. **Posterior analytics** (I, 1, 71a, 18-23). In: **The works of Aristotle**, translated by G. R. G. Mure, Col. Great Books of the Western World. Chicago: Encyclopaedia Britannica, v. 7, 1990, p. 97: "Recognition of a truth may in some cases contain as factors both previous knowledge and also knowledge acquired simultaneously with that recognition – knowledge, this latter, of the particulars actually falling under the universal and therein already virtually known."

E todas essas promessas apresentam falhas e exceções. O problema é aquele dado sobre o qual tanto se falou aqui: os eventos reais são únicos, quem estabelece uma relação de semelhança é o observador. A universalização de direitos se torna difícil.

E muito do que as escolas anteriores defenderam e até fizeram funcionar, tal como a ideia de que juízes e outros profissionais jurídicos "encontram" o direito (*Rechtsfindung*) tecnicamente ou que a razão humana, empregada com competência, pode chegar ao justo, sempre ofereceram muitas dificuldades.

É o *sapiens*: demanda uma quantidade e uma qualidade de recursos, que são impossíveis de obter para todos, para desenvolver seus impulsos de solidariedade, honestidade etc. Nas condições da história da espécie isso jamais ocorreu e o lado mais instintivo sempre prevaleceu. Só instituições coercitivas e democráticas podem frear parcialmente essa antropologia e tornar a vida em comum mais eficiente. Mas construir as instituições também exige recursos que são escassos:

> Tu lidas com o estômago dos homens; o povo esfaimado não dá ouvidos à razão, não se aplaca pela moderação, nem se dobra a nenhum argumento.[26]

Cada um dos autores significativos percebeu a mutabilidade cada vez mais rápida, a evolução do direito, e ofereceu uma nova teoria a partir daí. Não é que Kelsen, com a simultaneidade entre criação e aplicação do direito e a inseparabilidade entre ser e dever esteja "mais certo" do que Montesquieu, que separa nitidamente a criação e a aplicação, ou do que Luhmann, com seu funcionalismo. O que os torna mais ou menos bem-sucedidos é que cada um responde à realidade de seu tempo, a novas características que o direito vai apresentando. Muitas das diferenças entre os autores são conciliáveis sob tal perspectiva.

A retórica realista que informa este livro é uma espécie de sofística contemporânea. A sofística é uma das filosofias aqui denominadas retóricas, que existiu na Grécia antiga e foi defendida por vários daqueles personagens dos diálogos de Platão, geralmente vencidos por Sócrates, tais como Gorgias, Hípias, Crítias, Trasímaco, e por Protágoras, Cálicles e tantos outros. Há outros grupos de filósofos mais ou menos encaixados no conceito de retóricos, tais como os nominalistas, os pragmatistas, os utilitaristas, Hobbes, Montaigne, Pascal e, no Brasil, Renato Lessa e Tercio Ferraz Junior, dentre outros. Um conceito importante na parte ética dessas filosofias é o de tolerância.

As filosofias ontológicas colonizaram a palavra filosofia e a atitude que lhe corresponderia. Esse processo dificulta hoje entender a diferença entre os conceitos

---

26 SÊNECA. **De brevitate vita / Sobre a brevidade da vida** (Edição bilíngue). Trad. William Li. São Paulo: Nova Alexandria, 1993, p. 52 / 76: Cum uentre tibi humano negotium est; nec rationem patitur nec aequitate mitigatur nec ulla prece flectitur populus esuriens.

de retórica, sofística, filosofia, erística, dialética etc., todos por sua vez definidos pelo relato vencedor. Este livro tentou descrever as acepções que se firmaram.

Tanto o ceticismo quanto a sofística têm orientação pragmática; o ceticismo visa a estabelecer a dúvida, não se deixar levar facilmente pelos relatos; a sofística objetiva fazer prevalecer determinado relato. A retórica aparece quando não é possível um discurso evidente nem demonstrativo, ou seja, quase sempre. A impossibilidade de encadear juízos apodíticos em juízos demonstrativos pode-se dever a vários fatores: falta de competência compreensiva por parte do auditório; falta de condições contextuais (pressa, pouco tempo disponível); ou se o próprio foco da discussão não o permite (oposições de valores irredutíveis, por exemplo). Dentre muitos outros.

A palavra "sofística" e seus correlatos (sofista, sofisma, sofismar) designam hoje um movimento intelectual que ocorreu na Grécia antiga por volta do século V a. C. "Sofista" tinha inicialmente o significado positivo de sábio, prudente, surgindo depois o sentido pejorativo de pessoa falaz e enganadora. Esta última acepção passa a ser dominante e a reabilitação dos sofistas só tem início no século XIX, por meio de filósofos como Hegel. Por outro lado, não se deve falar de uma "escola", pois a designação é ampla demais e dificilmente se poderia detectar uma tradição comum, por exemplo: Gorgias de Leontinoi, originário da Sicília e depois embaixador em Atenas, utiliza conceitos da Escola Eleática de Parmênides e Zenão, ao passo que Protágoras de Abdera, na Trácia, parece mais semelhante a Heráclito e Demócrito. Por isso mesmo, há um debate sobre se os sofistas teriam sido críticos ferozes do sistema social, político, científico, dos valores tradicionais, ou defensores das tradições das classes dominantes.[27]

Para que surgissem essas formas de pensamento retórico, como na sofística e no ceticismo, era necessário já haver uma "história das ideias", isto é, soluções diferentes e antagônicas sobre os mesmos problemas, gerando nas discussões a dúvida sobre a resposta correta e uma descrença para com a verdade. O ceticismo surge da divergência entre os filósofos anteriores e suas ontologias. Deveria haver algum motivo para nunca chegarem a um acordo. Paradoxalmente, essas correntes filosóficas não ontológicas, duvidando de explicações pretensamente racionais, fornecem fundamentos para a difusão das religiões, para as quais a verdade só poderia ser alcançada por meio da fé.[28]

O resíduo ontológico mencionado no item 3.2. aparece até mesmo em autoras que se definem como retóricas. É um bom exemplo de pensadores que se interes-

---

[27] UEDING, Gert (Hrsg.). **Historisches Wörterbuch der Rhetorik**, Band 8. Darmstadt: Wissenschaftliche Gesellschaft / Tübingen: Max Niemeyer Verlag, 2007, p. 990 s.

[28] HOSSENFELDER, Malte. Einleitung. In: SEXTUS EMPIRICUS. **Grundriß der pyrrhonischen Skepsis** (Pyrrhonian Hipotiposes), eingeleitet und übersetzt von Malte Hossenfelder. Frankfurt a. M.: Suhrkamp, 1985.

sam por retórica e não entendem que ela é incompatível com a ideia de verdade. Quando advogam aquela verdade suavizada, até mutante e não universal, a ideia descendente da verdade tradicional, absoluta, que foi estrategicamente suavizada para enfrentar o aumento de complexidade social, esses autores obscurecem o critério que distingue ontologias de retóricas.[29] Pois qualquer retórico concorda com "verdades" consensuais, relativas, paraconsistentes ou simplesmente inconsistentes. Mas isso não é a verdade.

Esses autores, além da crença na verdade, não acreditam na retórica como filosofia e assim não a opõem à ontologia. Por isso creem na superioridade intrínseca de algum dos discursos em conflito, os quais "devem" prevalecer. Não adotam a isostenia, explicada no item 4 da introdução deste livro.

No texto mencionado, a autora toma base na *Crítica do Juízo* de Kant para defender que a retórica leva à verdade possível na política e em áreas em que a ciência e a filosofia não conseguem penetrar. O primeiro problema é falar em um "special brand of truth, a truth that is 'perspectival' and 'controversial'". Já foi visto aqui que "um tipo especial de verdade", "perspectiva" e "controversa", não corresponde ao conceito original de verdade. Qualquer retórico aceitaria esse "tipo especial" de verdade.

O segundo problema é não entender retórica da forma tripartida, tal como é desenvolvida neste livro. Por não entender o sentido da retórica como relato dominante, no sentido material, não percebe que ela é incompatível com a verdade, e que consiste em uma posição filosófica sobre o conhecimento e a ética. Daí o empirismo radical e outras características.

Tampouco compreende o papel descritivo da retórica em sentido analítico, pois acha que retórica é ação, não tem função contemplativa e epistemológica. Apesar de afirmar que retórica não é somente *sweet talk*, ou sedução e ornamento, a autora permanece na redução da retórica à retórica estratégica.

12.4. CONCEITOS DE HUMANISMO E DIREITOS HUMANOS COMO ATITUDE NORMATIVA

Além das contribuições do historicismo e do ceticismo, já comentadas, o papel exercido por certa concepção de humanismo foi também crucial para o desenvolvimento da retórica e para os advogados se tornarem filósofos.

A palavra "humanismo" é vaga porque seus sentidos variam. Não se pode dizer que humanismo "é" isto ou aquilo, a rigor "está" significando isso ou aquilo naquele contexto específico. E, supondo que o problema da ambiguidade seja

---

29   MEYER, Linda. Between reason and power: experiencing legal truth. 67 **University of Cincinnati Law Review** 727, Spring 1999, p. 1-37.

resolvido, e haja acordo sobre o sentido de "humanismo", resta o problema da vagueza: é adequado aplicar a palavra e a definição de humanismo sobre a qual concordamos a esta situação real e única aqui, por exemplo, às teses de Frei Caneca em 1824 ou ao socialismo de Lênin em 1917?

Mais ainda, essas ambiguidade e vagueza variam no tempo e no espaço, dificultando a compreensão, mormente se o conceito é antigo e atravessou séculos de diferentes contextos sintáticos, semânticos e pragmáticos, como é o caso da palavra "humanismo". Essa textura aberta da língua é também denominada "porosidade" e já foi sobejamente explicada aqui.

Ao inserir a história na compreensão das palavras, a perspectiva inevitavelmente adquire uma dose de relativismo. Sim, pois se os significados dependem do contexto histórico, no tempo e no espaço humanos, claro que não se pode falar de uma "verdade" ou um "significado próprio único". E não é à toa que na história moderna, enquanto disciplina autônoma, o debate sobre o relativismo do conhecimento, trazido por Ernst Troeltsch, permanece aceso. Além disso, a postura ideológica de muitos historiadores parece interferir diretamente sobre sua visão da história, o que mais aumenta a imprecisão.[30]

Em sua acepção clássica, trazida pelos sofistas, mas também por Sócrates, humanista é a guinada filosófica que passa a considerar o ser humano um objeto importante da filosofia e assim do conhecimento, criando um mundo da *nomos*, ao lado do mundo da *physis*. Mesmo com base nos relatos de Platão, que lhe são sempre favoráveis, Sócrates por vezes se comporta como os sofistas que critica.[31] Em um ponto concordam sempre: a esfera do *nomos* passa a ser o objeto mais importante. Diferentemente da filosofia inicial anterior, que considerava a humanidade parte do mundo da natureza, os filósofos humanistas dão ao ser humano um destaque específico, um mundo separado com caracteres especiais. Por isso os filósofos da natureza são conhecidos como pré-socráticos, como também poderiam ser chamados pré-sofísticos, vez que consideram a ética e o mundo humano como fenômenos "físicos", sendo por isso "monistas" e "panteístas".[32]

O sentido de humanismo foi porém fortemente ligado ao Renascimento, que de toda forma revisitou o humanismo grego. Outros autores preferem apontar o surgimento do humanismo já a partir do século XII, com o crescimento da burguesia italiana e suas cidades-estado e a fundação das primeiras universidades. Outros ainda só enxergam a consolidação do humanismo posteriormente, com o

---

[30] WEHLING, Arno. **A invenção da história** – estudos sobre o historicismo. Rio de Janeiro: Gama Filho, 2001, p. 36 s.

[31] MEYER, Linda. Between reason and power: experiencing legal truth. 67 **University of Cincinnati Law Review** 727, Spring 1999, p. 1-37, p. 3.

[32] BORNHEIM, Gerd A. (org.). **Os filósofos pré-socráticos**. São Paulo: Cultrix, 1977, p. 11 s.

Iluminismo e o classicismo do século XVIII europeu e a consolidação do individualismo possessivo do capitalismo.[33]

Os humanistas da Renascença também trazem ideias curiosas sobre teoria do conhecimento, argumentando, por exemplo, que o conhecimento da jurisprudência seria mais fidedigno do que o dos objetos da natureza, pois o direito é criado pelo próprio homem.[34]

Muitas ideias hoje ditas humanistas aparecem em um livro do etíope Zera Yacob (Zära Yaqob, 1599-1692), publicado em 1667, tais como tolerância religiosa, igualdade entre os sexos e abolição da escravidão. Discute-se assim se essa forma de pensar seria mesmo uma criação europeia, não somente pela cronologia, mas também diante das concessões à condição servil e à inferioridade da mulher feitas por autores supostamente iluministas como John Locke (1632-1704) e Immanuel Kant (1724-1804). Por outro lado, é certo que Yacob, no contexto dos estudos filosóficos na Etiópia, fora educado em contato com a filosofia grega antiga, o que o insere na tradição ocidental, ainda que fora do Iluminismo europeu.[35]

Uma maneira diferente de ver o humanismo é que nasceu há cerca de 300 anos na cultura ocidental com a secularização das relações sociais.[36] Religião e ideologia seriam diferentes apenas no sentido de que as religiões são centradas na ideia de Deus e as ideologias são exatamente "humanistas". O humanismo é uma religião que venera o próprio ser humano, ou seja, uma ideologia. É a principal religião do mundo moderno.

Para Nietzsche, o judaísmo e o cristianismo dele descendente esmagaram o humanismo grego. Enquanto os deuses gregos são vários, divergentes e vistos como eticamente iguais aos humanos, ainda que imortais e dotados de superpoderes, o Deus judaico-cristão é único, maiúsculo, onipotente, onipresente e onisciente, em uma palavra, perfeito:

> O não-grego no Cristianismo – Os gregos viam os deuses homéricos acima deles não como senhores e viam a si mesmos abaixo deles não como servos, como os judeus. Eles viam, por assim dizer, apenas a imagem refletida dos exemplares

---

[33] UEDING, Gert (Hrsg.). **Historisches Wörterbuch der Rhetorik**, Band 4. Tübingen: Max Niemeyer Verlag, 2007, p. 1.

[34] SALUTATI, Coluccio. **Vom Vorrang der Jurisprudenz oder der Medizin** (De nobilitate legum et medicinae). Lateinisch-Deutsche Ausgabe übersetzt und kommentiert von RM. Schenk. München: UTB, 1990, p. 184.

[35] HERBJORNSRUD, Dag. Os africanos que propuseram ideias iluministas antes de Locke e Kant.
http://www1.folha.uol.com.br/ilustrissima/2017/12/1945398-os-africanos-que-propuseram--ideias-do-iluminismo-antes-de-locke-e-kant.shtml. Acesso em 3 de novembro de 2022.

[36] HARARI, Yuval Noah. **Homo Deus** – A brief history of tomorrow. New York: Harper--Collins, 2017, p. 54.

mais bem sucedidos da sua própria casta, ou seja, um ideal, não um oposto da própria natureza.[37]

Daí a tese de que o humanismo cristão, ao subjugar os instintos humanos e transformá-los em pecado, de fato extinguiu o próprio humanismo. Os postulados de que os fracos devem ser protegidos e que a compaixão é a virtude ética suprema extinguem o que há de humano no ser humano. A filosofia moderna dominante, descendente direta do Cristianismo, só cooperou para essa extinção.[38]

Os diferentes humanismos, em maior ou menor grau, partem da crença de que o ser humano é o que há de mais importante no universo. Ele começa como descendente do Deus imortal, mas se emancipa, por assim dizer, e logo os humanismos dividem a crença de que o ser humano é a fonte de todo valor, de toda autoridade. [39]

Os humanismos são jusnaturalistas porque acreditam que sua fonte é acima dos desígnios humanos, mas essas leis não foram feitas por este ou aquele Deus, mas sim fazem parte de todo o universo, da natureza, a concepção é panteísta. O problema é que, como os jusnaturalistas, divergem sobre essa natureza e sobre as leis por ela impostas.

O humanismo pode ser definido mais especificamente, ainda com um tom de nostalgia da era clássica, que traça todo um percurso histórico:

> Na realidade, o movimento humanista foi a última erupção de criatividade da Idade Média italiana, com a mediação da decadente civilização bizantina, pálido reflexo do helenismo tardio.[40]

Na época contemporânea, o humanismo radicalizou a ideia de adoração da humanidade. Concordam que a humanidade é a fonte de todo sentido, porém não acreditam na transcendência, na palavra de Deus ou de igrejas, ainda que isso faça parte importante de seu discurso. A humanidade não procura mais o sentido da

---

[37] NIETZSCHE, Friedrich. **Menschliches, Allzumenschiches I – II**. In: COLLI, Giorgio; MONTINARI, Mazzino (Hrsg.). Friedrich Nietzsche Kritische Studienausgabe – in fünfzehn Bände, Bd. II. Berlin: Walter de Gruyter, 1988, p. 117 (§ 114): „Das Ungriechische im Christenthum. – Die Grieschen sahen über sich die homerischen Götter nicht als Herren und sich unter ihnen nicht als Knechte, wie die Juden. Sie sahen gleichsam nur das Spiegelbild der gelungenstenExemplare ihren eigenen Kaste, also ein Ideal, keinen Gegensatz des eigenen Wesens."

[38] NIETZSCHE, Friedrich. **Der Antichrist**. In: COLLI, Giorgio; MONTINARI, Mazzino (Hrsg.). Friedrich Nietzsche Kritische Studienausgabe – in fünfzehn Bände, Bd. VI. Berlin: Walter de Gruyter, 1988, p. 171-172 (§§ 5-7).

[39] HARARI, Yuval Noah. **Sapiens** – A brief history of mankind. Toronto: Signal Books, 2014, p. 197 s.

[40] LAFAYE, Jacques. **Por amor al griego** – La nación europea, señorío humanista (siglos XIV-XVII). Mexico: Fondo de Cultura Económica, 2005, p. 22.

vida no universo, ela mesma é a fonte de todo sentido, seja em Rousseau e Kant, seja em Montessori e Russell. Tais ideias, um dia revolucionárias, se popularizaram em poucas décadas.

Mas os humanismos divergem quanto ao conceito de humanidade. O "cisma humanista" levou a três grandes direções.[41] Para o humanismo liberal ou liberalismo, sagrado é o indivíduo, o humanismo caracteriza-se pelo individualismo. Para o humanismo socialista ou socialismo, o que interessa é o coletivo, o ser humano como espécie, um conjunto de partes iguais, ele caracteriza-se pelo coletivismo, igualitarismo etc. Para o humanismo seletivo, a humanidade não é o indivíduo nem a coletividade global, mas sim determinado setor superior dos seres humanos, como os gregos, os arianos, o povo escolhido ou os Estados Unidos da América.

Essas religiões humanistas, já testadas em algumas tentativas políticas práticas, têm mostrado em comum esse lado de que o ser humano é "superior" à natureza, a qual existe para servi-lo e para ser por ele explorada. Não só os animais, vegetais, minerais do meio ambiente, mas também a própria natureza humana biológica passa a ser vista como um objeto. As catástrofes experimentadas pela humanidade, ambientais e éticas, constituem a periferia visível dessa religião ou filosofia.

Mais difícil do que o humanismo é definir seus reflexos práticos no conceito de direitos humanos. Desde 1948, os debates, na Organização das Nações Unidas, procuram chegar a uma formulação com *jus cogens* internacional para garantir os direitos humanos. O resultado não é animador. Os discursos dos representantes dos Estados mostram "diferenças espirituais e filosóficas às vezes fundamentais na interpretação dos direitos humanos". As significações opostas sobre os direitos humanos refletem diferenças na concretização dessa ideia de direitos inalienáveis, independentes do Estado, com base na cultura e na história das ideias. Sobretudo, porém, expressam-se nelas os objetivos políticos mutuamente divergentes, aos quais o conceito de direitos humanos deve servir.[42] Por isso não há um "mínimo ético" independente de contexto.

O problema é que o debate sobre os direitos humanos é normativo. Não toma base nos dados empíricos observados no paragrafo anterior, mas antes envolve um conflito de estratégias sobre que direitos devem prevalecer. Daí a necessidade de incluir no debate o problema da responsabilidade ou o conceito de responsabilização. Em outras palavras, se estratégias normativas sugeridas pelos participantes provocam efeitos danosos ao serem realizadas, quem fez previsões equivocadas

---

41   HARARI, Yuval Noah. **Homo Deus** – A brief history of tomorrow. New York: Harper-Collins, 2017, p. 79, 143 e 194.

42   KÜHNHARDT, Ludger. **Die Universalität der Menschenrechte**. Studie zur ideengeschichtlichen Bestimmung eines politischen Schlüsselbegriffs. München: Günter Olzog Verlag, 1987, p. 113 s.; HOLLERBACH, Alexander. O direito. Trad. João Maurício Adeodato. **Revista Jurídica Luso-Brasileira**, ano 8 (2022), n. 3, p. 25-52.

precisa ser responsabilizado por isso. As premonições não podem ser esquecidas, pois apesar de se referirem ao futuro, são atos praticados no presente e no presente começam a provocar seus efeitos.

Uma palavra final sobre a filosofia e sobre uma filosofia brasileira.

O papel da filosofia escapa ao tempo, mesmo o filósofo não ontológico ambiciona isso. E isso também quando o filósofo tem um final infeliz. Boécio escreveu *De consolatione philosophiae* (A consolação da filosofia) enquanto aguardava execução na prisão, uma obra de otimismo admirável, mesmo se tivesse sido escrita em melhores condições. E Sêneca, também executado, diz:

> Portanto, a vida do filósofo estende-se por muito tempo, e ele não está confinado nos mesmos limites que os outros. É o único a não depender das leis do gênero humano: todos os séculos servem-no como a um deus.[43]

Tais ambições dos filósofos, aí incluídos os filósofos do direito, partem da pretensão de universalidade que caracteriza a filosofia ocidental desde sua invenção na Grécia antiga. E o problema de uma filosofia brasileira envolve a discussão sobre se é procedente incluir o país na "cultura ocidental", uma expressão ambígua que, na interpretação dos europeus, significa as culturas grega e romana da Antiguidade e sua recepção pelos países europeus.[44] No debate, aparecem aqui e ali as ideias de uma filosofia brasileira[45], de uma "filosofia da libertação"[46] e uma discussão posterior sobre supostas "epistemologias do Sul"[47] e "descolonização".[48] Outros simplesmente defendem a tese de que a cultura brasileira é "outra" em relação à europeia.[49] Essas teorias não parecem condicionadas somente a ideo-

---

[43] SÊNECA. **De brevitate vita / Sobre a brevidade da vida** (Edição bilíngue). Trad. William Li. São Paulo: Nova Alexandria, 1993, p. 48 / 73: Sapientis ergo multum patet uita; non idem illum qui ceteros terminus cludit; solus generis humani legibus soluitur; omnia illi saecula ut deo seruiunt.

[44] FERGUSSON, Niall. **Civilization** - The West and the rest. London: Allen Lane, 2011, p. 30 s.

[45] REALE, Miguel. A filosofia como autoconsciência de um povo. In: REALE, Miguel. **Estudos de filosofia brasileira**. Lisboa: Instituto de Filosofia Luso-Brasileira, 1994, p. 11-29.

[46] PEREIRA, Aloysio Ferraz. **Estado e direito na perspectiva da libertação** – uma análise segundo Martin Heidegger. São Paulo: Revista dos Tribunais, 1980.

[47] SANTOS, Boaventura de Sousa; MENESES, Maria Paula. (Orgs.) **Epistemologias do Sul**. São Paulo; Editora Cortez, 2010.

[48] BORGES, Guilherme Roman. Decolonializing brazilian law: The Judiciary and the "Decolonial Filter". **MPIL Research Paper Series**, No. 2020-15. Heidelberg: Max Planck Institute for Comparative Public Law and International Law, 2020, p. 1-24. Electronic copy available at: https://ssrn.com/abstract=3595448.

[49] SILVEIRA, Ronie Alexsandro Teles da. Retrato da enciclopédia hegeliana quando vista do Brasil. **Griot**: Revista de Filosofia, vol. 14, núm. 2, p. 167-182, 2016.

logia, pois surgem em autores chamados revolucionários, como Franz Fanon,[50] e conservadores, como o mencionado Niall Ferguson. Algumas mais, outras menos ideologizadas, essas maneiras tão diferentes de ver o problema chegam à mesma conclusão e detectam especificidades que excluiriam uma cultura colonizada como a brasileira da civilização ocidental.

Essas teses não são confirmadas pelos dados da experiência. Semelhante afirmação não significa que não haja originalidade e continuidade em um pensamento brasileiro.[51] Porém toda cultura, inclusive a europeia, consiste em um amálgama de relatos dominantes e relatos vencidos, e recusar a inserção do Brasil no ambiente cultural ocidental resulta de uma necessidade nacionalista comum em povos periféricos dominados.

A cultura autenticamente brasileira não pode ser procurada nos tupinambás do século XIV simplesmente porque não há mais dados a serem pesquisados. Tampouco no conceito de "cultura africana original": os colonizadores escravizaram povos africanos completamente diferentes e sem qualquer contato entre si, como pepes, mandingas, macuas, iorubas. Depois, os brasileiros foram impregnados pelos ensinamentos dos jesuítas, pelo futebol, pelas músicas "parabéns a você" e "Jesus, alegria dos homens". Por isso não faz muito sentido criticar o denominado "eurocentrismo". A filosofia, assim como a matemática dedutiva, é uma invenção grega, logo, ocidental, e não é mais possível detectar uma cultura não europeia no Ocidente, após mais de cinco séculos de dominação.

---

[50]   FANON, Frantz. **Les damnés de la Terre**. Préface de Jean-Paul Sartre. Paris: François Maspero, 1961, p. 218 s.

[51]   ADEODATO, João Maurício. Formação do pensamento político brasileiro no ambiente e na retórica de Frei Caneca. In: ADEODATO, João Maurício (org.). **Aparências e essências**: análises retóricas do pensamento jurídico brasileiro. Vitória: CNPq/FDV/Milfontes, 2022, p. 13-48. ADEODATO, João Maurício (org.). **Continuidade e originalidade no pensamento jurídico brasileiro**: análises retóricas. Brasília/Curitiba: CAPES/CRV, 2015.

REFERÊNCIAS

ABBOUD, Georges; CARNIO, Henrique Garbellini; OLIVEIRA, Rafael Tomaz de. **Introdução à teoria e à filosofia do direito**. São Paulo: Revista dos Tribunais, 2014, p. 437 s.

ADEODATO, João Maurício. **Uma teoria retórica da norma jurídica e do direito subjetivo**. São Paulo: Noeses, 2014.

ADEODATO, João Maurício. **A retórica constitucional** – Sobre tolerância, direitos humanos e outros fundamentos éticos do direito positivo. São Paulo: Saraiva, 2010.

ADEODATO, João Maurício. **Filosofia do direito** – uma crítica à verdade na ética e na ciência (em contraposição à ontologia de Nicolai Hartmann). São Paulo: Saraiva, 2019.

ADEODATO, João Maurício. **Ética e retórica** – para uma teoria da dogmática jurídica. São Paulo: Saraiva, 2012.

ADEODATO, João Maurício (org.). **Continuidade e originalidade no pensamento jurídico brasileiro**: análises retóricas. Brasília/Curitiba: CAPES/CRV, 2015.

ADEODATO, João Maurício. Evolução do positivismo como filosofia do direito na sociedade complexa. **Revista da Faculdade de Direito da UFMG**, nº 80. Belo Horizonte: UFMG, jan/jun 2022, p. 179-198.

ADEODATO, João Maurício. Conceito estrutural de norma jurídica. **Revista da Faculdade de Direito da Universidade Federal de Pelotas**, vol. 8, n. 7. Pelotas: UFPel, 2022.

ADEODATO, João Maurício. Conceito retórico de norma jurídica como narrativa. **Direito e Dialogicidade**, nº 3, vol 7. Crato: URCA, 2021, p. 7-21

ADEODATO, João Maurício. O problema ético: como separar o bom do mau direito. **Revista Jurídica da Presidência**, nº 130, vol. 23. Brasília: PR, 2021, p. 341-366.

ADEODATO, João Maurício. Fontes do direito como expressões linguísticas de normas jurídicas e sua hierarquia: uma visão retórica. **Novos Estudos Jurídicos**, vol. 25. Governador Valadares: Universidade do Vale do Itajaí, 2020, p. 107-124.

ADEODATO, João Maurício. Critérios para diferenciação e autonomia do direito diante dos demais sistemas normativos e a coercitividade. **DELICTAE**: Revista de Estudos Interdisciplinares sobre o Delito, nº 3, vol. 4. Belo Horizonte: PUC/MG, jan/jun 2018, p. 157-177.

ADEODATO, João Maurício. Tópica, argumentação e direito dogmaticamente organizado. **RECHTD**. Revista de Estudos Constitucionais, Hermenêutica e Teoria do Direito, vol. 10, nº 2. Canoas: Unisinos, 2018, p. 128-137.

ADEODATO, João Maurício. Análise retórica dos conceitos fundamentais da dogmática jurídica. **Espaço Jurídico Journal of Law**, nº 1, vol. 19. Joaçaba: UNOESC, jan/abr 2018, p. 271-290.

ADEODATO, João Maurício. A retórica constitucional e os problemas dos limites interpretativos e éticos do ativismo jurisdicional no Brasil. **Revista da Faculdade Mineira de Direito**, vol. 20, no 40. Belo Horizonte: PUC/MG, 2018, p. 118-142.

ADEODATO, João Maurício. A legitimação pelo procedimento juridicamente organizado – notas à teoria de Niklas Luhmann. **Revista da Faculdade de Direito de Caruaru**, vol. XVI. Caruaru: FDC, 1985, p. 65-92.

AFTALIÓN, Enrique e VILANOVA, José. **Introducción al Derecho**, ed. por Julio Raffo. 2. ed., Buenos Aires: Abeledo-Perrot, 1998.

AGOSTINHO. **De magistro** (Do mestre), trad. Angelo Ricci, Coleção Os Pensadores. São Paulo: Abril Cultural, 1973.

AGOSTINHO. **As confissões**, trad. Frederico Ozanam Pessoa de Barros. Rio de Janeiro: Editora das Américas, 1968.

ALCHOURRON, Carlos E.; BULYGIN, Eugenio. **Analisis logico y derecho**. Madrid: Centro de Estudios Constitucionales, 1991.

ALEXY, Robert. **Recht, Vernunft, Diskurs** – Studien zur Rechtsphilosophie. Frankfurt a.M.: Suhrkamp, 1995.

ALEXY, Robert. **Begriff und Geltung des Rechts**. FreiburgMünchen: Alber, 1992.

ALEXY, Robert. **Theorie der Grundrechte**. Frankfurt a. M.: Suhrkamp, 1986.

ALEXY, Robert. **Theorie der juristischen Argumentation** – Die Theorie des rationalen Diskurses als Theorie der juristischen Begründung. Frankfurt a.M.: Suhrkamp, 1978.

ANDREUCCI, Ricardo Antonio. **Manual de direito penal**. São Paulo: Saraiva, 2014.

ANONYMOUS. **Dissoi Logoi**. In: http://www2.comm.niu.edu/faculty/kwhedbee/dissoilogoi.pdf . Acesso em 21 de fevereiro de 2022.

AQUIN, Thomas von. **Summa contra gentiles**. Gesamtausgabe in einem Band Lateinsich und Deutsch. Liber tertius, capitula I-LXXXIII.

AQUINAS, Saint Thomas. Treatise on law. In: **The Summa Theologica**; v. II, Questions 90-108, transl. Father Laurence Shapcote, Col. Great Books of the Western World. Chicago: Encyclopaedia Britannica, 1990, v. 18.

APOLODOROS. **Götter und Helden der Griechen** (Apolodoros Bibliothek). Eingeleitet, herausgegeben und ubersetzt von Kai Brodersen. Darmstadt: Wissenschaftliche Buchgesellschaft, 2012.

ARAUJO, Luiz Alberto David. Da ingênua objetividade de critério para conhecimento da ação direta de inconstitucionalidade para o juízo subjetivo e inseguro da arguição de descumprimento de preceito fundamental: uma tentativa de apresentação crítica da evolução do sistema de controle concentrado de constitucionalidade na Constituição Federal de 1988, sob a ótica da segurança jurídica. In: TAVARES, André

Ramos e ROTHENBURG, Walter Claudius (orgs.). **Aspectos atuais do controle de constitucionalidade no Brasil**. Rio de Janeiro: Renovar, 2003, p. 407-442.

ARENDT, Hannah. **Eichmann in Jerusalem** – A report on the banality of evil. New York: Penguin, 1982.

ARENDT, Hannah. **The life of the mind** — Thinking; Willing. New York-London: Harvest/HBJ, 1981.

ARENDT, Hannah. **Between past and future** – Eight exercises in political thought. New York: The Viking Press, 1980.

ARENDT, Hannah. **Crises of the Republic**. New York/London: Harvest/HBJ, 1972

ARENDT, Hannah. **The human condition**. Chicago/London: University of Chicago, 1958.

ARGYRIADIS, Chara. Über den Bildungsprozeß eines peripheren Staates: Griechenland 1921-1927. **Rechthistorisches Journal**, Nr. 6. Frankfurt a. M.: Löwenklau, 1987, p. 158-172.

ARISTOTLE. **Rhetoric**. In: **The works of Aristotle**, translated by W. Rhys Roberts, Col. Great Books of the Western World. Chicago: Encyclopaedia Britannica, 1990, vol. 8.

ARISTOTLE. **Nicomachean ethics**. In: **The Works of Aristotle**, translated by W. D. Ross, Col. Great Books of the Western World. Chicago: Encyclopaedia Britannica, 1990, vol. 8.

ARISTOTLE. **Posterior analytics**. In: **The works of Aristotle**, transl. by G. R. G. Mure, Col. Great Books of the Western World. Chicago: Encyclopaedia Britannica, 1990, vol. 7.

ARISTÓTELES. **Metaphysics**. In: **The works of Aristotle**, translated by W. D. Ross, Col. Great Books of the Western World. Chicago: Encyclopaedia Britannica, 1990, vol. 7.

ARISTOTLE. **On sophistical refutations**. In: **The works of Aristotle**, translated by W. A. Pickard-Cambridge, Col. Great Books of the Western World. Chicago: Encyclopaedia Britannica, 1990, vol. 7.

ARNAUD, André-Jean *et al.* **Dicionário enciclopédico de teoria e de sociologia do direito** Rio de Janeiro: Renovar, 1999.

ARONNE, Ricardo. **Direito civil-constitucional e teoria do caos**: estudos preliminares. Porto Alegre: Livraria do Advogado, 2006.

ASCENSÃO, José de Oliveira (org.). **Água Branca** – pesquisa de um direito vivo. Recife: Editora Universitária da UFPE, 1979;

ASCENSÃO, José de Oliveira. **Introdução à ciência do direito**. Rio de Janeiro: Renovar, 2005.

AUGSBERG, Ino. **Kassiber** – Die Aufgabe der juristischen Hermeneutik. Tübingen: Mohr Siebeck, 2016.

AUGUSTINE. **The city of God**, trad. Marcus Dods, Col. Great Books of the Western World. Chicago: Encyclopaedia Britannica, 1990, v. 16.

ÁVILA, Humberto. **Teoria dos princípios** – Da definição à aplicação dos princípios jurídicos. São Paulo: Malheiros, 2009.

AZEVEDO, Aluísio. **O cortiço**. São Paulo: Ática, 1997.

BAILLY, Anatole. **Dictionnaire Grec Français** (rédigé avec le concours de E. Egger). Paris: Hachette, 2000.

BALLWEG, Ottmar. **Rechtswissenschaft und Jurisprudenz**. Basel: Helbing & Lichtenhahn, 1970.

BALLWEG, Ottmar. Rhetorik und Vertrauen, in: DENNINGER, Erhard / HINZ, Manfred O. / MAYER-TASCH, Peter C. / ROELLECKE, Gerd (Hrsg.). **Kritik und Vertrauen** – Festschift für Peter Schneider zum 70. Geburtstag. Frankfurt a. M.: Anton Hain Verlag, 1990, p. 34-44. Retórica analítica e direito, Trad. J. M. Adeodato. **Revista Brasileira de Filosofia**, n. 163, vol. XXXIX, São Paulo, ed. Instituto Brasileiro de Filosofia, 1991, p. 175-184.

BALLWEG, Ottmar. **Analytische Rhetorik** – Rhetorik, Recht und Philosophie. Frankfurt a. M.: Peter Lang, 2009.

BALLWEG, Ottmar. Entwurf einer analytischen Rhetorik. In: SCHANZE, Helmut (Hrsg.). **Rhetorik und Philosophie**. München: Wilhelm Fink, 1989, p. 229-247.

BAPTISTA, Sílvio. A família na obra de Rudolf von Jhering. Conceito romano e atual de pátrio poder, in ADEODATO, João Maurício (org.). **Jhering e o direito no Brasil**. Recife: Ed. Universitária da UFPE, p. 202-210.

BARCELLOS, Ana Paula de. **Ponderação, racionalidade e atividade jurisdicional**. Rio de Janeiro/ São Paulo/ Recife: Renovar, 2005.

BATALHA, Wilson de Souza Campos. **Introdução ao estudo do direito**. Rio de Janeiro: Forense, 1986.

BERKELEY, George. **Três diálogos entre Hilas e Filonous em oposição aos céticos e ateus**, trad. Antônio Sérgio, Col. Os Pensadores. São Paulo: Abril Cultural, 1984.

BÍBLIA SAGRADA. **Evangelhos** de Marcos, Mateus e Lucas, trad. Pe. Antonio Pereira de Figueiredo. Rio de Janeiro: Encyclopaedia Britannica, 1987.

BJARUP, Jes. **Skandinavischer Realismus**. Hägerström, Lundstedt, Olivecrona, Ross. Freiburg / München: Alber, 1978.

BLUMENBERG, Hans. **Die Lesbarkeit der Welt**. Frankfurt a.M.: Suhrkamp, 1993.

BLUMENBERG, Hans. **Wirklichkeiten, in denen wir leben** – Aufsätze und eine Rede. Stuttgart: Philipp Reclam, 1986.

BOBBIO, Norberto. **Dalla struttura alia funzione** – Nuovi studi di teoria dei diritto. Milano: Edizioni di Comunità, 1977.

BOBBIO, Norberto. **Teoria da norma jurídica**. 2.ed. São Paulo: Edipro, 2003.

BOBBIO, Norberto. **Teoria dell'ordinamento giuridico**. Torino: Giappichelli, 1960.

BOCKEN, Inigo. Toleranz und Wahrheit bei Nikolaus von Kues. **Philosophisches Jahrbuch**, 105. Jahrgang / 2, 1998, p. 242-266.

BONNECASE, Julien. **L'École de l'Exégèse en droit civil** — les traits distinctifs de sa doctrine et de ses méthodes d'après la profession de foi de ses plus illustre répresentants, Paris: E. de Boccard, 1924.

BORGES, José Souto Maior. **Obrigação tributária** – Uma introdução metodológica. São Paulo: Saraiva, 1984.

BORGES, Guilherme Roman. Decolonializing brazilian law: The Judiciary and the "Decolonial Filter". **MPIL Research Paper Series**, No. 2020-15. Heidelberg: Max Planck Institute for Comparative Public Law and International Law, 2020, p. 1-24. Electronic copy available at: https://ssrn.com/abstract=3595448.

BORNHEIM, Gerd A. (org.). **Os filósofos pré-socráticos**. São Paulo: Cultrix, 1977.

BRASIL. **Lei 13.655**, de 25 de abril de 2018.

BRASIL. **Lei nº 10.406** de 10 de Janeiro de 2002, Código Civil Brasileiro.

BRASIL. **Decreto-Lei nº 5.452**, de 1º de maio de 1943.

BRASIL. **Decreto-Lei nº 4.657**, de 4 de setembro de 1942.

BREWER, Scott. Figuring the law: Holism and tropological inference in legal interpretation. **The Yale Law School Journal**, vol. 97. Yale University Press, 1987, p. 823-843.

BRONZE, Fernando José. **Lições de introdução ao direito**. Coimbra: Coimbra Editora, 2002.

BROWN, Richard Harvey. **Society as text**. Essays on rhetoric, reason and reality. Chicago/London: The University of Chicago Press, 1987.

BUNDESVERFASSUNGSGERICHT. https://www.bundesverfassungsgericht.de/SharedDocs/Entscheidungen/DE/2009/09/rk200909042bvr033809.html Acesso em 01 de junho de 2022.

CADEMARTORI, Sergio. **Estado de direito e legitimidade** – Uma abordagem garantista. Campinas: Millenium, 2007.

CAENEGEM, Raoul C. van. **Judges, legislators and professors**. Cambridge: Cambridge University Press, 1998.

CAHOONE, Lawrence. The consolation of antiphilosophy: skepticism, common sense pragmatism, and Rorty. **Philosophy Today**, vol. 38, Nr. 1/4, Spring 1994, p. 204-224.

CAMPOS, Ricardo. **Metamorfoses do direito global** – sobre a interação entre direito, tempo e tecnologia. São Paulo: Contacorrente, 2022.

CARNELUTTI, Francesco. **Como nasce o direito**. São Paulo: Pillares, 2015.

CARRIÓ, Genaro R. **Notas sobre derecho y lenguage**. Buenos Aires: Abeledo-Perrot, 1994.

CARVALHO, Paulo de Barros. **Direito tributário** – linguagem e método. São Paulo: Noeses, 2016.

CARVALHO, Paulo de Barros. **Curso de direito tributário**. São Paulo: Saraiva, 1993.

CARVALHO FILHO, José dos Santos. **Manual de direito administrativo**. 25ª ed., rev. e ampl. E atual. até a Lei no. 12.587, de 3-1-2012. São Paulo: Atlas, 2012.

CHAUI, Marilena. **Convite à filosofia**. São Paulo: Ática, 2001.

CHURCHLAND, Patricia. **Braintrust**: What Neuroscience Tells Us About Morality. Princeton: Princeton University Press, 2012.

COLE, Thomas. Who was Corax? **Illinois Classical Studies**, Vol. 16, No. 1/2 (Spring/Fall 1991). Urbana–Champaign: University of Illinois Press, p. 65-84.

CORREIO FORENSE. Orgia tem regra. https://www.correioforense.com.br/direito- -penal/justica-decide-que-orgia-tem-regra-ninguem-e-de-ninguem/#:~:text= BRAS%C3%8DLIA.,senten%C3%A7a%20%C3%A9%20ins%C3%B3lita%20 e%20in%C3%A9dita.&text=Se%20o%20indiv%C3%ADduo%2C%20de%20 forma,de%20atentado%20violento%20ao%20pudor. Acesso em 30.07.2022.

COSSIO, Carlos. **La teoria egológica del derecho y el concepto jurídico de libertad**. Buenos Aires: Abeledo Perrot, 1964.

CRUZ, Sebastião. **Direito romano** – lições. Coimbra: Coimbra Editora, 1984 (4ª ed.).

D'ÁVILA, Carmen. **Boas Maneiras**. Rio de Janeiro: Civilização Brasileira, 1956.

DARWIN, Charles. **The origin of species**. London: Global Grey E-books, 2018 (1872, 6th edition).

D'ENTRÈVES, Alessandro Passerin (**La dottrina del diritto naturale**, Milano: Co- munità, 1980.

DESCARTES, René. **Discours de la méthode** – pour bien conduire sa raison et cher- cher la vérité dans les sciences. Édition électronique (ePub) v.: 1,0: Les Échos du Maquis, 2011. https://philosophie.cegeptr.qc.ca/wp-content/documents/ Discours-de-la-m%C3%A9thode.pdf. Acesso em 23 de março de 2022.

DIARIO LA LEY. Primera sentencia europea que declara ilegal un algoritmo de evalu- ación de características personales de los ciudadanos. https://diariolaley.laleynext. es/Content/Documento.aspx?params=H4sIAAAAAAAEAMtMSbH1czUwMDA- yNDa3NDJUK0stKs7Mz7M1MjACC6rl5aekhrg425bmpaSmZealpoCUZKZVuu Qnh1QWpNqmJeYUp6qlJuXnZ6OYFA8zAQCfSdkrYwAAAA==WKE. Acesso em 10 de julho de 2022.

DIMOULIS, Dimitri. **Manual de introdução ao estudo do direito**. São Paulo: Revisa dos Tribunais, 2016.

DINIZ, Maria Helena. **Compêndio de introdução à ciência do direito**. São Paulo: Saraiva, 2010.

DODDS, Eric Robertson. **Los griegos y lo irracional**. Trad. Maria Araujo. Madrid: Revista de Occidente, 1960.

DWORKIN, Ronald. **Justice for hedgehogs**. Boston: Harvard University Press, 2013.

DURKHEIM, Émile. **Lições de sociologia**. A moral, o direito e o Estado. São Paulo: T. A. Queiroz / EDUSP, 1983.

DURKHEIM, Émile. **As Regras do Método Sociológico**. Tradução de Margarida Garrido Esteves. **Os pensadores**. São Paulo: Abril Cultural, 1983.

ECHAVE, Delia Teresa; URQUIJO, María Eugenia; GUIBOURG, Ricardo A. **Lógica, proposición y norma**. Buenos Aires: Astrea, 2002.

ELLSCHEID, Günther. Das Naturrechtsproblem. Eine systematische Orientierung. In: KAUFMANN, Arthur e HASSEMER, Winfried (Hrsg.). **Einführung in die Rechtsphilosophie und Rechtstheorie der Gegenwart**, 6. ed. rev. Heidelberg: C. F. Müller, 1994, p. 179-247.

ESPOSITO, Elena. Originality through imitation: the rationality of fashion. **Zentrum für interdisziplinäre Forschung** – Mitteilungen. Bielefeld: Universität Bielefeld, 2017, p. 23-32.

F., J. G. Recensão a Sebastião Cruz – Ius. Derectum (Directum). **Hvmanitas**, vol XXIII--XXIV, Coimbra: Faculdade de Letras da Universidade de Coimbra, p. 556-558.

FALCÃO Neto, Joaquim de Arruda (org.). **Conflito de direito de propriedade**: invasões urbanas. Rio de Janeiro: Forense, 1984.

FANON, Frantz. **Les damnés de la Terre**. Préface de Jean-Paul Sartre. Paris: François Maspero, 1961.

FEINMAN, Jay M. **Law 101** – Everything you need to know about the American legal system. New York: Oxford University Press, 2006.

FERGUSSON, Niall. **Civilization** - The West and the rest. London: Allen Lane, 2011.

FERRATER MORA, José. **Diccionario de Filosofía**, Tomo 2, verbete "Técnica". Buenos Aires: Editorial Sudamericana, 1968.

FERRAZ Jr., Tercio. **O direito, entre o futuro e o passado**. São Paulo: Noeses, 2014.

FERRAZ Junior, Tercio. **Introdução ao estudo do direito** – Técnica, decisão, dominação. São Paulo: Atlas, 2018.

FERRAZ Jr., Tercio Sampaio. **A ciência do direito**. São Paulo: Atlas, 1980.

FERRAZ Jr., Tercio. 1980. **Função social da dogmática jurídica**. São Paulo: Revista dos Tribunais, 1980.

FERREIRA, Paulo Condorcet Barbosa. **A introdução ao estudo do direito no pensamento de seus expositores** – Material para um bibliografia brasileira da disciplina. Rio de Janeiro: Liber Juris, 1982.

FINNIS, John. **Natural law and natural rights**. Oxford: Oxford University Press, 2011.

FRANK, Jerome. **Law and the modern mind**. London: Steven & Sons, 1949.

FREIRE, André Luiz. Direito público e direito privado. **Enciclopédia Jurídica da Pontifícia Universidade Católica de São Paulo**. Tomo Teoria Geral e Filosofia do Direito, Edição 1, abril de 2017. https://enciclopediajuridica.pucsp.br. Acesso em 20/10/2022.

FUMAROLI, Marc (org.). **Histoire de la rhétorique dans l'Europe 1450-1950**. Paris: Presses Universitaires de France, s/d.

GAMA, Tácio Lacerda. **Competência tributária** – fundamentos para uma teoria da nulidade. São Paulo: Noeses, 2011

GARCIA MAYNEZ, Eduardo. **Introducción al estudio del derecho**. Mexico: Porrua, 1978.

GARCIA MAYNEZ, Eduardo. **Filosofía del derecho.** Mexico: Porrua, 1974.

GARFINKEL, Harold. **Studies in ethnomethodology.** Englewood Cliffs: Prentice--Hall, 1967.

GEHLEN, Arnold. **Der Mensch.** Seine Natur und seine Stellung in der Welt. Wiesbaden: Akademische Verlagsgesellschaft, 1978.

GEHLEN, Arnold. **Einblicke.** In: REHBERG, Karl-Siegbert (Hrsg.). Frankfurt a. M.: Klostermann, 1978.

GEHLEN, Arnold. **Anthropologische Forschung.** Zur Selbstbegegnung und Selbstentdeckung des Menschen. Hamburg: Rowohlt, 1961.

GIL CREMADES, Juan José; RUS RUFINO, Salvador. **Estúdio preliminar,** in THOMASIUS, Christian. **Historia algo más extensa del derecho natural.** Madrid: Tecnos, 1998.

GOSWAMI, Amit; REED, Richard E.; GOSWAMI, Maggie. **O universo autoconsciente** – como a consciência cria o mundo material, trad. Ruy Jungmann. São Paulo: Aleph, 2008.

GREIMAS, Algirdas Julius. **Sémantique structurale** – Recherche de Méthode. Paris: Presses Universitaires de France, 1986.

GROTIUS, Hugo. **De Jure Belli ac Pacis** (Del derecho de la guerra y de la paz). Madrid: Ed. Reus, 1925, v. I.

GUIBOURG, Ricardo Alberto et al. **Análisis de critérios de decisión judicial:** el artículo 30 de la ley de contrato de trabajo. Buenos Aires: Grupo de Análisis de Critérios, 2004.

GURVITCH, Georges. **L'idée du droit social.** Paris: Sirey, 1932.

GUTHRIE, William Keith Chambers. **The sophists.** Cambridge University Press, 1971, p. 55 s. (Part of **A history of Greek philosophy,** vol. III. Cambridge University Press, 1969.)

HABA, Enrique. Kirchmann sabia menos... ¡Pero vio mejor! **Doxa** n. 14, 1993, p. 269-317.

HÄBERLE, Peter. **Hermenêutica constitucional.** A sociedade aberta dos intérpretes da constituição: contribuição para a interpretação pluralista e "procedimental" da constituição, trad. Gilmar Ferreira Mendes. Porto Alegre: Fabris, 1997.

HÄBERLE, Peter. **Europäische Rechtskultur** – Versuch einer Annäherung in zwölf Schritten. Frankfurt a. M.: Suhrkamp, 1997.

HÄBERLE, Peter. **Verfassung als öffentlicher Prozeß.** Materialien zu einer Verfassungstheorie der offenen Gesellschaft. Berlin: Duncker & Humblot, 1978.

HABERMAS, Jürgen. **Faktizität und Geltung.** Beiträge zur Diskurstheorie des Rechts und des demokratischen Rechtsstaats. Frankfurt a.M.: Suhrkamp, 1992.

HAESAERT, Jean-Polydore. **Théorie génerale du droit.** Bruxelles: Bruylant, 1948.

HAMES, Joanne Banker; EKERN, Yvonne. **Introduction to law.** Upper Saddle River, NJ: Pearson Prentice Hall, 2006.

HAMILTON, Edith. **Mitologia**, trad. Jefferson Camargo. São Paulo: Martins Fontes, 1995.

HARARI, Yuval Noah. **Homo Deus** – A brief history of tomorrow. New York: Harper--Collins, 2017.

HARARI, Yuval Noah. **Sapiens** – A brief history of mankind. Toronto: Signal Books, 2014.

HART, Herbert. **The concept of law**. With a Postscript edited by Penelope A. Bulloch and Joseph Raz Oxford: Clarendon Press, 1994.

HART, Herbert. **The concept of law**. Oxford: Oxford University Press, 1961.

HARTMANN, Nicolai. **Von Neukantismus zur Ontologie, Kleinere Schriften**, Band III. Berlin: Walter de Gruyter, 1957.

HARTMANN, Nicolai. **Möglichkeit und Wirklichkeit**. Berlin: Walter de Gruyter, 1966.

HARTMANN, Nicolai. **Grundzüge einer Metaphysik der Erkenntnis**. Berlin: Walter de Gruyter, 1946.

HAWKES, Terence. General editor's preface, in: NORRIS, Christopher. **Deconstruction**: theory and practice. London/New York: Methuen, 1982.

HECK, Philipp. Gesetzesauslegung und Interessenjurisprudenz, **Archiv für die civilistische Praxis**, Nr. 112. Tübingen, Mohr Siebeck, 1914.

HEGLAND, Kenney F. **Introduction to the study and practice of the law**. Saint Paul: Thomson West, 2003.

HERBJORNSRUD, Dag. Os africanos que propuseram ideias iluministas antes de Locke e Kant. http://www1.folha.uol.com.br/ilustrissima/2017/12/1945398-os--africanos-que-propuseram-ideias-do-iluminismo-antes-de-locke-e-kant.shtml. Acesso em 25 de outubro de 2022.

HERZOG, Don. **Happy Slaves**. A critique of consent theory. Chicago/London: The University of Chicago Press, 1989.

HESSE, Konrad. **Elementos de direito constitucional da República Federal da Alemanha**, trad. Luís Afonso Heck. Porto Alegre: Fabris, 1998.

HOBBES, Thomas. **Leviathan, or, matter, form and power of a commonwealth ecclesiastical and civil**. London / Chicago / Toronto: Robert Hutchins / Encyclopaedia Britannica, 1952.

HOLLERBACH, Alexander. O direito. Trad. João Maurício Adeodato. **Revista Jurídica Luso-Brasileira**, ano 8 (2022), n. 3, p. 25-52.

HOLMES, Pablo. Impeachment sem legitimação. **Folha de São Paulo**. São Paulo: 26.09.2016. https://m.folha.uol.com.br/opiniao/2016/09/1816816-impeachment--sem-legitimacao.shtml. Acesso em 3.06.2022.

HOMERO. **Odisseia**. Edição bilingue, trad. Trajano Vieira. São Paulo: Editora 34, 2012.

HONGWEI Jia. Foundations of the theory of signs (1938) – A critique. **Chinese Semiotic Studies** 15 (1), 2019, p. 1-14. DOI: 10.1515/css-2019-0001.

HOSSENFELDER, Malte. Einleitung. In: SEXTUS EMPIRICUS. **Grundriß der pyrrhonischen Skepsis** (Pyrrhonian Hipotiposes), eingeleitet und übersetzt von Malte Hossenfelder. Frankfurt a. M.: Suhrkamp, 1985.

HUME, David. **An enquiry concerning human understanding**. Col. Great Books of the Western World. Chicago: Encyclopaedia Britannica, 1990, vol. 33.

JELLINEK, Georg. **Ausgewählte Schriften und Reden**, Bd. 2. Berlin: O. Häring, 1911.

JELLINEK, Georg. **Allgemeine Staatslehre**, 2. Aufl. Berlin: O. Häring, 1905.

JELLINEK, Georg. **System der subjektiven öffentlichen Rechte**. Tübingen: J. C. B. Mohr/Paul Siebeck, 1905.

JHERING, Rudolf von. **Der Zweck im Recht**. Leipzig: Breitkopf & Härtel, 1893.

JHERING, Rudolf von. **Der Kampf um's Recht**. Wien: Verlag der G. J. Manz'sche Buchhandlung, 1872.

JHERING, Rudolf von. **Geist des romischen Rechts auf den verschiedenen Stüfen seiner Entwickelung**. Leipzig: Breitkopf & Härtel, Bd. III, 1852.

JUNQUEIRA, Eliane. **A Sociologia do Direito no Brasil** – Introdução ao debate atual. Rio de Janeiro, Lumen Juris, 1993.

KANT, Immanuel. **Die Metaphysik der Sitten**. In: WEISCHEDEL, Wilhelm *(Hrsg.)*. **Werkausgabe** - in zwölf Bände. Frankfurt a.M.: Suhrkamp, 1977, Bd. VIII.

KANT, Immanuel. **Kritik der praktischen Vernunft. Grundlegung zur Metaphysik der Sitten**. In: WEISCHEDEL, Wilhelm (Hrsg.). **Werkausgabe** - in zwölf Bände. Frankfurt a.M.: Suhrkamp, 1977, Bd. VII.

KANT, Immanuel. **Logik**. In: WEISCHEDEL, Wilhelm. Schriften zur Metaphysik und Logic 2. **Werkausgabe** - in zwölf Bände. Frankfurt a.M.: Suhrkamp, 1977, Bd. VI.

KANT, Immanuel. **Kritik der reinen Vernunft I**. In: WEISCHEDEL, Wilhelm (Hrsg.). **Werkausgabe** - in zwölf Bände. Frankfurt a.M.: Suhrkamp, 1977, Bd. III.

KELSEN, Hans. **Was ist Gerechtigkeit?** Stuttgart: Reclam, 2000.

KELSEN, Hans. **Allgemeine Staatslehre**. Wien: Österreichische Staatsdruckerei, 1993.

KELSEN, Hans. **Reine Rechtslehre**. Wien: Franz Deuticke, 1983.

KELSEN, Hans. **Allgemeine Theorie der Normen**, Kurt Ringhofer und Robert Walter (Hrsg.). Wien: Manzsche Verlags- und Universitätsbuchhandlung, 1979.

KIRCHMANN, Julius Hermann von. **Die Wertlosigkeit der Jurisprudenz als Wissenschaft** — Vortrag gehalten in der Juristischen Gesellschaft zur Berlin. Berlin: Julius Springer, 1848.

KIRSTE, Stephan. **Die Zeitlichkeit des positiven Rechts und die Geschichtlichkeit des Rechtsbewußtseins** – Momente der Ideengeschichte und Grundzüge einer systematischen Begründung. Berlin: Duncker & Humblot, 1998.

KOCH, Lars. Angst in der verwalteten Welt. Emotive Kulturkritik bei Jünger, Gehlen und Adorno, in: **Zeitschrift für Literaturwissenschaft und Linguistik**, H. 159 (2011): Semantik der Kulturkritik, p. 41-58.

KRABBE, Hugo. **Kritische Darstellung der Staatslehre**. Den Haag: Nijhoff, 1930.

KÜHNHARDT, Ludger. **Die Universalität der Menschenrechte**. Studie zur ideenges-chichtlichen Bestimmung eines politischen Schlüsselbegriffs. München: Günter Olzog Verlag, 1987.

LADEUR, Karl-Heinz. **Der Anfang des westlichen Rechts** – Die Christanisierug der römischen Rechtskultur und die Entstehung des universalen Rechts. Tübingen: Mohr Siebeck, 2018.

LAÊRTIOS, Diôgenes. **Vidas e doutrinas dos filósofos ilustres**, trad. Mário da Gama Kury. Brasília: Ed. UnB, 1977.

LAFAYE, Jacques. **Por amor al griego** – La nación europea, señorio humanista (siglos XIV-XVII). Mexico: Fondo de Cultura Económica, 2005.

LARENZ, Karl. **Metodologia da ciência do direito**, trad. José Lamego. Lisboa: Ca-louste Gulbenkian, 1997.

LARENZ, Karl. **Methodenlehre in der Rechtswissenschaft**. Berlin-Heidelberg-New York: Duncker & Humblot, 1979.

LARENZ, Karl. **Über die Unentbehrlichkeit der Jurisprudenz als Wissenschaft**. Berlin: De Gruyter, 1966.

LIDDEL, Henry George; SCOTT, Robert (comp.). **A Greek-English Lexicon**. Oxford: Clarendon Press, 1996.

LOCKE, John. **An essay concerning human understanding**. Col. Great Books of the Western World. Chicago: Encyclopaedia Britannica, 1993, vol. 33.

LUHMANN, Niklas; DE GIORGI, Raffaele. **Teoria della società**. Milano: Franco Angeli, 1995.

LUHMANN, Niklas. **Die Gesellschaft der Gesellschaft**. Frankfurt a. M.: Suhrkamp, 1998, 2 vols.

LUHMANN, Niklas. **Das Recht der Gesellschaft**. Frankfurt a. M.: Suhrkamp, 1995.

LUHMANN, Niklas. **Die Wirtschaft der Gesellschaft**. Frankfurt a.M.: Suhrkamp, 1988.

LUHMANN, Niklas. **Soziale Systeme** – Grundriß einer allgemeinen Theorie. Frank-furt a. M.: Suhrkamp, 1988.

LUHMANN, Niklas. **Rechtssoziologie**. Opladen: Westdeutscher Verlag, 1987.

LUHMANN, Niklas. **Legitimation durch Verfahren**. Frankfurt a.M.: Suhrkamp, 1983.

LUHMANN, Niklas. **Ausdifferenzierung des Rechts**. Frankfurt a.M.: Suhrkamp, 1981.

MACHIAVELLI, Niccolò. **Il príncipe**. In: **Opere** (a cura de Mario Bonfantini), Milano/Napoli: Riccardo Ricciardi, s.d.

MACPHERSON, C. B. **The political theory of possessive individualism** – Hobbes to Locke. Oxford: Clarendon Press, 1962.

MARCHAND, Stéphane. Philosophie et littérature. In: MERLEAU-PONTY, M. (dir.) **Les Philosophes de l'antiquité au XXème siècle**, article de la nouvelle édition dirigée par J. F. Balaudé, Librairie Générale de France, La Pochothèque, 2006, pp.1419-1428.

MARQUARD, Odo. **Philosophie des Stattdessen**. Stuttgart: Reclam, 2000.

MARQUARD, Odo. **Skepsis und Zustimmung**. Stuttgart: Reclam, 1994.

MARQUARD, Odo. **Apologie des Zufälligen**. Stuttgart: Reclam, 1986.

MARQUARD, Odo. **Abscheid vom Prinzipiellen**. Stuttgart: Reclam, 1981.

MARX, Karl. **Differenz der demokritischen und epikureischen Naturphilosophie**. Berlin: Holzinger, 2014.

MATURANA, Humberto; VARELA, Francisco. **Autopoiesis and cognition** — the realization of the living, Dordrecht, 1980.

Maus, Ingeborg. Justiz als gesellschaftliche Über-Ich – Zur Funtion von Rechtsprechung in der "vaterlosen" Gesellschaft. In: FAULSTICH, Werner; GRIMM, Gunter (Hrsg.). **Sturz der Götter?** Vaterbilder im 20. Jahrhundert Frankfurt am Main: Suhrkamp, 1989.

MELLO, Celso Antônio Bandeira de. **Curso de direito administrativo**. São Paulo: Malheiros, 1993.

MELLO, Marcos Bernardes de. **Teoria do fato jurídico** — plano da existência. São Paulo: Saraiva, 1995.

MELLO, Marcos Bernardes de. **Teoria do fato jurídico** — plano da validade. São Paulo: Saraiva, 1995.

MEYER, Linda. Between reason and power: experiencing legal truth. 67 **University of Cincinnati Law Review** 727, Spring 1999, p. 1-37.

MILL, John Stuart. **A System of Logic, Ratiocinative and Inductive**. Being a connected view of the principles of evidence, and the methods of scientific investigation (1843). Cambridge: Cambrige University Press, 2011, 2 vols.

MONTEIRO, Washington de Barros. **Direito de família**. Curso de direito civil, 2º Vol. São Paulo: Saraiva, 1970.

MONTESQUIEU, Charles de Secondat de. **De l'esprit des lois** (1758). Paris: Gallimard, 1995.

MONTORO, André Franco. **Introdução à ciência do direito**, 20. ed. refundida com a colaboração de NUNES, Luiz Antonio. São Paulo: Revista dos Tribunais, 1991.

MORESO, José Juan; NAVARRO, Pablo; REDONDO, Cristina. **Conocimiento jurídico y determinación normativa**. México: Fontamara, 2002.

MOUSSALEM, Tarek Moyses. **Fontes do direito tributário**. São Paulo: Noeses, 2006.

MÜLLER, Friedrich. **Juristische Methodik**. Berlin: Duncker & Humblot, 1997.

MÜLLER, Friedrich. **Wer ist das Volk?** Die Grundfrage der Demokratie (**Schriften zur Rechtslehre**, Bd. 180), CHRISTENSEN, Ralph (Hrsg.). Berlin: Duncker & Humblot, 1997.

MÜLLER, Friedrich. **Strukturierende Rechtslehre**. Berlin: Duncker & Humblot, 1994.

MÜLLER, Eveline. **Georg Simmels Modetheorie**. Zürich: Soziologisches Institut der Universität Zürich, Oktober 2003.

MUSIL, Robert. **Der Mann ohne Eigenschaften**. FRISÉ, Adolf (Hrsg.). Reinbeck bei Hamburg: Rowohlt, 2006.

NADER, Paulo. **Introdução ao Estudo do Direito**. Rio de Janeiro: Forense, 2002.

NAVARRO, Pablo; REDONDO, Cristina. **Normas y actitudes normativas**. México: Fontamara, 1994, p. 45 s.

NAVARRO, Rolando R. **La inconmensurabilidad en el lenguaje**. Maracaibo: Universidad del Zulia, 1997, p. 16-18 e p. 50.

NERI, Demétrio. **Filosofia moral** – manual introdutivo, trad. Orlando Soares Moreira. São Paulo: Loyola, 2004.

NICOLAI, Helmut. **Rasse und Recht**. Berlin: Hobbing, 1933.

NIETZSCHE, Friedrich. **Rhetorik**. Darstellung der antiken Rhetorik; Vorlesung Sommer 1874. Gesammelte Werke. Band 5. München: Musarion Verlag, 1922.

NIETZSCHE, Friedrich. **Menschliches, Allzumenschiches I – II**. In: COLLI, Giorgio; MONTINARI, Mazzino (Hrsg.). Friedrich Nietzsche Kritische Studienausgabe – in fünfzehn Bände, Bd. II. Berlin: Walter de Gruyter, 1988.

NIETZSCHE, Friedrich. **Der Antichrist**. In: COLLI, Giorgio; MONTINARI, Mazzino (Hrsg.). Friedrich Nietzsche Kritische Studienausgabe – in fünfzehn Bände, Bd. VI. Berlin: Walter de Gruyter, 1988.

NIETZSCHE, Friedrich. **Zur Genealogie der Moral** – Eine Streitschrift. In: COLLI, Giorgio; MONTINARI, Mazzino (Hrsg.). Friedrich Nietzsche Kritische Studienausgabe – in fünfzehn Bände, Bd. V. Berlin: Walter de Gruyter, 1988.

NORRIS, Christopher. **Deconstruction**: theory and practice. London/New York: Methuen, 1982.

OLIVEIRA, Luciano. Que (e para quê) sociologia? Reflexões a respeito de algumas ideias de Eliane Junqueira sobre o ensino da Sociologia do Direito (ou seria Sociologia Jurídica?) no Brasil. In: OLIVEIRA, Luciano. **Sua Excelência o Comissário e outros ensaios de Sociologia Jurídica**. Rio de Janeiro, Editora letra Legal, 2004, p. 111-136.

OLIVEIRA, Luciano. Quando Casanova virou o rosto e tapou os ouvidos – uma leitura do humanismo penal em diálogo com Michel Foucault. **Revista Brasileira de Sociologia do Direito**, v. 8, n. 3, set./dez, 2021, p. 8-28.

OLIVEIRA, Luciano e PEREIRA, Affonso César. **Conflitos coletivos e acesso à justiça**. Recife: OAB/ Massananga, 1988.

OLIVEIRA, Luciano. **Sua excelência o comissário**. Recife: PIMES/UFPE, 1984.

OLIVECRONA, Karl. **Linguaje jurídica y realidade**, trad. Ernesto Garzón Valdés. México: Fontamara, 1995, p. 34 s.

OTT, Walter. **Der Rechtspositivismus** – Kritische Würdigung auf der Grundlage eines juristischen Pragmatismus. Berlin: Duncker & Humblot, 1992.

OTTMANN, Henning. **Geschichte des politischen Denkens** – Von den Anfängen bei den Griechen bis auf unsere Zeit. Stuttgart/Weimar: Verlag J. B. Metzler, 2001.

PARINI, Pedro. A análise retórica na teoria do direito. **Cadernos do Programa de Pós--Graduação em Direito da UFRGS**, vol. 12, n. 1., Porto Alegre, 2017, p. 115-135.

PARINI, Pedro. **A metáfora do direito e a retórica da ironia no pensamento jurídico**. Tese de Doutorado. Recife: Universidade Federal de Pernambuco, 2013.

PASCAL, Blaise. **Pensées**. Paris: éd. Lefrève, 1839.

PATZELT, Werner. **Grundlagen der Ethnomethodologie** — Theorie, Empirie und politikwissenschaftlicher Nutzen einer Soziologie des Alltags. München: W. Fink, 1987.

PEREIRA, Aloysio Ferraz. **Estado e direito na perspectiva da libertação** – uma análise segundo Martin Heidegger. São Paulo: Revista dos Tribunais, 1980.

PETRAZYCKI, Leon de. **Law and Morality**. Edited with an introduction by N. S. Timasheff. Cambridge, Mass.: Harvard University Press, 1955.

PINSENT, John. **Mitos e lendas da Grécia antiga**, trad. Octavio Casado. São Paulo: EDUSP/Melhoramentos, 1978.

PLATO. **Timaeus**. In: **The dialogues of Plato**, translated by Benjamin Jowett, Col. Great Books of the Western World. Chicago: Encyclopaedia Britannica, 1990, v. 6.

PLATO. **Phaedo**. In: **The dialogues of Plato**, translated by Benjamin Jowett. Chicago: Encyclopaedia Britannica, Col. Great Books of the Western World, 1990, vol. 6.

PLATO. **Gorgias**. In: **The dialogues of Plato**, translated by Benjamin Jowett. Col. Great Books of the Western World. Chicago: Encyclopaedia Britannica, 1990, vol. 6.

PLATO. **Meno**. In: **The dialogues of Plato**, translated by Benjamin Jowett. Chicago: Encyclopaedia Britannica, Col. Great Books of the Western World, 1990, vol. 6.

PLATO. **Sophist**. In: **The dialogues of Plato**, translated by Benjamin Jowett, Col. Great Books of the Western World, Chicago: Encyclopaedia Britannica, 1990, vol. 6.

PLATO. **Euthydemus**. In: **The dialogues of Plato**, translated by Benjamin Jowett, Col. Great Books of the Western World, Chicago: Encyclopaedia Britannica, 1990, vol. 6.

PLATO. **Parmenides**. In: **The dialogues of Plato**, translated by Benjamin Jowett, Col. Great Books of the Western World. Chicago: Encyclopaedia Britannica, 1990, v. 6.

PONTES DE MIRANDA, Francisco Cavalcanti. **Tratado de direito privado** — parte geral: Validade. Nulidade. Anulabilidade. Rio de Janeiro: Borsoi, 1954.

PUFENDORF, Samuel. **De jure naturae et gentium**. Böhling, Frank (Hrsg.) Berlin / München / Boston: De Gruyter, 2014.

RABBI-BALDI CABANILLAS, Renato. **Teoría del derecho**. Buenos Aires: Editorial Ábaco, 2009.

RADBRUCH, Gustav. Gesetzliches Unrecht und übergesetzliches Recht (1946). In: **Rechtsphilosophie**. Stuttgart: C. F. Müller, 1973.

RAWLS, John. **A theory of justice**. Oxford: Oxford University Press, 1973.

REALE, Miguel. **Fontes e modelos no direito** – para um novo paradigma hermenêutico. São Paulo: Saraiva, 1994.

REALE, Miguel. **Lições preliminares de direito**. São Paulo: Saraiva, 1994.

REALE, Miguel. **Estudos de filosofia brasileira**. Lisboa: Instituto de Filosofia Luso--Brasileira, 1994.

REALE, Miguel. **Filosofia do Direito**. São Paulo: Saraiva, 2002.

REDE SinHoRes. https://sinhoresosasco.com.br/justica-decide-que-espuma-do--colarinho-faz-parte-do-chope/ Acesso em 01 de junho de 2022.

REHBINDER, Manfred. **Einführung in die Rechtswissenschft**. Berlin: de Gruyter, 1995.

RITTER, Joachim; GRÜNDER, Karlfried. **Historisches Wörterbuch der Philosophie**. Basel: Schwabe & Co., 1989.

RÖHL, Klaus F. **Allgemeine Rechtslehre**. Ein Lehrbuch. Köln / Berlin / Bonn / München: Carl Heymanns Verlag, 2001.

ROQUETTE, J. I. **Código do Bom-Tom** ou Regras da civilidade e do bem viver no século XIX. SCHWARCZ, Lilia Moritz (org.). São Paulo: Cia das Letras, 1997.

RORTY, Richard. **A filosofia e o espelho da natureza**, trad. Antônio Trânsito. Rio de Janeiro: Relume-Dumara, 1994.

RORTY, Richard. **Philosophy as the mirror of nature**. New Jersey: Princeton University Press, 1979.

ROSS, Alf. **Hacia uma ciencia realista del derecho** – Critica del dualismo em el derecho. Buenos Aires: Abeledo-Perrot, 1961.

ROUSSEAU, Jean-Jacques. **Du contract social ou principes du droit politique**. Amsterdam: Marc Michel Rey, 1762.

RUSSELL, Bertrand. **History of Western philosophy** — and its connection with Political and social circumstances from the earliest times to the present day. London: Routledge, 1993.

RUSSELL, Bertrand. **Religion and science**. London: Thornton Butterworth, 1935.

RÜTHERS, Bernd. **Rechtstheorie**. München: Beck, 1999.

SALUTATI, Coluccio. **Vom Vorrang der Jurisprudenz oder der Medizin** (De nobilitate legum et medicinae). Lateinisch-Deutsche Ausgabe übersetzt und kommentiert von RM. Schenk. München: UTB, 1990.

SANTOS, Boaventura de Souza. **O discurso e o poder** — ensaio sobre a sociologia da retórica jurídica. Coimbra: Universidade de Coimbra, 1980.

SANTOS, Boaventura de Sousa; MENESES, Maria Paula. (Orgs.) **Epistemologias do Sul**. São Paulo; Editora Cortez, 2010.

SAVIGNY, Friedrich Carl von. **System des heutigen Römischen Rechts**. Berlin: Veit, 1840.

SCHLIEFFEN, Katharina von. Rhetorische Rechtstheorie, in: Gert Ueding (Hrsg.). **Historisches Wörterbuch der Rhetorik**, Band 8. Tübingen: Max Niemeyer Verlag, 2007.

SCHLIEFFEN, Katharina von. Rhetorische Analyse des Rechts: Risiken, Gewinn und neue Einsichten, in: Rouven Soudry (Org.). **Rhetorik**. Eine interdisziplinäre Einführung in die rhetorische Praxis. Heidelberg: C. F. Müller, 2006, p. 42–64.

SCHLIEFFEN, Katharina von. Subsumption als Darstellung der Herstellung juristischer Urteile. In: GABRIEL, Gottfried; GRÖSCHNER, Rolf. **Subsumption** – Schlüsselbegriff der juristischen Methodenlehre. Tübingen: Mohr Siebeck, 2012, p. 379-419.

SCHMIDT, Siegfried J. Der radikale Konstruktivismus: Ein neues Paradigma im interdisziplinären Diskurs, in: SCHMIDT, Siegfried J. (Hrsg.). **Der Diskurs des radikalen Konstruktivismus**. Frankfurt a. M.: Suhrkamp, 3. Auflage, 1990, p. 11-88.

SCHOPENHAUER, Arthur. **As dores do mundo** – o amor – a morte – a arte – a moral – a religião – a política – o homem e a sociedade, trad. de José Souza de Oliveira. São Paulo: EDIPRO, 2014.

SCHRÖDER, Jan. **Recht als Wissenschaft**: Geschichte der jutistischen Methode vom Humanismus bis zur historischen Schule (1500-1850). München: Beck, 2001.

SENADO FEDERAL. Resolução nº 71, **Diário de Justiça da União**. Brasília: 27.12.2005.

SENADO NOTÍCIAS. Dilma Roussef perde o mandato de presidente da República, mas mantém direitos políticos: https://www12.senado.leg.br/noticias/materias/2016/08/31/dilma-rousseff-perde-o-mandato-de-presidente-da-republica--mas-mantem-direitos-politicos). Acesso em 21 de maio de 2022.

SÊNECA. **De brevitate vita / Sobre a brevidade da vida** (Edição bilíngue), trad. William Li. São Paulo: Nova Alexandria, 1993.

SERBENA, Cesar Antonio. **Novas perspectivas do realismo jurídico**. Rio de Janeiro: Lumen Juris, 2022.

SEXTUS EMPIRICUS. **Selections from the Major Writings on Scepticism, Man & God**. Indianapolis-Cambridge: Hackett Publishing Co., 1985.

SEXTUS EMPIRICUS. **Catalogus Translationum et Commentariorum**: Mediaeval and Renaissance Latin Translations and Commentaries. KRISTELLER, Paul Oskar; BROWN, Virginia (eds.). Washington: Catholic University of America Press, 2000, p. 1-15.

SEXTUS EMPIRICUS. **Grundriß der pyrrhonischen Skepsis**, eingeleitet und übersetzt von Malte Hossenfelder. Frankfurt a.M.: Suhrkamp, 1985.

SILVA, José Afonso da. **Curso de direito constitucional positivo**. São Paulo: Malheiros, 1992.

SILVA, José Afonso da. **Aplicabilidade das normas constitucionais**, 3. ed. São Paulo: Malheiros, s. d.

SILVEIRA, Ronie Alexsandro Teles da. Retrato da enciclopédia hegeliana quando vista do Brasil. **Griot**: Revista de Filosofia, vol. 14, núm. 2, p. 167-182, 2016.

SOBOTA, Katharina. Don't mention the norm! **International Journal for the Semiotics of Law**, v. 4, fasc. 10, p. 45-60, 1991.

SOKAL, Alan; BRICMONT, Jean. **Imposturas intelectuais** – o abuso da ciência pelos filósofos pós-modernos, trad. Max Altman. Rio de Janeiro e São Paulo: Record, 1999.

SOPHOCLES. **Antigone**, trad. Elizabeth Wyckoff, Col. Great Books of the Western World. Chicago: Encyclopaedia Britannica, 1993, v. 4, p. 159-174.

SOUTO, Cláudio. Direito alternativo: em busca de sua teoria sociológica. **Anuário dos Cursos de Pós-Graduação em Direito**, nº 7. Recife: Universitária da UFPE, 1995, p. 49-106.

STAMMLER, Rudolf. **Theorie der Rechtswissenschaft** (1923) e **Lehrbuch der Rechtsphilosophie** (1928). 2. ed. Darmstadt: Scientia/Aalen, 1970.

STEINER, George. **Real presences** – Is there anything in what we say? London/Boston: Faber and Faber, 1989.

SUNDFELD, Carlos Ari. **Direito administrativo para céticos**. São Paulo: Malheiros, 2012.

SUPERIOR TRIBUNAL DE JUSTIÇA. **Agravo Regimental** em Embargos de Divergência em Recurso Especial (ERESP) no. 279.889-AL.

SUPREMO TRIBUNAL FEDERAL. Recurso Extraordinário 186.623-RS, Rel. Min. Carlos Velloso, julgado em 26.11.2001. Brasília: **Diário de Justiça da União** de 12.04.2002.

SUPREMO TRIBUNAL FEDERAL. Recurso Extraordinário 250.288-SP, Rel. Min. Marco Aurélio, julgado em 12.12.2001, Brasília: **Diário de Justiça da União** de 19.04.2002.

SUPREMO TRIBUNAL FEDERAL. Habeas Corpus 103.412/SP. **Folha de São Paulo** de 21/10/2012.

SUPREMO TRIBUNAL FEDERAL. Habeas Corpus nº 124.306/RS. https://redir.stf.jus.br/paginadorpub/paginador.jsp?docTP=TP&docID=12580345. Acesso em: 20 de set. de 2021.

SUPREMO TRIBUNAL FEDERAL. Ação direta de inconstitucionalidade 6.524 / Distrito Federal. https://www.conjur.com.br/dl/voto-gilmar-mendes-adi-reeleicao.pdf, p. 57. Acesso em 25 de maio de 2022.

SUPREMO TRIBUNAL FEDERAL. RE 250.288-SP, Rel. Min. Marco Aurélio Mello, julgado em 12.12.2001. Brasília: **Diário de Justiça da União** de 19.04.2002.

SUPREMO TRIBUNAL FEDERAL. RE 180.828-RS, Rel. Min. Carlos Velloso, julgado em 14.03.2002. Brasília: **Diário de Justiça da União** de 14.03.2003.

SUPREMO TRIBUNAL FEDERAL. RE 186.359-RS, Rel. Min. Marco Aurélio, julgado em 14.03.2002. Brasília: **Diário de Justiça da União** de 10.05.2002.

SUPREMO TRIBUNAL FEDERAL. Recurso Extraordinário (RE) 226.855-7/RS. Brasília: **Diário da Justiça** de 13/10/2000, p. 270, e **Revista Trimestral de Jurisprudência**, volume 174, tomo III, p. 916 s.

SUPREMO TRIBUNAL FEDERAL. Súmula 380 de 1963. Brasília: **Revista Trimestral de Jurisprudência**, vol. 79, 1977, p. 229.

SUPREMO TRIBUNAL FEDERAL. Brasília: **Diário de Justiça da União** de 27.12.2005.

SUPREMO TRIBUNAL FEDERAL. **Mandado de Segurança 983**, Acórdão de 08 de junho de 1949. https://bibliotecadigital.fgv.br/ojs/index.php/rda/article/download/12089/11008. Acesso em 30.05.2022.

SWIFT, Jonathan. **Gulliver's Travels** into Several Remote Nations of the World. Ed. David Price. London: George Bell and Sons, 1892.

TARSO, Paulo de. **Epístola aos Colossenses**, 2 (8). Rio de Janeiro: Encyclopaedia Britannica, 1987.

TELLES Jr., Goffredo da Silva. **Iniciação na ciência do direito**. São Paulo: Saraiva, 2001.

TELLES Jr., Goffredo da Silva. **O direito quantico**. São Paulo: Max Limonad, 1985.

TEUBNER, Gunther (ed.). **Autopoietic law** — a new approach to law and society. Berlin-New York: Walter de Gruyter, 1988, e Recht als autopoietisches system, Frankfurt a.M.: Suhrkamp, 1989.

THOMASIUS, Christian. **Historia algo más extensa del derecho natural**. Madrid: Tecnos, 1998.

THUCYDIDES. **The history of the Peloponnesian war**, translated by R. Crawley. Col. Great Books of the Western World. Chicago: Encyclopaedia Britannica, 1990, v. 5.

UEDING, Gert (Hrsg.). **Historisches Wörterbuch der Rhetorik** – in zwölf Bände. Darmstadt: Wissenschaftliche Buchgesellschaft, 1994-2007.

URUGUAI. **Código Penal Uruguaio**: Lei n. 9.155, de 4-12-1933, art. 38 (El Tribunal de Honor). Honor en el delito de duelo.

VERNANT, Jean-Pierre. **As origens do pensamento grego**. Trad. Ísis da Fonseca. Algés (Lisboa): Difel, 2002.

VESTING, Thomas. Die liberale Demokratie und das Andere der Kultur (und der Medien). In: AUGSBERG, Ino; LADEUR, Karl-Heinz. **Politische Theologie(n) der Demokratie** – Das religiose Erbe des Säkularen. Wien: Verlag Turia + Kant, 2018.

VESTING, Thomas. **Rechtstheorie**. München: Verlag C. H. Beck, 2007.

VESTING, Thomas. **Gentleman, Gestor, Homo Digitalis** – a transformação da subjetividade jurídica na modernidade. Trad. Ricardo Campos e Gercélia Mendes. São Paulo: Contacorrente, 2022.

VIEHWEG, Theodor. **Rechtsphilosophie oder Rechtstheorie?** Darmstadt: Wissenschaftliche Buchgesellschaft, 1980.

VIEHWEG, Theodor. **Topica y filosofía del derecho**. Barcelona: Gedisa, 1991.

VILANOVA, Lourival. **Lógica jurídica**. São Paulo: Bushatsky, 1976.

VILANOVA, Lourival. **Causalidade e relação no direito**. São Paulo: Revista dos Tribunais, 2000.

VILANOVA, Lourival. Níveis de linguagem em Kelsen (norma jurídica / proposição jurídica). In: VILANOVA, Lourival. **Escritos jurídicos e filosóficos**, vol. 2. São Paulo: Axis Mundi / IBET, 2003.

VILANOVA, Lourival. **As estruturas lógicas e o sistema do direito positivo**. São Paulo: Revista dos Tribunals, 1977.

VILLEY, Michel. **Leçons d'histoire de la philosophie du droit**. Paris: Dalloz, 1975.

VON WRIGHT, Georg Henrik. **Norma y acción** – Una investigación lógica, trad. Pedro Garcia Ferrero. Madrid: Tecnos, 1970.

WAISMANN, Friedrich. Verifiability, in FLEW, Anthony; RYLE, Gilbert (eds.). **Logic and Language**. Oxford: Blackwell, 1951.

WALSTON-DUNHAM, Beth. **Introduction to law**. New York: West Legal Studies, 2004.

WASHINGTON POST. https://www.google.com.br/amp/s/www.washingtonpost.com/amphtml/news/wonk/wp/2017/10/18/the-obscure-supreme-court-case-that--decided-tomatoes-are-vegetables/. Acesso em 01 de julho de 2020.

WEBER, Max. **Wirtschaft und Gesellschaft** — Grundriss der verstehenden Soziologie. Tübingen: J. C. B. Mohr/Paul Siebeck, 1985.

WEHLING, Arno. **A invenção da história** – estudos sobre o historicismo. Rio de Janeiro: Gama Filho, 2001.

WEINER, Mark S. **The rule of the clan** – What an ancient form of social organization reveals about the future of individual freedom. New York: Farrar, Straus and Giroux, 2013.

WESSER, Sabine. **Der Rechtssatz**. Berlin: Duncker & Humblot, 2006.

WINDSCHEID, Bernhard. **Lehrbuch des Pandektenrechts**. Frankfurt a. M.: Rutten & Loening, 1891.

ZAK, Paul J. **The moral molecule**: the source of love and prosperity. London: Penguin, 2012.